Gesellschaftliche Verantwortung von Unternehmen in Deutschland

Holger Backhaus-Maul · Martin Kunze
Stefan Nährlich
(Hrsg.)

Gesellschaftliche Verantwortung von Unternehmen in Deutschland

Ein Kompendium zur Erschließung eines sich entwickelnden Themenfeldes

Herausgeber
Holger Backhaus-Maul
Halle (Saale), Deutschland

Stefan Nährlich
Berlin, Deutschland

Martin Kunze
Kiel, Deutschland

ISBN 978-3-658-02584-7   ISBN 978-3-658-02585-4 (eBook)
https://doi.org/10.1007/978-3-658-02585-4

Die Deutsche Nationalbibliothek verzeichnet diese Publikation in der Deutschen National-bibliografie; detaillierte bibliografische Daten sind im Internet über http://dnb.d-nb.de abrufbar.

Springer VS
© Springer Fachmedien Wiesbaden GmbH 2018
Das Werk einschließlich aller seiner Teile ist urheberrechtlich geschützt. Jede Verwertung, die nicht ausdrücklich vom Urheberrechtsgesetz zugelassen ist, bedarf der vorherigen Zustimmung des Verlags. Das gilt insbesondere für Vervielfältigungen, Bearbeitungen, Übersetzungen, Mikroverfilmungen und die Einspeicherung und Verarbeitung in elektronischen Systemen.
Die Wiedergabe von Gebrauchsnamen, Handelsnamen, Warenbezeichnungen usw. in diesem Werk berechtigt auch ohne besondere Kennzeichnung nicht zu der Annahme, dass solche Namen im Sinne der Warenzeichen- und Markenschutz-Gesetzgebung als frei zu betrachten wären und daher von jedermann benutzt werden dürften.
Der Verlag, die Autoren und die Herausgeber gehen davon aus, dass die Angaben und Informationen in diesem Werk zum Zeitpunkt der Veröffentlichung vollständig und korrekt sind. Weder der Verlag noch die Autoren oder die Herausgeber übernehmen, ausdrücklich oder implizit, Gewähr für den Inhalt des Werkes, etwaige Fehler oder Äußerungen. Der Verlag bleibt im Hinblick auf geografische Zuordnungen und Gebietsbezeichnungen in veröffentlichten Karten und Institutionsadressen neutral.

Lektorat: Jan Treibel

Gedruckt auf säurefreiem und chlorfrei gebleichtem Papier

Springer VS ist Teil von Springer Nature
Die eingetragene Gesellschaft ist Springer Fachmedien Wiesbaden GmbH
Die Anschrift der Gesellschaft ist: Abraham-Lincoln-Str. 46, 65189 Wiesbaden, Germany

Inhalt

I Einleitung

1 Unternehmen in der Gesellschaft 3
   Holger Backhaus-Maul, Martin Kunze und Stefan Nährlich

II Gesellschaftspolitische Verortung

2 Gesellschaftliche Verantwortung von Unternehmen in der Sozialen
   Marktwirtschaft. Traditionslinien, Brüche und Perspektiven 13
   Alexander Lorch

3 Gesellschaftliche Verantwortung von Unternehmen in
   ordnungspolitischer Perspektive 27
   Michael Hüther

4 The Perspective of Civil Society Organizations. The missing link
   in Corporate Social Responsibility Activities and Programs 49
   Olga Malets and Kathrin Böhling

5 Gesellschaftliche Verantwortung von Unternehmen und ihren
   Investoren. Zur Geschichte einer gemeinsamen Infrastruktur 67
   Stefanie Hiß, Sebastian Nagel und Bernd Teufel

6 Unternehmen als politische Akteure 87
   Dorothea Baur

7   Global and EU-Level Corporate Social Responsibility:
    Dynamism, Growth, and Conflict 101
    Daniel Kinderman

III Sozial- und wirtschaftswissenschaftliche Zugänge

8   Die Gesellschaft und ihre Unternehmen: ein wirtschafts-soziologischer
    Blick auf Corporate Social Responsibility 117
    Andrea Maurer

9   Gesellschaftliche Unternehmensverantwortung in Deutschland.
    Zum aktuellen Stand der empirischen Forschung 139
    Judith Polterauer

10 Unternehmensverantwortung aus wirtschaftswissenschaftlichen
    Perspektiven 175
    Christoph Schank und Thomas Beschorner

11 Gesellschaftliche Verantwortung von Unternehmen in Deutschland.
    Politikwissenschaftliche Perspektive 197
    Rudolf Speth

12 Gesellschaftliche Verantwortung von Unternehmen.
    Rechtswissenschaftliche Zugänge und Betrachtungsebenen 215
    Karsten Nowrot

13 Nur Kommunikation macht Verantwortung sichtbar.
    Zur kommunikativen Grundlegung gesellschaftlicher
    Verantwortung von Unternehmen aus Perspektive der
    Kommunikationswissenschaft 235
    Klaus-Dieter Altmeppen und Isabel Bracker

14 Gesellschaftliche Verantwortung von Unternehmen aus
    neoinstitutionalistischer Perspektive 257
    Stephan Bohn

IV Gesellschafts- und unternehmensbezogene Handlungsfelder

15 Unternehmen und Sozialpolitik 273
    Holger Backhaus-Maul und Martin Kunze

16 Verbraucherschutz. Genese und Herausforderungen eines
    schwierigen Politikfeldes 285
    Jörn Lamla und Stefan Laser

17 Stadtentwicklung als Handlungsfeld für gesellschaftlich
    engagierte Unternehmen 301
    Christiane Kleine-König

18 Gesellschaftliches Engagement von Unternehmen im vereins-
    und verbandsorganisierten Sport 317
    Sebastian Braun

19 Varianten und Formen des gesellschaftlichen Engagements
    von Unternehmen 333
    Gabriele Bartsch und Christiane Biedermann

20 Unternehmerische Verantwortungsübernahme für gesellschaftlichen
    Nutzen. Business Case for Sustainability als Mittel nachhaltiger
    Entwicklung 351
    Stefan Schaltegger

21 Gesellschaftliche Verantwortung von Unternehmen zwischen
    Konvergenz und Divergenz. Standards, Kodizes und Richtlinien 365
    Michael S. Aßländer

V Autorinnen und Autoren 379

I
Einleitung

Unternehmen in der Gesellschaft   1

Holger Backhaus-Maul, Martin Kunze und Stefan Nährlich

Abstract

The changing role of companies in society and their increasing responsibility are accompanied by profound societal changes. Simultaneously these aspects penetrate the economy, politics and society. The textbook at hand analyzes the topic of corporate responsibility from different political, professional and scientific viewpoints through three interconnected perspectives:

- sociopolitical and regulative frameworks,
- research perspectives in social and economic sciences and
- concrete fields of action.

***

Die veränderte gesellschaftliche Rolle von Unternehmen und die ihnen verstärkt zugewiesene Verantwortung gehen einher mit tiefgreifenden gesellschaftlichen Veränderungen und einer wechselseitigen Durchdringung von Wirtschaft, Politik und Gesellschaft. Das vorliegende Lehrbuch erschließt das Thema der gesellschaftlichen Unternehmensverantwortung zugleich politisch, fachlich und wissenschaftlich differenziert in drei sich ergänzenden Zugängen:

- gesellschafts- und ordnungspolitische Rahmenbedingungen,
- sozial- und wirtschaftswissenschaftliche Forschungsperspektiven sowie
- gesellschafts- und unternehmensbezogene Handlungsfelder.

1.1 Ökonomisierung von Gesellschaft und Zuweisung gesellschaftlicher Verantwortung an Unternehmen

In den vergangenen Jahren und Jahrzehnten hat in kapitalistischen Demokratien, so auch in Deutschland, eine hochdynamische, tiefgreifende und umfassende „Ökonomisierung der Gesellschaft" (Schimank und Volkmann 2008) stattgefunden. Diese Ökonomisierung überlagert und durchzieht in je spezifischer Art und Weise alle Systeme, von Politik, über Kultur und Soziales bis hin zu Bildung und Erziehung, und restrukturiert dabei mittels betriebswirtschaftlicher Kriterien, Instrumente und Verfahren nicht nur die Governance von Unternehmen, sondern auch von Staat und Kommunen sowie Non-Profit-Organisationen. Nicht zuletzt aber werden auch alltägliche Deutungen und Vorstellungen unter dem Primat der Ökonomisierung reinterpretiert und reformuliert. Begriffe, wie etwa Entrepreneurship, Innovationen, Investitionen, Produkte und Wirkungen, durchziehen mittlerweile fast alle wissenschaftlichen und öffentlichen Diskussionen. Die Welt der Systeme, Organisationen und Individuen wird so seit Jahren und Jahrzehnten ökonomisch geprägt, wohlgemerkt aber nicht schlicht „alternativlos" determiniert, denn die „Ökonomisierung der Gesellschaft" wird öffentlich gedeutet und interpretiert und im Zuge dessen wird Unternehmen zusehends gesellschaftliche Verantwortung zugewiesen.

Die „Ökonomisierung der Gesellschaft" ist nicht nur Ausdruck einer globalen Entwicklung (Crouch 2011), sondern auch Ergebnis europäischer Politik. Die Politik der europäischen Kommission zielt – legitimiert durch die Mitgliedsstaaten – seit den 1980er Jahren auf die Schaffung eines einheitlichen Binnenmarktes ab. Im Sinne eines einheitlichen Dienstleistungsmarktes sollen etwa bisher „priviligierte" Sonderformen der öffentlichen Daseinsvorsorge, wie etwa die Versorgung mit Energie, Wasser, Telekommunikation und Wohnraum sowie die Verkehrsinfrastruktur, privatisiert und dem Wettbewerb auf europäischen Märkten ausgesetzt werden. In diesen von der EU-Kommission politisch regulierten und administrierten Märkten können sich Unternehmen um die Erbringung öffentlicher Aufgaben bewerben (Höpner et al. 2011; Thelen 2014). Die Privatisierung und Vermarktlichung öffentlicher Aufgaben in der Europäischen Union geht einerseits einher mit einem Verlust an nationalstaatlicher Entscheidungsautonomie und andererseits mit einer Bedeutungszunahme von Wirtschaft und Unternehmen im Allgemeinen und einer Aufwertung ihrer Selbststeuerungs- und Regelungskompetenzen im Besonderen.

In der Öffentlichkeit wird Unternehmen im Zuge dieses Ökonomisierungsprozesses zusehends gesellschaftliche Verantwortung zugewiesen. Die öffentliche Zuweisung von gesellschaftlicher Verantwortung an Unternehmen erfolgt etwa durch kritische Konsumentinnen und Konsumenten sowie umweltpolitisch engagierte

Bürger/innen sowie seitens der Europäischen Union und der Bundesregierung, etwa in der Umwelt- und Sozialberichterstattung und einer geschlechtergerechten Personalpolitik. Unternehmen ihrerseits reagieren auf öffentliche Verantwortungszuweisungen mit eigenen Aktivitäten oder schlichter Anpassung an die geforderten Vorgaben.

Unternehmen werden so zu gesellschaftlichen Akteuren, die versuchen einerseits ihren betriebswirtschaftlichen Nutzen zu mehren und andererseits der ihnen zugewiesenen gesellschaftliche Verantwortung faktisch oder auch nur symbolisch nachzukommen. Ein einheitliches Bild von der Wirtschaft und ihren Unternehmen entsteht somit nicht, sondern es zeichnen sich die Konturen einer heterogenen Unternehmenslandschaft mit je spezifischen Ausprägungen von sich bisweilen widersprechenden betriebswirtschaftlichen und gesellschaftlichen Zielsetzungen ab.

Angesichts zyklisch auftretender Krisen und verstärkt durch die jüngste Wirtschafts- und Finanzmarktkrise geht die verstärkte Zuweisung von gesellschaftlicher Verantwortung an Unternehmen in der Öffentlichkeit einher mit wohlbegründeter und erfahrungsgesättigter Skepsis. Die Grenzen marktlicher Steuerung haben etwa Finanzmarkt und Banken mit der Überwälzung erheblicher Kosten auf Staat und Steuerzahler und negativen gesellschaftspolitischen Folgen drastisch veranschaulicht. Gleichzeitig wurden die institutionelle Schwäche der Europäischen Union und ihr politisches Steuerungs- und Regelungsversagen überdeutlich (Heinze 2009; Offe 2016). Die Notwendigkeit eines reflektierten „mehr an staatlicher Steuerung und Regelung" der Rahmenbedingungen des Wirtschaftens – wohlgemerkt im europäischen und auch internationalen Kontext von Demokratie und Zivilgesellschaft sowie Rechts- und Sozialstaat – ist allgegenwärtig.

1.2 Wirtschafts- und Sozialwissenschaften

Die erhebliche Bedeutungszunahme von Wirtschaft und Unternehmen findet auch in den einschlägigen wissenschaftlichen Disziplinen ihren Niederschlag. Im Hinblick auf das im vorliegenden Lehrbuch interessierende Thema der gesellschaftlichen Rolle und der daraus erwachsenen Verantwortung von Unternehmen haben sich die Wirtschaftswissenschaften und hier insbesondere die Wirtschaftsethik profiliert. In wirtschaftsethischer Perspektive wird etwa die gesellschaftliche Verantwortung des Unternehmers als Person, des Unternehmens als Organisation (Corporate Social Responsibility/Corporate Citizenship) und der Wirtschaftsordnung als soziale Marktwirtschaft thematisiert (siehe die Beiträge in Aacken und Schreck 2015 sowie Heidbrink und Hirsch 2008; Lin-Hi 2009). In den Sozialwissenschaften hat mit der Renaissance der Wirtschaftssoziologe seit rund einem Jahrzehnt die wissenschaftliche Diskussion über die gesellschaftliche Rolle von Unternehmen wieder an Bedeutung gewonnen. Hervorzugeben sind etwa Arbeiten über die Person des Unternehmers, die Form des Unternehmens und den Finanzmarktkapitalismus, die die Frage nach der gesellschaftlichen Verantwortung von Unternehmen und Wirtschaft in den Vordergrund rücken (siehe die Beiträge in Beckert und Deutschmann 2009 sowie Maurer 2008; Baecker 1999; Bröckling 2007; Windolf 2002).

Bemerkenswerterweise stehen bei der Untersuchung von Wirtschaft und Unternehmen Wirtschafts- und Sozialwissenschaften – trotz ihrer gemeinsamen historischen Wurzeln in der Politischen Ökonomie und den Staatswissenschaften – relativ unvermittelt nebeneinander (Deutschmann 2008). Während die Wirtschaftswissenschaften – vereinfacht dargestellt – den Kern des Themenfeldes anhand von Modellen analysierten und beschrieben und wirtschaftliches Handeln nicht zuletzt auch legitimierten, sind die Sozialwissenschaften auf die empirische Untersuchung und die Erklärung der gesellschaftlichen Bedingungen von Wirtschaft und Unternehmen verwiesen worden oder haben sich damit begnügt. Betriebs- und Volkswirte modellierten Unternehmen als rationale Akteure und die Wirtschaft als Marktwirtschaft; die Sozialwissenschaften hingegen setzten sich kritisch mit dem unternehmerischen Selbst, der Wettbewerbsvermeidung und Anpassung von Unternehmen in organisationalen Feldern sowie den Problemen des Kapitalismus auseinander. In der Untersuchung der gesellschaftlichen Rolle von Wirtschaft und Unternehmen und der daraus erwachsenden gesellschaftlichen Verantwortung könnten (!) sich Wirtschafts- und Sozialwissenschaften in der modelltheoretischen Rekonstruktion und der empirisch kritischen Analyse ihres gemeinsamen Gegenstandsbereiches eigentlich trefflich ergänzen.

1.3 Krise und Kritik

Auf jeden Fall aber ging und geht die Bedeutungszunahme von Wirtschaft und Unternehmen mit wissenschaftlicher Kritik und öffentlicher Auseinandersetzung einher. In der Bundesrepublik Deutschland gibt es – anfangs unter Bezugnahme auf die Funktion namhafter deutscher Unternehmen im Faschismus – seit Mitte der 1960er Jahre eine kritische Auseinandersetzung mit der gesellschaftlichen Rolle von Wirtschaft und Unternehmen. Mit den Arbeiten des investigativ tätigen Journalisten Günther Wallraff wurden einer breiten Öffentlichkeit Einblicke in bisher weitgehend abgedunkelte und skandalträchtige Arbeits- und Produktionswelten ausgewählter Unternehmen und Branchen eröffnet. Spätestens seitdem ist der Zeitgeist gegenüber Unternehmen in der Bundesrepublik Deutschland betont kritisch. In der Arbeit der Enquetekommission „Zukunft des Bürgerschaftlichen Engagements" des Deutschen Bundestages wurde in den Jahren 1999-2002 versucht, vor allem diejenigen Unternehmen hervorzuheben, die sich in positiver beziehungsweise verantwortlicher Art und Weise gesellschaftlich engagieren, ohne dabei aber auf Kritik an „verantwortungslosen" Unternehmen zu verzichten (Enquete-Kommission „Zukunft des Bürgerschaftlichen Engagements" des Deutschen Bundestages 2003; Backhaus-Maul et al. 2010). Die bisweilen hohe und normativ aufgeladene Erwartung an die gesellschaftliche Verantwortung von Unternehmen ist mittlerweile einer differenzierten Betrachtung von Wirtschaft und Unternehmen, ihrer ordnungspolitischen Bedingungen und operativen Möglichkeiten sowie der Grenzen ihrer freiwilligen Verantwortungsübernahme gewichen (Bundesministerium für Familie, Senioren, Frauen und Jugend 2012).

Wirtschaft und Unternehmen haben in der Vergangenheit Skandale und Krisen erzeugt und werden dieses auch in Zukunft tun. In diesem Sinne wird die jüngste Wirtschafts- und Finanzmarktkrise nicht die letzte gewesen sein (Streeck 2013). Gleichzeitig wachsen aber auch ihre gesellschaftliche Bedeutung und die ihnen zugewiesene gesellschaftliche Verantwortung bei latentem öffentlichen Misstrauen (Hiß 2005; Heidbrink und Hirsch 2008). In den folgenden Beiträgen des Lehrbuches werden der komplexe und nach Eigentumsverhältnissen, Größenklassen und Branchen zu differenzierende Gegenstandsbereich sowie die gesellschaftliche Rolle und die daraus erwachsende Verantwortung von Unternehmen und Wirtschaft im Kontext von Demokratie und Zivilgesellschaft sowie Rechts- und Sozialstaat in unterschiedlichen wissenschaftlichen und fachpolitischen Perspektiven kritisch erörtert.

1.4 Zur Anlage des Lehrbuchs

Die veränderte gesellschaftliche Rolle von Unternehmen und die ihnen verstärkt zugewiesene Verantwortung gehen einher mit tiefgreifenden gesellschaftlichen Veränderungen und einer wechselseitigen Durchdringung von Wirtschaft, Politik und Gesellschaft. Das vorliegende Lehrbuch schließt dabei unmittelbar an den im Jahr 2008 in erster Auflage veröffentlichten Band „Corporate Citizenship in Deutschland. Gesellschaftliches Engagement von Unternehmen" (Backhaus-Maul u. a. 2010) an und erschließt das Thema der gesellschaftlichen Unternehmensverantwortung zugleich politisch, fachlich und wissenschaftlich differenzierter in drei sich ergänzenden Zugängen:

- gesellschafts- und ordnungspolitische Rahmenbedingungen,
- sozial- und wirtschaftswissenschaftliche Forschungsperspektiven sowie
- gesellschafts- und unternehmensbezogene Handlungsfelder.

Im ersten Teil des Lehrbuchs werden gesellschafts- und ordnungspolitische Rahmenbedingungen der Unternehmensverantwortung aufgezeigt und diskutiert. In den Beiträgen von Lorch und vor allem Hüther wird die gesellschaftliche Verantwortung von Unternehmen in ordnungspolitischer Perspektive analysiert. Anschließend thematisieren Malets und Böhling die Bedeutung von zivilgesellschaftlichen Organisationen als relevanten Stakeholdern von insbesondere international tätigen Unternehmen. Ebenfalls mit internationalem Fokus diskutieren Hiss, Nagel und Teufel die historische Entwicklung und aktuelle Bedeutung des Finanzmarktes und von Shareholdern für die Unternehmensverantwortung. Vor diesem Hintergrund arbeitet Baur die politische Rolle von Unternehmen im internationalen Kontext heraus, während Kinderman deren Einbettung in europäische und internationale Institutionen diskutiert.

Im zweiten Teil des Lehrbuches werden die spezifischen und sich ergänzenden sozial- und wirtschaftswissenschaftlichen Perspektiven auf das Thema gesellschaftliche Unternehmensverantwortung dargestellt und diskutiert. Die Begründung für eine über Disziplingrenzen hinausgehende Gesamtschau liegt auf der Hand. Die fachliche und öffentliche Diskussion des Themas ist seit Jahren durch interdisziplinäre Ko-Existenz und eingehegte Parallelwelten gekennzeichnet. Folglich drängt es sich geradezu auf, miteinander in Austausch treten, um sich wechselseitig zu irritieren und zu inspirieren. Dabei werden die disziplinspezifischen Perspektiven auf die gesellschaftliche Verantwortung von Unternehmen vorgestellt sowie deren Erklärungspotenziale und Leistungsgrenzen herausgearbeitet. Als besonders ertragreich für die Untersuchung der gesellschaftlichen Rolle und der sich daraus ergebenden gesellschaftlichen Verantwortung von Unternehmen haben sich Soziologie (Maurer) und empirische Sozialforschung (Polterauer), Wirtschaftswissenschaften (Schank und Beschorner), Politikwissenschaft (Speth), Rechtswissenschaft (Nowrot), Kommunikationswissenschaft (Altmeppen und Winkler) und nicht zuletzt der disziplinübergreifende Neo-Institutionalismus (Bohn) erwiesen. In den Beiträgen werden die disziplinären Perspektiven und Fragestellungen, die jeweils zugrundeliegenden Begrifflichkeiten, Methoden, Theorien und Modelle hervorgehoben und verdeutlich. Denn erst in Kenntnis der disziplinären Unterschiede und Besonderheiten wird interdisziplinäres Zusammenarbeiten möglich und verspricht ertragreich zu sein.

Im dritten Teil des Lehrbuchs werden gesellschafts- und unternehmensbezogene Handlungsfelder der gesellschaftlichen Verantwortungsübernahme von Unternehmen dargestellt und erörtert. Die ersten Beiträge wenden sich ausgewählten

Politikfeldern, wie soziale Sicherung und Sozialpolitik (Backhaus-Maul und Kunze), Verbraucherschutz (Lamla und Laser), Stadtentwicklung (Kleine-König) und Sport (Braun) zu, während anschließend politikfeldübergreifend Formen und Instrumente des Unternehmensengagements (Bartsch und Biedermann), das Verhältnis von nachhaltiger gesellschaftlicher Entwicklung und nachhaltigem Unternehmertum (Schaltegger) sowie die unternehmerische Praxis im Hinblick auf nationale und internationale Standards (Aßländer) diskutiert werden.

Die Beiträge verstehen sich als Einführungen, ohne aber die jeweilige Diskussions- und Untersuchungsperspektive zu trivialisieren. Zur besseren Lesbarkeit wurden die Umfänge der Beiträge auf das jeweils Notwendige begrenzt und werden durch Literaturempfehlungen sowie englisch- und deutsprachige Kurzsammenfassungen komplettiert. Jeder Beitrag schließt mit einem umfassenden und aktuellen Literatur- und Quellenverzeichnis zur eigenständigen Weiterarbeit ab. Das Autorinnen-/Autorenverzeichnis am Ende des Lehrbuches ist als Einladung an die Leser/innen zur fachlichen Diskussion zu verstehen. Autorinnen und Autoren sowie die Herausgeber freuen sich über ihre Hinweise und Vorschläge.

Danksagung

Ohne die große Bereitschaft der Autorinnen und Autoren zur Mitwirkung an diesem Lehrbuch, ihrer manchmal mehr und manchmal weniger geforderten Geduld sowie ihrer konstruktiven und kollegialen Beiträge im Diskussionsprozess wäre dieser Band nicht zustande gekommen. Besonderer Dank gilt Frau Ingke List für ihre professionelle Unterstützung bei redaktionellen Arbeiten, Frau Valeska J. Maul für fachliche Übersetzungsarbeiten, Frau Katharina Vontz für die verlagsseitige Fertigstellung des Bandes und nicht zuletzt Dr. Andreas Beierwaltes und Dr. Jan Treibel für ihre verlässliche kollegiale Kooperation und fachliche Aufgeschlossenheit.

Literatur

Aaken D v, Schreck P (Hrsg) (2015) Theorien der Wirtschafts- und Unternehmensethik. Suhrkamp, Berlin

Backhaus-Maul H, Biedermann C, Nährlich S, Polterauer J (Hrsg) (2010) Corporate Citizenship in Deutschland. Gesellschaftliches Engagement von Unternehmen. Bilanz und

Perspektiven, 2. aktualisierte und erweiterte Auflage. VS Verlag für Sozialwissenschaften, Wiesbaden

Baecker D (1999) Die Form des Unternehmens. Suhrkamp, Frankfurt

Beckert J, Deutschmann C (Hrsg) (2009) Wirtschaftssoziologie, Sonderheft 49 der Kölner Zeitschrift für Soziologie und Sozialpsychologie. VS Verlag für Sozialwissenschaften, Wiesbaden

Bröckling U (Hrsg.) (2007) Das unternehmerische Selbst. Soziologie einer Subjektivierungsform. Suhrkamp, Frankfurt

Bundesministerium für Familie, Senioren, Frauen und Jugend (Hrsg) (2012) Erster Engagementbericht. Bürgerschaftliches Engagement in Deutschland, Schwerpunkt: Engagement von Unternehmen. Drucksache 17/10580. Deutscher Bundestag, Berlin

Crouch, C (2011) The strange non-death of neoliberalism. Polity Press, Cambridge

Deutschmann, C (2008) Kapitalistische Dynamik. Eine gesellschaftstheoretische Perspektive. VS Verlag für Sozialwissenschaften, Wiesbaden.

Enquete-Kommission „Zukunft des Bürgerschaftlichen Engagements" des Deutschen Bundestages (Hrsg.) (2003) Bürgerschaftliches Engagement von Unternehmen. Leske und Budrich, Opladen

Heidbrink L, Hirsch A (Hrsg) (2008) Verantwortung als marktwirtschaftliches Prinzip. Zum Verhältnis von Moral und Ökonomie. Campus, Frankfurt/New York

Höpner M, Petring A, Seikel D, Werner B (2011): Liberalisierungspolitik. Eine Bestandsaufnahme des Rückbaus wirtschafts- und sozialpolitischer Interventionen in entwickelten Industrieländern. Kölner Zeitschrift für Soziologie und Sozialpsychologie 63: 1-32

Lin-Hi, N (2009) Eine Theorie der Unternehmensverantwortung. Die Verknüpfung von Gewinnerzielung und gesellschaftlichen Interessen. Erich Schmidt Verlag, Berlin

Heinze RG (2009) Rückkehr des Staates? Politischen Handlungsmöglichkeiten in unsicheren Zeiten. VS Verlag für Sozialwissenschaften, Wiesbaden Hiß S. (2005) Warum übernehmen Unternehmen gesellschaftliche Verantwortung? Ein soziologischer Erklärungsversuch. Campus, Frankfurt/New York

Maurer A (2008) Handbuch der Wirtschaftssoziologie. VS Verlag für Sozialwissenschaften, Wiesbaden

Offe, C (2016): Europa in der Falle. Suhrkamp, Berlin

Schimank U, Volkmann U (2008) Ökonomisierung der Gesellschaft. In: Maurer A. (Hrsg) Handbuch der Wirtschaftssoziologie. VS Verlag für Sozialwissenschaften, Wiesbaden, S 382-393

Streeck W (2013) Gekaufte Zeit. Die vertagte Krise des demokratischen Kapitalismus. Suhrkamp, Berlin

Thelen K (2014) Varieties of Liberalization and the New Politics of Social Solidarity. Cambridge University Press, New York

Windolf P (2002) Die Zukunft des Rheinischen Kapitalismus. In: Allmendinger J, Hinz T (Hrsg) Organisationssoziologie. Sonderheft 42 der Kölner Zeitschrift für Soziologie und Sozialpsychologie. Westdeutscher Verlag, Wiesbaden, S 414-442

II
Gesellschaftspolitische Verortung

Gesellschaftliche Verantwortung von Unternehmen in der Sozialen Marktwirtschaft

Traditionslinien, Brüche und Perspektiven

Alexander Lorch

Abstract

For centuries, the concept of social market economy ("Soziale Marktwirtschaft") was considered as the guideline in the German economic policy. Especially since the latest financial and market crisis, this concept and its aspiration of combining both social and economic progress is experiencing a type of renaissance. This chapter focuses on the question if the concept of social market economy offers guidelines on what role companies play or should play in society. Firstly, a short introduction will portray the historical and theoretical background of the social market economy which will be followed by a critical analysis of the social role of companies within this economic system. Lastly, a set of possible perspectives on the responsibility of companies in a modern version of the social market economy will be introduced.

***

Die Idee der Sozialen Marktwirtschaft galt jahrzehntelang als Richtschnur der deutschen Wirtschaftspolitik. Mit ihrem Anspruch, sozialen und ökonomischen Fortschritt in Einklang zu bringen, hat sie in den vergangenen Jahren – insbesondere seit der jüngsten Finanz- und Wirtschaftskrise – eine gewisse Renaissance erfahren. In diesem Beitrag wird danach gefragt, ob die Soziale Marktwirtschaft Hinweise darauf gibt, welche Rolle Unternehmen in unserer Gesellschaft spielen bzw. spielen sollten. Dazu wird zunächst eine Einführung in die Geschichte und die theoretischen Grundlagen der Sozialen Marktwirtschaft und dann eine kritische Analyse der gesellschaftlichen Rolle von Unternehmen innerhalb dieser Wirtschaftsordnung gegeben, um dann mögliche Perspektiven der Unternehmensverantwortung in einer modernen, zeitgemäßen Variante der Sozialen Marktwirtschaft zu skizzieren.

2.1 Einleitung

Die Soziale Marktwirtschaft ist ein Evergreen der deutschen Wirtschaftspolitik: Seit ihrer Konzeption in den 1930er und 1940er Jahren ist sie, mal mehr und mal weniger, aber doch beständig, ein Leitstern, an dem sich die deutsche Wirtschaftspolitik orientiert und an dem sich sowohl Politiker als auch Wissenschaftler beständig abarbeiten. Während das Konzept in den 1980er und 1990er Jahren im Rahmen der neoliberalen Reformen nicht mehr en vogue zu sein schien, erlebt es seit der Finanz- und Wirtschaftskrise wieder ein Revival.

Die Renaissance dieser Idee hängt ganz unmittelbar mit den Zweifeln an der wirtschaftspolitischen Leitidee der vergangenen Jahre, dem Neoliberalismus, zusammen (Crouch 2011). Die Probleme und Krisen, die ein globaler, von allen gesellschaftlichen Bindungen entfesselter Kapitalismus verursachen kann, sind durch die Finanz- und Wirtschaftskrise offen zutage getreten (Windolf 2005; Streeck 2009). Die Erwartung, dass Wirtschaftswachstum, Privatisierung und Deregulierung allein, quasi „automatisch", für „Wohlstand für alle" (Erhard 2009) sorgen, scheint angesichts wachsender Ungleichheit und zunehmender wirtschaftlicher Krisen nicht mehr zeitgemäß (Lorch 2014, S. 213-263). Die Krise des Neoliberalismus verursacht eine „normative Orientierungskrise" (Ulrich 2010, S. 34), in der nicht nur die Politik, sondern auch die Wirtschafts- und Sozialwissenschaften nach Alternativen für eine zeitgemäße liberale Wirtschaftsordnung und „eine[r] gemeinsame[n] Vorstellung darüber, wie eine Gesellschaft wirtschaften und zusammenleben möchte" (Hengsbach 2004, S. 163), suchen.

Der Rückgriff auf die Soziale Marktwirtschaft stellt dabei den Versuch dar, an eine historisch erfolgreiche Wirtschaftsordnung anzuknüpfen, die einen alternativen dritten Weg zwischen laissez-faire Wirtschaftsliberalismus und sozialistischer Planwirtschaft anzubieten scheint. Der Begriff „Soziale Marktwirtschaft" steht für die Hoffnung, dass sich wirtschaftliche Freiheit, Effizienz und Wohlstand mit sozialem Ausgleich und Gerechtigkeit verbinden lassen.

Es stellt sich jedoch die Frage, was überhaupt hinter diesem Begriff der Sozialen Marktwirtschaft steckt und ob er heute tatsächlich noch Orientierung in wirtschafts- und gesellschaftspolitischen Fragen zu geben vermag. Gedacht als Wirtschaftsordnung für ein Nachkriegsdeutschland, dessen Wirtschaft nach dem Zweiten Weltkrieg am Boden lag, befinden wir uns doch heute in einer gänzlich anderen Situation des Verhältnisses von Wirtschaft und Gesellschaft. Entsprechend muss hinterfragt werden, ob die Grundlagen dieser Idee für die aktuelle Problemlage fruchtbar gemacht werden können, um möglicherweise unabhängig vom historischen Kontext einige Grundideen dieser Wirtschaftsordnungsidee zu übernehmen.

Im Rahmen dieses Beitrages stellt sich diesbezüglich vor allem die Frage, ob überhaupt und, wenn ja, was genau von einer Sozialen Marktwirtschaft in Bezug auf die Herausforderung der gesellschaftlichen Verantwortung von Unternehmen gelernt werden kann, also ob die Soziale Marktwirtschaft Hinweise darauf gibt, welche Rolle Unternehmen in unserer Gesellschaft spielen bzw. spielen sollten. Um dieser Frage nachzugehen, soll zunächst kurz die Grundidee einer Sozialen Marktwirtschaft skizziert werden, um daran anschließend der Rolle von Unternehmen in dieser Wirtschaftsordnung nachzugehen. Abschließend wird dann noch vorausblickend eine mögliche Perspektive für Unternehmensverantwortung in einer modernen, zeitgemäßen Sozialen Marktwirtschaft skizziert.

2.2 Die Soziale Marktwirtschaft als Gesellschafts- und Wirtschaftsordnung

Die Idee der Sozialen Marktwirtschaft scheint untrennbar mit der Person Ludwig Erhards verknüpft, der mit seinem Slogan „Wohlstand für alle" die politische Umsetzung dieser Idee maßgeblich geprägt hat (Erhard 2009). Er hat die Soziale Marktwirtschaft erfolgreich implementiert und bekannt gemacht. Doch für die konzeptionelle Entwicklung zeichnen andere Autoren verantwortlich: So war Alfred Müller-Armack von besonderer Bedeutung, der als Schöpfer des Begriffs gilt und wesentliche Beiträge zur Grundlegung der Sozialen Marktwirtschaft beigesteuert hat (Müller-Armack 1952, 1966, 1990). Er wiederum hat sich bei seiner Konzeption auf die Grundlagen des sogenannten Ordoliberalismus gestützt, zu dessen Vordenkern Walter Eucken und der um ihn gebildete Kreis der Freiburger Schule gehören (Eucken 1950, 1952, 1990). Weiterhin hatten Wilhelm Röpke und Alexander Rüstow, ihres Zeichens Vertreter eines Sozialliberalismus, maßgeblichen Einfluss auf die Entwicklung der Sozialen Marktwirtschaft und des Ordoliberalismus (Röpke 1942, 1958, 1994; Rüstow 1949, 1950). Auf die wechselseitige historische und theoriebildende Verschränkung dieser Autoren soll hier jedoch weniger eingegangen werden als vielmehr deren Ergebnis, die Soziale Marktwirtschaft.

Die Soziale Marktwirtschaft wurde in einer Zeit konzipiert, die nicht nur von der Katastrophe des Zweiten Weltkriegs, sondern auch von einem ideologischen Graben zwischen zwei gesellschaftlichen und wirtschaftlichen Systemen geprägt war: dem laissez-faire-Liberalismus einerseits und der zentralistischen Planwirtschaft andererseits. In diesen Extremen zu denken schien den genannten Autoren jedoch keine sinnvolle Unterscheidung, da sie in beiden je eigene Vorzüge wie auch Verfehlungen sahen. So beschritten sie einen von ihnen vorgeschlagenen und konzipierten „dritten Weg":

> „Die beiden Alternativen, zwischen denen die Wirtschaftspolitik sich bisher bewegte, die rein liberale Marktwirtschaft und die Wirtschaftslenkung sind innerlich verbraucht, und es kann sich für uns nur darum handeln, eine neue dritte Form zu entwickeln, die sich nicht als eine vage Mischung, als ein Parteikompromiß, sondern als eine aus den vollen Einsichtsmöglichkeiten unserer Gegenwart gewonnene Synthese darstellt" (Müller-Armack 1990, S. 96).

Die Soziale Marktwirtschaft als dritter Weg bedeutete für die Ordoliberalen, dass die Entscheidung für eine (freiheitliche) Wirtschaftsverfassung eng mit einer bestimmten Ausgestaltung der Gesellschaftsordnung verknüpft sein muss. Die Wirtschaft muss folglich immer mit den anderen gesellschaftlichen Bereichen verschränkt bleiben. Die Autoren betonen, dass man keine bloß freie, sondern eine gemäßigte, „menschliche" Marktwirtschaft wünscht. Zwar ist die Marktwirtschaft für alle Ordoliberalen die produktivste Gestaltungsform der Wirtschaft, doch würde eine schlichtweg „freie" Marktwirtschaft unweigerlich zu unerwünschten gesellschaftlichen Problemen führen. Sie sei zum Scheitern verurteilt, solange sie nicht staatlich gestaltet und gesellschaftlich eingerahmt wird. In diesem Rahmen sind klare Richtlinien zu verankern, wo Marktwirtschaft herrschen soll, wie diese abzulaufen hat und wie sie gesichert werden kann. So betont Röpke:

> „[D]ie Marktwirtschaft ist nicht alles. Sie muß in eine höhere Gesamtordnung eingebettet werden, die nicht auf Angebot und Nachfrage, freien Preisen und Wettbewerb beruhen kann" (Röpke 1958, S. 19).

Die Grundidee der Sozialen Marktwirtschaft ist also, „daß uns die Marktwirtschaft notwendig als das tragende Gerüst der künftigen Wirtschaftsordnung erscheint, nur daß dies eben keine sich selbst überlassene, liberale Marktwirtschaft, sondern eine bewußt gesteuerte, und zwar sozial gesteuerte Marktwirtschaft sein soll" (Müller-Armack 1990, S. 96). Gesteuert bedeutet bei Müller-Armack dann, die Vorstellung von wirtschaftlicher Freiheit mit Bemühungen um soziale Gerechtigkeit zu verbinden. Der Sozialen Marktwirtschaft geht es eben nicht nur um ein wirtschaftspolitisches Programm: Es handelt sich bei ihr „nicht um eine Beschreibung oder Analyse sozio-ökonomischer Funktionsregeln, sondern um eine gemeinsame Vorstellung darüber, wie eine Gesellschaft wirtschaften und zusammenleben möchte" (Hengsbach 2004, S. 163). Dieser Aspekt ist ganz entscheidend: Die Soziale Marktwirtschaft verbindet ihren wirtschaftspolitischen Entwurf eng mit gesellschaftspolitischen Vorbedingungen.

So besteht die Soziale Marktwirtschaft also aus zweierlei, nämlich zunächst einmal der Entscheidung für eine wettbewerbliche Marktwirtschaft, die von vollständiger Konkurrenz und freien Preisen geprägt ist. Die entsprechende Wirtschaftsordnung basiert auf der Vorstellung eines möglichst reibungslos funktionierenden Wettbewerbs, in dem wirtschaftliche Freiheit herrscht und in dem Machtungleichgewichte verhindert werden sollen. Dazu wurden von Eucken wirtschaftspolitische Prinzipien aufgestellt, nach denen die Wirtschaftsordnung gestaltet sein soll. Dazu gehören bspw. ein funktionsfähiges Preissystem, freier Zugang zu Märkten, Privateigentum oder auch Vertragsfreiheit (Eucken 1990, S. 254-303).

Gleichzeitig steht das Beiwort „sozial" aber eben nicht nur für einen Sozialstaat, der nachträglich umverteilt, sondern es symbolisiert vielmehr eine gesellschaftliche Einbettung und Gestaltung der Marktwirtschaft. Müller-Armack schreibt das Adjektiv „sozial" grundsätzlich groß, um zu betonen, dass es nicht nur schmückendes Beiwerk, sondern eben ein konstitutives Prinzip der wirtschaftlichen Ordnung darstellt. Das *Soziale* der Sozialen Marktwirtschaft soll dafür sorgen, die Verfehlungen einer bloß sich selbst überlassenen Wirtschaft zu vermeiden und eine „menschliche und menschenwürdige" (Rüstow 1950, S. 141) Wirtschaftsordnung zu schaffen. Dies gelingt, wenn die Wirtschaft an gesellschaftliche Bedingungen geknüpft und in eine übergeordnete Vorstellung von einer guten Gesellschaft eingebettet wird.

Diese eingebettete Wirtschaftsordnung ist dann im Grunde auch schon der Kern des Konzepts: eine politisch gestaltete Wettbewerbsordnung, die in ein gesellschaftspolitisches Konzept eingebettet ist, das die gesellschaftlichen Vorbedingungen sichert wie auch die sozialen Auswirkungen der Marktwirtschaft korrigiert, wenn notwendig.[1] Diese bedeutende historische wirtschaftspolitische Idee hat ihre Strahlkraft bis heute nicht verloren: So beteuert beispielsweise die deutsche Bundeskanzlerin Angela Merkel wiederholt das Bemühen ihrer Regierung, „Freiheit in einer Ordnung der Sozialen Marktwirtschaft" (Merkel 2009, S. 61) schaffen zu wollen. Die Soziale Marktwirtschaft gilt als Grundlage deutscher Wirtschaftspolitik, auf die sich die meisten Parteien wie auch die Kirchen und Gewerkschaften einigen können (Lorch 2014, S. 9-12).

---

1 Für eine aktuelle und umfassende Einführung in die Theorie und historische Entwicklung der Sozialen Marktwirtschaft vgl. beispielsweise Meyer-Faje (2013) oder Ptak (2008).

2.3 Die Rolle von Unternehmen in der Sozialen Marktwirtschaft

Wie die geschilderten Grundlagen der Sozialen Marktwirtschaft bereits erkennen lassen, waren ihre Vordenker als Nationalökonomen hauptsächlich damit beschäftigt, eine *Wirtschaftsordnung* für die Nachkriegszeit zu entwickeln. Ihnen ging es um *Spielregeln*, die die Marktwirtschaft ordnen und einbetten sowie den Wettbewerb gestalten sollen, und so haben sie sich auch nur beiläufig und nur dort, wo sie es für die Wirtschaftsordnung als notwendig erachteten, mit den eigentlichen Akteuren, die innerhalb dieser Ordnung handeln sollen, auseinandergesetzt. Als Eucken sich in seinen Grundsätzen der Wirtschaftspolitik fragte, wer für die Gestaltung der Wirtschaftspolitik zuständig sei, beantwortete er diese Frage mit „Staat, Wissenschaft und Kirche" (Eucken 1990, S. 325) – Unternehmen spielten keine oder nur eine untergeordnete Rolle und sollten auf die Wirtschaftspolitik auch keinen Einfluss nehmen. Unternehmen in der Sozialen Marktwirtschaft sind eingebettet in eine übergeordnete Ordnungsidee und sollen sich an die damit verbundenen Regeln halten. Letztlich waren Unternehmen als wirtschaftliche Akteure darum nur dann von Bedeutung, wenn sie die Ordnung beeinflussen oder gefährden konnten.

Diese Beeinflussung sahen die Autoren der Sozialen Marktwirtschaft vor allem bezüglich zweier Sachverhalte als möglich: Zum einen betonten sie die Gefahren, die von übermäßiger Marktmacht der Unternehmen ausgehen können. Die Soziale Marktwirtschaft fußt auf der neoklassischen Vorstellung der vollständigen Konkurrenz und so musste jegliche Marktmacht, die dem einzelnen Akteur die Möglichkeit gibt, den Wettbewerb über Gebühr zu beeinflussen und so die vollständige Konkurrenz zu gefährden, als Problem dieser Wirtschaftsordnung verstanden werden. Zum anderen war jedoch auch die Haftung der Unternehmen ein konstitutives Prinzip, das für die Funktion einer Sozialen Marktwirtschaft ganz wesentlich war und in dem sich bereits Debatten von Unternehmensverantwortung widerspiegeln.

Marktmacht und Wettbewerb

Das Thema der Marktmacht (bzw. ihre Verhinderung) ist ein zentraler Aspekt der Sozialen Marktwirtschaft und ihrer Konzeption einer Wettbewerbsordnung. Die Devise lautet: Politische und wirtschaftliche Übermacht müsse unter allen Umständen verhindert werden. Denn sobald es Machtungleichgewichte gibt (sei es staatliche Übermacht oder private Kartelle und Monopole), muss die Wettbewerbswirtschaft in eine Schieflage geraten, was dann immer nur zu Gunsten der

Übermacht und zu Lasten eines Großteils der Gesellschaftsmitglieder geschehe. Dies stellte für Eucken eine wesentliche Gefahr für die Gesellschaft dar:

„Heute besteht die Gefahr, daß die Anarchie der Machtgruppen zur Herrschaft bedrohlicherer Gewalten führt, als der Absolutismus es war – eben zur Tyrannis" (Eucken 1990, S. 334).

Aus dieser Sorge vor Machtübergewichten folgt dann auch direkt die Festlegung einer der wichtigsten Rollen des Staats in der Sozialen Marktwirtschaft:
„Die Politik des Staates sollte darauf gerichtet sein, wirtschaftliche Machtgruppen aufzulösen oder ihre Funktionen zu begrenzen" (ebd.).

Die Soziale Marktwirtschaft hatte vorgesehen, dass Unternehmen auf keinen Fall eine marktbeherrschende Stellung einnehmen durften und es diesbezüglich eine strenge staatliche Regulierung in Form von Monopol- und Kartellaufsichten geben solle. Die Vordenker der Sozialen Marktwirtschaft waren sich darin einig, dass die Institutionalisierung einer wettbewerblichen Marktwirtschaft sowie einer Aufsichtsbehörde, die Machtkonzentrationen verhindern würde, dem aus der Theorie bekannten Zustand der vollständigen Konkurrenz möglichst nahe kommt. Aufgrund dieses Ideals war es möglicherweise gar kein naheliegendes Thema, die gesellschaftliche Verantwortung von Unternehmen zu diskutieren – da diese ja eben strukturell keine übermäßige Rolle spielen sollten.

Im Laufe der Zeit hat sich jedoch gezeigt, dass trotz Aufsichtsbehörden und des Versuchs, eine wettbewerbliche Marktwirtschaft durchzusetzen, Machtungleichgewichte bspw. in Form von Großkonzernen entstehen konnten, die sowohl Marktmacht als auch Einfluss auf die Politik ausüben können. Dies führt dann zu einer zweiten wesentlichen Gefahr von wirtschaftlicher Macht in einer Sozialen Marktwirtschaft: die Beeinflussung der Politik durch Unternehmen. Vor allem Rüstow kritisierte die Politik der Vergangenheit, den Staat möglichst schwach zu halten und dadurch den Unternehmen mehr Einfluss auf wirtschaftspolitische Entscheidungsprozesse zuzugestehen:

„Denn je schwächer der Staat war, [...] desto weniger konnte er, wie man meinte, in Versuchung kommen, sich Übergriffe in die geheiligte Sphäre der freien Wirtschaft zu erlauben. [...] [Doch so] wurde der Punkt erreicht, unterhalb dessen seine Kraft und Autorität zur Aufrechterhaltung seiner Unabhängigkeit nicht mehr ausreicht. Er begann, dem Ansturm der [...] pressure groups, wie der treffende englische Ausdruck lautet, zu erliegen" (Rüstow 1950, S. 126).

Die Beeinflussung der Politik durch die Wirtschaft sollte in der Sozialen Marktwirtschaft verhindert werden – zum einen eben durch die Unternehmensgröße, die idealerweise gar keine direkte Beeinflussung erlauben würde, und zum anderen aber eben auch durch einen starken Staat, der sich den Einmischungen aus der Wirtschaft erwehren und diese verhindern kann.

Über die Verhinderung von Marktmacht hinaus finden sich bzgl. des Marktverhaltens der Unternehmen in den Theorien zur Sozialen Marktwirtschaft allerdings keine weiteren konkreten Diskussionen. Was sich jedoch findet, sind umfangreiche Debatten über die Verantwortung von Unternehmern. Diese sollen nun im Folgenden näher beleuchtet werden.

Haftung und Verantwortung

Für die Thematisierung der *Unternehmer*verantwortung gibt es die naheliegende Erklärung, dass in der ersten Hälfte des 20. Jahrhunderts zur Zeit der Entwicklung der Sozialen Marktwirtschaft die Unternehmensstrukturen noch sehr verschieden zu heute waren. So war in den meisten Unternehmen die Unternehmensleitung und das Unternehmenseigentum in einer Hand, meist in der des Gründers oder der Gründerfamilie. Da die Unternehmen dadurch andere Entscheidungsstrukturen hatten als heute und sie auch nicht übermäßig mächtig sein sollten (vgl. vorherigen Abschnitt), wurde im Rahmen der Sozialen Marktwirtschaft eben hauptsächlich die Haftung der Unternehmer diskutiert.

Dem Unternehmer kam die tragende Rolle in der Sozialen Marktwirtschaft zu – er war es, der durch unternehmerisches Risiko den Wettbewerb gestaltete und dafür mit Unternehmensgewinnen honoriert wurde: „Insbesondere unternehmerische Initiative und unternehmerischer Wagemut gelten in diesem Sinne als zu schützende ‚Tugenden', die nicht durch staatliche ‚Überregulierung' zerstört werden dürfen" (Aßländer 2009, S. 247). Der im Idealfall regional verankerte Unternehmer ist also eine tragende Säule der Sozialen Marktwirtschaft, den es zu schützen galt. Mit diesem Bild des Unternehmers einher ging jedoch auch das, was für die Soziale Marktwirtschaft ebenso konstitutiv war: dass der Unternehmer für das von ihm eingegangene wirtschaftliche Risiko auch haften muss.

Die Haftung ist das juristische Instrument der Verantwortung – wer haftet, ist *rechtlich* dazu verpflichtet, für sein Handeln Verantwortung zu übernehmen. Für die Soziale Marktwirtschaft war Haftung ein elementarer Bestandteil der Wettbewerbsordnung, ohne den die Marktwirtschaft nicht funktionieren könne:

> „Die Haftung hat im Aufbau der wirtschaftlichen Gesamtordnung große Funktionen, wenn die Gesamtordnung eine Wettbewerbsordnung sein soll. Dann soll sie die Auslese der Betriebe und leitenden Persönlichkeiten ermöglichen oder erleichtern. Sie soll weiter bewirken, daß die Disposition des Kapitals vorsichtig erfolgt. Investitionen

werden um so sorgfältiger gemacht, je mehr der Verantwortliche für diese Investition haftet. [...] Die Wettbewerbsordnung kann ohne persönliche Verantwortung der einzelnen ebensowenig funktionsfähig werden wie beim Fehlen ausreichender Marktformen oder Geldordnungen. [...] Haftung gehört zur Lenkungsmechanik der vollständigen Konkurrenz. Sie ist ein unentbehrliches ordnungspolitisches Institut der Wettbewerbsordnung" (Eucken 1952, S. 212f.).

Die Wettbewerbsordnung der Sozialen Marktwirtschaft gründet also ganz wesentlich auf der Verbindung von Risiko und Haftung: Es ist von entscheidender Bedeutung, dass „leitende Persönlichkeiten" haften und im schlimmsten Falle ausscheiden, wenn sie mit dem ihnen anvertrauten Kapital nicht „vorsichtig" umgehen. Hier ist also die Zuschreibung von Verantwortung noch unmittelbar an die Unternehmensleitung und nicht an das Unternehmen selbst geknüpft.

Bezüglich Haftungsfragen sind in den vergangenen Jahrzehnten jedoch zunehmend Strukturen entstanden, die die wirtschaftliche Haftung vom Risiko trennen. Schon die Autoren der Sozialen Marktwirtschaft sahen vor allem in der Beschränkung der Haftung durch juristische Personen wie GmbH und AG, deren Daseinsgrund ja letztlich die Beschränkung und Diffusion von Risiko und Haftung ist, eines der größten Probleme für die Soziale Marktwirtschaft. So seien juristische Personen „eine der ärgsten Verzerrungen unserer Wirtschaftsverfassung, da in der Tat die Entwicklung des Aktienwesens mit seinen vieldiskutierten, aber bisher leider wenig kurierten Mißständen, die zunehmende Übernahme des Risikos durch die Allgemeinheit (Sozialisierung der Verluste)" (Röpke 1994, S. 304) verursacht habe. Mit der Sorge vor der Übernahme des Risikos durch die Allgemeinheit spricht Röpke ein hochaktuelles Thema an, denn die Finanzkrise hat gezeigt, dass genau dies eine Folge zu großer Unternehmen und beschränkter Haftung ist: Die „Sozialisierung der Verluste" durch die Bankenrettungen, die aufgrund des „Too big to fail"-Arguments während der globalen Finanzkrise auf dem Rücken der Steuerzahler ausgetragen wurde, zeigt sehr eindrücklich die falschen Anreize und damit verbundenen Probleme, die eine umfassende Haftungsbeschränkung in einer Wettbewerbsordnung verursacht, in der doch sonst immer so nachdrücklich die Übernahme von Eigenverantwortung gefordert wird. Für eine funktionierende Soziale Marktwirtschaft musste darum unter allen Umständen sichergestellt sein, „daß eine Fehlleistung ihre unerbittliche Sühne in Verlusten und schließlich durch den Konkurs im Ausscheiden [...] findet" (ebd.). Diese Kopplung von Risiko und Haftung ist heute jedoch in vielen wirtschaftlichen Bereichen (wie beispielsweise dem Bankensektor) erodiert, was dann eben zu risikoreichen Investments und rücksichtslosem wirtschaftlichen Verhalten führen kann.

Die Soziale Marktwirtschaft stellt also ein wirtschaftspolitisches Konzept dar, das ganz wesentlich auf der Übernahme von Verantwortung aufgebaut ist. Dies jedoch nicht in Bezug auf die Unternehmen selbst, sondern vielmehr auf die Unternehmerpersönlichkeit. Die Tatsache, dass wir heute immer mehr über *Unternehmens*verantwortung diskutieren müssen, ist dem Umstand geschuldet, dass die Annahme eben solcher Strukturen heute immer anachronistischer scheint: Zum einen sind Unternehmenseigentum und Unternehmensleitung aufgrund beständig steigender Qualifikations- und Leistungsanforderungen an das Management – mit allen damit einhergehenden Agenturproblemen – heute weitestgehend getrennt (Picot et al. 2010) und zum anderen sind globale Unternehmen zunehmend fast vollständig aus dem Kontext regionaler oder lokaler Interessen herausgelöst (Giddens 1995; Beck 1998).

2.4 Ausblick – Unternehmensverantwortung in der Sozialen Marktwirtschaft?

Wie gezeigt wurde, betrachtet die Soziale Marktwirtschaft Unternehmen im Grunde nur beiläufig. Fragen dazu, wie sich Unternehmen zu verhalten haben, welche Rolle sie in unserer Gesellschaft spielen und vor allem welche Verantwortung sie übernehmen sollten oder müssten, finden nur wenig Beachtung. Die Soziale Marktwirtschaft hat mittels des Ordnungsrahmens, den sie festlegt, versucht, einen gewissen Einfluss auf Unternehmen in Bezug auf ihre Größe, Marktmacht und Haftung festzulegen. Dies betrifft aber eben nur die Ordnungsebene und nicht die Handlungen und Verantwortlichkeiten des einzelnen Unternehmens.

Nun gibt es zwei Möglichkeiten, im Rahmen der historischen Konzeption der Sozialen Marktwirtschaft mit derartigen gesellschaftlichen und wirtschaftlichen Neuerungen umzugehen. Zum einen kann versucht werden, sich wieder zurückzubesinnen, im Versuch, die Gegebenheiten so zu beeinflussen, dass die Soziale Marktwirtschaft in ihrer historischen Form wieder institutionalisiert werden kann. Dies scheint jedoch wenig aussichtsreich. Es sollte vielmehr nach Mitteln und Wegen gesucht werden, um im Rahmen einer Sozialen Marktwirtschaft neben der Ordnungspolitik auch anderen Akteuren eine Verantwortung für wirtschaftliches Handeln zuzuschreiben. Dies wäre, angesichts der Diskussion von Haftung bspw., aber auch angesichts der generellen gesellschaftspolitischen Ausrichtung, sicherlich auch im Sinne der Sozialen Marktwirtschaft. Es muss heute darum gehen, Unternehmen als bedeutende wirtschaftliche Akteure in die Ordnungsidee der Sozialen Marktwirtschaft zu integrieren, wie es ja bereits in Form der Debatten um Unternehmensverantwortung und Unternehmensbürgertum geschieht. Denn auch wenn die Wirtschaftsordnung mit ihren Spielregeln natürlich weiterhin einen bedeutenden Aspekt darstellt, zeigt sich doch immer deutlicher, dass es eben auch auf die Integrität und Verantwortung der einzelnen Akteure ankommt, die sich in einer solchen Ordnung bewegen. Unternehmen beeinflussen die Gesellschaft und auch die Politik in vielfältiger Weise, sie sind aufgrund ihrer Größe und Wirkungsmächtigkeit heute mehr denn je zu „quasi-öffentlichen Institutionen" (Ulrich 1977) geworden und sollten sich für ihre Handlungen eben auch verantworten.

Mit der Integration von Unternehmen in die Wirtschaftsordnung der Sozialen Marktwirtschaft vollzieht sich dann die notwendige Modernisierung dieses Konzepts, die den Fokus der Ordnungsidee sicherlich nicht gänzlich verändert, aber doch zumindest verschiebt oder wenigstens ergänzt. Als Konsequenz des Mangels an Aufmerksamkeit, den die Autoren der Sozialen Marktwirtschaft den Unternehmen widmeten, stellen die Debatten um Unternehmensverantwortung und Corporate Citizenship (Backhaus-Maul et al. 2012) den logischen nächsten Schritt dar, um die konzeptionellen Versäumnisse zu beheben und die Soziale Marktwirtschaft mittels unternehmensethischer Debatten sinnvoll zu erweitern (Hengsbach 1988, S. 117-121). Da nicht davon ausgegangen werden kann, dass die historischen gesellschaftlichen und wirtschaftlichen Idealvorstellungen der Sozialen Marktwirtschaft in naher Zukunft erreicht werden können, muss eben das Konzept selbst verändert und ergänzt werden. Entsprechend umfangreich sind auch die zeitgenössischen unternehmensethischen Debatten, die die Diskussionen der Makro-Ebene (Ordnungspolitik) und der Mikro-Ebene (Führungskräfte und Mitarbeiter) um eine Unternehmensethik ergänzen. Die Diskussion dieser drei Ebenen sowie vor allem ihre Verschränkung erlauben es dann erst, wirtschaftsethische Fragestellungen tatsächlich angemessen zu erfassen und umfassend zu thematisieren (Ulrich 2008, S. 313-500).

Doch bedarf die Soziale Marktwirtschaft nicht nur einer Ergänzung um diese Aspekte von Unternehmensethik. Die Soziale Marktwirtschaft muss ganz generell auch bezüglich ihrer Ordnungs- und Individualethik aktualisiert und modernisiert werden. Der reflexartige Rückgriff der Politik auf die Soziale Marktwirtschaft in Zeiten der Krise darf nicht darüber hinwegtäuschen, dass das Konzept inzwischen fast 70 Jahre alt ist und in vielerlei Hinsicht Modernisierungsbedarf aufweist. Nicht nur die Rolle von Unternehmen ist veraltet, sondern auch die normativen Grundlagen sowie manch andere gesellschafts- oder wirtschaftspolitischen Annahmen (Lorch 2014).

Darüber hinaus muss eine Soziale Marktwirtschaft auch die Frage beantworten, inwiefern eine nationale Wirtschaftsordnung in Zeiten globaler Märkte und einer transnationalen Staatengemeinschaft wie der Europäischen Union überhaupt noch durchsetzbar ist. Hier könnte vermutlich theoretisch wie auch politisch viel stärker darauf hingearbeitet werden, die Ordnungsidee einer Sozialen Marktwirtschaft auf eine legitime transnationale Bühne zu transportieren. Dieses Vorhaben birgt natürlich ganz eigene Herausforderungen, wie die Debatten um eine transnationale Demokratie und Wirtschaftsverfassung im Rahmen der Europäischen Union zeigen (bspw. Habermas 1998, 2012). Eine europäische Soziale Marktwirtschaft ist allerdings auch keineswegs unrealistisch, da die Europäische Union bereits in der EU-Verfassung eine „soziale Marktwirtschaft" als gemeinsame Wirtschaftsordnung festgelegt hat – jedoch ohne diese genauer zu definieren.[2]

Denn die Grundidee, wirtschaftliche Freiheit und soziale Gerechtigkeit zu verknüpfen und gleichermaßen zu institutionalisieren, ist immer noch die alles entscheidende Aufgabe einer zeitgemäßen Wirtschaftspolitik. Und so dient die Soziale Marktwirtschaft eben auch heute noch mindestens als Quelle der Inspiration für Antworten auf neue Herausforderungen auf dem Weg zu einer sozialeren Marktwirtschaft.

Empfehlenswerte Literatur

Aßländer MS, Ulrich P (2009) 60 Jahre Soziale Marktwirtschaft: Illusionen und Reinterpretationen einer ordnungspolitischen Integrationsformel. Haupt, Bern
Goldschmidt N, Wohlgemuth M (Hrsg) (2004) Die Zukunft der Sozialen Marktwirtschaft: sozialethische und ordnungsökonomische Grundlagen. Mohr Siebeck, Tübingen
Lorch A 2014: Freiheit für alle – Grundlagen einer neuen Sozialen Marktwirtschaft. Campus, Frankfurt/New York

Empfehlenswerte Internetquelle

www.wirtschaftslexikon.gabler.de/Definition/soziale-marktwirtschaft.html

---

2 „Die Union errichtet einen Binnenmarkt. Sie wirkt auf die nachhaltige Entwicklung Europas auf der Grundlage eines ausgewogenen Wirtschaftswachstums und von Preisstabilität, eine in hohem Maße wettbewerbsfähige soziale Marktwirtschaft, die auf Vollbeschäftigung und sozialen Fortschritt abzielt […] hin" (Europäische Union 2007, Artikel 2 (3)).

Literatur

Aßländer MS (2009) Wohlstand für alle? Die Soziale Marktwirtschaft vor der globalen Herausforderung. In: Aßländer MS, Ulrich P (Hrsg) 60 Jahre Soziale Marktwirtschaft: Illusionen und Reinterpretationen einer ordnungspolitischen Integrationsformel. Haupt, Bern/Stuttgart/Wien, S 223-255

Backhaus-Maul H, Nährlich S, Speth R (2012) Denkschrift Bürgergesellschaft. 2., aktualisierte Auflage. Aktive Bürgerschaft, Berlin

Beck U (1998) Was ist Globalisierung?. 4. Auflage. Suhrkamp, Frankfurt

Crouch C (2011) Das befremdliche Überleben des Neoliberalismus. Bundeszentrale für Politische Bildung, Bonn

Erhard L (2009) Wohlstand für alle. Anaconda, Köln

Eucken W (1950) Die Grundlagen der Nationalökonomie. 6., durchgesehene Auflage. Springer, Berlin/Göttingen/Heidelberg

Eucken W (1952) Die Politik der Wettbewerbsordnung – Die konstituierenden Prinzipien. In: Goldschmidt N, Wohlgemuth M (Hrsg) (2008) Grundtexte zur Freiburger Tradition der Ordnungsökonomik. Mohr Siebeck, Tübingen, S 197-220

Eucken W (1990) Grundsätze der Wirtschaftspolitik/Walter Eucken. 6., durchgesehene Auflage. Mohr, Tübingen

Europäische Union (2007) Vertrag von Lissabon zur Änderung des Vertrags über die Europäische Union und des Vertrags zur Gründung der Europäischen Gemeinschaft. Europäische Union, Brüssel

Giddens A (1995): Konsequenzen der Moderne. Suhrkamp, Frankfurt

Habermas J (1998): Die postnationale Konstellation: politische Essays. Suhrkamp, Frankfurt

Habermas J (2012): Zur Verfassung Europas: ein Essay. 4. Auflage. Suhrkamp, Berlin

Hengsbach F (1988) Braucht die soziale Marktwirtschaft einen neuen ethischen Impuls? In: Nienhaus V, van Santum U (Hrsg) Grundlagen und Erneuerung der Marktwirtschaft. Nomos, Baden-Baden, S 115-135

Hengsbach F (2004) Soziale Marktwirtschaft – Konstrukt, Kampfformel, Leitbild? In: Goldschmidt N, Wohlgemuth M (Hrsg) Die Zukunft der Sozialen Marktwirtschaft: sozialethische und ordnungsökonomische Grundlagen. Mohr Siebeck, Tübingen, S 163-174

Lorch A (2014) Freiheit für alle – Grundlagen einer neuen Sozialen Marktwirtschaft. Campus, Frankfurt/New York

Merkel A (2009) Rede von Bundeskanzlerin Angela Merkel anlässlich des Tages der Deutschen Einheit, Saarbrücken. Presse- und Informationsdienst der Bundesregierung, Stichworte zur Sicherheitspolitik, September-Oktober, S 60-64. www.bundesregierung.de/Content/DE/PeriodischerBericht/StichworteSicherheitspolitik/2009/2009-11-03-sipo-september-oktober-2009.pdf?__blob=publicationFile&v=1. Zugegriffen: 14.03. 2017

Meyer-Faje, A (2013) Die Unvollendete. Entwicklung, Probleme und Perspektiven der Sozialen Marktwirtschaft. Metropolis, Marburg

Müller-Armack A (1952) Stil und Ordnung der Sozialen Marktwirtschaft. In: Goldschmidt N, Wohlgemuth M (Hrsg) (2008) Grundtexte zur Freiburger Tradition der Ordnungsökonomik. Mohr Siebeck, Tübingen, S 457-466

Müller-Armack A (1966) Wirtschaftsordnung und Wirtschaftspolitik. Studien und Konzepte zur Sozialen Marktwirtschaft und zur Europäischen Integration. Rombach, Freiburg

Müller-Armack A (1990) Wirtschaftslenkung und Marktwirtschaft, Sonderausgabe. Kastell, München

Picot A, Reichwald R, Wigand RT (2010) Die grenzenlose Unternehmung. Information, Organisation und Management. Lehrbuch zur Unternehmensführung im Informationszeitalter. 5., aktualisierte Auflage. Gabler, Wiesbaden

Ptak R (2004) Vom Ordoliberalismus zur sozialen Marktwirtschaft: Stationen des Neoliberalismus in Deutschland. Leske und Budrich, Opladen

Röpke W (1958) Jenseits von Angebot und Nachfrage. 2. Auflage. Haupt, Erlenbach/Zürich/Stuttgart

Röpke W (1994) Die Lehre von der Wirtschaft. 13. Auflage. Haupt, Bern/Stuttgart/Wien

Rüstow A (1949) Zwischen Kapitalismus und Kommunismus, in Goldschmidt N, Wohlgemuth M (Hrsg) (2008) Grundtexte zur Freiburger Tradition der Ordnungsökonomik. Mohr Siebeck, Tübingen, S 423-448

Rüstow A (1950) Das Versagen des Wirtschaftsliberalismus. 3., überarbeitete Auflage. Metropolis, Marburg, S 21-200

Streeck W (2009) Re-Forming Capitalism. Institutional Change in the German Political Economy. Oxford University Press, Oxford/New York

Ulrich P (1977) Die Grossunternehmung als quasi-öffentliche Institution: eine politische Theorie der Unternehmung. Poeschel, Stuttgart

Ulrich P (2008) Integrative Wirtschaftsethik – Grundlagen einer lebensdienlichen Ökonomie. Haupt, Bern/Stuttgart/Wien

Ulrich P (2010) Die Finanz- und Wirtschaftskrise als normative Orientierungskrise, in: Von Cranach M, Mastronardi P (Hrsg) Lernen aus der Krise: auf dem Weg zu einer Verfassung des Kapitalismus – ein Dossier von kontrapunkt. Haupt, Bern/Stuttgart/Wien, S 34-46

Windolf P (2005): Finanzmarkt-Kapitalismus: Analysen zum Wandel von Produktionsregimen. VS Verlag für Sozialwissenschaften, Wiesbaden

Gesellschaftliche Verantwortung von Unternehmen in ordnungspolitischer Perspektive

3

Michael Hüther

Abstract

The normative debate about Corporate Social Responsibility must be integrated within a scientific and conceptual systematization. To do so the internal structures of companies need to be identified (shareholder- and stakeholder approach, specific characteristics of the market system as well as different types of corporate responsibility in society and its underlying social distribution conflicts). This chapter will bring together economic theory (new institutional economy) and regulatory approaches.

***

Die Frage der gesellschaftlichen Verantwortung von Unternehmen verweist auf eine normative Debatte, die der wissenschaftlichen und konzeptionellen Einordnung bedarf. Dazu werden die innere Struktur von Unternehmen (Shareholder- und Stakeholderansatz, konkrete Ausprägungen der marktwirtschaftlichen Ordnung sowie Varianten gesellschaftlicher Verantwortungsübernahme durch Unternehmen und die ihnen zugrundeliegenden Verteilungskonflikte) herausgearbeitet. Im Beitrag werden wirtschaftstheoretische Grundlagen (Neue Institutionenökonomik) und ordnungspolitische Konzepte zusammengeführt.

3.1 Einleitung

Mit der gesellschaftlichen Verantwortung von Unternehmen verbindet sich eine normative Debatte, die der wissenschaftlichen und konzeptionellen Einordnung bedarf (2). Nur ein Blick in die innere Struktur von Unternehmen (Shareholder- und Stakeholderansatz) lässt die Zielstellung systematisch analysieren und den Spielraum für eine erweiterte Verantwortungsübernahme ermitteln (3). Dabei ist der Verantwortungsraum für Unternehmen nicht unabhängig von der konkreten Ausprägung der marktwirtschaftlichen Ordnung (Varieties of Capitalism) (4). Je nach Zielsetzung und Verbindung mit unternehmerischem Handeln ergeben sich unterschiedliche Formen gesellschaftlicher Verantwortungsübernahme (5). Schließlich ist zu beachten, dass die Übernahme gesellschaftlicher Verantwortung immer auch einen Verteilungskonflikt durch die damit verbundene Ressourcenbeanspruchung begründet (6). Das Kapitel zielt somit darauf, unternehmerisches Handeln systematisch in einen gesellschaftlichen Verantwortungskontext einzuordnen. Dabei werden wirtschaftstheoretische Grundlagen (Neue Institutionenökonomik) und ordnungspolitische Konzepte bemüht.

3.2 Das Problem der Normativität

Die Frage nach der gesellschaftlichen Verantwortung von Unternehmen eröffnet eine normative Debatte. Das ist im Rahmen der ökonomischen Theorie nur schwer zu handhaben. Denn trotz aller Relativierungen gilt unverändert, dass im Begründungs- respektive Aussagenzusammenhang der Wissenschaft (der Inhaltsbereich) Werturteile grundsätzlich nichts zu suchen haben, während sie im Bereich der Wertbasis (Auswahl der Forschungsfrage und der Forschungsmethode) unvermeidbar und im Objektbereich möglich sind. Die Frage nach der gesellschaftlichen Verantwortung könnte demnach nur Gegenstand beschreibender Analysen sein, die sich beispielsweise den Konsequenzen bestimmter Anforderungen der Gesellschaft an Unternehmen widmen, oder die Konsistenz der Wirkungen unterschiedlicher Zielvorgaben für unternehmerisches Handeln untersuchen.

Nun wäre es allerdings geradezu naiv, für den Inhaltsbericht der Wirtschaftswissenschaften eine umfassende Werturteilsfreiheit zu fordern. Das würde diese Disziplin grundlegend in Frage stellen, bedenkt man, dass beispielsweise eine Annahme über die Entscheidungs- und Handlungskompetenz des Individuums, wie sie sich mit der Kunstfigur des *Homo oeconomicus* verbindet, für die Theoriebildung notwendig ist und damit in den Inhaltsbereich weiter hineingreift als bei den unvermeidbaren Wertbasisentscheidungen. Diese normative Bedingtheit der ökonomischen Theoriebildung gilt unverändert auch angesichts der bedeutsamen Einsichten der Verhaltensökonomik über die begrenzte Rationalität des Individuums (Enste und Hüther 2011, S. 32 ff.). Die Wirtschaftswissenschaften sind in diesem Sinne zu Recht als normativ zu bezeichnen, da sie als Wissenschaft vom sozial relevanten Handeln des Menschen nicht daran vorbeikommen, über diesen notwendige Annahmen zu machen.

Der mit dem Homo oeconomicus verbundene methodologische Ansatz versucht das Phänomen komplexer Strukturen und Zusammenhänge analysierbar zu machen, indem Probleme auf ihren Kern reduziert und isoliert werden. Die Figur des Homo oeconomicus folgt diesem Ansatz dadurch, dass er als Entscheidungs- und Handlungsmaxime nur das Eigennutzprinzip kennt; die Existenz und Wirkungsmacht anderer Motive – wie sozial verankerte Werte – wird zwar nicht ausgeschlossen, doch traditionell nicht thematisiert. Mit dieser Reduktion wird implizit unterstellt, dass die anderen Möglichkeiten einer Entscheidungs- und Handlungsorientierung ein weitgehend stabiles, jedenfalls nicht störmächtiges Umfeld beschreiben. Der Vorteil dieses Vorgehens liegt offensichtlich darin, die für gesamtwirtschaftliche Analysen notwendige Aggregation vornehmen zu können.

Unternehmen sind hierarchische Organisationen, in denen Menschen auf der Grundlage von Aufgaben- und Funktionszuweisungen durch eine Verantwortungsstruktur zentral geordnet kooperieren. Der hierarchisch gesteuerte und gesicherte Kooperationsvorteil muss dabei größer sein als der Verzicht auf die dezentrale Koordinationsleistung des Preismechanismus im Markt. Damit ist jener grundlegende Zusammenhang angesprochen, der den Anstoß zur *Theorie der Firma* gab (Coase 1937) und den Dennis H. Robertson auf treffliche Weise so formuliert hat, indem er Unternehmen als Inseln bewusster Macht beschrieb: „We have found islands of conscious power in this ocean of unconscious co-operation, like lumps of butter coagulating in a pail of buttermilk" (1923, S. 91). Damit war die Frage gestellt, warum die Organisationsform Unternehmen notwendig ist, wo doch die Allokation der Ressourcen am effizientesten über den Preismechanismus erfolgt (Coase 1937, S. 388). Die Antwort lag in der Feststellung, dass die Nutzung des Preismechanismus etwas kostet (Informations- und Vertragskosten, Kosten langfristiger Bindung, Reduktion von Unsicherheit). Dann ist es nicht irrelevant, ob die Produktion im Markt über den Preismechanismus oder in einer hierarchischen Organisation über Schattenpreise gesteuert wird, wie es die neoklassische Theorie unterstellt; wir befinden uns damit in der *Neuen Institutionenökonomik* (Richter und Furubotn 2010, S. 403).

Wenn man grundsätzlich davon ausgeht, dass – unabhängig von positiven Transaktionskosten – jede unternehmensinterne Transaktion auch über Märkte und den Preismechanismus organisiert werden kann (was sowohl mit Verweis auf die permanenten Outsourcing- Bemühungen (Coase 1937, S. 404) als auch auf die Systeme unternehmensinterner Leistungsverrechnung mit Bezug auf Marktstandards realistisch ist), dann verlagert sich die gesellschaftliche Verantwortung im übergeordneten Sinne auf das *Design der Marktregulierung*. Dadurch werden Transaktionskostenunterschiede zwischen unternehmensinterner Lösung sowie Marktlösung profiliert und Unternehmen als dynamische Vertragssysteme mitgesteuert. Insoweit gilt: „A corporation is an artificial person and in this sense may have artificial responsibilities, but ‚business' as a whole cannot be said to have responsibilities, even in this vague sense" (Friedman 1970, S. 33).

Der systematische Ort der Moral für unternehmerisches Handeln wäre in diesem Verständnis ausschließlich die Rahmenordnung des Marktsystems, eine zusätzliche moralische Adressierung *des Unternehmens* wäre überflüssig. Die gesellschaftlich als relevant erachteten Werturteile würden sich in Anforderungen an die einzelnen Akteure im Unternehmen richten und nicht an das Unternehmen selbst. Beschränkte man dies auf die Kapitaleigner, dann handelte es sich in Analogie zur Teilhabersteuer um eine *Teilhabermoral,* eine Verantwortung, die sich ausschließlich an die Eigentümer richtet. Das Unternehmen als Institution bliebe dann unberücksichtigt. So wie die Teilhabersteuer eine direkte Besteuerung der Kapitalgesellschaft ablehnt und nur die Anteilseigner als steuerpflichtig betrachtet, so ließe sich dies auch für die Übernahme gesellschaftlicher Verantwortung begründen (Enste und Hüther 2012, S. 4f.). Moral und Ethik wären stets und ausschließlich an den Einzelnen gerichtet, unabhängig vom einzelwirtschaftlichen Handlungskontext.

Der Blick auf die unterschiedlichen Anweisungsbeziehungen und Verantwortungsstrukturen in Unternehmen – beispielsweise das Verhältnis von Kapitaleignern (Prinzipal) und Geschäftsführung (Agent), das Verhältnis zwischen Geschäftsführung und Arbeitnehmervertretung, das Verhältnis zwischen Unternehmen und Zulieferern sowie Kunden – macht jedoch deutlich, dass es originäre Entscheidungs- und Gestaltungsspielräume der beauftragten Unternehmensführung gibt (genauer: geben muss) und eine Feinsteuerung durch den Eigentümer als Prinzipal weder möglich noch sinnvoll ist. Ebenso müssen im Unternehmen – unabhängig von der Rechtsform – stets der Ressourceneinsatz und die Ressourcenbindung kontrovers zwischen Management, Shareholdern (Kapitalseite) und Stakeholdern (Mitarbeitern, Lieferanten, Kunden) diskutiert und verhandelt werden. Daraus folgt: Personengesellschaften und Kapitalgesellschaften, Eigentümerunternehmer und Manager können durchaus eigenständig als Träger gesellschaftlicher Verantwortung angesprochen werden. Mit diesen Überlegungen wird deutlich, dass nur durch eine differenzierte Innensicht der Unternehmen deren Befähigung, deren Disposition und deren Bereitschaft zur Mitverantwortung in der Gesellschaft angemessen analysiert werden kann. Unternehmer und Unternehmen, Shareholder und Stakeholder sind gleichermaßen anzusprechen.

Die Forderung nach einer gesellschaftlichen Verantwortungsübernahme durch Unternehmen, die damit aus *organisationstheoretischer Sicht* prinzipiell möglich ist, trifft allerdings aus *ordnungspolitischer Perspektive* auf Hürden, und zwar selbst bei positiven Transaktionskosten der Marktnutzung. Denn aus einer rein marktwirtschaftlichen Sicht ist mit der Erfüllung der ökonomischen Funktionen durch das Unternehmen in einer Wettbewerbsordnung und unter den Bedingungen der Rechtsordnung zugleich die ethische Dimension wirtschaftlichen Handelns erfüllt. Anders gewendet: Der so entstandene Vergütungsspielraum des Unternehmens (Wertschöpfung durch unternehmerisches Handeln) bedarf keiner zusätzlichen moralischen Rechtfertigung. Unternehmen schaffen in Reaktion auf technischen Fortschritt und den laufenden Wandel der Nachfrage neue Angebote und neue Kapazitäten. Durch die Nutzung von Innovationen für neue Produkte und Prozesse erhöhen Unternehmen die volkswirtschaftliche Effizienz und erweitern die Konsummöglichkeiten, sie übernehmen damit zugleich die entsprechenden Risiken.

Unternehmen agieren unter Wettbewerbsbedingungen, die sie zu einem sorgsamen Umgang mit dem eingesetzten Kapital anleiten. Dahinter steht die *Sanktionsandrohung der Enteignung durch den Wettbewerb* (Eucken 1952, S. 270ff.). Die zentrale Funktion des Wettbewerbs für den Suchprozess nach besseren Produkten und Dienstleistungen besteht darin, unausweichlich die letzte Instanz nicht nur für die Verzinsung des eingesetzten Kapitals, sondern – viel grundsätzlicher – auch für die Verfügungsrechte über das Kapital zu sein. Der souveräne Konsument sitzt hier am entscheidenden Hebel. Der Wettbewerb ist dann unvermeidbar ein System der Gewaltenteilung, der Teilung jener ökonomischen Potenz, die sich mit dem Kapitalbesitz verbindet. Öffnet man den Kapitalbegriff über die in diesem Kontext übliche Deutung als Finanz- und Sachkapital hinaus für Humankapital, dann erhält der Wettbewerb eine noch grundlegendere Steuerungswirkung als sie öffentlich gemeinhin gesehen wird: Er steuert alle Investitions- und Desinvestitionsentscheidungen.

Dieser ökonomischen Sicht steht eine andere gegenüber, die aus politischen und gesellschaftlichen Einordnungen *Unternehmen (auch) als Gemeinwohlakteure* begreift und die gesellschaftliche Beauftragung sehr viel weiter fasst (Sachverständigenkommission 2012, Kapitel IV.1). Das relativiert das erwerbswirtschaftliche Prinzip der Gewinnmaximierung. Die Wahrnehmung gesellschaftlicher Verantwortung – als Handlungsverantwortung, als Ordnungsverantwortung und als Diskursverantwortung (Homann 2006) – wird in dieser Sichtweise als selbstverständlicher Teil unternehmerischen Handelns und als Wesenskern von Unternehmen in der Marktwirtschaft betrachtet, indem die diskretionären Spielräume auf diese Weise eingehegt werden. Unternehmen stehen damit grundsätzlich vor der Herausforderung, die ökonomische Effizienz (und Legalität) mit der gesellschaftlichen Legitimität in Einklang zu bringen (Hasse und Krücken 2009, S. 194) respektive für Wohlstand *und* Sinn zu sorgen (Homann 2006). Das macht den schmalen Grat zwischen beiden Welten deutlich und erfasst ein bedeutsames Konfliktpotenzial: Zwischen erwerbswirtschaftlichem Prinzip und gesellschaftlicher Verantwortungsübernahme. Das Konfliktpotenzial hat Milton Friedman vor vierzig Jahren in seinem berühmten Aufsatz *The Social Responsibility of Business is to increase its Profits* stark gemacht (Friedman 1970). Friedman hat diese Überspitzung allerdings später selbst relativiert: „Maximizing profits is an end from the private point of view; it is a means from the social point of view" (Friedman 2005). Damit öffnet sich ein weites Feld unternehmerischer Verantwortung jenseits des im engeren Sinne Ökonomischen (Beckmann 2010; Pies und Hielscher 2008).

3.3 Unternehmerische Funktionen im Wettbewerb

Unternehmen in der Marktwirtschaft folgen in ihrer konkreten Erstellung von Gütern und Dienstleistungen idealtypisch einer doppelten Steuerung: durch den Konsumenten und durch den Kapitalinvestor. Üblicherweise wird nur der souveräne Konsument dafür in Stellung gebracht, wodurch der *Wettbewerb als Austauschprozess* zwischen Angebot und Nachfrage in einem Markt verstanden wird. „*Der wettbewerbliche Austauschprozess ist dergestalt ein Verfahren zur Entdeckung der Präferenzen von Konsumenten und wirtschaftlicher Arten diese zu befriedigen*"(Kiwit und Voigt 1998, S. 316). Diese Form des Wettbewerbs setzt voraus, dass zum einen die Nachfrager die differenzierenden Signale des Angebots wahrnehmen und zum anderen das Angebot hinreichend flexibel auf die Entscheidungen der Nachfrager reagieren kann. Dies ist mit Transaktionskosten verbunden, und zwar für beide Marktseiten. Bedeutsam sind dafür nicht nur die Preisgestaltung, sondern das Leistungsversprechen des Produkts sowie das Reputationsversprechen des Unternehmens. Da Marken in der Nutzung zu einer Identifikation des Konsumenten mit dem Unternehmen führen (können), ist der Aspekt der Reputation des Anbieters im Austauschprozess zunehmend wichtiger geworden, bis hin zum Wirkungsraum moralisierender Märkte (Stehr 2007).

Die Investoren respektive Anteilseigner, die auf ihr eingesetztes Kapital eine angemessene, d. h. den sonstigen Opportunitäten des Kapitalmarkts entsprechende Verzinsung verlangen, erlangen damit eine residuale Steuerungsfunktion, residual bezogen auf die für die Struktur des Warenangebots maßgeblichen Präferenzen der

Konsumenten. Diese residuale Steuerung mündet in einen *Wettbewerb als Parallelprozess*, der sich einerseits auf innovative Vorstöße eines Unternehmens bezieht und einen Prozess paralleler Anstrengungen mit Blick auf die Marktnachfrage auslöst und der sich andererseits auf der Angebotsseite vollzieht und von dort auf die Gewinnung von Kapital gerichtet ist (Eichner 2002, S. 27). Die Unternehmen müssen sich mit ihrer Marktstellung oder Markterwartung im Lichte der Konsumentenpräferenzen im Wettbewerb um knappes Kapital durch Verzinsungsversprechen differenzieren. Die glaubwürdige Sicherung dieses Renditeversprechens durch Marktposition und Ertragsstärke ist die permanente unternehmerische Herausforderung und in diesen Kontext müssen sich alle unternehmerischen Aktivitäten einfügen, um dessen Finanzierung zu sichern.

Unternehmen unterliegen in beiden Ausprägungen des Wettbewerbs – im Austauschprozess wie im Parallelprozess – unweigerlich den Anforderungen der Effizienz und der Effektivität ihres Handelns. So konstituiert der Wettbewerb einen Anpassungsdruck, der die erwähnte Enteignungsandrohung in sich trägt: Unternehmen, die die Signale des Wettbewerbs ignorieren und sich auf etablierten Marktpositionen ausruhen, gefährden ihr Kapital und damit ihre Handlungsgrundlage. In diesem Zusammenhang ist das erwerbswirtschaftliche Prinzip unausweichlich, zugleich aber nicht ohne moralische Dimension, da es einen effizienten Umgang mit Ressourcen verlangt, anders gewendet: „Unternehmer, die nicht dem Leitziel der Gewinnmaximierung folgen, seien der Ressourcenverschwendung anzuklagen" (Sachverständigenkommission 2012, Ziffer 364). Die damit verbundenen Beschäftigungsverluste begründen die moralische Qualität und gesellschaftliche Dimension eines sorgsamen Umgangs mit dem verfügbaren Kapital.

Die ökonomische Theorie – genauer: *die neoklassische Theorie* (Richter und Furubotn 2010, S. 402ff.) – macht durch den objektiven und umfassenden Wettbewerbszwang bei vollständiger Voraussicht, uneingeschränkter Rationalität und Transaktionskosten von Null Unternehmen zu reinen Vollzugsorganen der Marktwirtschaft. Die gesellschaftlich relevanten Wünsche und Präferenzen werden über den Wettbewerb mit seinen beiden Ausprägungen vermittelt. Dies setzt voraus, dass die dadurch gestellten Bedingungen den Unternehmen und im Unternehmen keine diskretionären Spielräume belassen, Transaktionskosten irrelevant sind, mithin ausnahmslos vollständige Verträge gelten und es deshalb keiner besonderen Würdigung der institutionellen Struktur der Unternehmung bedarf. Diese Steuerungslogik ist aus mehreren Gründen für Unternehmen in der marktwirtschaftlichen Ordnung zweifelhaft:

- Erstens kann die *gesetzliche Rahmenordnung für Wettbewerbsprozesse* nicht so umfassend gestaltet werden, wie es in der Theorie unterstellt wird. Tatsächlich

bewegen wir uns in einer Welt *unvollständiger kollektiver Verträge*, die oft mit unbestimmten Rechtsbegriffen, aber ebenso mit deklarierten Ermessensspielräumen arbeiten müssen.
- Zweitens entsprechen Märkte nur selten dem *theoretischen Konstrukt der vollständigen Konkurrenz*, in der Wettbewerbsvorsprünge nicht oder allenfalls sehr kurzfristig vorstellbar, Gewinne nur im Wettbewerbsstandard möglich (keine Preissetzung oberhalb der langfristigen Durchschnittskosten) und Handlungsalternativen sowie Differenzierungsmöglichkeiten durch die Homogenitätsannahmen beschränkt sind. Dies bedeutet aber, dass die Steuerungskraft des Wettbewerbs die Unternehmen nicht einfach zu Vollzugsorganen macht. Typischerweise kennen wir dies an der für die deutsche Industrie (im globalen Rahmen) relevanten *Marktform der monopolistischen Konkurrenz*. Hier erweist sich die Heterogenität des Produkts bzw. der Dienstleistung infolge einer kundenspezifischen Konfektionierung als Erfolgsfaktor (Grömling und Lichtblau 2006).
- Drittens kennen wir das *Phänomen der asymmetrischen Information*, das Unternehmen besondere Optionen verschafft und Nischen für abweichende, mitunter unfaire Produktgestaltungen eröffnet. Im Falle von Informationsasymmetrien ist es unabhängig vom Sachzusammenhang möglich, durch opportunistisches Verhalten Vorteile zu erzielen; dies nicht zu tun, verlangt nach einer besonderen Urteilskraft und moralischen Stärke beim Einzelnen.
- Viertens sind *Unternehmen als ein Netz von Verträgen* in unterschiedlichen Sachzusammenhängen entlang der unternehmerischen Funktionen zu verstehen (Beschaffung, Entlohnung, Infrastruktur, Marketing, Absatz etc.). Das führte – wie erwähnt – zu der Theorie der Unternehmung, die sich der Frage widmet, warum es in der marktwirtschaftlichen Ordnung mit ihrer dominant dezentralen Steuerung überhaupt derartige hierarchische Organisationen gibt und ihrer sogar bedarf (Coase 1937; Williamson 1991). Dahinter steht die Tatsache, dass die Nutzung des Marktmechanismus mit Transaktionskosten verbunden ist. Das betrifft Kosten der Informationssuche für beide Marktseiten, Kosten der Steuerung im Austauschprozess und Kosten der Ressourcengewinnung beispielsweise im Kapitalmarkt.
Hinzu kommt, dass es sich auch hier zumeist um unvollständige (in diesem Fall einzelwirtschaftlich schuldrechtliche) Verträge handelt; das gilt für das Verhältnis von Prinzipal (Kapitaleigner) und Agent (Unternehmensführung), es gilt ebenso für die Arbeitsverträge (Richter und Furubotn 2010, S. 159ff.).
- Fünftens ist darauf hinzuweisen, dass die *Kapitalbindung und Kapitalbildung im Unternehmen zu Spezialisierungen* führt, die unterschiedliche Beschränkungen der Handlungsfreiheit und damit Einsperrungseffekte begründen können. Dies

gilt für das Humankapital, wenn dessen Spezifität nur eine begrenzte Einsatzmöglichkeit in anderen Unternehmen ermöglicht. Das kann Gewerkschaften legitimieren, um das unternehmensgebundene Humankapital vor Ausbeutung zu schützen. Es gilt ebenso für Finanzkapital, wenn es durch seine Haftung mit der Risikostrategie des Unternehmens eng verwoben (beispielsweise in Form von Risikokapital (venture capital)), jedenfalls nicht hochmobil ist.

Unvollständige Regulierung, Marktunvollkommenheiten, Informationsasymmetrien, unvollständige Verträge um und im Unternehmen sowie Kapitaleinsperrungseffekte schaffen einen Handlungsraum für die verschiedenen Akteursgruppen, der durch das erwerbswirtschaftliche Prinzip weder ausreichend beschrieben noch angemessen gefüllt wird. Dies öffnet unternehmerische Geschäftsmodelle für andere Erwägungen, auch für die Wahrnehmung gesellschaftlicher Einbettung. Und es verweist insbesondere auf die historischen Prägungen einer Gesellschaft und damit einer konkreten Wirtschaftsordnung. Zugleich wird deutlich, dass es anderer Bindungsinstrumente als nur materieller Kompensation bedarf, um Menschen zur Kooperation in einer hierarchischen Struktur zu motivieren: Unternehmen sind *Verantwortungsgemeinschaften*, die auf gemeinsamen Werten, einer spezifischen Kultur und einer gewünschten Reputation beruhen und eine *Autorität der Unternehmensführung* ermöglichen.

3.4 Unternehmerische Steuerung und Wirtschaftsordnung

Halten wir fest: Unternehmen schließen Verträge und bündeln Risiken. Dadurch erlangen sie eine institutionelle Dauerhaftigkeit, denn der unternehmensspezifische Transaktionskostenvorteil erfordert für seine Materialisierung eine bestimmte Wirkungszeit. Unternehmen verbinden dadurch Konsumenten über Regionen und Zeiten hinweg. In dem die Produktionsentscheidung von der Konsumentscheidung getrennt wird, entsteht für das Unternehmen mit der Gewinnmaximierung ein eigenständiges Ziel. Die tatsächliche Gewinnentwicklung drückt eine erfolgreiche Positionierung aus, und zwar sowohl im Wettbewerb als Austauschprozess als auch im Wettbewerb als Parallelprozess. Mit zunehmender Größe der Unternehmen und dem daran hängenden Kapital gewinnt die Streuung der Anteile auf viele Eigner an Bedeutung, was die Produktionsunternehmen im Kapitalmarkt verankert und die Entwicklung der Finanzmärkte befördert. Damit ist angedeutet, dass sich Unternehmen in verschiedenen Eigentumsstrukturen befinden können, als

Familienunternehmen mit Eigentümerführung und als *Publikumsgesellschaften* (Kapitalgesellschaften) *mit Managementführung.* Je nach Unternehmenstyp sind die angesprochenen Steuerungsprobleme (Prinzipal-Agenten-Probleme) unterschiedlich ausgeprägt, und zwar nicht nur, weil der Freiraum der Unternehmensführung divergiert, sondern auch, weil sich die unternehmenskulturelle Prägung sowie die Wertebasis unterscheiden. In diesen Unterschieden spiegeln sich zugleich die nationalen Besonderheiten und Traditionen der Unternehmensfinanzierung, der Sozialpartnerschaft und der politischen Intervention (beispielsweise in Form selektiver Industriepolitik). Deshalb wird in Analysen zu den *unterschiedlichen Ausprägungen der marktwirtschaftlichen Ordnung* die (idealtypische) Funktion des Unternehmens zum Anker der Systemdifferenzierung, zum Unterscheidungsmerkmal zwischen Kapitalismusformen (Hall und Soskice 2004). Unternehmen bestimmen mit ihrem Verhalten und ihren Strategien in aggregierter Betrachtung die volkswirtschaftliche Struktur und Leistungskraft wesentlich, sie dokumentieren zugleich die Präferenzen und Rationalisierungswünsche der Konsumenten sowie des Staates. Unternehmen agieren in unterschiedlichen Märkten – Beschaffungs-, Finanzierungs- und Absatzmärkte – und damit in sehr weit gespannten thematischen Kontexten – Finanzierungsweise, Sozialpartnerschaft, Lohnfindung, Arbeitsbedingungen, Aus- und Weiterbildung, Forschung und Entwicklung sowie innerbetriebliche Organisation. So reflektieren Unternehmen durch ihr Handeln nicht nur die Steuerungskraft der Konsumenten und der Anteilseigner, sondern ebenso die Bedeutung der gesellschaftlich getragenen Regulierungen verschiedener Märkte und Handlungsbereiche sowie die Bedeutung gesellschaftlicher Wertvorstellungen und ethischer Orientierungen.

Bei der Koordinierung der verschiedenen Kontexte werden zwei unterschiedliche Ansätze ordnungstheoretisch unterschieden: (1) *Liberale Marktwirtschaften* (Markt- oder Shareholder-Kapitalismus), in denen die Koordinierung über offene, wettbewerblich organisierte Märkte mit in der Regel formalen vertraglichen Vereinbarungen als Grundlage dominiert, sowie (2) *koordinierte Marktwirtschaften* (Beziehungs- oder Stakeholder-Kapitalismus), in denen die Koordinierung über strategische Kooperation mit anderen Institutionen, beispielsweise über Netze gegenseitiger Beteiligung oder über Interessenvertretungen für bestimmte Handlungsbereiche wie die industriellen Beziehungen (Korporatismus), dominiert.

Der maßgebliche Unterschied der ordnungsspezifischen Unternehmenssteuerung manifestiert sich im Verhältnis von *Eigentum und Kontrolle* (Richter und Furubotn 2010, S. 428ff.). Denn die Eigentumsrechte können unterschiedlich verteilt sein. Die Eigentumsrechte differenzieren sich (1) nach den gegebenen Verfügungsmöglichkeiten über den Residualgewinn, (2) nach der Steuerungshoheit über das Unternehmen und dessen Veränderung (Organisationshoheit) sowie (3) nach den

Veräußerungsrechten. Daneben geht es um die *Durchsetzbarkeit* der den Eigentümer gewährten Rechte, erst daraus ergibt sich ihre Wirksamkeit. Vielfältig begrenzen rechtliche Regelungen – je nach Unternehmenstyp und Eigentümerform – diese Rechte, zugleich erweist sich die Öffentlichkeit als potentielle Begrenzung, wenn es um bestimmte Entscheidungen geht, die zwar unternehmensintern sind, aber weitergehende Standortfolgen haben. Im Übrigen greifen hier die im vorangehenden Abschnitt erläuterten diskretionären Steuerungsoptionen des Unternehmens.

Unternehmen können hier auf verschiedenen Ebenen reagieren: (1) Mit Blick auf Politik trägt die *Ordnungsverantwortung*, die zur Beteiligung an der Entwicklung neuer Regelwerke und Ordnungen rät. (2) Mit Blick auf die Gesellschaft (Bürgergesellschaft) trägt die *Diskursverantwortung*, um das eigene Handeln in der Öffentlichkeit zu erläutern und um über gezieltes Reputationsmanagement eine glaubwürdige Position im gesellschaftlichen Raum zu erlangen. (3) Mit Blick auf die Beschäftigten trägt die *Handlungsverantwortung*, um sowohl über klassische Instrumente der Mitarbeiterbindung als auch über die gezielte Gestaltung der Unternehmenskultur die Steuerungseffizienz zu erhöhen. Natürlich gibt es zwischen der Wahrnehmung in den drei Verantwortungskontexten Rückwirkungen, und zwar sowohl positive als auch negative. Das macht erneut deutlich, dass Unternehmen einen erweiterten Verantwortungsrahmen, der auch die gesellschaftliche Verantwortung einschließt, füllen müssen, um erfolgreich sein zu können.

Die *idealtypisch gekennzeichneten beiden Ordnungsformen* kontrastieren mit realen Ausprägungen von Wirtschaftssystemen. *Reale Wirtschaftssysteme* können immer nur Annäherungen an theoretische Konstrukte sein und einem erheblichen institutionellen Wandel unterliegen, der im Zeitablauf unterschiedliche Distanzen zum Idealtypus markiert. Für den Zusammenhang zwischen konkreter Ordnung und gesamtwirtschaftlicher Performanz zeigt die empirische Forschung, dass es nicht das Erfolgsmodell gibt, sondern vielmehr zentrale Bedingungen für den Erfolg. Die Erfolgsbedingungen beziehen sich angesichts beachtlicher Komplementaritäten auf die ordnungstheoretische Konsistenz der Teilsysteme (Aoki 2010, S. 71ff.; Hall und Gingerich 2005). Institutionelle Ungleichgewichte bzw. institutionelle Widersprüche sind langfristig nicht tragbar, da sie die Dynamik der Wirtschaft beeinträchtigen und die Fähigkeit schwächen, angemessen auf exogene Schocks reagieren zu können. Damit ist zugleich begründet, dass der institutionelle Wandel trotz intensivem globalen Standortwettbewerbs nicht, zumindest nicht zwingend, zu einer Konvergenz der Ordnungsmodelle führt. Die Differenzierungen ergeben sich aus unterschiedlich konsistenten Teilordnungen, deren Spezifität nur durch historisch-kulturelle Besonderheiten erklärt wird.

Bereits Walter Eucken hat die *Interdependenz der Ordnungen* thematisiert, die wechselseitige Abhängigkeit von Gesellschaft, Staat, Rechtssystem, Kultur und

Wirtschaftsordnung betont und die ethische Dimension einbezogen. Daraus folgte für ihn, dass Fragen der sozialen Gerechtigkeit nicht angemessen zu lösen sind, „wenn es nicht gelingt, in adäquaten Wirtschaftsordnungen die Lenkungen des alltäglichen Wirtschaftsprozesses durchzuführen. Wir müssen uns daran gewöhnen, dass feierliche Fragen nach der geistig-seelischen Existenz des Menschen mit sehr nüchternen Fragen der wirtschaftlichen Lenkungsmechanik untrennbar verbunden sind. [...] Die Gesamtordnung sollte so sein, dass sie den Menschen ein Leben nach ethischen Prinzipien ermöglicht" (Eucken 1952, S. 184, 199).

Damit wird deutlich, dass Unternehmer und Unternehmen in ihrem Handeln unter den jeweils spezifischen Ordnungsbedingungen einer Konsistenzanforderung unterliegen, die weit über den ökonomischen Zusammenhang hinaus und auf die ethische Orientierung der Gesellschaft verweist. Das eröffnet die Perspektive auf die historischen und kulturellen Bedingungen der formalen Konsistenz in Bezug auf die institutionelle Ordnung. So wird eine Perspektive auf das wirtschaftliche Handeln der Menschen eröffnet, die die kulturellen und gesellschaftlichen Bedingungen nicht nur nicht ausblendet, sondern sie geradezu einfordert. Unternehmer und Unternehmen werden damit zu Institutionen, die ihre ökonomische Rationalisierungsfunktion erst dann nachhaltig erfolgreich wahrnehmen können, wenn sie zugleich als Akteure im öffentlichen Raum Verantwortung übernehmen. Das stellt die moralische Freistellung des Gewinns im Sinne der Ressourcenschonung nicht in Frage, ordnet sie aber in einen gesellschaftlichen Rahmen ein, der darüber hinaus geht und moralisch anspruchsvoller ist. Unternehmen können sich dieser Beanspruchung nicht einfach mit Verweis auf Rechtssystem und Wettbewerbsordnung entziehen.

Eigentümer-Unternehmer und Manager als verantwortliche Akteure in Unternehmen, aber auch die Mitarbeiter und Mitarbeiterinnen stehen vor Herausforderungen, die in der originären Beauftragung durch die Konsumenten und die Anteilseigner explizit nicht enthalten sind. Das erhöht die Transaktionskosten sowohl im Wettbewerb als Austauschprozess als auch im Wettbewerb als Parallelprozess, weil der sich bildende oder durchsetzbare Marktpreis die dafür notwendigen Informationen allenfalls indirekt und nur verschlüsselt liefert. Begreift man Unternehmen als Institution im öffentlichen Raum, dann ist auch die Ebene der individuellen Haltung und Handlung der dort arbeitenden Menschen zu adressieren. Der Bundesgesetzgeber hat dies mit dem Allgemeinen Gleichbehandlungsgesetz sehr weit gefasst, indem dadurch Unternehmen für mögliche Diskriminierungen von Zustellern und Lieferanten durch eigene Mitarbeiter verantwortbar gemacht werden können. Die Verhaltensorientierung im Unternehmen steht folglich vor einem komplexen Anforderungsprofil, das sich auf die unternehmerischen Funktionen ebenso erstreckt wie auf allgemeine Aspekte des Verhaltens im öffentlichen

Raum. Der Corporate Governance Kodex spiegelt beispielhaft den einen Aspekt, allgemeine Verhaltenskodizes von Unternehmen den anderen.

3.5 Unternehmen und Formen gesellschaftlicher Verantwortungsübernahme

Eine Form der Verantwortungsübernahme im öffentlichen Raum – der Wahrnehmung gesellschaftlicher Verantwortung – ist bürgerschaftliches Engagement von Unternehmen (Enste und Hüther 2012). Solches Unternehmensengagement kann nur angemessen systematisiert werden, wenn die Handlungslogik in Unternehmen einerseits und von Eigentümer-Unternehmern sowie Managern andererseits berücksichtigt wird. Eine damit institutionell und verhaltensökonomisch verankerte Analyse eröffnet die Möglichkeit, sowohl den einzelnen Akteur als auch relevante Akteursgruppen in den Blick zu nehmen.

Die unterschiedliche Reichweite des bürgerschaftlichen Engagements von Unternehmen nach System-Ebenen und räumlicher Dimension reflektiert solche Tatbestände wie Unternehmensstruktur, Unternehmensgröße, Produkttyp, Produktionsweise, relevante Anspruchsgruppen (Stakeholder) und Rechtsform (Eigentümer-Unternehmung, Kapitalgesellschaft). So würde beispielsweise ein Familienunternehmen mit unter 250 Beschäftigten (Typus kleine und mittlere Unternehmen) und lokaler Produktion im Verarbeitenden Gewerbe mit allenfalls nationalem Absatz zu anderen Formen des Engagements gelangen als eine vollends international tätige Kapitalgesellschaft. Im ersten Fall mag es sehr spezifische regionale Bezüge mit langer Tradition geben (beispielsweise durch die Werbung für relevante Berufsbilder, die Förderung lokaler Bildungseinrichtungen sowie sozialer Netzwerke), während im zweiten Fall ein besonderes Reputationsmanagement durch die Internationalität bedingt sein kann (beispielsweise der Kampf gegen Kinderarbeit an ausländischen Produktionsstandorten). Dennoch lassen sich alle Formen unternehmerischen Bürgerengagements aufgrund ihrer konkreten Motivation in vier Typen klassifizieren, die entweder originär unternehmerischen Zielen oder originär gesellschaftlichen Zielen zuzuordnen sind (Sachverständigenkommission 2012, Kapitel IV.2.1.4 und IV.4.):

- *Intrinsisch motiviertes bürgerschaftliches Engagement*: Auf der individuellen Ebene des Unternehmers und Managers sind hinreichend Beispiele bekannt, die ein Handeln jenseits des erwerbswirtschaftlichen Prinzips der Gewinnmaximierung belegen. Philanthropen, Mäzene und Altruisten finden sich auch oder vielleicht sogar besonders in der Gruppe der Eigentümer-Unternehmer. Offenbar regt der eigene unternehmerische Erfolg dazu an, in Form von Spenden oder Projektfinanzierungen einen Beitrag zur Gestaltung der gesellschaftlichen Realität zu leisten. Insoweit dies aus privatem Vermögen finanziert wird, begründet es keine Konflikte. Anders kann es aussehen, wenn dadurch dem Unternehmen Kosten verursacht werden, denen keine oder zumindest keine direkten monetären Vorteile gegenüberstehen.

- *Stakeholder-orientiertes Engagement zur Befriedigung der Ansprüche des öffentlichen Raums*: In diesem Fall kommt das Unternehmen seiner typischen Beauftragung nach, indem durch bürgerschaftliches Engagement die Wünsche und Präferenzen der Stakeholder umgesetzt werden. Damit wird der öffentliche Raum explizit zum Handlungsort des Unternehmens. In all diesen Fällen stehen die Übernahme gesellschaftlicher Verantwortung und Gewinnorientierung in einem konstruktiven Verhältnis, weil ohne Engagement der Unternehmen eine nachhaltige Gewinnentwicklung kaum möglich wäre. Es kann bei solchem Engagement auch darum gehen, am öffentlichen Diskurs über die Entwicklung neuer Regeln und Verfahren in der Wirtschafts- und Wettbewerbsordnung mitzuwirken.
- *Transaktionskostensenkendes bürgerschaftliches Engagement als Teil der Unternehmenskultur*: Hier handelt es sich um einen Typ des Engagements, der seine Erklärung in den positiven Effekten auf die Vertrauensbildung im Innenverhältnis zwischen den Stakeholdern und dem Unternehmen findet. Transaktionskosten fallen in Unternehmen aus zwei Gründen an: einerseits infolge des erläuterten Phänomens unvollständiger Verträge, andererseits infolge steigender Komplexität des vertraglich definierten Netzes. Insbesondere der Arbeitsvertrag eröffnet nach Vertragsabschluss ein beachtliches Prinzipal-Agenten-Problem. Dabei kann sich die bewusste Gestaltung der Unternehmenskultur als hilfreiche Orientierung für den einzelnen erweisen. Bürgerschaftliches Engagement wird dabei ein wichtiges Instrument, weil es die Werteorientierung des Unternehmens dokumentiert und den Mitarbeitern bewusst dazu passende Handlungsfelder (zum Beispiel über Corporate Volunteering-Projekte) eröffnet. Es erspart Transaktionskosten der laufenden Steuerung und Bewachung von unternehmensinternen Verträgen.
- *Wettbewerbsvorteile sicherndes bürgerschaftliches Engagement*: Bei Marktformen mit monopolistischer Konkurrenz ist eine Preissetzung oberhalb der (langfristigen) Durchschnittskosten möglich, was zu übernormalen Gewinnen führt, die zur Finanzierung von Engagementprojekten genutzt werden können. Anders gewendet: Solche Projekte sind nur finanzierbar, wenn entsprechende Gewinne aus der Ausübung des Kerngeschäfts entstehen. Das setzt entsprechende Marktstrukturen und ein entsprechendes Marktverhalten voraus. Bürgerschaftliches Engagement wird durch Marktmacht möglich, es erlangt dann nicht selten die Anmutung eines „Ablasses". Zugleich wirkt es stabilisierend auf die Wettbewerbsvorteile zurück.

3 Verantwortung von Unternehmen in ordnungspolitischer Perspektive

Diese Systematik lässt erkennen, wer relevante Ansprechpartner für die Öffentlichkeit sind: Neben dem Eigentümer sind die Manager, aber auch die Anspruchsgruppen (Stakeholder) bedeutsam. Das ist mit Blick auf die öffentliche Ansprache von Unternehmen für bürgerschaftliches Engagement wichtig und bisher wenig geübte Praxis. Zugleich wird deutlich, dass bürgerschaftliches Engagement auch als unternehmerische Investition – nämlich in Sozialkapital und in Reputation – wirken kann. Zudem lässt sich die Systematik um die Frage erweitern, inwieweit Unternehmen mit ihrem bürgerschaftlichen Engagement eher voranschreitend agieren oder nur auf äußere Einflüsse reagieren. Interessant ist in diesem Zusammenhang auch die Frage, warum Unternehmen sich *nicht* bürgerschaftlich engagieren und so die Übernahme gesellschaftlicher Verantwortung verweigern (Tabelle). Zeitmangel ist für fast vier Fünftel der nicht-engagierten Unternehmen der wichtigste Grund, gefolgt von der Einschätzung, dass solches Engagement dem Unternehmen keinen nennenswerten Nutzen stiftet (drei Viertel). Danach sind fehlende Ressourcen (Personal und Geld) als wichtiger Grund genannt worden. Der fehlende Nutzen ist unabhängig von der Unternehmensgröße ein Argument, während alle Verweise auf unzureichende Ressourcen mit steigender Unternehmensgröße an Bedeutung verlieren. Ein systematischer Grund für ein geringes oder gar ganz ausbleibendes Engagement kann bei intrinsischer Motivation in möglichem Trittbrettfahrerverhalten anderer Akteure bestehen, so dass ein soziales Dilemma wirkt. Tatsächlich erweist sich dieser Aspekte aber als nachrangig.

Tab. 1 Warum sich Unternehmen nicht engagieren

	Trifft zu	Trifft eher zu	Trifft eher nicht zu	Trifft überhaupt nicht zu
Mangel an Zeit	49,5	29,1	13,0	8,4
Kein nennenswerter wirtschaftlicher Nutzen	45,8	31,1	15,4	7,7
Mangel an Personal	41,3	30,6	14,8	13,2
Kein sichtbarer Bedarf	36,1	33,2	18,5	12,1
Mangel an Geld	32,8	28,6	24,0	14,7
Fehlende Kenntnis im Unternehmen	21,0	33,8	25,6	19,6
Fehlendes Interesse der Unternehmensführung	20,5	22,7	33,7	23,1
Fehlendes Interesse der Mitarbeiter	19,5	27,2	30,4	22,9
Schlechte Erfahrungen	7,6	7,1	31,8	53,6

Quelle: Sachverständigenkommission, Erster Engagementbericht, 2012, Tabelle IV 3-5

3.6 Notwendige Aushandlungsprozesse im öffentlichen Raum

Unternehmen geraten durch die gezielte Adressierung gesellschaftlicher Verantwortung jenseits des unternehmerischen Kerngeschäfts in neue Konfliktlinien. Denn bürgerschaftlich Engagierte stehen nicht selten in Widerspruch zum staatlich organisierten Handeln sowie den Institutionen des öffentlichen Raums. Der demokratisch legitimierte Staat ist dabei ebenso Ausdruck des Bürgerwillens wie das bürgerschaftliche Engagement. Dass deren Verhältnis dennoch nicht spannungsfrei ist und es zu Konflikten zwischen dem demokratisch begründeten repräsentativen Bürgerwillen und dem spontanen, im Einzelfall mobilisierten „zivilgesellschaftlichen Bürgerwillen" kommen kann, ändert nichts an der Legitimation beider Strukturen.

Jedenfalls gilt: „Die Bürgergesellschaft wendet sich gegen ein etatistisch verkürztes Verständnis von Gemeinwesen" (Höffe 2004, S. 92). Der Bürger ist damit weder einseitig auf seine politische Verantwortung noch auf seine ökonomischen Möglichkeiten reduziert, er ist der „Bürger in einem originär politischen der Trennung von Staat und Gesellschaft vorgängigen Sinn. [...] Zivilgesellschaft bezeichnet [...] eine Form menschlichen Zusammenlebens, in der der Zusammenhang der Gesellschaft [...] im Handeln eines jeden einzelnen intentional präsent sein muss, wenn denn das Gemeinwesen als eine Verbindung von Freien Bestand haben soll" (Münkler 1993, S. 6).

Diese Überlegungen lassen sich konsistent mit dem öffentlichen Raum verknüpfen, wie Hannah Arendt ihn in dem Werk *Vita Activa oder Vom tätigen Leben* (1967) konzeptualisiert hat. Im öffentlichen Raum seien die Individuen aufeinander angewiesen, um – so darf der Ökonom es nennen – das Problem der öffentlichen Güter zu lösen. Das setze voraus, dass der Einzelne den anderen nicht durch seine, sondern die Augen des anderen sehe. Für den öffentlichen Raum seien Lösungen gefragt, die über den zeitlichen Horizont einer Generation hinausgehen und deshalb jenseits von Einzelinteressen aus einem höheren Wertebezug abzuleiten seien; er ist der Ort der gemeinsamen und der gegenseitigen Interessenbekundung. „Der öffentliche Raum [...] lebt von der bewussten oder unbewussten Kooperation verschiedener, voneinander getrennter privater Akteure, er ist getragen von der Notwendigkeit gemeinsamen Handelns und gemeinsamer Verantwortung, es setzt ein Grundvertrauen in die Verantwortungsbereitschaft der Mitbürger voraus. Seine Funktion liegt in der Koordination, der Verhandlung und dem Ausgleich unterschiedlicher individueller Interessen, Präferenzen oder Einschätzungen. Dafür ist er der Ort, dort wirken Staat, privater Sektor respektive Markt und Bürgergesellschaft zusammen" (Sachverständigenkommission 2012, Ziffer 29). Unternehmen werden durch ihre

3 Verantwortung von Unternehmen in ordnungspolitischer Perspektive

Ordnungs- und Diskursverantwortung zum bewussten und akzeptierten Akteur im öffentlichen Raum.

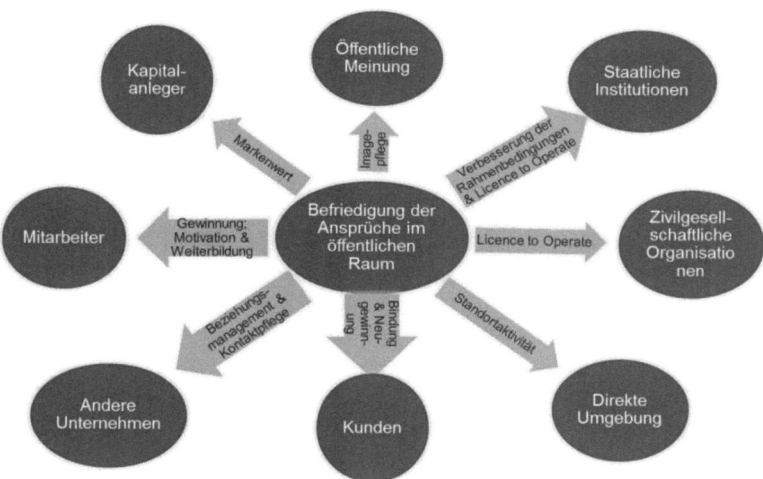

Abb. 1 Die Anspruchsgruppe der Unternehmen im öffentlichen Raum
Quelle: Sachverständigenkommission 2012, S. 270.

Dieses Verständnis von Gemeinwohlorientierung betrifft jedes Mitglied der Gesellschaft. Über die Anspruchsgruppen, aber auch über die verantwortlichen Akteure im Unternehmen ist dieses unweigerlich in einen solchen Kontext eingebunden. Die Anspruchsgruppen der Unternehmen formulieren ihre Erwartungen und stellen ihre Forderungen jeweils unabhängig für sich (Abbildung 3). Auf dieser Grundlage konkretisiert sich die gesellschaftliche Beauftragung der Unternehmen in der marktwirtschaftlichen Ordnung, d. h. unter Beachtung der ordnungspolitischen Grundsätze des Privateigentums, der Vertragsfreiheit und der Haftung (Eucken 1952, S. 254ff.). Diese ordnungspolitische Einhegung des gesellschaftlichen Auftrags sollte vor dem eingangs erwähnten Irrtum der Zentralverwaltungswirtschaft bewahren. Dennoch sind Konflikte angelegt, und zwar durch das politische Umfeld des Unternehmens, durch seine konkreten Marktbedingungen, durch seine Anspruchsgruppen sowie die Wahrnehmung von Eigeninteressen im öffentlichen Raum:

- *Demokratiepraktischer Konflikt*: Für Unternehmen kann er relevant werden, wenn die durch Anwendung der Gesetze und der Verwaltungsverfahren rechtlich einwandfrei zustande gekommenen Handlungsmöglichkeiten (beispielsweise durch die Genehmigung für den Bau neuer Produktionsanlagen, für den Zuschlag für Infrastrukturinvestitionen oder für bestimmte sicherheitsrelevante Produkte) von Initiativen des bürgerschaftlichen Engagements negiert und bekämpft werden. Das Unternehmen kann dann nur durch Transparenz und Aufklärung über die eigenen Absichten und Pläne auf den öffentlichen Diskurs einwirken und dadurch lokalem Engagement Partizipationsmöglichkeiten eröffnen. Es ist ansonsten aber darauf angewiesen, dass der Konflikt zwischen Bürgerengagement und repräsentativer Demokratie verfassungskonform und damit zumindest verfahrensverlässlich gelöst wird. Dabei muss es möglich sein, das jeweilige bürgerschaftliche Engagement nach seiner gesellschaftlichen Relevanz respektive nach seinem gruppensolidarischen Aspekt zu befragen. Oftmals trifft man nur auf gut verpackte Gruppeninteressen, so dass es durchaus einer weniger weihevollen und dafür umso sachorientierteren Auseinandersetzung mit solchen Interessen bedarf.
- *Wettbewerbspolitischer Konflikt*: Nicht selten wird das unternehmerische Handeln (außerhalb der Daseinsvorsorge und jenseits von produktionstechnischen Bedingungen des natürlichen Monopols) des Staates damit begründet, dass dadurch zusätzliche, ansonsten fehlende Optionen für gesellschaftliche Verantwortungsübernahme entstünden. Der Preis dafür besteht in dem Verzicht auf eine höhere Effizienz der Marktsteuerung. Das ist ordnungspolitisch abzulehnen, weil Wirkungszusammenhänge mit Blick auf die Opportunitätskosten von staatlichen Unternehmen verschleiert und Fehlanreize in der Kapitalnutzung gesetzt werden. Staatsunternehmen unterliegen durch die Haftung des Steuerzahlers, wenn auch nicht unbegrenzt, so doch in der Regel, nicht der Enteignungsandrohung durch Wettbewerb und Kapitalmarkt. Deshalb rechtfertigt mögliches bürgerschaftliches Engagement keine Abweichung von der Wettbewerbsordnung. Weitergedacht verweist dieser Zusammenhang auf die Frage, was unter den heutigen Bedingungen die angemessene Gestaltung der Daseinsvorsorge ist, für die unzweifelhaft der Staat eine Funktionsgewährleistungsfunktion trägt. Ohne eine Klärung dieser Frage, insbesondere im Zuge der kommunalen Finanzplanung, wird es hier nicht zu stimmigen Lösungen kommen. Der seit einigen Jahren zu beobachtende Trend zur Re-Kommunalisierung entsprechender Leistungen läuft jedenfalls weder geordnet noch ordnungspolitisch reflektiert, geschweige denn konsistent.
- *Stakeholder-Konflikt*: Die verschiedenen Anspruchsgruppen können bei der Frage, ob und in welchem Maße Unternehmen sich bürgerschaftlich engagieren

sollen, in einen Verteilungskonflikt geraten. Letztlich geht es darum, diesen im Rahmen der Corporate Governance-Strukturen (Aufsichtsrat, Betriebsrat, Tarifvertragsparteien etc.) sowie der Marktbedingungen (Ressourcenbezug, Beschäftigungsverträge, Lieferantenbeziehungen und Kundenbeziehungen, Kapitalmarktzugang etc.) auszuhandeln. Das Ergebnis lebt von der gemeinsamen Zielsetzung für den mittel- bis langfristigen Bestand und Erfolg des Unternehmens. Bürgerschaftlich Engagierte sollten diese Konfliktpotenziale ernst nehmen und dafür die bedeutsamen Anspruchsgruppen gesondert und gezielt ansprechen. Es bedarf allerdings der Einsicht, dass bürgerschaftliches Engagement etwas kostet, d. h. immer auch den Verzicht auf eine alternative Mittelverwendung bedeutet. Das verlangt nach Effizienz und Effektivität beim bürgerschaftlichen Engagement und einer bewussten Adressierung des damit angelegten Konflikts. Sinnvoll erscheint es dafür, Unternehmen und bürgerschaftlich Engagierte besser und umfassender in den Dialog zu bringen; Freiwilligenagenturen, aber auch überregionale Netzwerke könnten entsprechende gegenseitige Öffnungsprozesse befördern.

- *Unternehmenspolitischer Konflikt*: Unternehmen können auch in eigener Sache bürgerschaftlich engagiert sein, wenn es beispielsweise darum geht, für die Weiterentwicklung der marktwirtschaftlichen Ordnung einzutreten und zu werben. Sie nehmen dann ihre Ordnungsmitverantwortung war. Allerdings ist dies ein schmaler Grat, wenn solche Lobbyarbeit dazu dient, den eigenen Wettbewerbsvorsprung zu sichern oder wenn Sponsoring zu Werbezwecken (Marketing) gemacht wird, nicht aber als Förderung von Kunst und Kultur (Sachverständigenkommission 2012, S. 346). Dann wird das Engagement von Unternehmen unglaubwürdig, es entfaltet keine positiven externen Effekte im öffentlichen Raum, es mag sogar Widerstände auslösen. Dies ist letztlich nur zu umgehen, wenn Unternehmen sich in dieser Frage strategisch orientieren und ihr Engagement entsprechend grundsätzlich begründen sowie langfristig gestalten. Bürgerschaftliches Engagement als reines Marketing trägt nicht. Auch hier sollte der bewusste Dialog zwischen Unternehmen und bürgerschaftlich Engagierten einen wichtigen Beitrag leisten können.

Empfehlenswerte Literatur

Enste D, Hüther M (2011) Verhaltensökonomik und Ordnungspolitik – Zur Psychologie der Freiheit. IW/Institut der deutschen Wirtschaft-Positionen – Beiträge zur Ordnungspolitik Nr. 50. IW Medien, Köln

Enste D, Hüther M (2012) Bürgerschaftliches Engagement der Unternehmen im öffentlichen Raum. ORDO Jahrbuch für die Ordnung von Wirtschaft und Gesellschaft 63: 293-324

Pies I, Hielscher S (2008) Der systematische Ort der Zivilgesellschaft. Welche Rolle weist eine ökonomische Theorie der Moral zivilgesellschaftlichen Organisationen in der modernen Gesellschaft zu? Zeitschrift für Wirtschafts- und Unternehmensethik 9: 337-344

Literatur

Aoki M (2010) Corporations in Evolving Diversity: Cognition, Governance, and Institutions. Oxford University Press, New York

Arendt H (1967) Vita Activa oder Vom tätigen Leben. Piper, München

Beckert J, Deutschmann C (Hrsg) (2006) Wirtschaftssoziologie. Sonderheft 49 der Kölner Zeitschrift für Soziologie und Sozialpsychologie. VS Verlag für Sozialwissenschaften, Wiesbaden

Beckmann M (2010) Ordnungsverantwortung. Rational-Choice als ordonomisches Forschungsprogramm. Wissenschaftlicher Verlag Berlin, Berlin

Coase R (1937) The Nature of the Firm. Economica (New Series) 4: 386-405

Eichner SL (2002) Wettbewerb, Industrieentwicklung und Industriepolitik: Ein neuer wettbewerbstheoretischer Ansatz auf der Basis des Lebenszykluskonzepts und Implikationen für eine wettbewerbs-, wachstums- und beschäftigungsfördernde Industriepolitik. Duncker & Humblodt, Berlin

Enste D, Hüther M (2011) Verhaltensökonomik und Ordnungspolitik – Zur Psychologie der Freiheit. IW/Institut der deutschen Wirtschaft-Positionen – Beiträge zur Ordnungspolitik Nr. 50. IW Medien, Köln

Enste D, Hüther M (2012) Bürgerschaftliches Engagement der Unternehmen im öffentlichen Raum. ORDO Jahrbuch für die Ordnung von Wirtschaft und Gesellschaft 63: 293-324

Eucken W (1952) Grundsätze der Wirtschaftspolitik. Mohr Siebeck, Tübingen

Friedman M (1970) The Social Responsibility of Business is to Increase its Profits. The New York Times Magazine vom 13 September 1970, S 32-33,122-126

Friedman M (2005) Making philanthropy out of obscenity. Reason. October 2005. www.pitt.edu/~woon/courses/reason.pdf. Zugegriffen: 14.03.2017

Grömling M, Lichtblau K. (2006) Deutschland vor einem neuen Industriezeitalter? IW/Institut der deutschen Wirtschaft-Analysen 20. Deutscher Instituts-Verlag, Köln

Hall PA, Soskice D (2004) Varieties of Capitalism. The Institutional Foundations of Comparative Advantage. Oxford University Press, Oxford

Hall PA, Gingerich DW (2005) Varieties of Capitalism and Institutional Complementarities in the Macroeconomy. Max Plank Institut für Gesellschaftsforschung, Köln

3 Verantwortung von Unternehmen in ordnungspolitischer Perspektive

Hasse R, Krücken G (2006) Neo-institutionalistische Wirtschaftssoziologie. In: Beckert J, Deutschmann C (Hrsg) Wirtschaftssoziologie. VS Verlag für Sozialwissenschaften, Wiesbaden, S 194-207

Höffe O (2004) Wirtschaftsbürger, Staatsbürger, Weltbürger. Politische Ethik im Zeitalter der Globalisierung. C.H. Beck, München

Homann K (2006) Gesellschaftliche Verantwortung von Unternehmen in der globalisierten Welt: Handlungsverantwortung – Ordnungsverantwortung – Diskursverantwortung. Wittenberg Zentrum für globale Ethik, Wittenberg

Kiwit D, Voigt S (1998). Grenzen des institutionellen Wettbewerbs. Jahrbuch für Neue Politische Ökonomie 17: Globalisierung, Systemwettbewerb und nationalstaatliche Politik. Mohr, Tübingen, S 313-337

Münkler H (1993) Zivilgesellschaft und Bürgertugend (Antrittsvorlesung an der Humboldt-Universität zu Berlin). Humboldt Universität zu Berlin, Berlin

Pies I, Hielscher S (2008) Der systematische Ort der Zivilgesellschaft. Welche Rolle weist eine ökonomische Theorie der Moral zivilgesellschaftlichen Organisationen in der modernen Gesellschaft zu? Zeitschrift für Wirtschafts- und Unternehmensethik 9: 337-344

Richter R, Furubotn EG (2010). Neue Institutionenökonomik. 4., überarbeitete u. erweiterte Auflage. Mohr Siebeck, Tübingen

Robertson DH (1923) Control of Industry. Nisbet, London

Sachverständigenkommission für den Ersten Engagementbericht (2012) Für eine Kultur der Mitverantwortung. Bundestags-Drucksache 17/10580. Deutscher Bundestag, Berlin

Stehr N (2007) Die Moralisierung der Märkte. Eine Gesellschaftstheorie. Suhrkamp, Frankfurt

Williamson O (1991) Comparative Economic Organization: The Analysis of Discrete Structural Alternatives. Administrative Science Quarterly 36: 269-296

The Perspective of Civil Society Organizations
The missing link in Corporate Social Responsibility Activities and Programs

4

Olga Malets and Kathrin Böhling

Abstract

The chapter focuses on the role of civil society organizations (CSOs) in Corporate Social Responsibility (CSR). CSOs are conceptualized as one of the key stakeholder groups that contest harmful corporate social and environmental practices and cooperate with corporations to improve their social and environmental performance. The CSOs' involvement is thus a necessary condition for the legitimation of CSR activities. This chapter reviews how CSR has changed over the last decades, and how these changes have shaped the involvement of CSOs with CSR. It also provides an overview of multiple roles CSOs play in various forms of CSR.

***

Der Beitrag befasst sich mit der Rolle zivilgesellschaftlicher Akteure (CSO) im Kontext von Corporate Social Responsibility (CSR). Zivilgesellschaftliche Akteure werden hier als Anspruchsgruppen (Stakeholder) verstanden, die negative Konsequenzen von unternehmerischem Handeln für Gesellschaft und Umwelt aufzeigen und für deren Lösung mit Unternehmen zusammenarbeiten. Die Einbeziehung zivilgesellschaftlicher Akteure ist damit eine wichtige Bedingung für die Legitimation von CSR-Aktivitäten. Im Folgenden wird gezeigt, wie sich gesellschaftliche Unternehmensverantwortung in den letzten Jahrzenten verändert hat und wie diese Veränderungen wiederum die Einbeziehung zivilgesellschaftlicher Akteure in CSR geprägt haben. Dabei wird ein Überblick darüber gegeben, welche Rollen zivilgesellschaftliche Akteure in unterschiedlichen Formen von CSR spielen können.

4.1 Introduction

In 1970, Milton Friedman (1970) published his famous essay in which he argued that the sole social responsibility of firms was to maximize corporate profits and the shareholder value of the firm. According to Friedman, the maximization of shareholder value is the corporations' only legitimate objective in a free market economy. In the 1980s, this view was challenged by R. Edward Freeman who advocated a stakeholder perspective on the firm. Freeman and other stakeholder theorists (Freeman 1984; Freeman et al. 2010) reject the idea that shareholders are the corporations' only legitimate stakeholder group. They argue that corporate roles and responsibilities in a society should also be included providing a value to non-shareholding groups (Mansell 2013, pp. 9-13). These groups are called stakeholders and defined as "any group or individual who can affect or is affected by the achievement of the organization's objectives" (Freeman 1984, p. 46). Freeman et al. (2010, pp. 24-26) distinguishes between primary and secondary (or instrumental) stakeholders. Primary stakeholders include communities, customers, employers, suppliers and investors. Secondary stakeholders include governments, competitors, advocacy groups, special interests groups and the media. Freeman's concept of stakeholders soon took root in the academic discourse and public debates about the responsibility of business towards the society, whereas the stakeholder theory provided an ethical justification for corporate social responsibility (CSR) (Mansell 2013, p. 13).

The stakeholder theory views stakeholders predominantly as relatively passive groups whose claims and interests have to be considered by corporations and who are expected to benefit from corporate activities. Sociologists and political scientists also use the concept of stakeholders, but tend to see them as "active, creative and socially skilled actors" (Hiß 2009, p. 439) engaging in political struggles over who has a legitimate interest in CSR and what CSR practices should be like (Coni-Zimmer 2012; Hiß 2006). They explain the rise and evolution of CSR as a result of micro-level legitimation politics: state, civil society and business actors engage in political struggles over the meaning of CSR and over what should be considered legitimate claims and interests. They thus contribute to the social construction and institutionalization of specific assumptions about forms of CSR, the role of corporations in the society and stakeholder interests.

Whereas state, labor and business stakeholders play an important role in CSR, we focus in this chapter on one specific group of stakeholders that is actively involved in contestation of harmful corporate practices and legitimation of CSR: civil society organizations (CSOs). While recognizing the complexities associated with the definition of the civil society, we adopt the conceptualization proposed by Heinrich (2005, p. 213): it is "an *arena* in society, distinct from the state, market and usually the family, where collective action in associations and through other forms of engagement takes place […] or, more rigidly, as the *sector* composed of voluntary non-profit organizations" (emphasis in the original). We refer to these voluntary non-profits as CSOs. Strictly speaking, associations and non-profits, including trade unions and nongovernmental organizations, are not stakeholders per se in Freeman's terms. Rather, they represent and articulate the interests of specific groups in society that are concerned about environmental and social problems and their rights and interests (Hiß 2007, p. 11), including communities, indigenous peoples, workers or the society at large. Yet, many authors and public figures currently tend to refer to CSOs as stakeholders.

In this chapter, we review the role of CSOs for corporate social responsibility as a key stakeholder group. We focus on CSOs because they play an increasingly important role in the growth and evolution of corporate social responsibility (Coni-Zimmer 2012). Management studies contain a rich body of research that details the origin, evolution and performance of business-CSOs interactions and partnerships: "Identifying and managing the concerns of stakeholders, it is argued, can help to avoid the risks of damaging publicity, and potentially increase the social capital of a firm" (Burchell and Cook 2006, p. 155). Scholarship on CSR claims that CSOs' engagement in corporate activities is necessary to generate a 'social license to operate' (Bendell et al. 2011; Yakovleva and Vazquez-Brust 2011; see articles by Bohn and Maurer in this book).

The chapter is structured as follows: In order to expose the role of CSOs for CSR and its development, we first briefly sketch the history of CSR (Section 2) and then address the changing involvement of CSOs and other stakeholders in CSR (Section 3). In Section 4, we review the variety of forms of contemporary CSR from the perspective of CSOs engagement in them.

4.2 The Evolution of Corporate Social Responsibility: A Historical Sketch

In the most general terms, CSR "denotes the responsibility of firms for social and environmental belongings" (Hiß 2009, p. 433). More specifically, today CSR is typically defined as a range of voluntary corporate activities addressing environmental and social problems in a society and going beyond legal compliance in order to meet societal expectations on the role of business in the society (Lister 2011, p. 16; Vogel 2005). These activities include social and environmental projects of individual firms, corporate codes of conduct, certification of corporate environmental and social performance, information disclosure and sustainability reporting, public-private partnerships and many others (Auld et al. 2008). However, has CSR always been defined in this way? How we understand and define CSR is not only an outcome of academic debates, but also a product of a historical evolution of the interaction between the state, business and society. In this section, we provide a brief historical sketch of this development in order to understand the evolution and differentiation of CSO engagement with CSR that we review in Section 3.

To understand the historical evolution of CSR, it is helpful to distinguish between implicit and explicit CSR (Matten and Moon 2008, p. 409f.). Implicit CSR means that firms' social responsibility towards stakeholders and the society at large is required and regulated by the existing formal and informal institutions, including regulations on wages and working conditions, vocational training obligations and environmental regulations. It is not explicitly articulated by individual firms. In contrast, explicit CSR includes voluntary engagement of firms with the social and environmental problems in communities or the society at large. It is publicly articulated and goes beyond legal obligations. Explicit CSR policies "normally consist of voluntary programs and strategies by corporations that combine social and business value and address issues perceived as being part of the social responsibility of the company" (Matten and Moon 2008, p. 409).

CSR emerged in the 1910s-1920s in the US as a result of the rise of large powerful autonomous corporations. According to Marens' (2012) historical account, the unconstrained power of corporate executives over workers, the defeat of organized labor and pro-corporate policies of American governments created several sets of problems for corporations: efficiency problems (e.g. high worker turnover and low productivity), image problems and the opposition of several political actors (e.g. socialists, populists, labor leaders and pre-corporate conservatives). As a result, corporate executives began redefining their role in society and introducing new employment policies on a voluntary basis. They included hiring, training and promoting policies, bonuses, occupational safety initiatives, pensions and recreation programs. During the Depression and the Second World War, corporate managers lost some of their autonomy, whereas the role of government intervention and the labor movement grew significantly. As a result, "implicit" forms of CSR emerged, but only temporarily. In the 1970s-1980s, explicit CSR revived powered by the rise of neo-classical economics, corporate philosophy of shareholder value and neo-liberal economic policies of deregulation (Marens 2012).

In contrast, in Europe, implicit CSR predominated historically. Marens (2012, p. 60) explains it as a result of firms' institutional embeddedness: compared to the American corporations, the far smaller and less powerful corporations in Europe were acting within a dense web of formal and informal institutions, including law, culture and more influential political parties, unions and churches (Hiß 2006). Over time, however, explicit CSR practices diffused to Europe. According to Kinderman (2012), in Great Britain the economic recession of the 1970s and Margaret Thatcher's neo-liberal politics of deregulation in the 1980s created severe problems for workers and communities. In this context, CSR emerged in the form of corporate community projects and small business support programs as a result of the erosion of institutionalized social solidarity (e.g. implicit CSR) and as a partial substitute to it. From this perspective, CSR provides compensation for social dislocations resulting from the dismantling of the welfare state and legitimates business conduct in the society (Kinderman 2012, pp. 30f.).

For Germany, Hiß (2009) relates the rise of explicit CSR to the politics of deregulation and the dismantling of a broad set of institutions known as Deutschland AG (Germany Inc.) (Streeck 2009). A strong system of co-determination and wage bargaining, high job security, influential trade unions and an extensive system of vocational training were important parts of the German institutional complex. As it eroded, the stakeholder view of the firm as codified in the German constitution was substituted by a more shareholder oriented understanding of the firm and its responsibilities. According to Beyer and Höpner (2003, p. 191, cited in Hiß 2009, p. 437) Germany's Corporate Sector Supervision and Transparency Act of 1998 lacks "any references to the stakeholder view of the firm." This development went hand in hand with the growth of German corporations' explicit CSR activities: "Firms support social and environmental projects, install corporate codes of conduct defining social standards of their supply chains, or back political initiatives for the protection and improvement of employee rights worldwide" (Hiß 2009, p. 438, see also Hiß 2006).

Another important historical trend that has significantly affected the development of CSR is the economic globalization. Similar to CSR, globalization is a multi-faceted, complex and contested concept that conflates diverse phenomena. For our purposes, we define it as a process of internationalization of corporations and economic activities with supply chains and trade flows increasingly stretching across many borders. The economic globalization is also a political project informed by the ideologies of free trade and deregulation. It is guarded by a number of international organizations, including the WTO. This political project facilitated multinationals' efforts to relocate their production to the Global South. Multinationals were attracted by new markets, low labor costs and not at least by a much weaker regulatory environment. However, in their home countries in the Global North, CSOs make multinationals responsible for the social and environmental damage caused by corporate operations in host countries. Multinationals respond by engaging in various forms of CSR, including individual projects, codes of conducts, multi-stakeholder certification and public-private partnerships.[1]

4.3   Co-Evolution of Corporate Social Responsibility and the Activity of Civil Society Organizations

What is the relationship between the evolution of CSR and the role of CSOs in CSR? We view the development of CSR and the involvement of CSOs in CSR as co-evolutionary processes. In the early stages of CSR development in the US and Europe, trade unions, professional associations and community organizations were the dominant stakeholder groups that were involved in political struggles with corporations. With the erosion of welfare states and the transformation of CSR, traditional stakeholders, predominantly trade unions, weakened. At the same time, a new type of civil society organizations emerged to challenge practices of corporations both domestically and internationally: professional nonprofit CSOs focusing on environmental issues, human rights and social problems. Since about the 1960s, their number and influence has grown significantly (Salamon 1994). Their strength is grounded not only in the material resources they are able to mobilize, the social skills they have developed and the public trust and affirmation they are able to generate. Their domestic and transnational networks constitute one of their key resources (Boli and Thomas 1999; Keck and Sikkink 1998). The growing interconnectedness of the globalizing world and the development of communication technologies and transportation facilitated networking and exchange of knowledge and ideas. Today, in the global economy populated by multinational corporations and other powerful global economic players, well-organized, socially skilled, resourceful and interconnected CSOs are often the only group of stakeholders that are capable of putting at least some pressure on multinationals to change their irresponsible environmental and social practices.

Coni-Zimmer (2012, p. 323) distinguishes between two types of strategies CSOs employ to influence corporate activities: confrontational and cooperative strategies. Confrontational strategies played a significant role in the institutionalization of explicit CSR (for the US, Soule (2009) traces corporate protests back to the 1960s) and still constitute an important source of pressure on corporations. Confrontation

---

[1] For the examples of involvement, see London-based CSO Corporate Watch (www.corporatewatch.org), the Berlin-based CSO Campaign Facing Finance (www.facing-finance.org), or Amsterdam-based CSO Clean Clothes Campaign (www.cleanclothes.org).

involves uncovering and publicizing the irresponsible behavior of corporations and generating public discontent about it. The tactics used by CSOs include consumer boycotts, corporate campaigns, the conducting or commissioning of policy or scientific studies, litigation and the organization of protest demonstrations (Soule 2009, pp. 12-18). CSOs also act as watchdogs and observe and document corporate behavior to create a durable pressure on corporations (Coni-Zimmer 2012). Soule (2009) provides evidence that broad corporate protests in the 1960s-1990s contributed to the emergence of contemporary forms of CSR: The CSO 'The United Students' organized a large-scale anti-sweatshop campaigns against Nike across the campuses of the numerous US universities. It forced Nike to reconsider its practices in developing countries and develop a comprehensive code of conduct and internal compliance monitoring system.

Cooperative strategies include activities that presuppose some kind of cooperation between CSOs and companies. These are usually the consequence of heightened public attention and confrontation with CSOs through the scandalization of corporate operations and the organization of boycotts, protests and demonstrations (Panwar et al. 2013). Typical examples of cooperative strategies are the participation of CSOs in individual CSR projects, in the development of codes of conduct, public-private partnerships, and multi-stakeholder initiatives (Coni-Zimmer 2012; Hiß 2006). Corporations are motivated to work with civil society stakeholders because it helps them to restore and maintain their legitimacy. This cooperation, however, may differ depending on the type of CSR as will be discussed in the next section. As we shall see, cooperative strategies do not necessarily result in a true engagement of civil society in corporate decision-making.

4.4 Varieties of interaction between corporations and Civil Society Organizations

Auld et al. (2008, pp. 416-425) developed a comprehensive typology of CSR that consists of seven categories: individual firms' endeavors, firm-CSO partnerships, public-private partnerships, information approaches, environmental management systems (EMS) and multi-stakeholder certification systems (see Table 1). They analyze these types in terms of actors involved, compliance incentives, governance, enforcement and several other criteria. We briefly explore these types from the perspective the CSO engagement in their creation and operation. Engagement is defined here as the ability of civil society organizations to affect corporate decision-making by acting as participants in the provision of managerial solutions to persistent social and environmental problems (Manetti 2011; Matten and Moon 2008).

Individual firm endeavors

Business and management scholars have developed a rich body of literature exploring the origins, evolution and effects of internal CSR initiatives. The examples are ample, but the most well-known include the initiatives of Wal-Mart's, Chiquita's and IKEA's CSR programs, McDonald's sustainability program and Starbucks CAFÉ internal standards of sustainable coffee (Fishman 2006; Pedersen and Andersen 2006; Taylor and Scharlin 2004). The CSR activities of firms take multiple forms and include sustainability reporting, ecolabeling, working conditions improvement, greening of procurement policies, development of codes of conduct and many others. As far as cooperating with CSOs is concerned, companies can consult them, ask for feedback or commission policy studies. Yet in each of these cases, the firm remains the primary rule-making, governance and enforcement agent (Auld et al. 2008). The most important role of CSOs in individual firm endeavors is to keep scrutinizing their CSR performance in order to provide firms with durable compliance incentives. If continued pressure leads to concrete action in corporate behavior, CSO engagement is likely to occur. As some studies indicate, companies have become more interested in finding out what criticisms are leveled at them and what can be done to change these situations (Burchell and Cook 2006; Christensen et al. 2013). In many other instances, however, the dialogue practice between companies and CSOs appears to be ultimately driven by strategic management considerations and a far cry from the 'idealistic' vision of 'stakeholder democracy' (Banerjee 2008; Huijstee and Glasbergen 2008; Manetti 2011; Matten and Crane 2005).

Firm-Civil Society Organizations partnerships

Individual firm endeavors can trigger partnerships within individual projects. For example, the World Wide Fund for Nature (WWF) is a frequent partner of firms (Auld et al. 2008, p. 420) in agribusiness, forestry and fisheries. The WWF-IKEA partnership contributed significantly to the promotion of the Forest Stewardship Council (FSC), a well-known multi-stakeholder third-party certification initiative (Malets 2013). The WWF-Unilever partnership led to the establishment of the Marine Stewardship Council (MSC), a leading certification program for wild-stock fisheries (Gulbrandsen 2010). These examples illustrate how firm-CSO partnership generates momentum in the sense of becoming part and parcel of solutions to persistent socio-environmental problems. But perhaps they are also indicative of a growing gap between large professional CSOs that are interested in cooperating with 'big business' and small grassroots organizations which scandalize the harmful effects of corporate activities for their livelihoods, yet have very limited resources to exercise significant pressure on corporations.

Public-private partnerships

In this kind of partnerships, public and private stakeholder groups, including governments, international organizations, CSOs and firms, partner to achieve specific social or environmental goals. One of the prominent examples are the so called type-2 public-private partnerships aimed at the implementation of Agenda 21 and the Millennium Development Goals in issue areas from biodiversity to energy (Pattberg 2010, p. 280; Pattberg et al. 2012). Type-2 partnerships for sustainable development were established at the UN World Summit for Sustainable Development in Johannesburg in 2002. In 2007, 323 partnerships were registered in the Partnerships Database. The partnerships were expected to complement multilateral agreements with voluntary problem-solving and self-regulation in multi-sectoral networks). However, the evidence on their impact is mixed (Bäckstrand 2006; Hale and Mauzerall 2004; Pattberg 2010). Partnership activity is dominated by international organizations like UNEP, UNDP or the World Bank, a handful of wealthy governments, and large western CSOs, whereas the private sector and grassroots organizations are largely not involved.

Another well-known example of a public-private partnership is the UN Global Compact program. It was launched by the former UN secretary-general Kofi Annan in 1999 at the World Economic Forum in Davos. The Global Compact is hosted by the UN and seeks to establish a learning network consisting of the private sector with shared values and principles, including "combating corruption, protecting the environment, and working toward social inclusion" (Rasche et al. 2012, p. 6). Like type-2 partnerships, the Global Compact is state-driven and does not explicitly engage CSOs in governance and enforcement of the Global Compact principles. Yet, unlike type-2 partnerships, the Compact has steadily grown over the last decade. It now counts more than 10.000 participants from over 130 countries representing mainly the private sector. Unsurprisingly, therefore, CSOs are concerned about "business capture" of the Global Compact, while questionable business practices persist (Rasche 2009).

Tab. 1 Varieties of interactions between corporations and civil society organizations

CSR types	Description	Examples
Individual firm endeavors	Most common form of CSR Driven by corporate decisions to engage in dialogue with stakeholders Based on the belief in positive economic impacts and public support as result of dialogue	McDonald's Sustainability, Starbucks C.A.F.E. Practices
Firm-CSO partnerships	Cooperation between firms and CSOs for specific projects Firms may benefit from CSOs' expertise CSOs may be directly involved in reshaping of corporate practices	WWF-IKEA Conservation Partnership WWF-Unilever partnerships
Public-private partnerships	Interaction of state, business, and civil society actors as broad community of interests to solve given problems State actors are involved as partners, facilitators or donors but not as sole decision makers	Global Compact, Type-2 partnerships, GIZ micro-insurance scheme
Information approaches	Principles and criteria to make social and environmental performance transparent Based on the belief in merits of transparency because companies may be shamed into doing the right things or risk losing markets	Global Reporting Initiative, AccountAbility
Environmental management systems (EMS)	Adoption of externally defined criteria for management of firms' internal approaches to environmental and social stewardship Continuous improvement upon firms' targets is expected	ISO 14001, ISO 26000, EMAS (Europe's Eco-Management and Audit Scheme)
Industry associations' codes of conducts	Establishment of industry-wide and cross-industry codes of conduct to which members are supposed to adhere Primarily found in industries where companies hold collective reputations	Responsible Care, Equator Principles
Multi-stakeholder certification programs	Creation of enduring and prescriptive standards for private sector through multi-stakeholder processes Enforcement of compliance with standards through auditing and certification Authority is granted through market supply chain rather than state enforcement Based on the concern with production of global public goods	Forest Stewardship Council, Marine Stewardship Council, Fairtrade Labeling Organization International

Source: adapted from Auld et al. 2008, pp. 418f.

Information approaches

Information approaches to corporate accountability of social and environmental performance emerged after the UN Conference on Environment and Development (1992). The main UNCED final document – an action plan called Agenda 21 – encouraged business to communicate their socio-environmental records. The Global Reporting Initiative (GRI) emerged from the UN sponsored Coalition for Environmentally Responsible Economies (CERES) in 1997 (Khagram and Ali 2007). It integrates and harmonizes non-financial reporting schemes, and is currently the most widely applied standard for sustainability reporting (Brown et al. 2009). The US-based founders of the GRI scheme were motivated by the idea that broad information sharing triggers dialogue and mutual responsibility and empowers civil society in their demands for greater corporate accountability (Andriof et al. 2002). But GRI has fallen short of this intent. The growth of sustainability reporting is increasingly viewed skeptically, since several scholars documented the failure of sustainability reporting to deliver value to the various stakeholders (Dingwerth and Eichinger 2011; Levy et al. 2010; Murguía and Böhling 2013). Moreover, critical accounts of sustainability reporting reveal that companies use this practice strategically to represent themselves as sustainable organizations and determine how they are assessed (Böhling et al., 2017; Tregida et al. 2014). The degree of engagement of CSOs in this type of CSR is relatively limited: they are not engaged in report writing nor do they have any possibility to enforce adequate reporting.

Environmental management systems

The most prominent Environmental management system (EMS) is based on the International Organization for Standardization (ISO) 14000 environmental management standards and certification (Auld et al. 2008). ISO 14000 standards were set up in the early 1990s by a diverse body of actors within ISO, including experts, private industry, standardization bodies, government delegates and CSOs. The idea was to provide internationally acknowledged standards for the development and assessment of firms' internal EMS on a voluntary basis. It quickly gained broad support in private industry and is today one of the most wide-spread forms of CSR. The studies of the ISO standard-setting procedures show that the categorization of stakeholder significantly shaped ISO standard-setting (Clapp 1998; Tamm Hallström and Boström 2010). The heterogeneous CSOs lacked the ability to define their collective interests and win their recognition in the standard. In contrast, the industry managed to act as a unified group and benefited from their previous organization in other forums, including the International Chamber of Commerce or the International Organization of Employers. Clapp (1998) shows that the actors from the developing countries also could not effectively defend their interests in the ISO 14000 standard-setting. In addition, CSOs are not involved in the implementation, certification and enforcement of ISO 14000 standards at the level of individual firms. We argue, therefore, that the engagement of civil society stakeholders in setting and implementing EMS remains very limited.

Industry associations' codes of conduct

Beyond individual codes of conduct, firms also initiate industry-wide and cross-industry codes of conduct. The Responsible Care (RC), a chemical industry code of conduct program, was established by the Canadian Chemical Producer Association in response to a public outrage after the 1984 emission leak disaster at the Union Carbide's plant in Bhopal, India, killing over 3.000 people (Espach 2009, p. 95). The program became international after it gained support by the largest chemical multinationals and the International Council of Chemical Associations. National chemical associations develop national standards based on global principles and require its members seeking to join the RC program to commit to the standard and to the continuous improvement of their social and environmental performance. The compliance with and the enforcement of the code of conduct is based on annual self-reporting by individual members and the assessment of the reports through the national industry association. How effective is RC? According to King and Lennox (2000, p. 713), RC includes a disproportionate number of poor performers. Moreover, they show that RC members do not improve faster than nonmembers. This appears also to be true for the Equator Principles, a code of conduct in the field of international project finance that includes 10 broad principles to ensure international projects' social and environmental responsibility. Haack et al. (2012) found the compliance of firms that adopted the Equator Principles to be modest at best. Overall, the monitoring and enforcement of the code of conduct requirements by CSOs is limited. If firms want to go beyond self-reporting, they tend to hire professional auditing and certification bodies rather than engage CSOs and other critics of their behavior (Fransen and Kolk 2007).

Multi-stakeholder certification systems

They refer to programs that were initiated by CSOs in cooperation with firms and other stakeholders, including workers and indigenous peoples. These initiatives develop standards of good corporate conduct in a multi-stakeholder standard-setting process and set up a system of independent compliance assessment. Well-known examples include the Forest Stewardship Council (FSC) for forestry, the Marine Stewardship Council (MSC) for fisheries, Fairtrade Labelling Organizations International for agrifood and Fair Labor Association for labor standards. This form of CSR is characterized by the most far-going engagement of numerous stakeholders, primarily CSOs. They are actively involved in the development of certification standards. They monitor compliance with certification systems at the local level and in some cases act as independent certification bodies and enforce standards (e. g., Rainforest Alliance, an influential US-based CSO) (Malets 2013). Many multi-stakeholder initiatives, e. g., FSC, require firms and certification bodies to consult local CSOs during the certification audits. FSC also developed a formal dispute resolution mechanism to enable CSOs and other stakeholders to file complaints in cases of persistent noncompliance and conflicts in the system (Malets and Quack 2013).

It is not uncommon that multi-stakeholder certification systems enjoy the greatest stakeholder and public support and develop the most stringent standards and the most rigorous certification procedures (Ozinga 2005). Yet as far as the adoption by industries is concerned, multi-stakeholder systems compete with industry-led initiatives that offer more flexible standards and less rigorous compliance assessment procedures. Although the cases of standards ratcheting up through the competition have been documented (Overdevest 2010), in many sectors firms prefer to develop their own internal control systems or join business-led initiatives (Fransen 2011). Moreover, multi-stakeholder initiatives should not be idealized. Fransen and Kolk (2007, p. 678) observe that "it is not always clear that [the standards] are truly multi-stakeholder in their operations". Dingwerth (2008) shows that traditional divides between the more privileged and influential stakeholders from the Global North and the stakeholders from the Global South persist even in very open and transparent settings, such as the FSC.

4.5 Conclusion

This chapter addresses the perspectives of CSOs on CSR by focusing on the co-evolution of CSR and CSOs. We show that the evolution of the former cannot be understood without the exploration of the latter. CSR depends upon CSOs' scrutiny of corporate activities and the degree of their engagement in corporate decision-making related to CSR. CSOs challenge companies and push them to (re-)think their role in the society, but at the same time are often excluded from CSR policies' development, implementation and enforcement. If CSOs' role is limited to a watchdog only, we do not see any reason to expect that a genuine broad CSO-firm dialogue and a true CSO engagement in CSR will emerge any time soon. Still, the positive examples of CSO-firm interactions in multi-stakeholder certification programs should not be ignored. It is worth exploring further under what conditions they are likely to ratchet up CSR.

Yet the changing business-CSO relationship has unintended consequences (Coni-Zimmer 2012, p. 320). The rise and the transformation of CSR towards voluntary and explicit forms is a result of micro-level legitimation politics in a larger context of political deregulation (Coni-Zimmer 2012; Hiß 2006). State actors, civil society actors and business actors struggle over the meaning of CSR and over what should be considered legitimate claims and interests in it. Together, they contribute to the social construction and institutionalization of specific assumptions about CSR ('myths' as Hiß (2006) calls them; see article by Kinderman in this book). These expectations slowly become taken-for-granted and alternatives disappear from the public discourse. As a result, national governments and international organizations tend to produce guidelines and voluntary standards on CSR, but undertake no attempts to design an international legally-binding regulatory framework for governing corporate behavior (Coni-Zimmer 2012, p. 320). CSOs refrain from lobbying states and international organizations for such a legal framework, and this reinforces the diffusion of explicit CSR with its limited firms-CSO dialogue and engagement.

Recommended literature

Auld G, Bernstein S, Cashore B (2008) The New Corporate Social Responsibility. Annual Review of Environment and Resources 33: 413-435

Coni-Zimmer M (2012) Zivilgesellschaftliche Kritik und Corporate Social Responsibility als Unternehmerische Legitimitätspolitik. Der Aufstieg der Legitimitätspolitik. Leviathan Sonderband 27. Nomos, Baden-Baden

Hiß S (2006) Warum Übernehmen Unternehmen Gesellschaftliche Verantwortung: Ein Soziologischer Erklärungsversuch. Campus, Frankfurt/New York

References

Andriof J, Waddock S, Husted B, Rahman S. (2002) Unfolding Stakeholder Thinking. Theory, Responsibility and Engagement. Sheffield, Greenleaf

Auld G, Bernstein S, Cashore B (2008) The New Corporate Social Responsibility. Annual Review of Environment and Resources 33: 413-435

Bäckstrand K (2006) Multi-Stakeholder Partnerships for Sustainable Development: Rethinking Legitimacy, Accountability and Effectiveness. European Environment 16: 290-306

Banerjee SB (2008) Corporate Social Responsibility: The Good, the Bad and the Ugly. Critical Sociology 34: 51-79

Bendell J, Miller A, Wortmann K (2011) Public policies for scaling corporate responsibility standards. Expanding collaborative governance for sustainable development. Sustainability Accounting, Management and Policy Journal 2: 263-293

Beyer J, Höpner M (2003) The Disintegration of Organized Capitalism: German Corporate Governance in the 1990s. West European Politics 26: 179-198

Boli J, Thomas GM (Eds) (1999) Constructing World Culture: International Nongovernmental Organizations since 1875. Stanford University Press, Stanford

Böhling K. Murguía DI (2013) Sustainability reporting on large-scale mining conflicts: The case of Bajo de la Alumbrera, Argentina. Journal of Cleaner Production,42: 202-209

Böhling, K, Murguia DI, Godfrid J (2017) Sustainability reporting in the mining sector: Exploring its symbolic nature. Business & Society, in press.

Brown HS, Jong M d, Levy D L (2009) Building institutions based on information disclosure: lessons from GRI's sustainability reporting. Journal of Cleaner Production 17: 571-580

Burchell J, Cook J (2006) It's good to talk? Examining attitudes towards corporate social responsibility dialogue and engagement processes. Business Ethics: A European Review 15: 154-170

Christensen LT, Morsing M, Thyssen O (2013) CSR as aspirational talk. Organization 20:372-393

Clapp J (1998) The Privatization of Global Environmental Governance: ISO 14000 and the Developing World. Global Governance 4: 295-316

Coni-Zimmer M (2012) Zivilgesellschaftliche Kritik und Corporate Social Responsibility als Unternehmerische Legitimitätspolitik. Der Aufstieg der Legitimitätspolitik. Leviathan Sonderband 27. Nomos, Baden-Baden, pp. 319-338

Dingwerth K, Eichinger M (2010) Tamed transparency: How information disclosure under the Global Reporting Initiative fails to empower. Global Environmental Politics 10: 74-96

Dingwerth K (2008) Private Transnational Governance and the Developing World: A Comparative Perspective. International Studies Quarterly 52: 607-634

Espach R (2009) Private Environmental Regimes in Developing Countries: Globally Sown, Locally Grown. Palgrave Macmillan, New York

Fishman C (2006) The Wal-Mart effect and a decent society: Who knew shopping was so important? Academy of Management Perspective 20: 6-25
Fransen L (2011) Why Do Private Governance Organizations Not Converge? A Political-Institutional Analysis of Transnational Labor Standards Regulation. Governance 24: 359-387
Fransen L W, Kolk A (2007) Global rule-setting for business: A critical analysis of multi-stakeholder standards. Organization 14: 667-684
Freeman RE, Harrison J S, Wicks A C, Parmar B L, Colle S d (2010) Stakeholder Theory: The State of the Art. Cambridge University Press, Cambridge
Freeman RE (1984) Strategic Management: A Stakeholder Approach. Pitman, London
Friedman M (1970) The Social Responsibility of Business is to Increase its Profits. New York Times September 13: 122-126
Gulbrandsen LH (2010) Transnational Environmental Governance: The Emergence and Effects of the Certification of Forests and Fisheries. Elgar, Cheltenham
Haack P, Schoeneborn D, Wickert C (2012) Talking the talk, moral entrapment, creeping commitment? Exploring narrative dynamics in corporate responsibility standardization. Organization Studies 33: 815-845
Hale TN, Mauzerall DL (2004) Thinking globally and acting locally: Can the Johannesburg partnerships coordinate action on sustainable development? Journal of Environment & Development 13: 220-239
Heinrich VF (2005) Studying Civil Society across the World: Exploring the Thorny Issues of Conceptualization and Management. Journal of Civil Society 1: 211-228
Hiß S (2006) Warum Übernehmen Unternehmen Gesellschaftliche Verantwortung: Ein Soziologischer Erklärungsversuch. Campus, Frankfurt/New York
Hiß S (2007) Corporate Social Responsibility – Über die Durchsetzung von Stakeholder-Interessen im Shareholder-Kapitalismus. Berliner Debatte Initial 18: 6-15
Hiß S (2009) From Implicit to Explicit Corporate Social Responsibility: Institutional Change as a Fight for Myths. Business Ethics Quarterly 19: 433-451
Huijstee M van, Glasbergen P (2008) The practice of stakeholder dialogue between multinationals and NGOs. Corporate Social Responsibility and Environmental Management 15: 298-310
Keck M, Sikkink K (1998) Activists beyond Borders: Transnational Advocacy Networks in International Politics. Cornell University Press, Ithaca
Khagram S, Ali SH (2008) Transnational transformations: from government-centric interstate regimes to cross-sectoral multi-level networks of global governance. In: Parc J, Conca K, Finger M (Eds) The Crisis of Global Environmental Governance, Routledge, Milton Park, pp. 132-162
Kinderman D (2012) 'Free Us up So We Can Be Responsible!' The Co-evolution of Corpoprate Social Responsibility and Neo-Liberalism in the UK, 1977-2010. Socio-Economic Review 10: 29-57
King AA, Lenox MJ (2000) Industry Self-Regulation Without Sanctions: The Chemical Industry's Responsible Care Program. Academy of Management Journal 43: 698-716
Levy DL, Brown HS, Jong M d (2010) The contested politics of corporate governance. The case of the Global Reporting Initiative. Business & Society 49: 88-115
Lister J (2011) Corporate Social Responsibility and the State: International Approaches to Forest Co-regulation. University of British Columbia Press, Vancouver
Malets O, Quack S (2013) Projecting the Local into the Global: Trajectories of Participation in Transnational Standard-Setting. In: Drori GS, Höllerer MA, Walgenbach P (Eds

Global Themes and Local Variations in Organization and Management: Perspectives on Glocalization, Routledge, Milton Park, pp. 325-338

Malets O (2013) The Translation of Transnational Voluntary Standards into Practices: Civil Society and the Forest Stewardship Council in Russia. Journal of Civil Society 9: 300-324

Manetti G (2011) The Quality of Stakeholder Engagement in Sustainability Reporting: Empirical Evidence and Critical Points. Corporate Social Responsibility and Environmental Management 18: 110-122

Mansell SF (2013) Capitalism, Corporations and the Social Contract: A Critique of Stakeholder Theory. Cambridge University Press, Cambridge

Marens R (2012) Generous in Victory? American Managerial Autonomy, Labour Relations and the Invention of Corporate Social Responsibility. Socio-Economic Review 10: 59-84

Matten D, Crane A (2005) What is stakeholder democracy? Perspectives and issues. Business Ethics: A European Review 1: 6-13

Matten D, Moon J (2008) "Implicit" and "Explicit" CSR: A Conceptual Framework for Comparative Understanding of Corporate Social Responsibility. Academy of Management Review 33: 404-424

Murguía DM, Böhling K (2013) Sustainability reporting on large-scale mining conflicts: the case of the Bajo de la Alumbrera, Argentina. Journal of Cleaner Production 41: 202-209

Overdevest C (2010) Comparing Forest Certification Schemes: The Case of Ratcheting Standards in the Forest Sector. Socio-Economic Review 8: 47-76

Ozinga S (2005) Footprints in the Forests: Current Practice and Future Challenges in Forest Certification. Moreton in Marsh

Panwar R, Paul K, Nybakk E, Hansen E, Thompson D (2013) The legitimacy of CSR actions of publicly traded companies versus family-owned companies. Journal of Business Ethics 3: 481-496

Pattberg P, Biermann F, Chan S, Mert A (Eds) (2012) Public-Private Partnerships for Sustainable Development. Elgar, Cheltenham

Pattberg P (2010) Public Private Partnerships in Global Climate Governance. Wiley Interdisciplinary Reviews – Climate Change 1:179-287

Pedersen ER., Andersen M (2006) Safeguarding corporate social responsibility in global supply chains: how codes of conducts are management in buyer-supplier relationships. Journal of Public Affairs 6: 228-240

Rasche A, Waddock S, McIntosh M (2012) The United Nations Global Compact: Retrospect and Prospect. Business & Society 52: 6-30

Rasche A (2009) 'A Necessary Supplement'. What the United Nations Global Compact is and what it is not. Business & Society 48: 511-537

Salamon LM (1994) The Rise of the Nonprofit Sector. Foreign Affairs 73: 109-122

Soule SA (2009) Contention and Corporate Social Responsibility. Cambridge University Press, Cambridge

Streeck W (2009) Re-Forming Capitalism: Institutional Change in the German Political Economy. Oxford University Press, Oxford

Tamm Hallström K, Boström M (2010) Transnational Multi-Stakeholder Standardization: Organizing Fragile Non-State Authority. Elgar, Cheltenham

Taylor JG, Scharlin PJ (2004) Smart Alliance: How a global corporation and environmental activities transformed a tarnished brand. Yale University Press, New Haven/Yale

Tregida H, Milne M, Kearins K (2014) (Re)presenting 'sustainable organizations'. Accounting, Organizations and Society 39: 477-494

Vogel D (2005) The Market for Virtue: The Potential and Limits of Corporate Social Responsibility. Brookings Institution Press, New York

Yakovleva N, Vazquez-Brust D (2011) Stakeholder perspectives on CSR of mining in Argentina. Journal of Business Ethics 106: 191-211

Gesellschaftliche Verantwortung von Unternehmen und ihren Investoren
Zur Geschichte einer gemeinsamen Infrastruktur*

Stefanie Hiß, Sebastian Nagel und Bernd Teufel

Abstract

This chapter focuses on the historical development of the informational infrastructure which enabled the social responsibility of both companies and investors. The informational infrastructure had its point of origin in various and often individualized initiatives in the United States. Nowadays, like sustainable investing, informational infrastructure is considered mainstream in the conventional financial market. Even though those who made sustainable investments also suffered losses during the financial crisis, their type of investment can increase the growth in this investment segment; like the Vietnam War, consumer protection initiatives or the Anti-Apartheid Movement in the past century. They all played an important role in promoting sustainable investing.

***

Die historische Entwicklung der informationellen Infrastruktur, die die Übernahme von gesellschaftlicher Verantwortung sowohl von Unternehmen als auch von Investoren erst ermöglicht, ist Gegenstand dieses Beitrags. Während die informationelle Infrastruktur ihren Ausgangspunkt zunächst in vielen einzelnen, aber häufig personell verbundenen Initiativen in den USA hatte, ist sie inzwischen, genauso wie das nachhaltige Investieren, im Mainstream des

---

* Stefanie Hiß und Sebastian Nagel danken der Volkswagenstiftung für die Förderung der Nachwuchsgruppe „Nachhaltigkeit und Finanzmarkt – institutionelle Arrangements und Perzeptionsmuster" (2009-2015) und dem Bundesministerium für Bildung und Forschung (BMBF) für die Förderung des Forschungsprojekts „Doppelte Dividende – Beitrag des nachhaltigen Investierens zur Stabilisierung des Finanzmarkts" (2015-2018). Beide Förderungen haben die Entstehung dieses Beitrags mit ermöglicht.

konventionellen Finanzmarktes angekommen. Die Finanzkrise hat zwar auch den nachhaltig anlegenden Investoren Verluste beschert, könnte allerdings als Motor für das weitere Wachstum dieses Anlagesegments wirken; ganz ähnlich wie im letzten Jahrhundert der Vietnamkrieg, Verbraucherschutzinitiativen oder die Anti-Apartheid-Bewegung, die dem nachhaltigen Investieren zur heutigen Bedeutung verhalfen.

5.1 Einleitung

Obwohl die gesellschaftliche Verantwortung von Unternehmen (Corporate Social Responsibility, CSR) und Socially Responsible Investment (SRI), also die gesellschaftliche Verantwortung von Investoren, ein durchaus gemeinsames Ziel verfolgen und kaum voneinander zu trennen sind, haben sich zwei separate wissenschaftliche Diskurse um die beiden Konzepte entwickelt, die bis heute nur wenige Überschneidungen aufweisen. CSR wird zumeist aus der Sicht der Unternehmen diskutiert, unter weitgehender Ausblendung ihrer zentralen Stakeholder, der Aktionäre (Shareholder) (Hiß 2006); und bei SRI wird in erster Linie danach gefragt, welche zusätzlichen nicht-finanziellen Kriterien bei der Investitionsentscheidung berücksichtigt werden, ungeachtet dessen, dass Unternehmen die wichtigsten Investitionsobjekte darstellen. CSR und SRI hängen also enger zusammen, als es auf den ersten Blick erscheint und als es die wissenschaftlichen Debatten nahelegen. Deutlicher noch: CSR und SRI sind untrennbar miteinander verbunden. Ohne CSR bzw. ohne verlässliche Informationen über die gesellschaftliche Verantwortung von Unternehmen ist nachhaltiges Investieren nicht möglich. Und ohne SRI würde Unternehmen ein wichtiger Anreiz verloren gehen, sich gesellschaftlich zu engagieren.

Die Schnittmenge von CSR und SRI besteht in einer gemeinsamen Infrastruktur, über die Unternehmen diejenigen Informationen über ihre gesellschaftliche Verantwortungsübernahme zur Verfügung stellen, die Investoren benötigen, um daran ihre Investitionsströme im Sinne der Nachhaltigkeit auszurichten. Zu dieser Infrastruktur, die wir im Folgenden als CSR-SRI-Infrastruktur (oder kurz: CSRI-Infrastruktur) bezeichnen, gehören beispielsweise die CSR- und Nachhaltigkeitsberichte von Unternehmen, die Berichte und Analysen der Nachhaltigkeitsratingagenturen oder die Hintergrundberichte, die durch spezielle Medien wie *Ecoreporter* oder *Öko-Invest* zur Verfügung gestellt werden. Es ist diese informationelle Infrastruktur, die den Kern sowohl von CSR als auch von SRI darstellt. Über sie wird zum einen die gesellschaftliche Verantwortung einzelner Unternehmen sichtbar und unternehmensübergreifend vergleichbar, und zum anderen wird durch sie eine Lenkung von Investitionsmitteln nach nicht-finanziellen, d. h. sozialen, ökologischen oder ethischen Kriterien überhaupt erst möglich. Die CSRI-Infrastruktur ist damit die Basis für den „Market for Virtue" (Vogel 2005), auf dem das Angebot an und die Nachfrage nach gesellschaftlich verantwortlichem Handeln zusammenfinden.

Ausgehend von dieser CSRI-Infrastruktur möchten wir im Folgenden die gesellschaftliche Verantwortung von Investoren erkunden. Zunächst geben wir als Einstieg einen kurzen Überblick über SRI, bevor wir uns anschließend der geschichtlichen Entwicklung vom alten, ethischen zum modernen SRI in den USA zuwenden und dabei auf die wichtigsten Meilensteine eingehen (Vietnamkrieg, Verbraucherschutz und Südafrika). Danach stellen wir dar, wie sich die für das moderne SRI notwendige und noch heute bestehende CSRI-Infrastruktur in den vergangenen Jahrzehnten herausgebildet hat. Abschließend beleuchten wir aktuelle Entwicklungen im Bereich des nachhaltigen Investierens.

5.2 The Market for Virtue

Nachhaltiges Investieren zeichnet sich dadurch aus, dass Investoren neben den klassischen Finanzkriterien (Rendite, Risiko und Liquidität) noch weitere nicht-finanzielle Kriterien (z. B. aus den Bereichen Soziales, Umwelt, Governance und Ethik) bei ihrer Investitionsentscheidung berücksichtigen. Dieses ‚magische' Dreieck der klassischen Vermögensanlage wird hier um eine vierte Dimension ergänzt: inhaltliche Wertschöpfung (Hiß 2011, 2012; Ransome und Sampford 2010). Ethisches oder wertgetriebenes Verhalten kann damit für Unternehmen zu einem Geschäftsmodell werden, mit dem sie auf dem Finanzmarkt um die Gelder von Investoren werben (siehe den Beitrag von Schaltegger in diesem Band). Die daran interessierten Investoren, d. h. sowohl private als auch institutionelle Investoren (wie Versicherungen, (Pensions-)Fonds oder Stiftungen und Kirchen), legen ihr Geld anhand bestimmter Kriterien an, die ihnen besonders wichtig erscheinen. Dabei werden die verwendeten nicht-finanziellen Kriterien durch ein Risikoscreening des gesamten Anlageuniversums wirksam gemacht. Derzeit werden vor allem drei Arten des Risikoscreenings verwendet, um das Anlageuniversum den inhaltlichen Ansprüchen der Investoren anzupassen. Während beim Positiv-Screening Unternehmen, die bestimmten Kriterien z. B. im Bereich des Umweltschutzes genügen und besonders engagiert sind, gezielt eingeschlossen werden, führt ein Negativ-Screening zum Ausschluss all der Unternehmen als Investitionsmöglichkeiten, die beispielsweise in Atomkraft oder Rüstungsproduktion involviert sind (Renneboog et al. 2008, S. 1728; Schäfer 2009, S. 69). Beim Best-in-Class-Ansatz wird in diejenigen Unternehmen investiert, die sich als beste Unternehmen ihrer Branche in sozialen, ökologischen, ethischen oder Governance-Bereichen ausweisen können (Rosen 2009, S. 88).

Die Informationen, die notwendig sind, um bestimmte Anleihen oder Aktien von Unternehmen und Staaten aus der Anlage aus- bzw. in die Anlage einzuschließen, liefern wie auf dem konventionellen Finanzmarkt Informationsintermediäre. Klassische Ratingagenturen wie *Moody's*, *Standard & Poor's* und *Fitch* bewerten die finanzielle Lage – genauer die Bonität oder Rückzahlungsfähigkeit – von Unternehmen, Staaten oder Wertpapieren und bieten somit eine Grundlage für Investitionsentscheidungen (Hiß und Nagel 2012). Die Informationsintermediäre bei SRI sind ebenfalls Rating- oder Researchagenturen, aber anders als ihre konventionellen Pendants beurteilen Nachhaltigkeitsratingagenturen weniger die finanzielle Lage von Unternehmen oder Staaten, sondern deren Performance in nicht-finanziellen Bereichen (Scalet und Kelly 2010). Agenturen wie *imug, oekom reseach* oder *Sustainalytics* bewerten beispielsweise die Auswirkungen des Handelns auf den Klimawandel, die Arbeitsbedingungen entlang der Wertschöpfungskette oder auch die Geschlechterverteilung im Vorstand.

SRI hat in den vergangenen Jahren zunehmend an Bedeutung und Marktanteilen gewonnen, wenn auch zum Teil noch auf einem niedrigen Niveau. Nach stetigem Wachstum liegt etwa das derzeitige Marktvolumen laut dem aktuellen Marktbericht des Forums Nachhaltige Geldanlagen in Deutschland bei 73,3 Milliarden Euro, was einem Gesamtmarktanteil von rund 1,3 Prozent entspricht (Dittrich et al. 2013, S. 17f.). Der US-amerikanische SRI-Dachverband berichtet, dass zu Beginn des Jahres 2014 rund 6,57 Billionen US-Dollar in den USA nachhaltig investiert wurden; im Vergleich zu 3,74 Billionen US-Dollar zwei Jahre zuvor. Damit wird nun mittlerweile rund ein Sechstel des in den USA verwalteten Vermögens nachhaltig angelegt (US SIF 2014, S. 12).[1] Im Folgenden gehen wir der Frage nach, wie sich SRI zu diesem, noch immer im Wachstum befindenden Erfolgsprodukt auf den Finanzmärkten entwickeln konnte und welche Entwicklungsschritte hin zu einer CSRI-Infrastruktur unternommen worden sind.

---

1   Aufgrund unterschiedlicher Berechnungsgrundlagen und Definitionen für SRI lassen sich die Zahlen nicht unmittelbar vergleichen, sondern liefern nur einen groben Anhaltspunkt für das Verhältnis der verschiedenen Märkte.

5.3 Altes, ethisches Socially Responsible Investment

Die Wurzeln nachhaltigen Investierens finden sich in den religiösen Überzeugungen jüdischer, christlicher und islamischer Traditionen. Das Judentum verfügt über eine ganze Reihe von Glaubenssätzen zum ethisch richtigen Umgang mit Geld. Das Alte Testament der Bibel und der Koran erlegen den Gläubigen Einschränkungen hinsichtlich der Einforderung von Zinsen auf. Zudem verbietet der Koran Investitionen in die Herstellung von Schweinefleisch, Pornographie oder Glücksspiel (Renneboog et al. 2008, S. 1725). John Wesley (1703-1791), Mitbegründer des Methodismus, war daran anknüpfend einer der ersten, der sich in seiner Predigt „The Use of Money" aus dem Jahr 1760 ausführlich dem ethisch angemessenen Umgang mit Geld widmete. Während er Geld und Profit keineswegs grundsätzlich verurteilte, plädierte er dafür, „to employ it to the greatest advantage" (zitiert in Sparkes 2002, S. 46). Dabei betont er gleich im ersten Satz seiner Predigt: „We ought to gain all we can gain but this it is certain we ought not to do; we ought not to gain money at the expense of life, nor at the expense of our health" (zitiert in Domini 2001, S. 28). Konkret sprach er sich gegen sündhafte Geschäfte aus sowie gegen Profite, die aus der Ausbeutung anderer resultieren. Hinter diesen Überlegungen steckte die Absicht, bei (Geld-)Geschäften nicht in Konflikt mit den eigenen religiösen Überzeugungen zu geraten. Investitionen in Alkohol, Glücksspiel, Tabak, Pornographie, Waffen oder Pfandleihgeschäfte waren damit bei den Methodisten wie auch bei anderen religiösen Vereinigungen wie den Quäkern tabu.

Es dauerte bis zum Jahr 1928, bis sich diese religiösen Überzeugungen in konkreten Anlageprodukten widerspiegelten. Die 1920er Jahre waren in den USA die Zeit der Prohibition, in der durch den *Volstead Act* die Herstellung und der Verkauf von Alkohol unter Strafe standen. In diesem Umfeld waren es Gruppen aus der Abstinenzbewegung, die im Jahr 1928 mit dem *Pioneer Fund* den weltweit ersten sozial-verantwortlichen Anlagefonds in Boston in den USA aufsetzten. Dabei schloss dessen Gründer, Philip L. Carret, Investitionen in Unternehmen aus, die Tabak oder Alkohol herstellten oder verkauften (Sparkes 2002, S. 48; zum *Pioneer Fund* siehe auch Domini und Kinder 1986, S. 136f.; Upgang 2009, S. 120).

Nach diesen ersten, stark religiös geprägten Anfängen ist dann ab den 1960er Jahren in den USA eine Weiterentwicklung des ethischen Investierens zum sozial-verantwortlichen oder nachhaltigen Investieren zu beobachten. Mit dem schleichenden Wandel der Begrifflichkeiten veränderten sich auch die Akteure, die Themen, die Ziele und die Methoden. Neben kirchlichen Gruppierungen nahmen sich nun auch weitere Personenkreise dieser Thematik an, die danach fragten, was mit ihrem Geld geschieht und die darauf abzielten, mit ihrem Investment Unternehmen zu einer Verhaltensänderung im Sinne ihrer Wertvorstellungen zu bewegen. Es ging also nicht mehr in erster Linie um die Vermeidung oder den Ausschluss von Unternehmen, die mit den eigenen Werten in Konflikt standen (Negativ-Screening), sondern um eine Beeinflussung der Unternehmen mit Hilfe des Investments und der Stimmrechte, die damit einhergingen (Positiv-Screening bzw. *Shareholder Engagement*). Damit kamen auch neue Inhalte und Kontroversen mit ins Spiel wie die (und sei es auch nur indirekte) Beteiligung der Unternehmen am Vietnamkrieg oder am Apartheitsregime in Südafrika, Umwelt- oder Verbraucherschutz und Menschen- und Arbeitsrechte. Dazu wurden jedoch genauere Informationen über die Unternehmen benötigt, die Mitte der 1960er Jahre noch nicht verfügbar waren. Das ,moderne' SRI ist also auf eine Informationsinfrastruktur angewiesen, die es aber zunächst aufzubauen galt.

5.4 Anfänge des modernen Socially Responsible Investment[2]

Vietnamkrieg

Der Krieg in Vietnam stellt das erste große neue Thema und eine Art Startpunkt des modernen SRI in den USA dar. Die ersten, zum Teil auch gewaltsamen Proteste gegen den Krieg begannen 1966 an der *Stanford University* und breiteten sich von dort rasch auf andere Universitäten aus. Auslöser waren dabei häufig Rekrutierungs- und Anwerbebesuche des Chemiekonzerns *Dow Chemical* als Hersteller der im Vietnamkrieg eingesetzten Brandwaffe Napalm und des Entlaubungsmittels *Agent Orange* an den jeweiligen Universitäten (Soule 2009, S. 56). Die Protestaktionen wurden begleitet von einer studentischen Divestment-Bewegung, die verhindern wollte, dass die aus Studiengebühren gespeisten universitären Stiftungsgelder in Unternehmen angelegt werden, die in der einen oder anderen Form am Krieg beteiligt waren (Sparkes 2002, S. 48). Vor diesem Hintergrund kam es im Jahr 1969 zu ersten Anträgen von Aktionären (Shareholder-Resolutionen) auf der Hauptversammlung von *Dow Chemical* sowie 1971 zur Auflage des ersten Investmentfonds, der an Kriegen beteiligte Unternehmen ausschloss. Dieser *Pax World (Balanced) Fund* benannte Fonds wurde von zwei methodistischen Priestern aus New Hampshire, Luther Tyson und Jack Corbett, und durch die Unterstützung zweier lokaler Geschäftsleute mit einem Volumen von 101.000 US-Dollar aufgesetzt (Sparkes 2002, S. 50f.). Der

---

[2] Siehe dazu auch Bruyn (1987); Domini (2001); Domini und Kinder (1986); Kinder et al. (1993) und Kinder et al. (1992).

Fonds erlegte sich folgenden Grundsatz auf: „It does not invest in arms, but seeks out nonwar-related industries, firms with fair employment practices, companies exercising pollution control, and some international development" (zitiert nach Sparkes 2002, S. 50; zum *Pax World Fund* siehe auch Domini und Kinder 1986, S. 134ff.; Kurtz 2008, S. 254).

Verbraucherschutz

Verbraucherschutz ist das zweite frühe Thema, das mit dem modernen SRI in Verbindung gebracht wird (siehe den Beitrag von Lamla und Laser in diesem Band). Hier war es vor allem der Verbraucherschutzanwalt Ralph Nader (1965), der mit seinem Buch „Unsafe at Any Speed: The Designed-in Dangers of the American Automobile" die Sicherheitsmängel US-amerikanischer Fahrzeuge ans Licht brachte. Naders Buch wurde als das Buch bekannt, das das Automodell *Corvair* von *General Motors* zu Fall brachte, „with charges that the car had a faulty rear suspension system that caused it to skid violently and roll over" (Carroll et al. 2012, S. 241). Er lenkte die öffentliche Aufmerksamkeit auf den Widerstand der amerikanischen Autoindustrie zur Einführung von Sicherheitsvorkehrungen wie zum Beispiel Sicherheitsgurten und ihre Bevorzugung von Design und Marketing gegenüber Sicherheit und machte die niedrigen Sicherheitsstandards für die hohe Anzahl an Toten und Verletzten auf den Straßen mitverantwortlich. 1970 organisierte er die *Campaign GM* gegen *General Motors* als dem zu diesem Zeitpunkt größten US-amerikanischen Unternehmen und weltweit größten Automobilhersteller, um mithilfe von Anträgen auf den jährlichen Hauptversammlungen Veränderungen zu bewirken (Domini 2001, S. 33f.; Schwartz 1971a, 1971b; Sparkes 2002, S. 50f.; Vogel 1978; Waddock 2008, S. 73f.). Obwohl die Anträge selbst nicht erfolgreich waren, reagierte GM auf den öffentlichen Druck und berief den afro-amerikanischen Priester Leon Sullivan in seinen Vorstand.

Südafrika

Nach diesen beiden inhaltlich unterschiedlich gelagerten Anfängen brachten die Auseinandersetzungen über das Apartheidsregime in Südafrika den Durchbruch für das moderne SRI: „If Vietnam unlocked the door to socially responsible investment, South Africa kicked it open" (Sparkes 2002, S. 52). Durch die eigene nur wenige Zeit zurückliegende Erfahrung mit Rassentrennung stieß die Unterdrückung der nicht-weißen Bevölkerung in Südafrika innerhalb der USA auf eine besondere

Resonanz. Ähnlich wie beim Vietnamkrieg waren auch in diesem Fall seit Anfang der 1970er Jahre vor allem die Universitäten wichtige Zentren des Protestes mit dem Ziel, die universitären Stiftungsfonds dazu zu bewegen, ihre Gelder aus Unternehmen abzuziehen, die in Südafrika Geschäfte machten (Soule 2009, S. 81).

Neu und innovativ an dieser frühen Entwicklungsphase des modernen SRI ist, dass Studierende von der Zahlung von Studiengebühren an eine Universität sowie über die darüber erworbene Zugehörigkeit zu dieser Einrichtung einen Anspruch auf Beeinflussung der Anlagepolitik des universitären Stiftungsfonds ableiteten. Die Universitäten sollten des-investieren, d. h. ihre Aktien und Anleihen an Unternehmen, die Verbindungen mit dem Apartheidregime hatten oder davon profitierten, verkaufen. Bemerkenswert ist, dass dies auch noch erfolgreich war: zwischen 1977 und 1989 haben 167 Bildungsinstitutionen (und damit etwa 18,5 Prozent aller Bildungseinrichtungen) ihre Aktien und Anleihen von in Südafrika involvierten Unternehmen veräußert (Soule 2009, S. 89, 94). Dabei gab es verschiedene Gründe, die gegen ein Divestment sprachen (siehe Soule 2009, S. 83ff.). Erstens hatte Divestment seinen Preis und ging mit spürbaren ökonomischen Nachteilen einher, da 30 der Top-50 Unternehmen aus den *Standard-&-Poor's*-Indizes in Südafrika engagiert waren, bedeutete ein vollständiges Divestment eine gehörige Einschränkung des Aktienportfolios. Zweitens mussten sich die Universitäten vorwerfen lassen, sie sollten sich auf ihr Kerngeschäft konzentrieren und „*not* to debate issues of investment, divestment, disinvestment, and corporate responsibility" (Soule 2009, S. 85; herv. i. O.). Drittens hätten sie eine Verpflichtung zu politischer Neutralität. Und schließlich war zu befürchten, Divestment sei kontraproduktiv oder wirkungslos. Kontraproduktiv, da ein Rückzug US-amerikanischer Unternehmen aus Südafrika noch mehr Schaden anrichten würde, wenn man davon ausgeht, dass sie als erneuernde Kraft wirkten. Oder wirkungslos, weil die verkauften Unternehmensanteile von manchen Beobachtern als zu gering eingeschätzt wurden.

Der unerwartete Erfolg der Divestment-Bewegung ist vor allem auf den Druck zurückzuführen, der auf die Universitäten insbesondere durch die studentische Protestform der *Shantytowns* ausgeübt wurde, die sich in wenigen Monaten über Universitäten im ganzen Land verbreiteten (Soule 1997). *Shantytowns* waren selbstgebaute Hütten und Zelte aus allen Arten von Materialien (z. B. Holz, Papier, Karton, Plastik, Dachpappe, Metall), die direkt auf dem Campus errichtet wurden und in denen häufig Studierende hausten, um ihrem Protest Nachdruck zu verleihen. *Shantytowns* entwickelten sich aus den bekannten *Sit-ins*, die nach und nach zu *Sit-outs* im Freien (Columbia University, März 1985), längeren *Camp-outs* (Princeton University), *Sleep-ins* (Harvard University) oder selbstgebauten *Teach-in-centers* (genannt „Princetown, South Africa", an der *Princeton University)* weiterentwickelt wurden. Die erste *Shantytown* wurde im Frühjahr 1985 an der *Cornell University* errichtet (Soule 2009, S. 88f.).

Bereits im Jahr 1977 stand mit den *Sullivan-Prinzipien* ein Verhaltenskodex für US-Unternehmen in Südafrika zur Verfügung, den sich zahlreiche universitäre Stiftungsfonds und auch religiöse Anleger zu Eigen machten. Sie wurden entwickelt von dem oben bereits erwähnten afro-amerikanischen Baptisten und Priester Rev. Leon Sullivan, einem Vertrauten Martin Luther Kings (Massie 1997), der im Zuge der *Campaign GM* 1970 von *General Motors* in dessen leitendes Gremium berufen wurde. Nachdem die Anglikanische Kirche in den USA auf Bitten ihrer Schwesterorganisation in Südafrika ein Jahr später GM aufgefordert hatte, sich aus Südafrika zurückzuziehen, nahm sich Leon Sullivan als Board-Mitglied dieses Themas an und brachte nach dem Aufstand in Soweto *(Soweto-Uprising)* im Jahr 1976, dem heftige Unruhen in den darauffolgenden Jahren folgten, die *Sullivan-Prinzipien* ein (zu den *Sullivan-Prinzipien* siehe auch Bernasek und Porter 1997; Seidman 2003). Diese Verhaltensstandards für US-Unternehmen in Südafrika wurden zu einer Art Messlatte für Divestment: „Companies that did not score a top rating under the principles were targets for share selling" (Simpson 1991, S. 60).

Zu den Prinzipien zählte bspw. die ethnische Nicht-Segregation, gleiche und faire Beschäftigungsbedingungen für alle Mitarbeiter, gleicher Lohn für gleiche Arbeit, Trainings- und Schulungsprogramme für Schwarze und Farbige, oder *affirmative-action*-Programme insbesondere für farbige Beschäftigte. 1982 wendete der US-Staat Connecticut diese Prinzipien auf alle Unternehmen an, in die es investierte. Die universitären Stiftungsfonds der Universität Wisconsin gingen sogar soweit, dass sie alle ihre Anteile an den US-Unternehmen verkauften, die sich nicht an den Sullivan-Prinzipien orientierten. 1983 verbot der US-Staat Massachusetts seinen staatlichen Anlagefonds, in Unternehmen oder Banken zu investieren, die mit Südafrika Geschäfte machten. Ein Jahr später richteten die beiden größten Pensionsfonds in den USA, der Stadt New York und des Staates Kalifornien, ihre Investitionsrichtlinien vor dem Hintergrund der Ereignisse in Südafrika neu aus. Mit zusammen rund 65 Milliarden US-Dollar Anlagekapital fand diese sozial-verantwortliche Aktion im amerikanischen Finanzsystem breite Beachtung (Sparkes 2002, S. 53). Auch die US-amerikanischen Banken sahen sich gezwungen, ihre Kreditvergabe nach Südafrika zu beenden bzw. sich ganz aus dem Land zurückzuziehen. Der *New York City Pension Fund* hatte bspw. 1984 der *Citicorp* mit dem Abzug von 20 Milliarden US-Dollar an Einlagen gedroht, sollte sie ihr Engagement in Südafrika nicht beenden. Indem Südafrika mehr und mehr von den internationalen Kreditmärkten abgeschnitten wurde und 1985 seine Zahlungsunfähigkeit erklären musste, hatte SRI einen wichtigen Anteil daran, das Apartheidsregime zu Fall zu bringen (Sparkes 2002, S. 56f.).

Insgesamt zogen sich zwischen 1985 und 1990 rund 200 US-Unternehmen aus Südafrika zurück. Zwischen 1982 und 1988 gingen die US-Direktinvestitionen in Südafrika von 2,3 auf 1,3 Milliarden US-Dollar zurück (Soule 2009, S. 101). Insofern gibt es in der Tat einige Anzeichen dafür, dass die Divestment-Bewegung in den USA einen gewissen Anteil am Ende der Apartheid hatte. Andererseits hatte diese Politik jedoch auch ihre Schattenseiten, da sich mit den US-amerikanischen Unternehmen auch zahlreiche Unterzeichner der *Sullivan-Prinzipien* zurückzogen. Lansing und Kuruvilla (1988) weisen darauf hin, dass die Sanktionen insbesondere für schwarze Südafrikaner negative Auswirkungen hatten: „causing a loss of jobs and a decline in GDP, alongside the loss of community support of Sullivan signatories" (Soule 2009, S. 102).

5.5 Entwicklung einer Corporate Socially Responsible Investment-Infrastruktur

Die *Sullivan-Prinzipien* sind einer der ersten Verhaltenskodizes, die für Unternehmen zum einen eine Richtschnur des Handelns darstellen, zum anderen aber auch Informationen für Dritte darüber liefern, ob und ggf. wie Unternehmen gesellschaftliche Verantwortung übernehmen. Zu Beginn des modernen SRI in den frühen 1960er Jahren waren Informationen über Unternehmen und deren Verantwortungsübernahme noch äußerst rar und wenig miteinander verbunden. Eine Infrastruktur, wie sie heute die Unternehmen über CSR- oder Nachhaltigkeitsberichte selbst bereitstellen, wie sie von CSR- und Nachhaltigkeits-Rating- und -Researchagenturen aufbereitet und verdichtet oder von CSRI-Medien der Öffentlichkeit zugänglich gemacht werden, existierte damals nicht. Zum einen waren wesentlich weniger Informationen über Unternehmen verfügbar und zum anderen waren diese Informationen verstreut, schwer zugänglich und – auch aufgrund der beschränkten Möglichkeiten des Vor-Internet-Zeitalters – weniger systematisch aufbereitet. In diesem Abschnitt zeigen wir die Entwicklungsschritte auf, die vor allem Finanzmarktakteure gegangen sind, um eine CSRI-Infrastruktur zu erschaffen, die das gegenwärtige Geschäft mit nachhaltigen Investments erst ermöglicht.

Council on Economic Priorities

Die ersten Ansätze, eine solche Infrastruktur aufzubauen, lassen sich auf die späten 1960er Jahre datieren. Den Anfang machte 1969 das *Council on Economic Priorities*

(CEP), das damit vermutlich die erste Organisation ist, die es sich zur Aufgabe gemacht hatte, die soziale und ökologische Leistung von Unternehmen systematisch in den Blick zu nehmen (Sparkes 2002, S. 51). Sparkes (2002, S. 280) bezeichnet sie daher auch als „the oldest specialist SRI research organisation in the world." Ins Leben gerufen wurde das CEP von Alice Tepper Marlin. Sie arbeitete zu jener Zeit (1966-68) als eine von insgesamt nur sechs Analystinnen an der gesamten Wall Street (Waddock 2008, S. 64) für *Burnham & Company*. Weil sie sich einerseits privat gegen den Krieg engagierte und andererseits bei *Burnham* auch Analysen zu Unternehmen durchführte, die am Krieg in Vietnam beteiligt waren, wurde sie von religiösen Investoren um die Zusammenstellung eines „peace portfolios" gebeten, das keine am Krieg beteiligten Unternehmen enthalten sollte (Waddock 2008, S. 63f.). Tepper Marlis erinnert dies wie folgt: „So I compared the impact of my volunteering with the leverage I had when I talked to companies as a securities analyst for a major firm and felt that I had far more leverage and could make far more change from a position in the investment community than as an individual, even though it wouldn't have been the only thing I'd be doing as an analyst" (zitiert in Waddock 2008, S. 64). 1969 verließ Tepper Marlis die Wall Street, um das CEP zu gründen. CEP war die erste Organisation, die Rankings der sozialen und ökologischen Performance von US-Unternehmen veröffentlichte (Lydenberg 2005, S. x). 1986 begann das CEP, mit dem Einkaufsratgeber „Rating America's Corporate Conscience: A Provocative Guide to the Companies Behind the Products You Buy Every Day" (Lydenberg et al. 1986), Informationen für Konsumenten über 130 US-amerikanische Unternehmen bereitzustellen. Selbst zu dieser Zeit leistete das Buch noch Pionierarbeit, da es systematisch Informationen über die gesellschaftliche Verantwortung bekannter Unternehmen sammelte und veröffentlichte. Es enthielt geordnete und vergleichbare Daten zu einer ganzen Reihe von Themen wie des Anteils von Frauen oder Minderheiten in Führungspositionen, der Summe an Spenden nach Steuern an karitative Organisationen, der Transparenz hinsichtlich sozialer Aspekte, mögliche Verbindungen mit dem Apartheidsregime in Südafrika, des durch Waffenproduktion erzielten Geschäftsanteils oder die Spendengelder an politische Parteien (Waddock 2008, S. 91). Dieses Buch war der Startpunkt einer eigenen Veröffentlichungsreihe des CEP, die den Titel trug: „Shopping for a Better World: A Quick and Easy Guide to Socially Responsible Supermarket Shopping". Konsumenten sollten sich hier grundsätzlich, das heißt nicht nur bei der Entscheidung über eine mögliche Geldanlage, sondern bereits beim Gang in den Supermarkt, einen schnellen Überblick darüber verschaffen können, welche soziale oder ökologische Bilanz diejenigen Unternehmen vorzuweisen hatten, zu deren Produkten sie griffen.

Die Leistung des CEP darf deswegen als Pionierarbeit gelten, da es begann, von null auf diese Informationen zu sammeln, zu ordnen, aufzubereiten und zu verwalten. Im Zuge dessen entwickelte CEP eine erste Datenbank, die soziale und ökologische Informationen von mehr als 300 US-amerikanischen Unternehmen erhob. In diese Datenbank flossen Informationen aus eigenen Recherchen genauso ein wie aus Befragungen der Unternehmen. Worauf heute eine jede CSRI-Rating- oder -Researchagentur zurückgreifen kann, nämlich eine Unternehmensdatenbank, nahm seinen Anfang beim und mit dem CEP.

Interfaith Center on Corporate Responsibility

Was mit ersten Anträgen von Aktionären auf den Hauptversammlungen von *General Motors* und *Dow Chemical* in den späten 1960er Jahren begann, fand 1971 in Form der Gründung des *Interfaith Centers on Corporate Responsibility* (ICCR) eine weitere Institutionalisierung. Im Mittelpunkt dieser sozialen Innovation steht *Shareholder Engagement*, in Deutschland auch bekannt unter dem Terminus „aktives Aktionärstum" (Riedel und Schneeweiß 2008; Sandberg 2011; Burgy 2013). Dabei nutzen Aktionäre ihr Rederecht als Anteilseigner auf der jährlichen Hauptversammlung dazu, Forderungen an das Management zu stellen (Shareholder-Resolutionen). Dass Shareholder Druck auf das Management ausüben, um die Gewinne zu steigern oder die Ausschüttung an Dividenden zu erhöhen, ist heutzutage nur allzu selbstverständlich. Die innovative Neuerung der genannten Shareholder-Resolutionen in den späten 1960er und frühen 1970er Jahren bestand darin, dass sich hier die Aktionäre für die soziale und ökologische Leistung des Unternehmens interessierten, Informationen darüber einforderten und das Management zu einer diesbezüglich anderen Unternehmenspolitik aufforderten.

Das ICCR wurde 1971 unter der Beteiligung von Timothy H. (Tim) Smith und vor dem Hintergrund des zu dieser Zeit starken öffentlichen Protestes gegen das Apartheidsregime von sechs protestantischen Gruppierungen ins Leben gerufen. Smith war damals bereits aktiv gegen das Apartheidsregime engagiert. Beim ICCR koordinierte er die auf den Aktienanteilen der beteiligten kirchlichen Investoren beruhende Einreichung von Shareholder-Resolutionen gegen mit dem Apartheidsregime verstrickte Unternehmen, oder um Unternehmen allgemein dazu zu bewegen, gesellschaftlichen Belangen besser Rechnung zu tragen. Geführt von Laura Berry vereint das ICCR heute 300 (vornehmlich) religiöse institutionelle Investoren mit einem Anlagevolumen von über 100 Milliarden US-Dollar unter seinem Dach (ICCR 2011).

Social Investment Forum

Der Prototyp der *Social Investment*-Foren (SIF) dieser Welt, das US SIF, wurde 1985 inkorporiert. Es nennt sich heute *Forum for Sustainable and Responsible Investment*. Seither hat es weltweit zahlreiche Nachahmer-Organisationen gefunden, wie das *European Sustainable Investment Forum* (Eurosif; gegründet 2001), welches als europäischer Dachverband von acht nationalen SIFs dient, das *Forum Nachhaltige Geldanlagen* (FNG; 2001) als deutschsprachiges SIF oder das britische Pendant, *UK Sustainable Investment and Finance Association* (UKSIF; 1991). Wie beim US SIF ist es die Aufgabe der verschiedenen Foren, das nachhaltige Investieren voranzutreiben und die Interessen der einzelnen Mitglieder (überwiegend SRI-Unternehmen) zu bündeln und nach außen zu vertreten.

Das US SIF hat seine Wurzeln in Boston (Shapiro 1992, S. 12), wo unter anderem Joan Bavaria aktiv war. Vor ihren Initiativen im SRI-Feld arbeitete sie in einer konventionellen Bank, der *Bank of Boston*, als eine von vier Frauen unter 54 Anlageberatern (Waddock 2008, S. 69). 1975 wechselte sie zu *Franklin Management*, einem ebenfalls in Boston ansässigen Vermögensverwalter. Dort wurden von Kunden immer wieder Fragen an sie gerichtet, wie man sein Geld anlegen könne, um nicht zur Umweltzerstörung beizutragen oder ohne das Apartheidsregime in Südafrika zu unterstützen (Waddock 2008, S. 70). Schließlich gründete sie im Jahr 1982 in Boston die *Franklin Research and Development Corporation*, heute bekannt als *Trillium Asset Management*, „the first asset management company specialising in social investing" (Sparkes 2002, S. 51). 1985 wurde Joan Bavaria dann zur Mitbegründerin des US SIF. Informell kam das Forum bereits 1981 in Gang, mit Joan Bavaria als treibende Kraft, offiziell inkorporiert wurde es dann 1985. Zu Beginn residierte das Forum zudem in den Räumlichkeiten von *Franklin Research* (Shapiro 1992: 12f.).

Coalition for Environmentally Responsible Economies

Als Reaktion auf die Ölpest durch die Havarie der *Exxon Valdez* in Alaska gründeten Joan Bavaria und Denis Hayes im Jahre 1989 eine Organisation, die die Finanzinvestoren verstärkt mit der Umweltbewegung in Kontakt bringt: die *Coalition for Environmentally Responsible Economics* (Ceres; Waddock 2008, S. 130ff.). Bob Massie (2012, S. 220) beschreibt Ceres als die damals einzige „entity in the United States that brought together the grassroots power of environmental and union groups and the financial clout of major investors and pension funds [...] with hundreds of millions of endowment assets [...]." Gleich mit dem Start von Ceres wurden die *Ceres*

Principles ins Leben gerufen, ein ökologischer 10-Punkte-Verhaltenskodex, nach dem Öltanker auch *Valdez Principles* genannt. Aus Ceres ist unter der Führung von Bob Massie, der 1996 von Joan Bavaria in die Organisation geholt wurde (Massie 2012, S. 218f.), schließlich die *Global Reporting Initiative* (GRI) hervorgegangen, an der zudem das *Tellus Institute* mit Allen White beteiligt war (Massie 2012, S. 230ff.). GRI wurde 1997 zunächst innerhalb von Ceres angesiedelt, im Jahr 2002 dann aber ausgegliedert und als eigene Organisation in Amsterdam institutionalisiert. Die seitdem von GRI entwickelten Richtlinien zur Nachhaltigkeitsberichterstattung haben sich inzwischen weltweit verbreitet und dienen zahlreichen Unternehmen als Referenz für die Veröffentlichung der ökonomischen, ökologischen, sozialen Folgen ihres Handelns (Alonso-Almeida et al. 2014).

Kinder, Lydenberg and Domini: Research & Analytics

Nach diesen anfänglichen Schritten in Richtung einer institutionalisierten CS-RI-Infrastruktur bildete sich schließlich im Jahr 1989 die erste Research- und Ratingagentur, die sich vornehmlich auf die Bewertung nicht-finanzieller Daten spezialisiert hat. Peter Kinder, Steve Lydenberg und Amy Domini gründeten in Cambridge/Boston das Unternehmen *Kinder, Lydenberg and Domini* (KLD), „the first research firm devoted to marketing comprehensive social and environmental data on publicly traded companies to the financial community" (Lydenberg 2005, S. xii; siehe auch Sparkes 2002, S. 284ff.). Seit Mai 1990 legt KLD ebenfalls den *Domini 400 Social Index* (DSI) auf. Bemerkenswert ist in diesem Zusammenhang die rückblickende Einschätzung von Steve Lydenberg: „Generally speaking, in the 20 years since it started to evolve in its modern form from the 1970s to about 1990, SRI had gone a very short distance. It still was treated with a great deal of suspicion at best and dismissed as something that was inappropriate and not something that one could do and exercise one's fiduciary duties. So there was a much larger issue that Amy, Peter, and I saw, which was how to legitimize SRI as a profession – and you just can't have a profession without the basic tools. KLD was our first attempt to say, OK, here are some of the most basic tools you need to have – consistent data, consistent methodology" (zitiert in Waddock 2008, S. 97).

Sehr positiv urteilt Lydenberg auch über den DSI, der als Index einen schnellen Überblick über verantwortungsvolle Unternehmen (und deren finanzielle Performance) liefert: „It was interesting what a powerful choice it was to focus on an index, because indexes within the traditional financial world stand for certain asset classes, certain investment styles. By creating an index for the first time, it was creating a *definition* of what social investment looked like. Throughout the 1990s, whenever anyone wrote an article on social investing, they would put a chart of the Domini Index vs the S&P index in that story, simply because it stood for social investing. [The DSI] became a symbol – it made an attempt, I think successfully, at capturing at least one definition of what social investing is" (zitiert in Waddock 2008, S. 97f.; herv. i. O.). KLD wurde 2009 Teil von *RiskMetrics* aufgekauft, das wiederum ein Jahr später vom konventionellen Finanzdienstleister *MSCI* übernommen wurde.

5.6 Aktuelle Entwicklungen

Das nachhaltige Investieren hat sich seit seinen Anfängen als alternatives Nischenprodukt zu einer Investmentstrategie entwickelt, die mittlerweile fast wie selbstverständlich auch von den konventionellen Finanzinstituten angeboten wird. Gleichzeitig ist das moderne SRI jedoch von einer großen Heterogenität geprägt, die sich nicht nur in der Verwendung unterschiedlicher Begriffe, wie z. B. „Grünes Geld" oder „Ethical Investment", widerspiegelt, sondern auch in den unterschiedlichen Vorstellungen darüber, wie Nachhaltigkeit im Investmentprozess berücksichtigt werden sollte (Sandberg et al. 2009). Seit der globalen Ausbreitung des ursprünglich in den USA entstandenen Finanzmarktsegments, die in den 1980er Jahren einsetzte, lassen sich nationale und kulturelle Eigenheiten beim nachhaltigen Investieren erkennen (Waring und Edwards 2008); für die europäische SRI-Landschaft bieten die jährlichen Studien des europäischen Verbandes für nachhaltiges Investieren, *Eurosif*, genügend Material, um diese Unterschiede aufzudecken (siehe z. B. Eurosif 2014).

Wenn man im Jahr 2015 über aktuelle Entwicklungen auf dem Finanzmarkt schreibt, kommt man nicht umhin, einen Blick auf die im Jahr 2007 einsetzende Finanzmarktkrise und deren Folgen zu werfen. Obwohl auch die nachhaltigen Geldanlagen nicht von der Krise verschont geblieben sind und ebenfalls Verluste verbuchen mussten, bietet die Finanzkrise die Chance, das Feld des nachhaltigen Investierens langfristig zu stärken (Krosinsky et al. 2012; Vandekerckhove et al. 2011; Hebb 2012). Damit würde nicht nur der Impact von SRI steigen, also der Beitrag zu einem sozial-ökologischen Wandel von Wirtschaft und Gesellschaft, sondern SRI könnte auch dazu beitragen, dass der Finanzmarkt als solches stabilisiert wird. Abseits transnationaler Regulierung und makroprudentieller Aufsicht, die systemische Risiken im Finanzmarkt kontrollieren sollen, kann das nachhaltige Investieren aufgrund seiner anderen Logik zu einer Stabilisierung des Finanzmarkts beitragen; Transparenz, eine umfassendere Risikoanalyse und langfristige Anlagehorizonte können beruhigend auf das durch Kurzfristigkeit und Profitmaximierung geprägte Finanzsystem einwirken. Ein Hebel, um die Wirkung von SRI zu erhöhen, liegt insbesondere in der privaten Altersvorsorge. Die Pensionskassen und -fonds, die aufgrund der Kapitalmengen zu den einflussreichsten Finanzmarktakteuren zählen, schöpfen das vorhandene Potenzial nachhaltiger Geldanlage bislang nur zum Teil aus (Vitols 2011), obwohl die Renditeaussichten mit denen konventioneller Anlagen vergleichbar sind (Revelli und Viviani 2015).

Die steigende Bedeutung des nachhaltigen Investierens für konventionelle Finanzmarktakteure spiegelt sich in der Weiterentwicklung der CSRI-Infrastruktur wider; mittlerweile sind es nicht mehr nur einzelne kleine Initiativen, die die Nachhaltigkeitsleistungen messen und bewerten, sondern es ist ein Markt entstanden, der sich auch an konventionelle Finanzmarktakteure wendet. Wie bereits weiter oben erwähnt, hat der konventionelle Finanzdienstleister MSCI im Jahr 2010 mit KLD die älteste Nachhaltigkeits-Research- und -Ratingagentur übernommen. Des Weiteren gibt es den Versuch, Nachhaltigkeitsindikatoren auch für jene Investoren sicht- und vergleichbar zu machen, die sich nicht explizit mit SRI beschäftigen. Mit Nachhaltigkeitsaccounting und -reporting stehen Instrumente zur Verfügung, die Nachhaltigkeitsleistung von Unternehmen mess- und vergleichbar zu machen und in den Geschäftsbericht zu integrieren (siehe z. B. die Beiträge in Schaltegger et al. 2006). Dieses Mainstreaming der CSRI-Infrastruktur, die sich von einem speziellen Informationsangebot für Nachhaltigkeitsinvestoren zu einer Reihe an Indikatoren entwickelt hat, die in die Finanzberichterstattung integriert sind, lässt die Bedeutung von Nachhaltigkeit auf dem Finanzmarkt weiter ansteigen. Ob dieses Mainstreaming sowohl von SRI als auch der CSRI-Infrastruktur tatsächlich zu einem nachhaltig agierenden Finanzmarkt führt oder damit eher eine Art nachhaltiger Fassade für einen krisengeschüttelten Finanzmarkt aufgebaut wird, bleibt abzuwarten.

5.7 Fazit

Eine wachsende Zahl an Investoren macht von ihrer gesellschaftlichen Verantwortung Gebrauch. Anstatt ausschließlich auf Rendite, Risiko und Liquidität der Geldanlage zu achten, gewinnen nicht-finanzielle Kriterien, wie Umweltaspekte, Arbeitsbedingungen und ethische Prinzipien, eine größere Bedeutung bei der Investitionsentscheidung. Ähnlich wie im konventionellen Finanzmarktgeschehen sind die Investoren jedoch ebenso auf eine Informationsinfrastruktur angewiesen, die das moderne SRI erst ermöglicht. Diese CSRI-Infrastruktur stellt dabei die Schnittstelle zwischen CSR und SRI dar, da Investoren ihre gesellschaftliche Verantwortung nur wahrnehmen können, wenn es verantwortungsvolle Unternehmen gibt, in die sie investieren können. Während das alte, ethische SRI noch mit einfachen Ausschlussprinzipien vorwiegend religiöse Werte in den Finanzmarkt tragen konnte, ist das moderne SRI auf eine solide Informationsinfrastruktur angewiesen. Es musste in den USA für die Investoren erkennbar werden, inwieweit einzelne Unternehmen sich am Vietnamkrieg beteiligten oder das Apartheidsregime in Südafrika unterstützten. Diese noch heute prägende Informationsinfrastruktur entwickelte sich seit den 1970er Jahren aus verschiedenen Initiativen heraus, die hauptsächlich von Finanzmarktakteuren gegründet und vorangetrieben wurden. SRI hat sich dadurch als eine Alternative auf dem Finanzmarkt etabliert, die auch für Unternehmen Anreize setzt, sich verantwortungsvoll zu verhalten.

In diesem Beitrag haben wir nachgezeichnet, wie sich die informationelle Infrastruktur, die den Kern und die Grundlage sowohl von CSR als auch von SRI darstellt, seit ihren Anfängen bis heute entwickelt hat. Dabei hat sich gezeigt, dass die heute vorhandene CSRI-Infrastruktur ihren Ausgangspunkt in vielen einzelnen, aber miteinander verbundenen Initiativen hatte. Mit der weltweiten Ausbreitung und dem Mainstreaming von nachhaltigen Geldanlagen hat sich auch die Informationsinfrastruktur weiter professionalisiert und sich in das Blickfeld konventioneller Finanzanalysten geschoben. Die im Jahr 2007 entstandene Finanzkrise kann nun dazu beitragen, dass sich SRI und die CSRI-Infrastruktur weiter in den konventionellen Finanzmarkt hinein ausbreiten. In Zukunft wird es vor allem darum gehen, Treiber und Hemmnisse für das weitere Wachstum nachhaltigen Investierens zu identifizieren. Wie viel von der Nachhaltigkeit aber am Ende übrig bleibt, hängt nicht zuletzt von den Investoren und ihrem Willen zur gesellschaftlichen Verantwortung ab.

Empfehlenswerte Literatur

Hiß S (2011) Globale Finanzmärkte und nachhaltiges Investieren. In: Groß M (Hrsg) Handbuch Umweltsoziologie. VS Verlag für Sozialwissenschaften, Wiesbaden, S 651-670
Sparkes R (2002) Socially responsible investment: a global revolution. Wiley, Chichester
Vandekerckhove W, Leys J, Alm K, Scholtens B, Signori S, Schäfer H (Hrsg) (2011) Responsible investment in times of turmoil. Springer, Dordrecht

Literatur

Alonso-Almeida M del Mar, Llach J, Marimon F (2014) A closer look at the 'Global Reporting Initiative' sustainability reporting as a tool to implement environmental and social policies: a worldwide sector analysis. Corporate Social Responsibility and Environmental Management 21: 318-335

Bernasek A, Porter RC (1997) Private pressure for social change in South Africa: The impact of the Sullivan Principles. Review of Social Economy 55: 172-193

Bruyn ST (1987) The field of social investment. Cambridge University Press, Cambridge

Burgy C (2013) NGOs als Kapitalmarktakteure: Shareholder Engagement als Möglichkeit zur Einflussnahme auf Corporate Social Responsibility. Springer VS, Wiesbaden

Carroll AB, Lipartito KJ, Post JE, Werhane PH (2012) Corporate responsibility: The American experience. Cambridge University Press, Cambridge

Dittrich S, Tober C, Vögele G (2013) Marktbericht Nachhaltige Geldanlagen 2013: Deutschland, Österreich und die Schweiz. Forum Nachhaltige Geldanlagen e. V., Berlin

Domini A (2001) Socially responsible investing: Making a difference and making money. Dearborn Trade, Chicago

Domini A, Kinder PD (1986) Ethical investing: How to make profitable investments without sacrificing your principles. Addison-Wesley, Reading

Eurosif (2014) European SRI Study. Eurosif, Brüssel

Hebb T (Hrsg) (2012) The next generation of responsible investing. Springer, Dordrecht

Hiß S (2006) Warum übernehmen Unternehmen gesellschaftliche Verantwortung? Ein soziologischer Erklärungsversuch. Campus, Frankfurt/New York

Hiß S (2011) Globale Finanzmärkte und nachhaltiges Investieren. In: Groß M (Hrsg) Handbuch Umweltsoziologie. VS Verlag für Sozialwissenschaften, Wiesbaden, S 651-670

Hiß S (2012) Konfligierende Rationalitäten – wie Nachhaltigkeit die Rationalitätsordnung des Finanzmarktes irritiert. In: Engels A, Knoll L (Hrsg) Wirtschaftliche Rationalität: Soziologische Perspektiven. Springer VS, Wiesbaden, S 85-107

Hiß S, Nagel S (2012) Ratingagenturen zwischen Krise und Regulierung. Nomos, Baden-Baden

ICCR/Interfaith Center on Corporate Responsibility (2011) Taking stock: Shaping the new age in corporate responsibility: Annual report 2010-2011. ICCR, New York

Kinder PD, Lydenberg SD, Domini AL (1993) Investing for good: Making money while being socially responsible. Harper Business, New York

Kinder PD, Lydenberg SD, Domini A (1992) The social investment almanac: A comprehensive guide to socially responsible investing. H. Holt, New York

Krosinsky C, Robins N, Viederman S (2012) After the credit crisis – The future of sustainable investing. In: Hebb T (Hrsg) The next generation of responsible investing. Springer, Dordrecht, S 9-25

Kurtz L (2008) Socially responsible investment and shareholder activism. In: Crane A, McWilliams A, Matten D, Moon J, Siegel DS (Hrsg) The Oxford handbook of corporate social responsibility. Oxford University Press, Oxford, S 249-280

Lansing P, Kuruvilla S (1988) Business divestment in south Africa: In who's best interest? Journal of Business Ethics 7: 561-574

Lydenberg SD (2005) Corporation and the public interest: Guiding the invisible hand. Berrett-Koehler Publishers, San Francisco

Lydenberg SD, Tepper Marlin A, Strub S, Council of Economic Priorities (1986) Rating America's corporate conscience: A provocative guide to the companies behind the products you buy every day. Addison-Wesley, Reading

Massie RK (1997) Loosing the bonds. Nan A. Talese, New York

Massie RK (2012) A song in the night: A memoir of resilience. Nan A. Talese, New York

Nader R (1965) Unsafe at any speed: The designed-in dangers of the American automobile. Grossman, New York

Ransome W, Sampford CJG (2010) Ethics and socially responsible investment: A philosophical approach. Ashgate, Farnham

Renneboog L, Ter Horst J, Zhang C (2008) Socially responsible investments: Institutional aspects, performance, and investor behavior. Journal of Banking & Finance 32: 1723-1742

Revelli C, Viviani J-L (2015) Financial performance of socially responsible investing (SRI): What have we learned? A meta-analysis. Business Ethics: A European Review 24: 158-185

Riedel S, Schneeweiß A (2008) Chancen und Entwicklungsmöglichkeiten für ein Aktives Aktionärstum in Deutschland: Eine Machbarkeitsstudie. imug/SÜDWIND, Hannover/Siegburg

Rosen R von (2009) Nachhaltige Geldanlagen als Innovationstreiber. In: Ulshöfer G, Bonnet G (Hrsg) Corporate Social Responsibility auf dem Finanzmarkt: Nachhaltiges Investment — politische Strategien — ethische Grundlagen. VS Verlag für Sozialwissenschaften, Wiesbaden, S 83-98

Sandberg J (2011) Changing the world through shareholder activism? Etikk i praksis: Nordic Journal of Applied Ethics 5: 51-78

Sandberg J, Juravle C, Hedeström TM, Hamilton I (2009) The heterogeneity of socially responsible investment. Journal of Business Ethics 87: 519-533

Scalet S, Kelly TF (2010) CSR rating agencies: What is their global impact? Journal of Business Ethics 94: 69-88

Schäfer H (2009) Verantwortliches Investieren: Zur wachsende ökonomischen Relevanz von Corporate Social Responsibility auf den internationalen Finanzmärkten. In: Ulshöfer G, Bonnet G (Hrsg) Corporate Social Responsibility auf dem Finanzmarkt: Nachhaltiges Investment — politische Strategien — ethische Grundlagen. VS Verlag für Sozialwissenschaften, Wiesbaden, S 64-80

Schaltegger S, Bennett M, Burritt R (Hrsg) (2006) Sustainability accounting and reporting. Springer, Dordrecht

Schwartz DE (1971a) Proxy power and social goals: How campaign GM succedeed. St. John's Law Review 45: 764-771

Schwartz DE (1971b) The public-interest proxy contest: Reflections on campaign GM. Michigan Law Review 69: 419-538

Seidman GW (2003) Monitoring multinationals: Lessons from the Anti-Apartheid era. Politics & Society 31: 381-406

Shapiro J (1992) The movement since 1970. In: Kinder PD, Lydenberg SL, Domini, AL (Hrsg) The social investment almanac. A comprehensive guide to socially responsible investing. H. Holt, New York

Simpson A (1991) The greening of global investment: How the environment, ethics and politics are reshaping strategies. Economist Publications, London

Soule SA (1997) The student divestment movement in the United States and tactical diffusion: The shantytown protest. Social Forces 75: 855-883

Soule SA (2009) Contention and corporate social responsibility. Cambridge University Press, Cambridge

Sparkes R (2002) Socially responsible investment: a global revolution. Wiley, Chichester.

Upgang M (2009) Gewinn mit Sinn. Wie Sie Ihr Geld sicher anlegen – mit gutem Gewissen, Oekom, München

US SIF/The Forum for Sustainable and Responsible Investment (2014) Report on US sustainable, responsible and impact investing trends 2014. US SIF – The Forum for Sustainable and Responsible Investment, Washington

Vandekerckhove W, Leys J, Alm K, Scholtens B, Signori S, Schäfer H (Hrsg) 2011 Responsible investment in times of turmoil. Springer, Dordrecht

Vitols S (2011) European pension funds and socially responsible investment. Transfer: European Review of Labour and Research 17: 29-41

Vogel D (1978) Lobbying the corporation: Citizen challenges to business authority. Basic Books, New York

Vogel D (2005) The market for virtue: The potential and limits of corporate social responsibility. Brookings Institution Press, Washington

Waddock S (2008) The difference makers: How social and institutional entrepreneurs created the corporate responsibility movement. Greenleaf, Sheffield

Waring P, Edwards T (2008) Socially responsible investment: Explaining its uneven development and human resource management consequences. Corporate Governance: An International Review 16: 135-145

Unternehmen als politische Akteure

6

Dorothea Baur

> **Abstract**
>
> Companies are not only economic but also political actors. Thereby the question concerning the relationship between political power and responsibility and the legitimacy of political engagement of companies is at the center of this chapter. Economic-ethically concepts will be applied to answer this question. With the help of these concepts the political actions of companies on a national level and within the context of global governance will be analyzed. The goal is to recognize, that a) besides their economic role companies also play a political role and that b) this political role needs to be morally reflected through economic ethics.

***

Unternehmen sind nicht nur wirtschaftliche, sondern auch politische Akteure. Damit rückt die Frage nach dem Verhältnis von politischer Macht und Verantwortung und der Legitimität politischen Engagements von Unternehmen in den Mittelpunkt. Zur Beantwortung dieser Fragen werden ausgewählte wirtschaftsethische Konzepte herbeigezogen. In einem nächsten Schritt wird das politische Handeln von Unternehmen auf nationalstaatlicher Ebene und im Rahmen der Global Governance mit Hilfe eben dieser Konzepte beleuchtet. Ziel ist es zu erkennen, dass a) Unternehmen neben ihrer ökonomischen auch eine politische Rolle spielen, und dass b) diese politische Rolle moralischer Reflexion bedarf, zu der die Wirtschaftsethik anregt.

6.1 Einleitung

Dass Unternehmen neben ihrer wirtschaftlichen Macht auch über große politische Macht verfügen, ist kein neues Phänomen. So herrschte die British East India Company, eines der ersten transnationalen Unternehmen Welt, in ihrer Blütezeit im 18. Jahrhundert über ein Fünftel der Weltbevölkerung, verfügte über eine Armee von 250.000 Mann und erzielte Einnahmen, die größer waren als jene von ganz Britannien (Robins 2003, S. 79).

Die Frage, welche Verantwortung die politische Macht von Unternehmen impliziert, rückte jedoch erst in jüngerer Zeit in den Fokus der Öffentlichkeit und wurde zum vieldiskutierten Gegenstand akademischer Debatten. Diese erstrecken sich mittlerweile über mehrere Disziplinen, wie Politikwissenschaften (z. B. Cutler et al. 1999), Rechtswissenschaften (z. B. Clapham 2006), Philosophie (z. B. Young 2006), Managementlehre (z. B. Boddewyn und Brewer 1994) und Soziologie (z. B. Burris 2001; siehe die Beiträge von Speth, Nowrot und Maurer in diesem Band).

Die Debatte über die politische Rolle von Unternehmen wurde maßgeblich genährt durch eine Reihe von Ereignissen, die deutlich machen, dass eine rein ökonomische Perspektive auf Unternehmen der Realität nicht gerecht wird. Eine treibende Kraft spielt dabei die Globalisierung, die zu einer tendenziellen Entgrenzung zwischen Markt und Staat führt. Während typischerweise dem Markt die Funktion zugeschrieben wurde, für Wohlstand zu sorgen (Zürn 2008, S. 294), war es die Aufgabe der Politik, Gerechtigkeit, Frieden, Sicherheit etc. herzustellen. Mittlerweile erstrecken sich aber öffentliche Themen weit über die Grenzen von Nationalstaaten hinaus und es entstehen Regulierungslücken, so zum Beispiel in Kontexten, in denen die sozialen und ökologischen Standards eines Gastlandes niedriger sind als in den westlichen Industrienationen, bzw. von den staatlichen Behörden nicht durchgesetzt werden (Matten und Crane 2005; Scherer und Palazzo 2007; Scherer et al. 2006). Diese Problematik hat sich seit ca. 2005 auf dramatische Weise anlässlich wiederholter Brände[1] und Gebäudeeinstürze[2] in für westliche Abnehmer produzierenden Textilfabriken in Bangladesch gezeigt. Bei diesen verloren hunderte Arbeiter und Arbeiterinnen ihr Leben aufgrund katastrophaler Sicherheitsbedingungen, die in Westeuropa niemals akzeptiert werden würden.[3] Als Reaktion auf diese Tragödien haben sich inzwischen über 100 Unternehmen

---

1 www.theguardian.com/world/2013/dec/08/bangladesh-factory-fires-fashion-latest-crisis. Zugegriffen: 14.03.2017.
2 www.cleanclothes.org/news/2006/02/27/three-tragedies-hit-bangladesh-factories-in-one-week-leaving-scores-dead-wounded. Zugegriffen: 14.03.2017.
3 www.spiegel.de/spiegel/print/d-101368207.html. Zugegriffen: 14.03.2017.

in Zusammenarbeit mit Gewerkschaften und Nichtregierungsorganisationen zu rechtlich bindenden Regeln verpflichtet, mit denen ähnliche Ereignisse in Zukunft verhindert werden sollen.[4] Dies zeigt, dass einige, wenn auch längst nicht alle Unternehmen, durchaus bereit sind, eine erweiterte politische Verantwortung zu übernehmen und zur Gewährleistung von Rechten beizutragen, die in einem intakten nationalstaatlichen Kontext typischerweise vom Staat geschützt werden.

Allerdings gilt es zu beachten, dass nicht nur die Globalisierung und die aus ihr resultierenden Regulierungslücken bedeutsam für die Rolle von Unternehmen als politische Akteure sind. Stattdessen spielen Unternehmen immer schon und weiterhin auch auf nationalstaatlicher Ebene eine politische Rolle, zum Beispiel im Rahmen ihrer Lobbying-Aktivitäten.

Unabhängig davon, ob sich das politische Engagement von Unternehmen an der Schnittstelle zu (national-)staatlichen Institutionen oder auf einer transnationalen Ebene, bei der Bewältigung grenzüberschreitender Probleme in der so genannten Global Governance, ereignet, wirft es wichtige moralische und praktische Fragen nach der Verantwortung von Unternehmen auf, zu deren Klärung die Wirtschaftsethik durch normative Reflexionen und empirische Analysen beiträgt.

Nachdem zuerst auf die Frage, wie sich politische Verantwortung von Unternehmen begründen lässt, eingegangen wird, werden in einem nächsten Schritt die zwei bereits erwähnten Kontexte voneinander unterschieden: zuerst wird auf die Verantwortung von Unternehmen gegenüber staatlichen Institutionen und dann auf die politische Rolle von Unternehmen in der Global Governance eingegangen.

6.2 Zur Begründung der politischen Verantwortung von Unternehmen

Es ist unbestritten, dass Unternehmen massiven politischen Einfluss ausüben können, wenn sie denn wollen. Dieser Umstand wirft allerdings zwei Fragen auf: zum einen, was oder wer Unternehmen zu politischer Aktivität berechtigt, also die Frage nach der Legitimität politischer Aktivität von Unternehmen, und zum anderen, welche Verantwortung die politische Macht von Unternehmen impliziert. Im Folgenden werden unterschiedliche wirtschaftsethische Anknüpfungspunkte zur Beantwortung dieser Fragen dargestellt.

In Bezug auf die Legitimität des politischen Einflusses von Unternehmen besteht die große Herausforderung darin, dass Unternehmen im Unterschied zu ‚offizi-

---

4 www.bangladeshaccord.org/. Zugegriffen: 14.03.2017.

ellen politischen Akteuren' wie Regierungsmitgliedern oder Abgeordneten nicht demokratisch gewählt sind. Somit ist zu fragen, wer oder was sie zu politischem Engagement berechtigt oder gar verpflichtet und wer sie dafür nötigenfalls zur Verantwortung ziehen soll. Bis ca. Ende der 1990er Jahre dominierte die Vorstellung, dass politische Aktivitäten von Unternehmen unerwünscht seien, sofern sie nicht unmittelbar der Profitmaximierung dienen. Diese Idee wurde maßgeblich geprägt durch die sogenannte Shareholder-Doktrin, also durch die Annahme, dass die primäre Verpflichtung von Unternehmen gegenüber ihren Aktionären bestehen würde, was bedeutet, dass sie in allererster Linie ihre Profitmaximierung vorantreiben sollen (Friedman 1970). Mit dem Aufkommen des Stakeholder-Ansatzes, der insbesondere auch in der Debatte über Corporate Social Responsibility verbreitet ist, erhielt diese Doktrin jedoch Konkurrenz (Freeman 1984). Der Stakeholder-Ansatz besagt, dass Unternehmen immer mehreren Anspruchsgruppen (z. B. neben den Aktionären auch Kunden, Mitarbeitern, Lieferanten oder dem Staat) verpflichtet sind.[5] Diese Stakeholder haben mitunter Ansprüche, deren Erfüllung von Unternehmen erfordert, politisch aktiv zu werden. Man denke an das eingangs erwähnte Beispiel der Fabrikbrände in Bangladesch: der Anspruch der Arbeitnehmer auf sichere Arbeitsbedingungen, respektive auf den Schutz ihres Lebens, bedingt, dass Unternehmen in den Einflussbereich des Staates eingreifen. Denn offiziell war es in Bangladesch Aufgabe des Staates, die Feuersicherheit von Gebäuden zu überprüfen. Da dieser jedoch offensichtlich nicht in der Lage war, dieser Aufgabe nachzukommen, liegt es nun in der politischen Verantwortung von Unternehmen, die Feuersicherheit zu gewährleisten.[6]

Insgesamt bietet also der Stakeholder-Ansatz, im Unterschied zum Shareholder-Ansatz, eine Basis für die Diskussion darüber, inwiefern Unternehmen berechtigt oder gar verpflichtet sind, politisch auch dann aktiv zu werden, wenn kein direkter Zusammenhang zur Profitabilität eines Unternehmens besteht (Kobrin 2008, S. 267). Wenn wir davon ausgehen, dass Unternehmen grundsätzlich legitimiert sind, politisch aktiv zu sein, müssen wir uns als nächstes fragen, ob dieses Recht unter Umständen gar zur Pflicht im Sinne einer politischen Verantwortung werden kann. Wie im Folgenden gezeigt wird, bieten die in der Wirtschaftsethik diskutierten Konzepte

---

5   Hierbei handelt es sich um einen *normativ* verstandenen Stakeholder-Ansatz, der darauf fokussiert, wer berechtigte Ansprüche an ein Unternehmen hat. Dieser unterscheidet sich von einem *strategischen* Ansatz, der sich darauf konzentriert, welche Anspruchsgruppen die Macht haben, ein Unternehmen zu beeinflussen. Zur Unterscheidung zwischen den Ansätzen siehe Ulrich (2004, S. 476ff.).

6   www.saubere-kleidung.de/index.php/eilaktionen/faelle/rana-plaza/315-pressemitteilung. Zugegriffen: 14.03.2017.

Corporate Citizenship und Corporate Social Responsibility Ansatzpunkte, um eine *verantwortungsvolle politische Rolle* von Unternehmen zu begründen.

Der Begriff der Corporate Citizenship hat in den letzten Jahren große Popularität erlebt und wird je nachdem unterschiedlich verwendet (Polterauer und Nährlich 2009; Moon et al. 2005; Matten und Crane 2005; Néron und Norman 2008; Backhaus-Maul 2008): Während Corporate Citizenship in einer engen Form nur die freiwillige Unterstützung von zivilgesellschaftlichen Akteuren und Aktivitäten durch Unternehmen bezeichnet, wie zum Beispiel karitative Zuwendungen oder die Förderung von Freiwilligenarbeit durch Unternehmen (Schrader 2011, S. 304), erfährt der Begriff in einer erweiterten Form eine explizit politische Bedeutung. Weit verstanden bezeichnet Corporate Citizenship nämlich die Idee, dass Unternehmen Bürger sind und als solche grundlegende Bürgerrechte achten und sich, wenn nötig, aktiv für deren Durchsetzung einsetzen sollen (Maak und Ulrich 2007, S. 40), und zwar sowohl in Interaktion mit dem Staat als auch mit der Zivilgesellschaft. Während die Schnittstelle zur Zivilgesellschaft von Unternehmen verlangt, dass sie sich „wie gute Bürger für Belange des Gemeinwesens einsetzen, in dem sie tätig sind" (Schrader 2011, S. 304), geht es bei der Schnittstelle zum Staat darum, dass Unternehmen sich nicht nur an geltende Rahmenbedingungen anpassen müssen, „sondern auch eine Mitverantwortung für deren Weiterentwicklung und Durchsetzung tragen" (Schrader 2011, S. 305). Daraus resultiert eine ordnungspolitische Mitverantwortung von Unternehmen für „ethisch verantwortbare Standards und Rahmenbedingungen des Wettbewerbs" (Ulrich 2004, S. 465), innerhalb derer sie sich bewegen.

Wie wir jedoch später sehen werden, beteiligen sich Unternehmen mittlerweile gerade auch in Auseinandersetzung mit der Zivilgesellschaft im Kontext von Multi-Stakeholder Initiativen an der Entwicklung von Regeln und Rahmenbedingungen für die sozialen und ökologischen Effekte ihrer wirtschaftlichen Aktivitäten. Somit manifestiert sich ihre politische Mitverantwortung gleichermaßen sowohl in Interaktion mit dem Staat als auch mit zivilgesellschaftlichen Akteuren.

Auch in der Debatte über Corporate Social Responsibility (CSR) wurden in den letzten Jahren Grundlagen geschaffen, welche ein besonderes Augenmerk auf die politische Rolle von Unternehmen richten. So entstand unter dem Begriff ‚politische CSR' (Scherer und Palazzo 2007, 2011) ein Ansatz, demzufolge Unternehmen insbesondere in der Global Governance mitwirken, indem sie Regeln mitgestalten und öffentliche Güter wie Bildung, Gesundheit und Sicherheit bereitstellen (Valente und Crane 2010). Politisch verstandener CSR liegt demnach ein breites Verständnis von Politik zugrunde, demzufolge private Akteure wie Unternehmen und zivilgesellschaftliche Organisationen eine aktive Rolle in der demokratischen Regulierung und Kontrolle von Markttransaktionen haben (Scherer und Palazzo 2011, S. 901).

Darüber hinaus liefert das politische Verständnis von CSR auch eine mögliche Antwort auf die Frage nach der Legitimität politischer Aktivitäten von wirtschaftlichen Akteuren, indem es Unternehmen dazu verpflichtet, ihre Handlungen im Diskurs mit Stakeholdern öffentlich zu legitimieren. Wenn Unternehmen Rechenschaft über ihre politisch relevanten Handlungen ablegen, können sie von ihren Anspruchsgruppen zur Verantwortung gezogen werden. Damit kann das demokratische Legitimitätsdefizit, dem sie aufgrund ihrer Rolle als nicht-gewählte politische Akteure unterliegen, zumindest teilweise wettgemacht werden (Coni-Zimmer und Rieth 2012, S. 721).

Die in der Corporate Citizenship- und der CSR-Debatte geschaffenen Grundlagen für eine legitime und verantwortungsvolle politische Rolle von Unternehmen dienen im Folgenden als Referenz, wenn die politische Rolle von Unternehmen an der Schnittstelle zum Staat und in der Global Governance erläutert wird.

6.3 Die politische Rolle von Unternehmen an der Schnittstelle zum Staat – Lobbying und Unterstützung von staatlichem Unrecht

Die wohl direkteste Form politischer Aktivität von Unternehmen findet sich im Lobbying (Néron 2010, S. 343). Diese Form von politischer Aktivität hat auch die längste Tradition und bestand immer schon, unabhängig von der Globalisierung. Generell wird unter Lobbying das Beeinflussen von staatlichen Behörden und Politikern zu eigenen Gunsten verstanden (Hillman et al. 2004, S. 838). Dieses erfolgt unter anderem mittels Kampagnenfinanzierung, Koalitionsbildung und verschiedener Formen von Öffentlichkeitsarbeit (Keim und Zeithaml 1986, S. 828ff.). Wie wichtig für Unternehmen das Lobbying ist, wird anhand der Summen ersichtlich, die sie darin investieren. So gab beispielsweise die Pharmabranche als absoluter Spitzenreiter unter allen Industriesektoren in den USA im Jahr 2013 mehr als 171 Mio. USD für Lobbying aus. Im Jahr 2009 waren es gar 273 Mio. USD.[7]

Aus einer wirtschaftsethischen Perspektive drängen sich folgende Fragen auf: Ist Lobbying ethisch vertretbar? Wenn ja, in welcher Form (Hamilton und Hoch

---

7 Siehe www.opensecrets.org/lobby/top.php?showYear=2013&indexType=i für aktuelle Zahlen. Zugegriffen: 14.03.2017. Im Unterschied zu den USA gibt es in Deutschland keine Verpflichtung für Unternehmen, ihre Lobbying-Aktivitäten transparent zu machen www.welt.de/wirtschaft/article7645101/Deutsche-Konzerne-verdoppeln-Lobby-Ausgaben.html. Zugegriffen: 14.03.2017.

1997; Weber 1997; Oberman 2004; Stark 2010)? Wie wirkt sich Lobbying auf das Gemeinwohl aus (Marti et al. 2008)? Lobbying ist deswegen moralisch relevant, weil seine Effekte nie nur in Form eines privaten Wertes für Unternehmen auftreten, sondern sich häufig auch auf die Demokratie und die Gerechtigkeit auswirken (Schuler 2008, S. 164). Wenn Unternehmen beispielsweise gegen höhere Steuern lobbyieren, so hat dies – sofern sie erfolgreich sind – einen direkten Effekt auf den Staat, der sich aufgrund geringerer Steuereinnahmen gezwungen sieht, sich in der Bereitstellung von öffentlichen Dienstleistungen an die Bürger einzuschränken.

Unternehmen, die ihre politische Rolle als Lobbyisten verantwortungsvoll wahrnehmen, sorgen demgegenüber dafür, dass ihre Aktivitäten sich nicht auf die Verfolgung von Eigeninteressen beschränken, sondern sich am Gemeinwohl orientieren (Schrader 2011, S. 305). Diese Idee wird durch den Corporate Citizenship-Ansatz gestützt und stellt eine Übernahme von Verantwortung für die politischen Rahmenbedingungen dar. Auf der Grundlage eines politischen Verständnisses von CSR verlangt verantwortungsvolles Lobbying außerdem, dass Unternehmen ihre politischen Handlungen öffentlich legitimieren. Während dies dem herkömmlichen Verständnis von Lobbying als Werben für eigene Interessen hinter verschlossenen Türen widerspricht, finden sich in der Realität durchaus Beispiele von gemeinwohlorientiertem, öffentlichem Lobbying.

So verpflichtet sich beispielsweise der Konsumgüterkonzern Unilever im Rahmen seines Sustainable Living Plans dazu, sich für stärkere Umweltgesetze einzusetzen. Ein ähnliches Beispiel findet sich in Ceres, einer Koalition von Unternehmen wie Starbucks, Nike und Sun Microsystems, die sich gemeinsam für eine stärkere Regulierung von Gasemissionen und für eine Förderung von Investitionen für erneuerbare Energien engagieren.[8] Und schließlich ist gemäß Aussagen des Gründers und Vorsitzenden der Nichtregierungsorganisation Transparency International, Peter Eigen, auch die Anti-Korruptions-Konvention der OECD hauptsächlich das Resultat der Unterstützung von großen Unternehmen (AccountAbility 2005, S. 24).

Eine weniger explizite, aber nichtsdestotrotz gewichtige Facette der politischen Rolle von Unternehmen an der Schnittstelle zum Staat zeigt sich im Phänomen der ‚Komplizität', das heißt in der Beihilfe zu oder der Unterstützung von staatlichem Unrecht (siehe den Beitrag von Nowrot in diesem Band).[9] Dieses Phänomen rückte insbesondere aufgrund der Rolle, die Unternehmen in Menschenrechtsverletzungen durch Staaten spielen, in den Fokus der Öffentlichkeit. Unternehmen sind selten

---

8   www.seattlepi.com/business/article/Top-companies-urge-Congress-to-go-green-1292038.php#ixzz1hHL7rFMi. Zugegriffen: 14.03.2017.
9   Eine systematische Unterscheidung von verschiedenen Formen von Komplizität findet sich bei Wettstein (2010).

direkt verantwortlich für Menschenrechtsverletzungen (Kobrin 2009, S. 351), aber sie verhalten sich mitunter in einer Art und Weise, die Menschenrechtsverletzungen durch Regierungen entweder zulässt oder gar unterstützt.

Eines der berühmtesten Beispiele für die Duldung von Menschenrechtsverletzungen durch ein Unternehmen ereignete sich in den 1990er Jahren. Damals weigerte sich der britische Ölkonzern Shell mit Verweis auf seine apolitische Rolle, sich öffentlich gegen die Hinrichtung von Aktivisten vom Volk der Ogoni in Nigeria auszusprechen, die aufgrund ihrer Proteste gegen die sozialen und ökologischen Schäden, die Shell in ihrem Stammesgebiet angerichtet hatte, verhaftet wurden. Shell behauptete, es wäre falsch und gefährlich für das Unternehmen, sich in die politischen Angelegenheiten eines souveränen Staates einzumischen (Maak und Ulrich 2007, S. 41). Was Shell nicht erkannte, war, dass sich das Unternehmen schon alleine aufgrund der Tatsache, dass seine Aktivitäten am Ursprung dieser Proteste standen, in einer politischen Rolle befand. Deshalb war jeder Entscheid, den Shell in dieser Situation traf, politisch relevant – der Entscheid zu schweigen ebenso wie wenn sich das Unternehmen zu einer öffentlichen Intervention durchgerungen hätte (Wettstein 2010, S. 41).

In jüngerer Zeit liefert auch die 2013 aufgeflogene NSA-Affäre, in deren Rahmen verschiedene Internet- und Kommunikationstechnologiefirmen wie Google, Facebook oder Yahoo die verfassungswidrigen Überwachungsaktivitäten des amerikanischen Geheimdienstes gestützt haben, ein Anschauungsbeispiel für die Beihilfe von Unternehmen zu staatlichem Unrecht.[10]

Die praktische Bedeutung der Beihilfe von Unternehmen bei Menschenrechtsverletzungen wird durch ihre explizite Thematisierung in den UN Guiding Principles on Business and Human Rights unterstrichen, welche am 16. Juni 2011 vom Menschenrechtsrat angenommen wurden. So verlangt das Prinzip 17 von Unternehmen die Einhaltung einer Sorgfaltspflicht („due diligence"), mit welcher sie die effektiven und potenziellen Auswirkungen ihrer Aktivitäten auf Menschenrechte untersuchen.[11]

Die moralische Relevanz dieser Art von politischer Aktivität ist offensichtlich und Beihilfe zu staatlichem Unrecht, egal in welcher Form, ist weder aus einer Corporate Citizenship-Perspektive noch auf der Grundlage eines politischen Verständnisses von CSR vertretbar. Denn zum einen steht ein solches Verhalten der Idee einer Übernahme von ordnungspolitischer Mitverantwortung diametral entgegen und zum anderen verpassen es die Unternehmen in den allermeisten

---

10 www.welt.de/politik/ausland/article119345422/NSA-zahlte-Google-offenbar-Millionen-fuer-Daten.html. Zugeriffen: 14.03.2017.

11 www.ohchr.org/Documents/Publications/GuidingPrinciplesBusinessHR_EN.pdf. Zugegriffen: 14.03.2017.

Fällen von Beihilfe zu staatlichem Unrecht, ihr Handeln öffentlich im Diskurs mit Stakeholdern zu legitimieren.

6.4 Das politische Engagement von Unternehmen in der Global Governance am Beispiel von Multi-Stakeholder Initiativen

Der Markt ist für sein Funktionieren auf die Existenz und Durchsetzung von Gesetzen angewiesen. Eigentumsrechte, Vertragsrechte und Vertragspflichten sind minimale Bedingungen, die notwendig sind, um einen funktionierenden Markt zu gewährleisten. Typischerweise werden diese Regeln vom Staat erlassen und durchgesetzt (Scherer et al. 2006, S. 505). In einer globalisierten Welt jedoch, in welcher sich ein Großteil der wirtschaftlichen Aktivitäten über nationalstaatliche Grenzen hinaus erstreckt, müssen sich auch die politischen Handlungen, die nötig sind, um den Markt zu gestalten, vom Kontext des Nationalstaates lösen. Das Erlassen und Durchsetzen von Regeln ist nun nicht länger alleinige Aufgabe des Staates. Stattdessen ist die politische Autorität im Rahmen der Global Governance fragmentiert und verteilt sich auf verschiedene Akteure (Kobrin 2009, S. 353; siehe den Beitrag von Kinderman in diesem Band). So treten neben inter- und supragouvernmentalen Akteuren in Form von internationalen Organisationen vermehrt auch nicht-staatliche Akteure wie Nichtregierungsorganisationen (so zum Beispiel Greenpeace oder WWF) (Baur und Palazzo 2011; siehe den Beitrag von Malets und Böhling in diesem Band) und Unternehmen in Erscheinung und gestalten die Politik maßgeblich mit, die bis dato primär von Nationalstaaten geformt wurde. In jüngerer Zeit erfuhr die Welt einen regelrechten Boom an sogenannten Multi-Stakeholder Initiativen. Diese werden hier als prototypisches Beispiel politischer Aktivität von Unternehmen in der Global Governance diskutiert.

Multi-Stakeholder Initiativen beschreiben einen Kontext, in welchem Unternehmen die sozialen und ökologischen Standards gemeinsam mit Anspruchsgruppen (Stakeholdern) definieren. Die Art der involvierten Stakeholder variiert je nach Initiative. Während gewisse Initiativen ausschließlich von privaten Akteuren getragen werden, ist in anderen der Staat als Stakeholder involviert (Detomasi 2008, S. 325).

Berühmte Beispiele für Multi-Stakeholder Initiativen sind das Forest Stewardship Council, welches eine nachhaltige Forstwirtschaft anstrebt, oder das Marine Stewardship Council, welches nachhaltigen Fischfang propagiert (siehe den Beitrag von Aßländer in diesem Band). In beiden Initiativen verpflichten sich die Unternehmen zur Einhaltung von Standards durch ihre ganze Produktkette hindurch.

Nur wenn sie nachweisen können, dass die Standards eingehalten wurden, erhalten sie das entsprechende Label, mit welchem sie ihre Ware zertifizieren können.[12]

Insgesamt erhöhen Multi-Stakeholder Initiativen die Verantwortlichkeit (‚accountability') und die Legitimität der politischen Aktivität von Unternehmen durch den Einbezug verschiedener Anspruchsgruppen, deren Anliegen in die Ausarbeitung der Regeln einfließen. Diese Stakeholder überwachen auch zu einem gewissen Grad die Befolgung der Regeln und erheben Sanktionen im Falle einer Verletzung. So schloss zum Beispiel der UN Global Compact zwischen dem 1. Oktober 2009 und dem 1. Januar 2010 insgesamt 859 Unternehmen aus, die es verpasst hatten, den obligatorischen Jahresbericht abzuliefern, in welchem sie Rechenschaft über den Fortschritt bei der Umsetzung der zehn Prinzipien des Vertrages, welche Menschenrechte, Arbeitsnormen, Umweltschutz und Korruptionsbekämpfung betreffen, ablegen sollten.[13]

Nichtsdestotrotz bleiben in Multi-Stakeholder Initiativen die Standards, zu welchen sich Unternehmen verpflichten, rechtlich unverbindlich und es fehlt, da sich das Ganze im ‚ausserstaatlichen Kontext' abspielt, eine Instanz, die über die notwendige Legitimität und Autorität verfügt, Unternehmen im Falle einer Regelverletzung effektiv zu bestrafen (Bernstein und Cashore 2007).

Inzwischen ist jedoch in gewissen Bereichen ein Verschmelzen von freiwilligen Initiativen und staatlichen Gesetzen zu beobachten. So verlangen zum Beispiel Dänemark, Schweden und Frankreich, dass Unternehmen – solche ab einer gewissen Größe in Dänemark und Frankreich sowie staatliche Unternehmen in Schweden – nach den Richtlinien der so genannten Global Reporting Initiative Rechenschaft ablegen über die sozialen und ökologischen Auswirkungen ihrer Geschäfte (Zadek 2010, S. 158; Global Reporting Initiative 2010). Indem CSR zu einem Element rechtlich verbindlicher Gesetzgebung gemacht wird, steigt der Legitimationsdruck für Unternehmen und sein politischer Charakter verstärkt sich.

In Übereinstimmung mit den Anforderungen von Corporate Citizenship und einem politischen Verständnis von CSR gilt für das Engagement im globalen Kontext ebenso wie im nationalstaatlichen Kontext, dass es nur dann legitim ist, wenn es sich am Gemeinwohl orientiert und öffentlich legitimiert wird, indem Anspruchsgruppen miteinbezogen werden.

---

12 www.fsc-deutschland.de/produktkettenzertifizierung-coc.82.htm und www.msc.org/ueber-uns/standards-de/standard-und-methodik. Zugegriffen: 14.03.2017.
13 www.unglobalcompact.org/news/8-02-01-2010. Zugegriffen: 14.03.2017.

6.5 Schlussfolgerung

Die verschiedenen Facetten der politischen Rolle von Unternehmen machen deutlich, dass eine rein ökonomische Wahrnehmung der Realität nicht mehr gerecht wird. In diesem Beitrag konnte nur ein Ausschnitt des politischen Handlungsfeldes von Unternehmen gezeigt werden. Deswegen und weil dieses Handlungsfeld im Zuge der zunehmenden Verschmelzung der Grenzen zwischen ökonomischem und politischem Handeln einem stetigen Wandel unterliegt, ist es aus wirtschaftsethischer Perspektive wichtig, diesen Prozess weiterhin kritisch im Auge zu behalten. Zum einen verlangt dies nach einer kontinuierlichen Beobachtung der politischen Aktivitäten von Unternehmen in der Realität. Da jedoch politisches Handeln von Unternehmen immer Fragen nach Verantwortung und Legitimität aufwirft, ist es zum anderen ebenso wichtig, dass dieses aus einer wirtschaftsethischen Perspektive normativ reflektiert wird, indem wir uns fragen, welche Handlungen aus Sicht des Gemeinwohls, der Demokratie und der Gerechtigkeit erwünscht sind und inwiefern sie sich öffentlich legitimieren lassen. Nur dann können wir entscheiden, welche Maßnahmen eventuell getroffen werden müssen, um die politische Rolle von Unternehmen mit diesen Erfordernissen in Einklang zu bringen.

Empfehlenswerte Literatur

Baur D, Palazzo G (2011) The Moral Legitimacy of NGOs as Partners of Corporations. Business Ethics Quarterly 21: 579-604
Curbach, Janina (2009) Die Corporate-Social-Responsibility-Bewegung VS Verlag für Sozialwissenschaften, Wiesbaden
Moon J, Crane A, Matten D (2005) Can corporations be citizens? Corporate citizenship as a metaphor for business participation in society. Business Ethics Quarterly 15: 429-453

Empfehlenswerte Internetquelle

www.csr-news.net

Literatur

AccountAbility (2005) Towards responsible lobbying: leadership and public policy. United Nations/Global Compact, Geneva

Backhaus-Maul H, Biedermann, C, Nährlich S, Polterauer J (Hrsg) (2008) Corporate Citizenship in Deutschland: Bilanz und Perspektiven. VS Verlag für Sozialwissenschaften, Wiesbaden

Baur D, Palazzo G (2011) The Moral Legitimacy of NGOs as Partners of Corporations. Business Ethics Quarterly 21: 579-604

Bernstein S, Cashore B (2007) Can non-state global governance be legitimate? An analytical framework. Regulation & Governance 1: 347-371

Boddewyn J, Brewer T (1994) International business political behaviour: new theoretical directions. The Academy of Management Review 19: 119-143

Burris V (2001) The Two Faces of Capital: Corporations and Individual Capitalists as Political Actors. American Sociological Review 66: 361-381

Clapham A (2006) Human Rights Obligations of Non-State Actors. Oxford University Press, Oxford

Coni-Zimmer MM, Rieth L (2012) CSR aus Perspektive der Governance-Forschung. In: Schneider A, Schmidpeter R (Hrsg) Corporate Social Responsibility. Verantwortungsvolle Unternehmensführung in Theorie und Praxis. Springer, Berlin, S 709-729

Cutler AC, Haufler V, Porter T (Hrsg) (1999) Private authority and international affairs. State University of New York Press, New York

Detomasi DA (2008) The Political Roots of Corporate Social Responsibility. Journal of Business Ethics 82: 807-819

Freeman RE (1984) Strategic management: a stakeholder approach. Pitman, Boston

Friedman M (1970) The Social Responsibility of Business is to Increase its Profits. The New York Times Magazine

Global Reporting Initiative (2010) Sweden and Denmark lead the way in Sustainability Reporting. www.globalreporting.org/information/news-and-press-center/Pages/Sweden-and-Denmark-lead-the-way-in-Sustainability-Reporting.aspx. Zugegriffen: 14.03.2017

Hamilton JB, Hoch D (1997) Ethical Standards for Business Lobbying: Some Practical Suggestions. Business Ethics Quarterly 7: 117-129

Hillman AJ, Keim GD, Schuler D (2004) Corporate Political Activity: A Review and Research Agenda. Journal of Management 30: 837-857

Keim GD, Zeithaml CP (1986) Corporate Political Strategy and Legislative Decision Making: A Review and Contingency Approach. The Academy of Management Review 11: 828-843

Kobrin SJ (2008) Globalization, transnational corporations, and the future of global governence. In: Scherer AG, Palazzo G (Eds) Handbook of Research on Global Corporate Citizenship. Elgar, Cheltenham, S 249-272

Kobrin SJ (2009) Private Political Authority and Public Responsibility. Business Ethics Quarterly 19: 349-374

Maak T, Ulrich P (2007) Integre Unternehmensführung. Ethisches Orientierungswissen für die Wirtschaftspraxis. Schäffer-Poeschel, Stuttgart

Martí I, Etzion D, Leca B (2008) Theoretical approaches for studying corporations, democracy, and the public good. Journal of Management Inquiry 17:148-151

Matten D, Crane A (2005) Corporate Citizenship: Toward an Extended Theoretical Conceptualization. Academy of Management Review 30: 166-179

Moon J, Crane A, Matten D (2005) Can corporations be citizens? Corporate citizenship as a metaphor for business participation in society. Business Ethics Quarterly 15: 429-453

Polterauer J, Nährlich S (2009) Corporate Citizenship: Funktion und gesellschaftliche Anerkennung von Unternehmensengagement in der Bürgergesellschaft. In: Bode I, Evers A, Klein A (Hrsg) Bürgergesellschaft als Projekt. VS Verlag für Soziawissenschaften, Wiesbaden, S 145-171

Néron PY, Norman W (2008) Citizenship, Inc. Business Ethics Quarterly 18: 1-26

Néron PY (2010) Business and the Polis: What Does it Mean to See Corporations as Political Actors? Journal of Business Ethics 94: 333-352

Oberman WD (2004) A Framework for the Ethical Analysis of Corporate Political Activity. Business & Society Review 109: 245-262

Robins N (2002) Loot: in search of the East India Company, the world's first transnational corporation. Environment and Urbanization 14: 79-88

Scherer AG, Palazzo G (2007) Toward a political conception of corporate responsibility – business and society seen from a Habermasian perspective. Academy of Management Review 32: 1096-1120

Scherer AG, Palazzo G (2011). The New Political Role of Business in a Globalized World: A Review of a New Perspective on CSR and its Implications for the Firm, Governance, and Democracy. Journal of Management Studies 48: 899-931

Scherer AG, Palazzo G, Baumann D (2006) Global Rules and Private Actors: Toward a New Role of the Transnational Corporation in Global Governance. Business Ethics Quarterly 16: 505-532

Schrader U (2011) Corporate Citizenship. In: Aßländer M (Hrsg) Handbuch Wirtschaftsethik. J.B. Metzler, Stuttgart, S 303-311

Schuler DA (2008) Peering in From Corporate Political Activity. Journal of Management Inquiry 17: 162-167

Stark A (2010) Business in Politics: Lobbying and Corporate Campaign Contributions. In: G. G. Brenkert & T. L. Beauchamp (Eds) The Oxford Handbook of Business Ethics.. Oxford University Press, Oxford, S 501-532

Ulrich P (2004) Integrative Wirtschaftsethik. Grundlagen einer lebensdienlichen Ökonomie. 4. Auflage. Haupt, Bern/Stuttgart/Wien

Valente M, Crane A (2010) Public Responsibility and Private Enterprise in Developing Countries. California Management Review 52: 52-78

Weber LJ (1996) Review: Citizenship and Democracy: The Ethics of Corporate Lobbying. Business Ethics Quarterly 6: 253-259

Wettstein F (2010) The Duty to Protect: Corporate Complicity, Political Responsibility, and Human Rights Advocacy. Journal of Business Ethics 96: 33-47

Young IM (2006) Responsibility and Global Justice: A Social Connection Model. Social Philosophy and Policy 23: 102-130

Zadek S (2010) Emerging Nations and Sustainability. Chimera or Leadership? Politeia 26: 153-167

Zürn M (2008) The politicization of economization? On the current relationship between politics and economics. In: Scherer AG, Palazzo G (Eds) Handbook of Research on Global Corporate Citizenship. Elgar, Cheltenham, S 293-311

Global and EU-Level Corporate Social Responsibility: Dynamism, Growth, and Conflict

Daniel Kinderman

Abstract

During recent decades, Corporate Social Responsibility (CSR) has grown at an explosive rate, and global CSR frameworks have proliferated. This chapter provides an overview of these initiatives which include the United Nations Global Compact, the United Nations Guiding Principles on Business and Human Rights, and the Global Reporting Initiative for non-financial reporting. It then focuses on EU-level CSR. Two lessons emerge from this analysis. First, CSR is dynamic and constantly evolving. Second, CSR is contested and conflictual. Stakeholders disagree over whether CSR is by definition voluntary or involves some degree of regulation by public authorities. One example of this is the change in the European Commission's definition of CSR between 2001 and 2011. Civil society groups were unhappy with the EU's first definition, and business organizations are unhappy with the second one. There is much at stake in these conflicts: as a result of business and German government resistance, the scope of the EU Directive 2014/95/EU which mandates non-financial reporting for large companies has been significantly reduced.

***

In den letzten Jahrzehnten haben sich sowohl die Praktiken von Corporate Social Responsibility (CSR) als auch globale CSR-Rahmenregelungen sehr schnell entwickelt und ausgebreitet. Der Beitrag gibt einen Überblick über diese Initiativen, u.a. den Global Compact, die United Nations-Leitprinzipien für Wirtschaft und Menschenrechte und die Global Reporting Initiative-Leitlinien zur Nachhaltigkeitsberichterstattung; anschließend werden die entsprechenden Entwicklungen auf EU-Ebene untersucht. Aus dieser Analyse ergeben sich zwei

Befunde: Erstens ist CSR dynamisch und entwickelt sich stetig weiter; zweitens ist CSR umstritten und konfliktbeladen. Interessenvertreter sind sich nicht einig, ob CSR per definitionem als freiwillig einzustufen ist oder staatlicher Regulierung bedarf. Belege für diesen Konflikt bietet die Veränderung der CSR-Definition der EU Kommission in den Jahren 2001 bis 2011. Die Zivilgesellschaft war mit der ersten Definition, die die Freiwilligkeit von CSR betonte, unzufrieden, und die Unternehmensverbände lehnten die zweite Definition, die eine staatliche Regulierung betonte, ab. Und letztlich wurde aufgrund des Widerstandes auf Seiten von Unternehmen und der deutschen Bundesregierung eine deutlich abgeschwächte CSR-Richtlinie der EU verabschiedet.

7.1 Introduction

During recent decades, CSR has taken flight across the world. A rapidly growing number of companies across the world talk the talk of CSR, and a number of global CSR frameworks have arisen with tens of thousands of corporate members. This chapter provides an overview of global CSR frameworks and initiatives. This is a vast field. A book-length manuscript would be needed to provide a comprehensive overview; due to space constraints, this chapter can only scratch the surface. I begin with an overview of global CSR initiatives. Then I focus on CSR at the European Union (EU) level which is of particular relevance to readers in Germany and elsewhere in Europe. Finally, I suggest some lessons that can be learned from these developments over the past decades.

7.2 The Growth of Global Corporate Social Responsibility

I begin this chapter with a graphical representation of three prominent global CSR initiatives. Figure 1 plots the number of companies participating in the UN Global Compact (UNGC) and the Global Reporting Initiative (GRI) and the Carbon Disclosure Project (CDP).

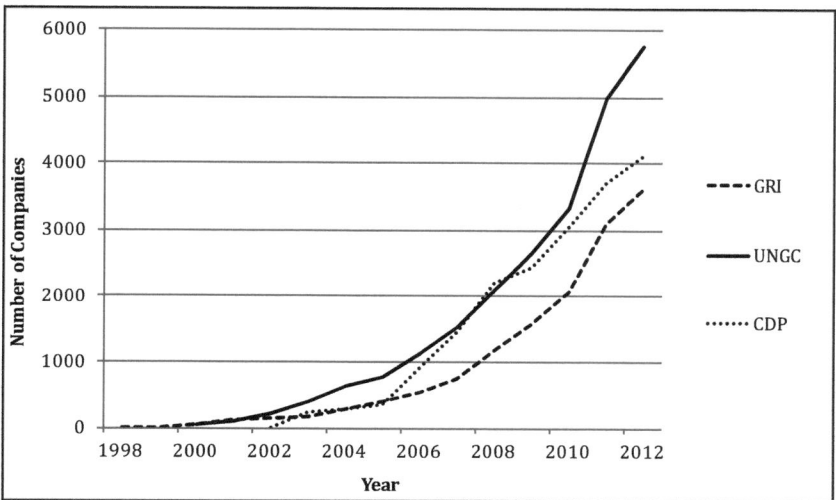

Fig. 1 Corporate Membership in the United Nations Global Compact (UNGC), Global Reporting Initiative (GRI) and Carbon Disclosure Project (CDP)

Source: Own representation

Firms' membership and participation in the UNGC, the GRI and the CDP has risen rapidly. This steep rise confirms the conventional wisdom that CSR is 'booming' and a 'global trend' since the 1990s, and it is remarkable in that even during the global economic downturn in the late 2000s, this trend shows no sign of abating. Why have a growing number of companies become involved with CSR? While a comprehensive explanation is beyond the scope of this chapter, the following influences are often cited: economic globalization; the pressure of civil society organizations and NGOs such as Greenpeace on corporations; the rise of norms of responsible business in global civil society and within the global business community; increased pressure from institutional investors; increased competitive pressures in markets and the desire to use responsible business as risk insurance; and neo-liberal economic reforms which have diminished the role of trade unions and government regulation while giving corporations a more prominent role in the provision of public goods than they had during the post-war decades of 'embedded liberalism'. The fact that companies' membership in these three global CSR initiatives has risen steeply in parallel suggests that we are witnessing a 'diffusion' process (see Simmons et al. 2008 for a review of this literature and Meyer et al. 2015 for a world society analysis of global CSR). The section below provides an overview of some of the major global CSR initiatives.

7.3 An Overview of Global Corporate Social Responsibility Frameworks

The first attempts to develop global CSR frameworks arose in the 1970s. The OECD Guidelines for Multinational Enterprises were adopted in 1976. The OECD Guidelines are far-reaching recommendations addressed by governments to multinational enterprises operating in or from adhering countries. They provide voluntary principles and standards for responsible business conduct in areas such as employment and industrial relations, human rights, environment, information disclosure, combating bribery, consumer interests, science and technology, competition, and taxation (see mneguidelines.oecd.org/about/; last access: October 2016).

In 1977, the ILO's Tripartite Declaration of Principles Concerning Multinational Enterprises and Social Policy called on business to respect and follow the ILO conventions and recommendations. That same year, the Sullivan Principles were adopted. The Sullivan Principles were an attempt to ensure that companies investing in South Africa respected the human rights of black South Africans which the ruling apartheid regime did not. While these initiatives are important milestones in the development of global CSR frameworks, they did not have the same resonance or following that the UNGC and GRI have enjoyed two decades later. Why not? The explanation likely has something to do with the limited development of the global normative infrastructure (Meyer et al., 2015) as well as with the regulatory, anti-business and anti-capitalist tenor of these early global CSR initiatives. The United Nations Centre on Transnational Corporations (UNCTC) is an example of this "confrontational and openly hostile attitude [...] toward business" (Rasche, 2013, p. 35). From 1974 until 1992 and with the support of the Soviet bloc, the UNCTC pursued a legally binding code of conduct for transnational corporations. It is hardly surprising that companies were unenthusiastic about this initiative. As we will see below, the businesses community's support and enthusiasm for global CSR increased with the advent of voluntary and business-led global CSR frameworks during the 1990s.

Established in 1999, the United National Global Compact (UNCG) is the most well-known global business-led CSR initiative. With over 8.000 member companies from more than 130 countries (in 2016), it is also the largest. Andreas Rasche and Georg Kell summarize the UNGC as "a call to companies to voluntarily align their operations with ten universal principles in the area of human rights, labour standards, the environment and anti-corruption" (Rasche and Kell, 2010, p. 4). The UNGC's aspiration to enlist business's voluntary engagement to "give a human face to the global market" (UN, 1999) represents a clear departure from the anti-corporate stance that had informed the UNCTC. But, as Kofi Annan recalls in his memoir, "This would have to be a two-way street: we at the United Nations would abandon our past prejudices against private enterprise, but in return I believed that global business would have to rethink its role as well as its obligations if we were to put global markets on a fair and sustainable footing" (Annan, 2012, p. 219). Some critics have charged that the UNGC lacks adequate monitoring and enforcement mechanisms and facilitates bluewash, "allowing companies to benefit from their association with the UN's respected blue logo without having to demonstrate sufficient accountability and transparency for their activities" (Grayson and Nelson, 2013, p. 332). In response to these criticisms, the UNGC has introduced Communications on Progress. To date, over three thousand companies have been kicked out of the UNGC for failing to submit timely COPs (Figure 1 above includes only active or communicating UNGC members).

Other notable business-led CSR frameworks established in the early 1990s include the World Business Council for Sustainable Development (WBCSD) and the International Business Leaders' Forum (IBLF) (see Grayson and Nelson 2013 for an excellent overview of these and other business-led initiatives). The WBCSD is committed to advancing the cause of sustainable development with its ~200 member companies and regional network of partner organizations. The IBLF's ~150 member companies engaged in cross-sectoral partnerships, human rights and development projects in Eastern Europe, Asia and Africa until the organization concluded its activities in 2013. The IBLF's successor organization, IBLF Global, continues the fight for development and against corruption in Russia, China, and other countries.

Socially Responsible Investment (SRI) indices such as the Dow Jones Sustainability Index (DJSI) and the FTSE4GOOD Index were established in 1998 and 2001, respectively. Industry- and sector-specific initiatives include Responsible Care, launched by the Global Council of Chemical Associations in 1984; the Forest Stewardship Council (FSC), established in 1993; and the Extractive Industries Transparency Initiative (EITI), launched in 2002. In response to the multi-stakeholder FSC, business groups created their own, less stringent and more flexible Sustainable Forestry Initiative (SFI) in 1994. The SFI exemplifies a more general trend: global CSR is an arena in which different frameworks – some with stronger, more stringent standards, others with weaker, more lenient ones – compete against each other. ISO 26000, a standard for social responsibility in organizations including corporations, was adopted in 2010. Brian Mikkelsen, formerly Denmark's minister for Economic and Business affairs, describes ISO 26000 as a "milestone in the history of global cooperation" (quoted in Ward, 2011).

Environmental, Social and Governance (ESG) reporting has also been a notable trend. The Global Reporting Initiative (GRI), established in the late 1990s, is the leading sustainability reporting framework. As the former chairman of Royal Dutch Shell and GRI Board member Sir Mark Moody-Stuart put it, "The GRI Guidelines are the most comprehensive and credible set of sustainability disclosure standards ever produced" (quoted in Kaidonis et al., 2010, p. 87). The GRI "sets out the principles and indicators that organizations can use to measure and report their economic, environmental, and social performance" (globalreporting.org). The fact that GRI has recently introduced its fourth generation reporting guidelines (GRI4) attests to the dynamism of CSR in general and of non-financial reporting in particular. The International Integrated Reporting Council (IIRC) is a coalition that promotes the move beyond separate ESG or CSR reports to integrated reporting.

Although perhaps less well known than the UNGC and GRI, the Carbon Disclosure Project (CDP) also deserves mention. The CDP facilitates the disclosure of greenhouse gas emissions and other environmental impacts by companies, institutional investors, and cities. The underlying idea is that this information will facilitate investors' and other stakeholders' push for a reduction of emissions as the latter represent a long-term business liability. The CDP is significant in that it operates on behalf of over 800 institutional investors controlling over 100 trillion $ in assets (www.cdp.net).

No overview would be complete without a discussion of the United Nations Guiding Principles (UNGPs) on Business and Human Rights. After helping to establish the UN Global Compact in the late 1990s, Harvard Professor John Ruggie has played a leading role in the creation of the UNGPs between 2005 and 2011. In his book "Just Business" (Ruggie, 2013), Ruggie provides a readable and engaging account of the creation of this framework. Ruggie describes how he encountered a "deeply divided arena" at the beginning of his mandate: NGOs pushing for mandatory legally binding rules on one side, business representatives insisting on voluntarism on the other (Ruggie, 2013, p. xxxv). Ruggie was able to overcome this impasse by "taking the main protagonists beyond their comfort zones" (Ruggie, 2013, p. xxi). The result is "not a legally binding instrument" but "a smart mix" of "politically authoritative" "reinforcing measures" that are capable of "generating cumulative change and large-scale success" (Ruggie, 2013, p. xlvi; xxiii). Central elements of the UNGP are the state's "Duty to Protect" against corporate abuses, companies' "Responsibility to Respect" human rights and "Access to Remedy" to address grievances at an early stage. As Peter Frankental (2012) points out, the most significant element of the UNGPs is probably the notion of "human rights due diligence." Due diligence entails "process whereby companies not only ensure compliance with national laws but also manage the risk of human rights harm with a view to avoiding it" (Ruggie, 2008, p. 194).

In a few short years, the concept of due diligence has been adopted in a "variety of global and domestic policy arenas" (Frankenthal, 2012, p. 225), including the revised OECD Guidelines and the European Union's Directive on non-financial disclosure 2014/95/EU. The UNGPs are remarkable in that they have received praise and recognition from both activists/NGOs and business representatives (Frankenthal, 2012). While the UN Guiding Principles are a significant achievement, Ruggie concedes that business representatives did not always agree with his positions: "That was hardly the case; indeed some tried to be outright spoilers. The German business association, BDA, more conservative-leaning than others, was a case in point" (Ruggie, 2013, p. 144). As we will see in our discussion of EU-level developments below, conflicts persist between proponents of voluntary/soft-law and mandatory/hard-law approaches to CSR.

Hundreds of articles and books have been written about the aforementioned initiatives. Many of the largest and most well-known multinational companies are simultaneously members in several of these initiatives. At the same time, stakeholders and authors hold widely divergent views of their usefulness and effectiveness (see article by Michael Aßländer within this book). Due to space constraints, I cannot review these debates here. Instead, I will focus on developments at the EU-level, which are especially relevant for businesspeople, civil society organizations, state officials and other stakeholders in Europe.

7.4 Corporate Social Responsibility at the EU-level from Jacques Delors Policy to the European Alliance

This section provides an overview of EU-level CSR during the past twenty years. Several lessons emerge from this narrative. First, as we will see, CSR is dynamic and constantly evolving. One of the most notable developments at the EU-level is the change of the European Commission's definition of CSR between 2001 and 2011. Second, while it is common to emphasize CSR's benefits for all stakeholders, EU-level developments also show that CSR is contested. Stakeholders have persistently fought over whether CSR is by definition voluntary or involves some degree of regulation by public authorities (De Schutter, 2008; Ungericht and Hirt, 2010). The Commission's attempt to mandate non-financial disclosure for large companies has encountered stiff resistance from business organizations. The pages below explore some of these ongoing conflicts. But first, we will review the origins and historical development of EU-level CSR.

It is commonly thought that CSR came to Brussels with the Commission's 2001 Green Paper on CSR, but the beginnings of EU CSR actually reach back into the 1990s. The economic recession of the early 1990s brought issues of social exclusion and unemployment to the forefront of the European agenda. European Commission Jacques Delors responded by inviting a group of managers to sign the "European Declaration of Business against Social Exclusion", bypassing the European employers' federation BusinessEurope, which had shown little enthusiasm for Delors' social agenda. This call led to the creation, in 1996, of a learning organization for responsible business – the European Business Network for Social Cohesion, which was renamed CSR Europe in 2000. The network's member companies committed themselves to voluntary engagement in the following areas: improving vocational training and labor market integration, minimizing redundancies, helping to create new jobs and businesses, and targeting deprived areas and marginalized groups. Large multinational companies joined the EBNSC/CSR Europe in increasing numbers, and a network of National Partner Organizations has proliferated up across Europe. Meanwhile, some business representatives were becoming concerned that the Commission would regulate their voluntary activities. These tensions resulted in a clash between BusinessEurope and the EBNSC, which led almost all German companies to cancel their memberships in the latter (see Kinderman 2013 for a more detailed account of these developments).

In 2001, the European Commission issued its Green Paper on CSR. In it, the Commission defined CSR as a "concept whereby companies integrate social and environmental concerns in their business operations and in their interaction with their stakeholders on a voluntary basis" (European Commission, 2001, p. 6). While the Commission clearly saw CSR as voluntary and business-led, it also envisaged an important role for public authorities in the promotion of CSR.

The EU's Multi-Stakeholder Forum convened between 2002 until 2004. It brought together employers' associations, business groups, trade unions, and NGOs. In the MSF meetings, the NGO camp, which called for binding regulation, was pitted against the business camp, which insisted on CSR's voluntariness. The divide between the two camps could not be bridged, and the MSF ended in a stalemate.

The MSF participants awaited the Commission's next move with great anticipation. It came with the announcement of a European Alliance for CSR in 2006. With the European Alliance, the Commission explicitly acknowledged that "enterprises are the primary actors in CSR". There was not a shadow of doubt which camp had emerged victorious. Due to a neo-liberal orientation in the Commission and as a result of "hard lobbying at a high level", business had won. The de facto leadership of the Commission's CSR file was moved from DG for Employment and Social Affairs to DG Enterprise. Policy was outsourced to business, and the Commission was reduced to the status of a "cheerleader" (Kinderman, 2013, p. 710). A leaked memo from BusinessEurope exposed the lopsidedness of this victory: "A few passages [in the communication] must be interpreted as verbal concessions to other stakeholders, which will however have no real impact". In the end, the European Alliance was short-lived as we will see in the next section.

7.5 The EU's Renewed Corporate Social Responsibility Strategy and Non-Financial Reporting Agenda

With the launch of the Commission's "renewed strategy for CSR 2011-2014" in 2011, EU CSR policy underwent another major shift. The renewed strategy contrasts sharply with the European Alliance. The most radical change is the Commission's redefinition of CSR as "the responsibility of enterprises for their impacts on society". CSR is no longer voluntary; it is always there, and is broadened to encompass all business impacts. The question becomes whether and how businesses take ownership of their negative externalities. The new communication also emphasizes the need for complementary regulation such as mandatory non-financial reporting, respect for the law, social dialogue, human rights, global CSR frameworks and genuine multi-stakeholder approaches (European Commission, 2011, pp. 5f.).

The most important legacy of the EU's renewed strategy for CSR is the accounting Directive 2014/95/EU, which will require public interest entities across the EU to report on their social, environmental and human rights impacts and the risks their activities pose for third parties beginning in 2017. An EU official close to the file explained to me their intention behind this legislation: it would be "brilliant" if corporate executives would consider and engage in a serious discussion about the risks their companies' operations pose for others (anonymous, interview, 2013). When preparing their reports, companies may rely on national, EU-based or global CSR frameworks including the aforementioned UNGC, the GRI, the Guiding Principles on Business and Human Rights, the OECD Guidelines for Multinational Enterprises, ISO 26000, and the ILO Tripartite Declaration. Indeed, it appears that the rapid evolution of these global CSR frameworks influenced the EU Commission's decision to redefine CSR, launch a renewed CSR strategy and a Directive on non-financial reporting. An EU official close to the file remarked that the Commission's 2001 definition "was beginning to look a bit outdated" in light of these developments (quoted in Kinderman, 2013, p. 712). In addition, the financial crisis, pressure from institutional investors and activists within the Commission supported the push for a more regulatory approach.

Not surprisingly, the Commission's non-financial reporting proposal unleashed significant interest group and lobbying activity: the negotiations were very contentious (Monciardini, 2016). While civil society organizations criticized the proposal for not being stringent enough and containing too many loopholes, business organizations charged that it would burden companies excessively. While negotiators were able to come to a last-minute compromise, the scope of the proposal was reduced significantly as a result of these pressures (see Kinderman, 2017 for more detailed insights). This underlines that CSR is a conflictual and contentious arena. And this conflict mattered for the final outcome, as the scope of the proposal was reduced significantly. The Commission's initial proposal would have applied to all European companies with more than 500 employees, approximately 18.000 across Europe. The final version will apply to only approximately 6000 companies or 1/3 as many as in the initial proposal. Although the proposal was weakened in a number of ways, references to due diligence and the UN Guiding Principles on Business and Human Rights did make it into the final text.

It is interesting that the harshest opposition to the proposal came from Germany. German business associations and government representatives have demanded that the Commission rescind the entire renewed CSR and non-financial reporting agenda and revert to the previous Green Paper definition of CSR. Although it was supportive in principle, and its position was moderate in comparison with Germany's hardline opposition, the UK proposed a number of amendments to water down the proposal – in spite of the UK's status as a global CSR leader. On the other side, France, Denmark, Belgium and the Netherlands actively supported the proposal (see Kinderman, 2017 for a more detailed analysis). Beyond the negotiations over this specific piece of legislation, it appears that EU-level business associations continue to reject the Commission's new definition of CSR and insist that CSR is by definition voluntary (Kinderman, 2016).

These examples show that it is problematic to view CSR simply as win-win solutions that benefit all stakeholders. This apolitical vision fails to recognize that responsible business is also an arena of conflict and contention. Different stakeholders have different understandings of CSR and of the role of regulations in furthering the responsible business agenda. Business representatives tend to favor soft and voluntary CSR while activists favor a revision of the framework rules of the market economy. At the EU-level, clashes have occurred over whether companies should adhere to a narrow understanding of risk disclose or a more expansive understanding of risks to other stakeholders and to society. Most CSR initiatives remain voluntary and business-led. However, the EU's Directive to mandate non-financial reporting exemplifies a growing trend towards regulation which has created some conflict between public authorities and parts of the business community. Even apart from the contentious question of regulation, the marketplace of CSR, which pits different CSR standards and actors against each other in the fight for customers and market share, is as competitive as never before.

7.6 Conclusions

CSR is dynamic and constantly evolving. It is hard to find better proof of this than global CSR's dramatic rise during the past two decades. The leading global frameworks only came into being a decade and a half ago, and now they have a combined membership well over ten-thousand companies, including a large share of the biggest multinationals. The Global Reporting Initiative has publicized its fourth generation sustainability guidelines, and in a short of time John Ruggie's concept of due diligence and the UN Guiding Principles on Business and Human Rights have brought about significant convergence in a previously polarized arena. The rapid growth and dynamic evolution of these global frameworks fits the popular portrayal of CSR as "win-win".

Yet the discussion of EU-level CSR shows that CSR continues to be an arena of conflict and contention. The reality of CSR is quite different from the glittering and harmonious ideal that can be found in glossy brochures. Instead, different groups have different understandings of CSR. These groups fight over CSR's meaning, definition and scope. There is scarcely any better evidence of this than the EU Commission's attempt to redefine CSR as business's impacts rather than their voluntary engagement. German business representatives have objected fiercely to this redefinition and to the Commission's attempt to mandate non-financial reporting. Although it is hard to know how long this specific clash will persist, it is likely that struggles and fault lines over the CSR agenda will continue for the foreseeable future, not only in the EU but across the world. This raises an important question for practitioners: are you willing to stand up against business associations to support reasonable regulations (such as 2014/95/EU) that increase corporate responsibility, accountability and sustainability (as Vogel 2005 has stressed)? In his famous essay "Politics as a Vocation", Max Weber wrote that someone following an ethic of responsibility may come to a stage where s/he decides that the only right thing to do is to take a stand: "Here I stand; I can do no other". There is ample need for further research on and political engagement in this dynamic and conflictual arena.

Recommended literature

Kinderman D (2013) Corporate Social Responsibility in the EU, 1993–2013: Institutional Ambiguity, Economic Crises, Business Legitimacy and Bureaucratic Politics, Journal of Common Market Studies 51: 701–720

Kinderman D (2017) Why Do Governments Support or Oppose More Stringent Transnational Regulation? Lessons from the Struggles over the Sustainability Reporting Directive 2014/95/EU Regulation & Governance, forthcoming

Ruggie J (2013) Just Business: Multinational Corporations and Human Rights. W. W. Norton, New York

Recommended internet sources

www.clsbluesky.law.columbia.edu/2015/09/01/the-politics-of-corporate-transparency-and-the-struggles-over-the-non-financial-reporting-directive-201495eu/
www.ec.europa.eu/growth/industry/corporate-social-responsibility_en
www.globalreporting.org
www.ohchr.org/Documents/Publications/GuidingPrinciplesBusinessHR_EN.pdf
www.unglobalcompact.org/

References

European Commission (2011) Communication from the Commission to the European Parliament, the Council, the European Economic and Social Committee and the Committee of the Regions on a Renewed EU Strategy 2011-14 for Corporate Social Responsibility'. COM(2011) 681 final. Brussels, 25 October

European Commission (2001) Promoting a European framework for corporate social responsibility. COM(2001) 366 final. Brussels 18 July

European Union (2014). Directive 2014/95/EU of the European Parliament and of the Council of 22 October 2014 amending Directive 2013/34/EU as regards disclosure of non-financial and diversity information by certain large undertakings and groups. Brussels: Official Journal of the European Union

Grayson D, Nelson J (2013) Corporate Responsibility Coalitions: The Past, Present, and Future of Alliances for Sustainable Capitalism. Stanford Business Books, Stanford

Kaidonis MA, Stoianoff NP, Andrew JL (2010) The Shifting Meaning of Sustainability. In: Aras G, Crowther D (Eds) A Handbook of Corporate Governance and Social Responsibility Farnham. Gower, Farnham, 83-90

Kinderman D (2017) Why Do Governments Support or Oppose More Stringent Transnational Regulation? Lessons from the Struggles over the Sustainability Reporting Directive 2014/95/EU Regulation & Governance, forthcoming

Kinderman D (2016) Time for a reality check: Is business willing to support a smart mixof complementary regulation in private governance? Policy and Society 35: 29-42

Kinderman D (2013) Corporate Social Responsibility in the EU, 1993–2013: Institutional Ambiguity, Economic Crises, Business Legitimacy and Bureaucratic Politics JCMS: Journal of Common Market Studies 51: 701-720

Meyer JW, Pope S, Isaacson A (2015) Legitimating the Transnational Corporation in a Stateless World Society. In: Tsustui K, Lym A (Eds) Corporate Social Responsibility in a Globalizing World. Cambridge University Press, New York, 27-72

Monciardini D (2016) The 'Coalition of the Unlikely' Driving the EU Regulatory Process of Non-Financial Reporting Social and Environmental Accountability Journal 36: 76-89

Rasche A, Kell G (2010) The United Nations Global Compact: Achievements, Trends and Challenges. Cambridge University Press, New York

Ruggie J (2013) Just Business: Multinational Corporations and Human Rights. W. W. Norton, New York

Ruggie J (2008) Protect, Respect and Remedy: A Framework for Business and Human Rights. United Nations Human Rights Council, New York. www.refworld.org/docid/484d2d5f2.html. Zugegriffen: 14.03.2017

Sagafi-nejad T, Dunning JH (2008) The UN and Transnational Corporations From Code of Conduct to Global Compact. Indiana University Press, Bloomington

Schutter O d (2008) Corporate Social Responsibility European Style. European Law Journal 14(2):203-236Simmons BA, Dobbin F, Garrett G (2008) The Global Diffusion of Markets and Democracy. Cambridge University Press, New York

Ungericht B, Hirt C (2010) CSR as a Political Arena: The Struggle for a European Framework. Business and Politics 12: 1-22

Vogel D (2005) The Market For Virtue. Brookings Institution Press, Washington

Ward H (2011) Mapping the Hard Law/Soft Law Terrain: Labor Rights and Environmental Protection: The ISO 26 000 Global Guidance Standardon Social Responsibility: Implications for Public Policy and Transnational Democracy. Theoretical Inquiries in Law 12: 665-718

III
Sozial- und wirtschaftswissenschaftliche Zugänge

Die Gesellschaft und ihre Unternehmen: ein wirtschafts-soziologischer Blick auf Corporate Social Responsibility

8

Andrea Maurer

Abstract

Why do companies decide to act socially responsible? Based on the assumption of individual rights of action (concept of sovereignty), first the increase of companies as a new type of actor can be explained. Secondly, this new actor develops own goals, gains power and thus influences and even threatens the direct and socially defined interests of individuals. Sociological analyses show that other social measures besides the market and the state can influence the companies to act socially responsible. These social measures are primarily forms of social embeddedness and institutions which define and legitimize social concerns. They are especially successful when they are compatible with the companies' economic interests. From a sociological viewpoint social movements, collective forms of protest, standards and associations are essential social mechanisms while at the same time their actions are limited by the existing economic conditions.

***

Was veranlasst Unternehmen, gesellschaftlich verantwortlich zu handeln? In der Soziologie kann ausgehend von der Annahme individueller Handlungsrechte (Souveränitätskonzept) einerseits die Verbreitung von Unternehmen als ein neuer Akteurstyp erklärt werden, andererseits kann zugleich thematisiert werden, dass dieser neue Akteur eigene Ziele ausbildet, an Macht gewinnt und dadurch sowohl die direkten als auch die sozial definierten Interessen der Individuen beeinträchtigt oder sogar gefährdet. Neben dem Markt und dem Staat weisen soziologische Analysen auf weitere soziale Mechanismen hin, die dazu beitragen, diese neuen mächtigen Akteure zu einer Übernahme gesellschaftlicher Verantwortung zu bewegen. Das sind in erster Linie Formen sozialer Einbettung oder

Institutionen, die gesellschaftliche Anliegen definieren und legitimieren. Sie sind dann besonders erfolgreich, wenn sie mit den wirtschaftlichen Interessen der Unternehmen kompatibel sind. In diesem Sinne sind soziale Bewegungen, kollektive Protestformen, Standards und Verbände aus soziologischer Sicht wichtige soziale Mechanismen, deren Handlungsmöglichkeiten zugleich aber durch die gegebenen wirtschaftlichen Rahmenbedingungen begrenzt werden.

8.1 Einleitung

Unternehmen werden in der Betriebswirtschaftslehre und der Volkswirtschaftslehre gängig als Marktakteure unter dem Aspekt der Gewinnerzielung bzw. der effizienten Ressourcenallokation behandelt. Dass dieser Zugang ein wichtiges Problemfeld konzise erschließt, sei hier gar nicht in Frage gestellt, es soll aber doch gezeigt werden, dass damit *gesellschaftliche Aspekte* des Handelns von Unternehmen ausgeblendet bleiben (s. etwa Weber1991/1923). Dazu wird im ersten Schritt kurz die Geschichte des Konzepts „sozialer Verantwortung" von Unternehmen (CSR) nachgezeichnet. Im zweiten Abschnitt wird argumentiert, dass sich die soziale Verantwortung von Unternehmen erst aus der Annahme souveräner Individuen erschließt, die „kollektive Akteure" wie Unternehmen gründen. Die Anliegen individueller und kollektiver Akteure sowie die von Gruppen und Gesellschaften können dann auch in Widerspruch zueinander treten und sind somit Ausgangspunkte für die Problematisierung von Unternehmenshandlungen aus Sicht Einzelner, sozialer Gruppen oder der Gesellschaft. Im dritten Abschnitt wird für die moderne Gesellschaft konstatiert, dass aus der Verbreitung und dem Machtzuwachs von Organisationen und Unternehmen für natürliche Personen und soziale Gruppen Kontrollprobleme folgen, die zu sozialen Erwartungen führen können, auf die – wie im vierten Abschnitt gezeigt wird – Unternehmen mit Maßnahmen wie CSR reagieren. Die Grundlagen erfolgreicher CSR sowie auch deren Grenzen als eine Form des Ausgleichs zwischen sozialen oder gesellschaftlichen Anliegen und den Zielen und Handlungen von Unternehmen werden vor dem Hintergrund der theoretischen Konzeption abschließend in einem fünften Schritt diskutiert.

8.2 Eine kurze Geschichte von Corporate Social Responsibility aus soziologischer Sicht

Die Frage nach den Grundlagen einer Übernahme gesellschaftlicher Verantwortung durch Unternehmen oder Organisationen allgemein ist so alt wie der privat-kapitalistische Wirtschaftsbetrieb selbst. Mit der Entstehung und Verbreitung der privat organisierten und durch Gewinne motivierten Produktion für anonyme Märkte (Marx 1965; Weber 1985) geht das Problem einher, dass das wirtschaftliche Handeln und insbesondere die Produktion von Gütern und Leistungen rein an ökonomischen Zielen (Profit) orientiert werden kann und angesichts von Marktwettbewerb auch ausgerichtet werden muss. Karl Polanyi hat einen seit dem 18. Jahrhundert fortschreitenden Prozess einer umfassenden sozialen Entbettung allen wirtschaftlichen Handelns beschrieben und mit der Ausbildung von Lohnarbeit und Arbeitsmärkten begründet (Polanyi 1977). Max Weber hat zu Beginn des 20. Jahrhunderts vermerkt, dass der moderne Kapitalismus zwar durch das Zusammenspiel sozial-kultureller Institutionen entstanden sei, und wesentlich durch religiöse Ideen befördert wurde, aber aufgrund seiner Erfolge bei der Organisation einer planbaren Produktion und Verteilung begehrter Güter und Leistungen dann auch seine kulturellen Grundlagen mehr und mehr abstreifen konnte (Weber 1993; 1985, 63, 96). Die Sozialwissenschaften haben sich daher schon früh mit dem Phänomen beschäftigt, dass unternehmensethische Handlungsweisen durchaus zu beobachten sind, aber in der Regel Einzelphänomene bleiben und besonderer Erklärungen bedürfen. So gelten die Einführung von weitgehenden Mitbestimmungsformen oder auch Gewinn- und Unternehmensbeteiligungen der Beschäftigten in den Zeiss Werken in Deutschland oder den Ford Werken in den USA als Ausnahmeerscheinungen eines unternehmensethischen Handelns. Erklärt werden sie mit Verweis auf einzelne Persönlichkeiten wie etwa Ernst Abbe und Henry Ford und deren Verankerung im Bildungsbürgertum oder in religiösen Kreisen (Kocka 2013, 85ff.).

Von „Corporate Social Responsibility" wird erst seit Mitte des 20. Jahrhunderts gesprochen. Der Begriff wird durch eine Arbeit von Bowen (1953) gesetzt, der zwar noch auf die persönliche Verantwortung der Geschäftsleute („businessmen") abhebt, aber auch schon das Unternehmenshandeln als solches einbezieht. In den 1990er Jahren verbreitete sich das Konzept der „Corporate Social Responsibility" (CSR) in der BWL. Hintergrund dafür war die bislang dominante und unhinterfragte Annahme der Gewinnmaximierung als Handlungsziel und die Berücksichtigung gesellschaftlicher Ziele wie Nachhaltigkeit oder Handlungs- und Menschenrechte im Unternehmensbereich. Damit werden Grenzen der Entscheidungsbefugnisse von Kapitalbesitzern bzw. von Wirtschaftsakteuren auf Märkten erkennbar. Mit der Diskussion um CSR werden Unternehmen als Teil einer Gesellschaft oder eines sozialen Handlungssystems betrachtet. Dem lange in den Wirtschaftswissenschaften geltenden Prinzip, die Ziele von Unternehmen als gegeben anzunehmen, wird so entgegengehalten, dass Unternehmen durchaus in soziale Kontexte eingebettet sind und dass auch Akteure in der modernen kapitalistischen Wirtschaft[1] nicht völlig frei von sozialen Ansprüchen und Verpflichtungen handeln. Diese Debatte erfuhr in den 1990er Jahren einen Aufschwung, weil in den westlichen Gesellschaften zunehmend öffentlich ein massives Unbehagen am Umgang mit sozialen und vor allem natürlichen Ressourcen geäußert und in den Kontext einer allgemeinen Gefährdung der Natur gestellt wurde. Von zunehmend mehr Individuen und Gruppen wurde das gesellschaftliche Wohl mit dem Anspruch auf eine nachhaltige Entwicklung verbunden und daraus eine umfassende Kritik an der Marktökonomie und ihren negativen Effekten gefolgert. Die allgemein formulierte Idee der Nachhaltigkeit als Grundlage gesellschaftlicher Wohlfahrt (Bundesministerium für Umwelt, Naturschutz und Reaktorsicherheit Berlin 1997; Lexikon der Nachhaltigkeit 2013) wurde zu einem anerkannten Maßstab auch für das Handeln von Wirtschaftsakteuren. Unternehmen sowie auch internationale Konzerne sind bis heute die zentralen Adressaten einer sozial begründeten Umweltschutzorientierung und auch der Sicherung guter Arbeits- und Lebensbedingungen.[2]

In der Soziologie kam die stark wirtschaftswissenschaftlich geprägte Auseinandersetzung mit CSR-Konzepten (Carroll 1999) erst relativ spät Ende des 20. Jahrhunderts an. Das liegt zum einen daran, dass innerhalb der Soziologie die Betrachtung von Organisationen oder Verbänden lange Zeit durch die Perspektive von Max Weber bestimmt war (Weber 1985), der darin „rationale Hilfsmittel" (formale Entscheidungsverfahren, hierarchische Strukturen, Bürokratie, Management) zur Koordination individueller Handlungen im Hinblick auf beliebige kollektive Zwecke sah. In dem von ihm als Idealtyp einer rationalen Vergesellschaftung ausgearbeiteten Bürokratie-Modell sind daher nicht nur ungeplante bzw. unerwünschte Nebenfolgen von Organisationen, sondern auch eine normative bzw.

---

1 Die historische Beschreibung einer völligen Herauslöslösung wirtschaftlichen Handelns aus kulturellen Vorstellungen in den modernen Gesellschaften (Entbettung) durch Karl Polanyi (1977) hat auch dazu geführt, dass Wirtschaft in der Soziologie lange kein Thema war, weil sie als eigenständiger Handlungsbereich galt. Erst mit der neuen Wirtschaftssoziologie werden wieder Formen einer sozialen Einbettung, vor allem Netzwerke und Institutionen, als bedeutsam für das Handeln auch von Unternehmen erkannt und so deren Verhältnis zu gesellschaftlichen Vorstellungen und Moral analysiert (Maurer 2008b; Maurer und Mikl-Horke 2015).

2 Das drückt sich auch in vielfältigen Bemühungen aus, CSR bzw. verpflichtende Standards europaweit und auch international festzulegen (Bertelsmann Stiftung 2012), auch wenn dies in vielen Bereichen noch nicht umfassend gelingt.

materiale Diskussion der Organisationsziele unerheblich. Erst neuere Ansätze in der Soziologie haben in einer durchaus kritischen Wendung und Erweiterung von Webers Verbandsmodell damit begonnen, Organisationen einerseits als einen neuen Typ von Akteuren darzustellen und andererseits auch die mit Organisationen allgemein und Unternehmen insbesondere verbundenen negativen oder problematischen Effekte für Sozialbeziehungen oder das gesellschaftliche Leben in den Blick zu nehmen (Coleman 1982). Es ist vor allem der Vorschlag, Organisationen wie Unternehmen als gesellschaftliche Akteure zu konzeptualisieren, der einen neuen, gesellschaftstheoretischen Zugang eröffnet. Zwar liegt der Schwerpunkt bislang noch auf der inneren Struktur von Organisationen bzw. Unternehmen, es werden aber auch mehr und mehr deren Wirkungen auf die Gesellschaft, soziale Gruppen und die Sozialbeziehungen der Individuen thematisiert.

Ausgangspunkte für die Bearbeitung der Frage nach den Grundlagen und Formen eines gesellschaftlich verantwortlichen Handelns von Unternehmen finden sich in der Soziologie einerseits in Organisationstheorien, welche Unternehmen als gesellschaftliche Akteure konzeptualisieren, die eigene Ziele ausbilden und frei über den Einsatz von Ressourcen verfügen können. Dann können die von Unternehmen hervorgebrachten Effekte aus Sicht individueller, gruppenspezifischer und allgemeiner Anliegen als positiv oder negativ bewertet und als Ausgangspunkt gesellschaftlicher Erwartungen betrachtet werden (Coleman 1974; 1990; Maurer 2008a). In der neuen Wirtschaftssoziologie sowie auch in den neuen Institutionentheorien (Preisendörfer 2005)werden andererseits Formen der sozialen Einbettung als Grundlage einer erfolgreichen Setzung und Durchsetzung sozialer Erwartungen an Organisationen allgemein und an Wirtschaftsunternehmen insbesondere untersucht. Das macht es möglich, soziale Mechanismen zu analysieren, welche Unternehmen auch unabhängig vom Markt dazu veranlassen können, gesellschaftlich verantwortlich zu handeln (Hiß 2006).[3] Für die Soziologie ist CSR vor allem deshalb ein Thema, weil und insofern damit die Verbreitung „kollektiver Akteure" und insbesondere der Machtzuwachs von großen Wirtschaftsunternehmen (Kapitalgesellschaften, Konzerne, Fonds usw.) zu Lasten von Individuen und sozialen Gruppen problematisiert werden kann. CSR kann dann als eine Form des Interessenausgleichs oder auch der Vermittlung von gesellschaftlichen und wirtschaftlichen Vorstellungen und Interessen untersucht und es können entsprechend auch soziale Grundlagen und Mechanismen einer erfolgreichen Durchsetzung von CSR-Maßnahmen ausgewiesen und empirisch untersucht werden.[4]

---

3   Vgl. dazu Maurer und Schimank 2008.
4   Überblicksdarstellungen soziologischer Zugänge geben Bluhm 2008 und Backhaus-Maul 2009.

8.3 Der sozialtheoretische Hintergrund: individuelle und kollektive Zwecke

Gesellschaftskonzeptionen, die dem Methodologischen Individualismus folgen und soziale Gebilde und Strukturen aus individuellen Entscheidungen ableiten, sind besonders geeignet, um das Verhältnis zwischen natürlichen Personen (Individuen), Unternehmen (als spezifische Form von Organisationen) und Gesellschaft zu behandeln und auch zu problematisieren (Coleman 1982; 1990; Maurer 2008b). Diese Perspektive ist in eine lange Tradition sozialtheoretischen Denkens eingebunden, die seit Beginn der Neuzeit das *Souveränitätskonzept* nutzt, um die Einsetzung und Gestaltung zentraler Entscheidungsinstanzen und sozialer Koordinationsformen kollektiven Handelns (Verbände, Organisationen, Unternehmen) aus traditionalen oder metaphysischen Begründungen herauszulösen. An die Stelle traditionaler Ordnungsbegründungen tritt die Frage nach der Zustimmung der individuellen Akteure und damit nach der *anerkannten Legitimität* kollektiver Handlungsmuster und Entscheidungsstrukturen. Damit gelang es schon Thomas Hobbes, John Locke, Montesquieu, Adam Smith u. a., Gesellschafts- und Staatsmodelle zu konzipieren, deren Ausgangspunkt die Prämisse individueller Handlungsfreiheiten bzw. -rechte ist. Die Entstehung und Form sozial definierter Verbände wird auf das einsichtige und vernünftige Handeln der Individuen in spezifischen Kontexten zurückgeführt, sodass die Legitimitätsbegründung, die Gestaltung und auch die Folgen kollektiven Handelns an die Zustimmung der individuellen Akteure gebunden sind.

Bereits im 17. Jahrhundert wurde dazu auf zweifache Weise auf das Konzept sozialer Rechte rekurriert. Zum einen wurden damit alle metaphysischen, gottgewollten oder traditionalen Begründungen sozialer Ordnung als „Ideologie" gesehen und andererseits die zunehmende sich wechselseitig verstärkende Ausbildung sozial verankerter und allgemeiner Handlungsrechte dargelegt (Marshall 1950). Ausgehend von der Prämisse individueller Entscheidungs- und Handlungsrechte und der sozialen Konstitution der Welt bzw. sozialer Gebilde, Strukturen und Verteilungen entspann sich die Frage nach der Begründung und Legitimation hierarchischer Sozialstrukturen und deren interner Entscheidungen sowie deren externer Effekte. Die frühen Sozial- und Gesellschaftstheorien haben vor allem das Einverständnis der individuellen Akteure als Grundlage sozialer Verbände hervorgehoben und daher die Verfassung – als Form der Aufteilung von Rechten zwischen Individuen und Verband – in den Mittelpunkt gerückt. Die von Max Weber inspirierte Organisationsforschung hat entsprechend neben der gesatzten Ordnung und der Ordnungsumsetzung die Rationalisierungseffekte von Verbänden thematisiert. Max Weber selbst hat im Idealtyp des formal-legalen Herrschaftsverbandes mit einem bürokratisch organisierten Verwaltungsstab und mit der zweckrational gesatzten und daher legitimen Ordnung zwei grundlegende Bedingungen eines rationalen Verbandshandelns beschrieben. Das hat wesentlich dazu beigetragen, dass Verbände aufgrund ihrer Legitimität von Folgeproblemen und Begründungsproblemen frei zu sein schienen. Daher galt das Augenmerk der modernen Organisationssoziologie auch lange der idealen Binnenstruktur und dem Problem, kollektives Handeln erwartbar zu koordinieren. Erst neuere Forschungsrichtungen arbeiten sich daran kritisch ab, indem sie empirische Belege dafür vorlegen, dass sich in Organisationen und Unternehmen einerseits ineffiziente Strukturen ausbilden und andererseits auch nicht zweckdienliche Organisationen ihren Bestand sichern können. In den neuen soziologischen Institutionentheorien wird argumentiert, dass Organisationen Strukturen und Verfahren übernehmen, weil diese gesellschaftlich legitimiert sind und sich darüber organisationale Felder mit gemeinsamen Charakteristika bilden (Maurer und Schmid 2002). In der neuen Wirtschaftssoziologie wird zudem gezeigt, dass sich Unternehmen an erfolgreichen Konkurrenten orientieren bzw. entlang von Rollenmustern handeln und dass deren Effekte weitgehend von der sozialen Einbettung abhängen. Damit ist erstmals der Hinweis verbunden, dass der wirtschaftliche Erfolg von Unternehmen von deren Einbettung, also auch von gesellschaftlichen Vorstellungen, abhängt, und dass von der sozialen Einbettung durchaus wirtschaftlich vorteilhafte aber auch nachteilige Erwartungen an Unternehmen adressiert werden (Maurer 2008b).

Insgesamt kann davon ausgegangen werden, dass in handlungsbasierten Ansätzen die Absichten und Fähigkeiten der einzelnen Individuen einerseits als Entstehungsbedingung von Organisationen und Unternehmen analysiert werden und dass andererseits auch die wirtschaftlichen und sozialen Effekte eines Verbandshandelns auf die individuellen Akteure thematisiert werden kann. Damit ist eine wichtige analytische Differenzierung zwischen der Mikroebene der natürlichen Akteure (individuelle Zwecke), der Mesoebene der kollektiven Akteure (Organisations- und Unternehmensziele) und der Makroebene der Gesellschaft (sozial begründete Anliegen) möglich. Darüber lassen sich dann auch typische Konstellationen zwischen den Zwecken natürlicher Personen und denen kollektiver Akteure (Mesoebene) sowie auch insbesondere zwischen gesellschaftlich formulierten Anliegen und den Zwecken von Wirtschaftsunternehmen kennzeichnen (s. Abbildung 2).

Der heuristische Gewinn dieser Differenzierung besteht darin, dass das Verhältnis zwischen verschiedenen Interessen und Fähigkeiten auf den drei Ebenen in je unterschiedlichen Problemkonstellationen ausgearbeitet werden kann, für die dann Entsprechungen in der Realität zu suchen sind. Es sind vor allem drei Konstellationen, die auf Probleme hinweisen, die als Auslöser für CSR gelten können und die daraufhin zu analysieren sind, ob und inwiefern CSR-Maßnahmen ergriffen und als Problemlösung wirksam werden (s. Abschnitt 5). Das bedeutet konkret zu erklären, ob die Einführung von CSR in privaten Unternehmen durch Motive, Anliegen oder Interessen auf der Mikroebene von Einzelakteuren, auf der Mesoebene des Unternehmens und der der Gesellschaft begründet ist und ob weiterhin die dafür erforderlichen Bedingungen (materielle Ressourcen ebenso wie kognitive Kapazitäten oder soziale Fähigkeiten) auf einer der drei Ebenen vorhanden sind. Einen besonderen Gewinn verspricht die Analyse solcher Konstellationen, für die explizit eine wechselseitige Verstärkung oder Behinderung der Absichten der Individuen und der Unternehmen dargelegt werden können (vgl. Abbildung 2). So würde eine durch gesellschaftliche Werte und individuelle bzw. organisationale Interessen getragene CSR eine hohe Erfolgsaussicht bedeuten. Wohingegen Widersprüche zwischen kollektiven Vorstellungen und Einzelinteressen vor allem mächtiger Akteure auf Probleme und Konflikte bei der Einrichtung von CSR hinweisen. Eine Sonderform bilden Konstellationen ab, in denen die Absichten von Organisationen/Unternehmen denjenigen gesellschaftlicher Gruppen und denen der Allgemeinheit völlig konträr gegenüberstehen, weil dann die Ziele der Unternehmen mit kollektiven Vorstellungen und Interessen kollidieren und daher mit massiven Legitimitätsproblemen einhergehen. Und nicht zuletzt kann gefragt werden, ob und inwiefern die Anliegen und Interessen einzelner Akteure oder Gruppen sich zu denen der Gesamtgesellschaft verhalten, ob also einzelne Akteure und Gruppen im Sinne gesamtgesellschaftlicher Anliegen agieren oder Sonderinteressen vertreten und wie sich dazu wiederum Unternehmen verhalten.

In modernen Gesellschaften, für die keine universalen Richtigkeitsvorstellungen vorliegen, müssen „gesellschaftliche Forderungen" an Unternehmen im Rahmen sozialer und politischer Begründungen entwickelt und in Form von Gruppen- oder Allgemeinwohlinteressen formuliert werden. Das bedeutet aber, dass sie immer in vorgängigen, oftmals konflikthaften Auseinandersetzungen gewonnen, ausgehandelt und durchgesetzt werden müssen. CSR ist daher immer wieder neu zu verhandeln und auch mit unter Umständen verschiedenen sozialen Erwartungen abzuklären. Es ist daher eine wichtige Aufgabe der Sozialwissenschaften, die hinter CSR-Modellen stehenden kollektiven Begründungsmuster aufzuzeigen und die damit verbundenen Interessen, Strategien und Machtpotenziale zu untersuchen. Weder ist CSR immer für alle vorteilhaft, noch werden sich CSR-Maßnahmen dauerhaft durchsetzen lassen, die nicht durch soziale Erwartungen und Interessen gestützt sind. Ganz im Sinne von Max Weber ist davon auszugehen, dass immer dann, wenn wirtschaftliche Interessen und soziale Werte zusammenpassen, sich eine soziale Verantwortung im unternehmerischen Handeln leichter verankern kann. Theoretische und praktische Herausforderungen sind indes die Konstellationen, in denen ein sozial verantwortliches Handeln die Unternehmen damit konfrontiert, entgegen ihrer wirtschaftlichen Interessen zu handeln. In der Regel ist das Eintreten von Unternehmen für soziale Verantwortung hingegen keine besondere Herausforderung, wenn dies mit der Gewinnorientierung nicht in Konflikt steht. Solche Konstellationen sind theoretisch wie praktisch nicht besonders aufschlussreich. Daraus folgt auch, dass dann soziale Verantwortung der Unternehmen schon durch den Marktmechanismus (kritische Konsumenten, Verbände, Professionsverbände, Werbung usw.) realisiert und garantiert werden kann.[5] Erst wenn der wirtschaftliche Wettbewerb das nicht leistet, sind höhere Hürden zu überwinden und andere soziale Mechanismen einzusetzen, um soziale Vorstellungen in kapitalistischen Marktwirtschaften an Unternehmen zu richten und auch durchzusetzen.

8.4 Gesellschaftstheoretische Perspektive: Verbreitung und Machtzuwachs von Unternehmen

Unternehmen stellen für die Individuen in modernen Gesellschaften eine besondere Herausforderung dar, weil sie sich empirisch beobachtbar seit Ende des 18. Jahrhunderts massiv verbreitet haben. Theoretisch lässt sich ein Spannungsverhältnis zwischen den neuen kollektiven Akteuren und den Individuen konturieren, das daraus folgt, dass die kollektiven Akteure eigene Interessen ausbilden und zunehmende Machtressourcen erhalten, um diese auch gegen Widerstand zu realisieren. Aus der These des Machtzuwachses und der Ablösung der Unternehmen von unmittelbaren wie auch von sozial definierten Anliegen der Individuen erhält die Diskussion über CSR eine gesellschaftstheoretische Bedeutung. Zum einen folgt aus der Ausbreitung formal-hierarchischer Verbände in modernen Gesellschaften allgemein eine Veränderung der Sozial- und Beziehungsstrukturen wobei „klassische" soziale Integrationsformen wie Familie, Religion und direkte Sozialisation an Bedeutung verlieren. Daraus ergibt sich ein Bedarf an neuen sozialen Regelungsmechanismen, die auch kollektive Akteure und lose Beziehungsformen erfassen. Zum anderen ist mit der Ausbreitung des privat-kapitalistischen Wirtschaftsbetriebs und insbesondere der modernen Kapitalgesellschaft, in denen Unternehmerpersönlichkeiten durch Anteilseigner und Manager ersetzt werden, nicht nur eine Machtverschiebung zu Gunsten von Wirtschaftsunternehmen auszugehen (Coleman 1982; Kap. 2), sondern

---

5 Vgl. für die weitergehende Diskussion um ein an moralischen oder allgemeinen Richtigkeitsvorstellungen orientiertes Handeln auf Basis sozialer Institutionen und Mechanismen exemplarisch Coleman (1990) oder Baurmann (1996), die zeigen, wie Märkte „moralisches Handeln" fördern. Der Wirtschaftshistoriker Douglas North (1977) hinwiederum hat gezeigt, dass Märkte nur funktionieren, wenn Eigentumsrechte garantiert sind.

vielmehr noch eine Anonymisierung der Entscheidungsprozesse, derart, dass soziale Bindungen kaum noch Verantwortung hervorbringen (Berle und Means 1932). Der quantitative Zuwachs an Unternehmen und die Verbreitung von Kapitalgesellschaften hat über die Wirtschaft hinaus auch in der gesellschaftlichen und politischen Öffentlichkeit (Coleman 1982) seit Ende des 19. Jahrhunderts neue Handlungsformen (shareholder value, Kurzfristigkeit usw.) und Machtzentren (Konzerne, Unternehmen, Wirtschaftsverbände) entstehen lassen, die sich gesellschaftlichen Kontexten, Vorstellungen und Handlungszusammenhängen weitgehend entziehen. Der Wirtschaftshistoriker Alfred Chandler (1962) hat das Größenwachstum der US-Amerikanischen Großunternehmen und deren Managementstrukturen seit Ende des 19. Jahrhundert nachgezeichnet und belegt, dass sich in der Wirtschaft komplexe Managementstrukturen ausgebildet haben. Aus den Netzwerkstudien der neuen Wirtschaftssoziologie folgt vielmehr noch, dass die heute wirkmächtigsten Sozialbeziehungen, die Kooperation zwischen Unternehmen sowie die zwischen Wirtschaftsakteuren in Branchen und Wirtschaftsregionen sind (Maurer 2008a). Bemerkenswert dabei ist die umfängliche Machtverlagerung zum Vorteil der großen Wirtschaftsunternehmen und ihrer Verbände und zu Lasten der Individuen als Konsumenten, Arbeitnehmer und Bürger. Die großen Kapitalgesellschaften und internationalen Konzerne können sich dabei aus direkten Sozialbeziehungen ebenso herauslösen wie sie auch soziale Erwartungen durchbrechen und verändern können (z. B. soziale Zeitrhythmen). Vor allem die großen Wirtschaftsunternehmen und speziell die Kapitalgesellschaften sind weitgehend von sozialen und lokalen Bindungen bzw. deren Verantwortungszuschreibungen herausgelöst. Aufgrund der zunehmenden Marktregulierung und der Zurückdrängung politischer Regelungen wird es Unternehmen und Konzernen seit den 1980er Jahren auch zunehmend möglich, wirtschaftliche Macht in politische umzusetzen und so auch eine Entdemokratisierung der Politik und der Alltagswelt in Gang zu setzen (Crouch 2008). Dann sind auch aus der politischen Entscheidungssphäre immer weniger Impulse zu erwarten, die eine soziale Verantwortung der Wirtschaft formulieren und auch durchsetzen können. Das macht sich inzwischen daran bemerkbar, dass vor allem außerparlamentarische soziale Protestformen (occupy Bewegung, plurale Ökonomik usw.) wirtschaftliche Entscheidungsstrukturen und Institutionen ob ihrer gesellschaftlichen Verantwortungslosigkeit kritisieren (z. B. die Proteste gegen G7-Treffen, Kritik an der EZB und Weltbank). Da jedoch an der Spitze der großen Konzerne und Kapitalgesellschaften weder demokratisch gewählte, noch gesellschaftlich qualifizierte Manager stehen, sondern eine autonome „Wirtschaftselite", die ihren eigenen Regeln und Vorstellungen folgt (Boltanski 1990; Hartmann 2002), ist ein wichtiges Moment demokratischer Systeme, nämlich der Mechanismus der Abwahl, ausgesetzt. Empirische Studien in der neuen Wirtschaftssoziologie belegen, dass

Unternehmer, Händler oder Manager durch eine Einbettung in Gruppen zumindest untereinander sowohl ein soziales als auch ein rational-zweckgerichtetes Handeln zeigen. Sie orientieren sich dann an allgemeinen sozialen Regeln, wie dies Weber schon für die protestantischen Unternehmer dargelegt hat (Weber 1993), wenn die sozialen Erwartungen ihnen auch wirtschaftlichen Erfolg ermöglichen. Sie werden dies dann nicht oder weniger umfänglich tun, wenn dies ihr wirtschaftliches Handeln beeinträchtigt und wenn der Marktwettbewerb wenig Spielraum für wirtschaftsfremde Motive lässt (Maurer und Mikl-Horke 2015).

Werden Wirtschaftsunternehmen als kollektive Akteure betrachtet, die als Organisationen vertreten durch Manager eigene Interessen haben und dazu die ihnen überlassenen Ressourcen nutzen können, dann ist nicht selbstverständlich, dass sie die Ziele ihrer Auftraggeber noch gesellschaftliche Anliegen zu realisieren suchen. Vielmehr ist aufgrund des Machtzuwachses von Wirtschaftsunternehmen und insbesondere von Kapitalgesellschaften, die in einer kapitalistischen Wirtschaft für anonyme Märkte produzieren und auch von anonymen Märkten (Arbeitsmärkte, Kapitalmärkte usw.) ihre Ressourcen beziehen, eher von asymmetrischen Beziehungen zwischen den ressourcen-mächtigen Unternehmen auf der einen Seite und den individuellen Akteuren bzw. sozialen Gruppen auf der anderen Seite auszugehen. Diese Problematik erhält eine zusätzliche Brisanz dadurch, dass in Kapitalgesellschaften in der Regel von außen geworbene und jederzeit kündbare Manager die Entscheidungsträger sind, weil diese in der Regel weder durch direkte soziale Netzwerke noch durch andere soziale Mechanismen an gesellschaftliche Anliegen gebunden sind. Sie müssten vielmehr erst als Gruppe oder Einzelne zum Adressaten gesellschaftlicher Erwartungen gemacht werden. Welche sozialen Faktoren dabei helfen, CSR in Unternehmen zu implementieren und diese so an gesellschaftliche Anliegen anzubinden, ist daher längst ein wichtiges Thema auch in der Soziologie.

8.5 Unternehmen im Spannungsfeld von Erwartungen

CSR wird innerhalb der Soziologie bislang vor allem in der Organisationssoziologie behandelt.[6] Aber auch in der neuen Wirtschaftssoziologie finden sich vermehrt anschlussfähige theoretische Überlegungen und empirische Studien, die danach fragen, ob und wann Unternehmen im Sinne gesellschaftlicher oder auch spezifischer Gruppenanliegen handeln und in diesem Sinne gesellschaftliche Verant-

---

6 Vgl. zum Stand der CSR-Diskussion in der Soziologie Bluhm (2008) und Backhaus-Maul (2009).

wortung übernehmen. Dabei wird weniger von einer moralischen Bindung der Wirtschaftsunternehmen ausgegangen, sondern vielmehr danach gefragt, wann soziale Beziehungsnetzwerke oder soziale Institutionen entweder eine soziale Handlungsorientierung bewirken oder soziale Zwecke mit den Zielen von Unternehmen in Einklang bringen. In Rationaltheorien wird die Implementierung und der Erfolg von CSR in Abhängigkeit davon gesehen, ob Erträge die damit verbundenen Kosten überwiegen, weil z. B. neue Märkte (mit höheren Preisen) wie der Bio- und der Fair-Trade-Markt etabliert werden können. Insgesamt zeichnen sich soziologische Analysen dadurch aus, dass sie nach solchen sozialen Konstellationen suchen, in denen sozial-kulturelle Erwartungen von den Unternehmen übernommen werden. Die grundlegenden Annahmen dabei sind:

- Wirtschaftsunternehmen sind kollektive Akteure, die durch Entscheidungen und Ressourcen von Individuen entstehen und primär dem Ziel (der Erwartung) verbunden sind, durch die Bereitstellung von Gütern und Leistungen wirtschaftliche Erträge zu realisieren. Sollten Unternehmen diese Erwartung nicht mehr erfüllen, ist davon auszugehen, dass in erster Linie der Marktwettbewerb dafür sorgt, dass sie dies tun (z. B. durch Kostensenkung, Innovationen usw.), weil sie sonst ihre Existenz gefährden.
- Als eigenständige Akteure bilden Unternehmen aber auch eigene Interessen aus, sind in ihren Entscheidungen weitgehend formal frei und können für ihr Handeln daher von ihren Auftraggebern aber auch von anderen sozialen Gruppen oder der Gesellschaft zur Verantwortung gezogen werden, wenn sie Nebenfolgen in Form von Umweltverschmutzung oder der Verletzung elementarer gesellschaftlicher Werte hervorbringen. In demokratischen Gesellschaften werden solche grundlegenden Werte wie Gleichheit vor dem Gesetz, materielle Existenzsicherung, politische Teilhabe usw. durch formale Regeln und Gesetze gesichert, deren Einhalt dem Staat weitgehend obliegt und der in diesem Rahmen auch Unternehmen binden und sanktionieren kann.
- Wirtschaftsunternehmen sind zu einem gewissen Maße an allgemeine formale Institutionen und an soziale Institutionen gebunden, weil sie für ihr Handeln als Akteur verantwortlich gemacht werden können. Das setzt im Falle sozial-kulturelle Erwartungen allerdings voraus, dass sich einzelne Individuen oder soziale Gruppen, soziale Bewegungen oder Nicht-Regierungs-Organisationen gegen bestimmte Handlungen und deren Folgen wenden und dabei auf eine Verletzung „berechtigter" Anliegen hinweisen können und dann weiterhin soziale Mechanismen in Gang zu setzen vermögen, welche ihre Ansprüche durchsetzen helfen. Für analytische Zwecke empfiehlt es sich, direkt zuschreibbare Beeinträchtigungen

Einzelner von der Verletzung spezifischer Gruppeninteressen oder der Kollision mit allgemeinen sozial-kulturellen Anliegen zu unterscheiden.

Daraus folgt, dass eine erfolgreiche Adressierung gesellschaftlicher Erwartungen an Unternehmen davon abhängt, dass soziale Erwartungen von Einzelnen oder Gruppen als berechtigte Anliegen formuliert und auch an Unternehmen herangetragen werden können. Das setzt erstens voraus, dass neben der Betroffenheit der Individuen auch objektive Möglichkeiten wie soziale Mechanismen der Reputation, der Sanktion, der politischen Willensbildung usw. erfolgreich genutzt oder in Gang gesetzt werden können. Die Beeinträchtigung abstrakter allgemeiner sozialer Regeln oder Integrationsformen durch Unternehmen stellt in diesem Sinne die größte Herausforderung dar, weil dann nicht davon auszugehen ist, dass Individuen das erkennen, auf sich beziehen und auch in sozialen Diskursen zu organisieren vermögen. Davon betroffen sind vor allem die Vernutzung sozialer Ressourcen wie die Auflösung familialer Versorgungsstrukturen, die Zerstörung von Zeitrhythmen, die Verletzung von Menschenrechten oder auch die Übernutzung von Vertrauen.

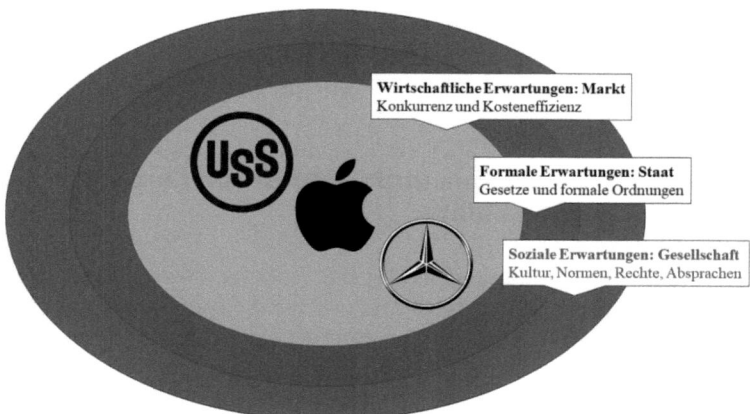

Abb. 1 Einbindung von Wirtschaftsunternehmen in verschiedene Erwartungen
Quelle: eigene Darstellung

Demgegenüber können direkte Verletzungen oder Beeinträchtigungen der Vorstellungen und Werte Einzelner wie z. B. die Verschmutzung der Meere, Lebensmittelskandale usw. inzwischen über den Kapitalmarkt oder auch den Gütermarkt durchgesetzt werden, weil kritische Aktionäre und Konsumenten dann die Aktien und Waren solcher Unternehmen nicht mehr kaufen. Dagegen sind die Anliegen politisch, wirtschaftlich oder sozial schwacher Gruppen deutlich schwerer zu adressieren, weil dafür dann mittels komplexer sozialer Organisationsformen (soziale Bewegungen, Verbraucherschutzorganisationen, Beratungsstellen usw.) erst Handlungsressourcen aufgebaut werden müssen. Am erfolgreichsten sind solche gesellschaftlichen Erwartungen an Unternehmen zu richten, die deren wirtschaftliche Handlungsfähigkeiten und Ressourcen wirksam beeinflussen könnten. Es kann aber auch von „Ansteckungseffekten" derart ausgegangen werden, dass der Protest politischer Gruppen auch Konsumenten, Zulieferer und Arbeitnehmer ansteckt, weil diese auf die Verletzung zentraler gesellschaftlicher Anliegen und Prinzipien hinweisen und damit die Unternehmen als Arbeitgeber oder Marktanbieter diskreditieren, wie es lange Zeit für die Chemieindustrie zu beobachten war. Während die Adressierung gesellschaftlicher Erwartungen an Unternehmen dann relativ einfach über Märkte funktioniert, wenn wirtschaftliche und soziale Interessen zusammenhängen, sind immer dann soziale oder politische Mechanismen gefragt, wenn kollektive Anliegen vertreten werden sollen, die nicht direkt durch mächtige individuelle Interessen (Konsumentengruppen, politische Akteure, Unternehmer usw.) abgesichert sind und daher den schrittweisen Aufbau umfänglicher sozialer Organisation erfordern (Maurer und Schmid 2010).

8.6 Soziale Grundlagen und Grenzen von Corporate Social Responsibility

Es sind vor allem Verletzungen grundlegender sozialer Erwartungen, die nicht über Märkte artikulier- und durchsetzbar sind, welche zum Gegenstand von CSR werden. CSR wird als freiwillige Verpflichtung der Unternehmen auf gesellschaftliche Anliegen bedeutsam, wenn als gesellschaftlich wichtig erachtete soziale oder ökologische Verhältnisse prekär werden. Das setzt voraus, dass solche Anliegen begründet, legitimiert und öffentlich vorgetragen werden. CSR ist nach wie vor Gegenstand kritischer Beobachtung, weil oftmals vermutet wird, dass sie von Unternehmen (Stichwort „Greenwashing") als günstige Legitimationsbeschaffer genutzt und nur Fassade sind, um Interessen zu verfolgen (Wieser 2005). Der Verdacht ist dann, dass zwar öffentlich ein sozial verantwortliches und nachhaltiges Handeln gezeigt wird, aber im Stillen doch gegen soziale Erwartungen oder Nachhaltigkeitsregeln verstoßen wird. Prominente Beispiele dafür sind Umweltverschmutzungen in entfernten Weltregionen (Abbau des Tropenwaldes, unsichere Bohrplattformen usw.) oder Zulieferketten wie in der Bekleidungsindustrie oder Elektronikbranche, die keinen internationalen Standards von Arbeitssicherheit, Mitbestimmung oder Umweltschutz folgen, obwohl offiziell mit CSR Werbung gemacht wird. Soziologische Analysen betrachten daher besonders soziale Mechanismen, die auch dann eine erfolgreiche Etablierung von CSR sichern, wenn diese keinen primär wirtschaftlichen Erfolg versprechen.

Für die soziologische Diskussion sind vor allem drei Fragenkomplexe zentral, die das Verhältnis von individuellen, organisationalen und gesellschaftlichen Vorstellungen und Zielen widerspiegeln und so die Möglichkeiten und Grenzen eines sozial verantwortlichen Handelns von Unternehmen gut abstecken lassen:

- Durch welche sozialen Mechanismen gelingt es Individuen und Gruppen, soziale Erwartungen an Unternehmen zu adressieren und so CSR-Maßnahmen zu initiieren? Das bedeutet vor allem zu klären, wie gesellschaftliche Problemlagen als richtige soziale Anliegen definiert werden.
- Wann können überhaupt gesellschaftliche Anliegen – soziale ebenso wie ökonomische und ökologische – durch CSR, d. h. durch das Einzelhandeln von Unternehmen oder Wirtschaftsakteuren, realisiert werden?
- Wie verhalten sich unternehmerische und soziale Anliegen zueinander und wann sind CSR-Konzepte und -maßnahmen aus gesellschaftlicher Sicht gelungen und erfolgreich?

Das Handeln privater Wirtschaftsunternehmen in kapitalistischen Gesellschaften ist zuvorderst wirtschaftlich und nicht primär durch sozial-kulturelle Erwartungsmuster bestimmt und auch weitgehend legitimiert. Es sind nicht mehr Gebrauchswertorientierung und Subsistenzerhalt, sondern Gewinnmotivation und der Zwang, sich auf Märkten in Wettbewerbskontexten erfolgreich zu behaupten, der das Handeln von Wirtschaftsunternehmen anerkannter Weise motivieren kann. Das bedeutet aber, dass Unternehmen sich auch durch ihr Markthandeln und das daraus folgende Erzielen von Gewinnen erhalten. Daher ist jede Form von CSR relativ einfach in Marktkontexten zu realisieren, die den Unternehmenszielen entsprechen. Problematisch sind hingegen all die Erwartungen, die den Unternehmenszielen mittel- und langfristig zuwiderlaufen. Dann können nur Formen einer sozialen oder institutionellen Einbettung helfen, welche entweder eine „soziale Handlungsorientierung" für Unternehmen festschreiben oder aber „soziale Erträge" durch CSR in Aussicht stellen, wozu auch das Vermeiden von De-Legitimationsprozessen oder der Werbeeffekt von CSR gehören können.

Die Analyse verschiedener Formen sozialer oder institutioneller Einbettung von Unternehmen als Grundlage von erfolgreicher CSR greift eine wichtige Erkenntnis der neuen Wirtschaftssoziologie auf, wonach Markt und Staat oftmals nicht wirken bzw. durch soziale Mechanismen höchst wirkungsvoll verstärkt werden. Dann können soziale Beziehungen und Institutionen sowohl positive Änderungen in der Handlungsorientierung bewirken (etwa über Professionsehre, Reputation, Sozialkapital, Vertrauen, Reziprozität), als auch die Wahl von Handlungsmitteln beeinflussen, indem etwa die Verletzung von Menschenrechten durch unwürdige Arbeitsbedingungen oder Umweltverschmutzung mit sozialer Ächtung belegt werden (Granovetter 2005; Coleman 1990). Über die in der neuen Wirtschaftssoziologie dominante Problemlage der Unsicherheitsreduktion hinaus erfordert aber die Erklärung von CSR immer auch den Nachweis, das „soziale Anliegen" definiert und an ressourcen-mächtige kollektive Akteure adressiert werden.

A Das Handeln von Unternehmen führt zur Bereitstellung nachgefragter Güter, Existenzsicherung und materiellem Wohlstand in der Gesellschaft.	B Handeln von Unternehmen verursacht negative Folgen für Gruppen/Gesellschaften: Umweltverschmutzung, gesundheitsgefährdende Produktion und Produkte usw.
Primäre institutionelle Einbettung: Markt und Staat	Primäre institutionelle Einbettung: kollektive Organisation, Markt und Staat
C Das Handeln von Unternehmen befördert gesellschaftliche Ziele außerhalb der Wirtschaft; soziales Unternehmertum, Stiftungen, Stärkung der Regionalstruktur usw.	D Das Handeln von Unternehmen beeinträchtigt gesellschaftliche Erwartungen; Zerstörung familialer Versorgung, sozialer Netze, direkter sozialer Beziehungsformen usw.
Primäre institutionelle Einbettung: Soziale Beziehungen und Netze	Primäre institutionelle Einbettung: Soziale Beziehungen und Netze

Abb. 2 Erwartungskonstellationen und institutionelle Stützung von Corporate Social Resonsibility
Quelle: eigene Darstellung

Aus den skizzierten vier Problemtypen folgen verschiedene Schwierigkeitsgrade und damit spezifische Antworten auf die drei eingangs gestellten Fragen. Sofern die Unternehmen keine bewusst wahrgenommenen negativen externen Effekte auf die Gesellschaft oder gesellschaftliche Gruppen ausüben, sind die ihnen positiv abverlangten Effekte wie Güterproduktion und materieller Wohlstand relativ einfach durch den Markt zu erfüllen. Ist das wirtschaftliche Handeln von privaten Unternehmen hingegen mit eindeutig zurechenbaren negativen Effekten für bestimmte Gruppen verbunden, dann sind soziale Organisationsformen, die kollektives Handeln und Kritik stützen – evtl. zusammen mit Markt und Staat – erforderlich. Sind die positiven wie negativen Effekte von privaten Wirtschaftsunternehmen hingegen nicht auf Gruppen oder Einzelne zurechenbar, dann sind es eher zufällige, basale soziale Beziehungen und Institutionen, die gesellschaftliche Erwartungen und CSR befördern. Demnach ist zu erwarten, dass CSR in der Tat vor allem durch sozial begründete und mitunter auch organisierte Forderungen aus der Gesellschaft angeregt und von Unternehmen dann freiwillig übernommen und praktiziert wird, wenn das ihren wirtschaftlichen Interessen nicht zuwider läuft.

Gelingende oder misslingende CSR ist letztlich eine Frage, ob die in einer Gesellschaft oder von Gruppen formulierten Anliegen erfolgreich an Unternehmen oder Wirtschaftsakteure herangetragen werden können. Ob CSR-Maßnahmen greifen und positive Wirkungen entfalten, ist nur relativ zu den artikulierten sozial-kulturellen Erwartungsmustern und der sie vertretenen Gruppen zu beantworten. Dass CSR-Konzepte in den letzten 20 Jahren stark an Bedeutung gewonnen und auch neue Themen in die Unternehmens- und Wirtschaftswelt hineingetragen haben, erklärt sich soziologisch damit, dass zunehmend mehr natürliche Personen und Gruppen ihre sozialen und auch politischen Anliegen durch das rein profitorientierte Handeln von Unternehmen verletzt sehen. Gelingt es, solche sozialen Interessen als legitime Anliegen der Gesellschaft zu definieren, dann können Unternehmen wie auch andere Wirtschaftsakteure (Banken, Fonds, EZB, Weltbank usw.) zu Adressaten gesellschaftlich-politischer Erwartungen gemacht werden. Es überrascht dann nicht mehr so sehr, dass es mitunter durchaus gelingt, diese wirtschaftlich und politisch mächtigen Akteure mit Hilfe sozialer Mechanismen – aber durchaus gestärkt durch den Markt und den Staat – auf gesellschaftliche Anliegen zu verpflichten. Die dabei zum Einsatz kommenden sozialen Institutionen und Mechanismen können und müssen in der Soziologie analysiert werden (Wiesenthal 2000). Insbesondere die neue Wirtschaftssoziologie und die neuen Institutionentheorien haben dazu bereits einen reichhaltigen theoretischen und empirischen Fundus an sozialen Prozessen, Mechanismen und Institutionen ausgearbeitet, der verstehen hilft, wie sozial-kulturelle Erwartungen gegenüber Unternehmen artikuliert und durchgesetzt werden können (Maurer 2008b). Es ist auf der anderen Seite aber immer auch in Rechnung zu stellen, dass Unternehmen und Banken, Fonds, EZB usw. durchaus strategisch und mit Blick auf wirtschaftliche Interessen gesellschaftliche Erwartungen aufgreifen, diese aus rein legitimatorischen Gründen einsetzen, d. h. sie nicht „teilen" und daher immer dann aufgeben, wenn Vorteile winken.

8.7 Der Ertrag eines soziologischen Zugangs zu Corporate Social Responsibility

Über die notwendigen sozialen Grundlagen und die Grenzen von CSR sind dann präzisere Aussagen zu machen, wenn Unternehmen als Akteure verstanden werden, die zwar aus Entscheidungen und Ressourcenübertragungen individueller Akteure hervorgehen, aber zugleich eigene Ziele ausbilden und das soziale und gesellschaftliche Umfeld der Menschen verändern, weil sie über die entsprechenden Ressourcen verfügen.

Dann ist weder davon auszugehen, dass Unternehmen sich moralisch verhalten oder durch Sozialisation an gesellschaftliche Werte gebunden werden, sondern dass dafür soziale Mechanismen erforderlich sind. Während die BWL und ökonomische Erklärungen CSR aus wirtschaftlichen Kosten-Nutzen-Überlegungen folgern und Wirtschaftsethiker moralische Prinzipien diskutieren, kann in der Soziologie analysiert werden, welche sozialen Mechanismen angesichts welcher Interessenkonstellation dabei helfen, mächtige Wirtschaftsakteure wie Unternehmen zu einer freiwilligen Übernahme gesellschaftlicher Anliegen zu bewegen. Das kann einerseits die soziale Einbettung von Unternehmen sein, das können andererseits aber auch soziale Handlungskontexte und soziale Institutionen sein, die bestimmte Anliegen als richtig setzen und deren Verletzung durch soziale Bewegungen aber auch den Markt „sanktioniert" werden kann. Solche sozialen Mechanismen werden umso wirksamer sein, je weniger sie den mittel- und langfristigen wirtschaftlichen Zielen der Unternehmen zuwider laufen. Eine realistische Analyse lässt nicht erwarten, dass Wirtschaftsunternehmen ihre wirtschaftlichen Ziele völlig aus den Augen verlieren, vielmehr sind vor allem die Möglichkeiten auszuloten, in denen soziale Mechanismen wie soziale Einbettung, soziale Gruppen, soziale Bewegungen und Legitimationsprozesse die unerwünschten Nebenfolgen eines gewinnorientierten Handelns aufweisen, öffentlich zu reflektieren und „Belohnungen" für deren Vermeidung z. B. durch CSR bereitstellen.

In der Soziologie werden verschiedene Mechanismen für die Etablierung und Durchsetzung sozialer Erwartungen behandelt und in ihrer Anwendung und Reichweite kritisch diskutiert. So werden klassisch formale Institutionen (Gesetze, Regeln und Verträge) als ein Weg betrachtet, um das Handeln in und von Unternehmen auch an gesellschaftliche Vorstellungen anzubinden. Weiterhin werden auch hierarchische Entscheidungs- und Kontrollstrukturen aber auch Mitbestimmungsregeln, flache Hierarchien, Stakeholder-Rechte oder Wirtschaftsdemokratie als ein Weg betrachtet, um soziale Ansprüche an Organisationen und Unternehmen wirkungsvoll werden zu lassen. Das Konzept der CSR kann in diesem Kontext als eine Form der freiwilligen Übernahme von Verantwortung für gesellschaftliche oder Naturbelange betrachtet und sowohl im Verhältnis zu anderen sozialen Mechanismen der Erwartungsbildung, als auch deren spezifischen Grundlagen und Grenzen erkannt werden. Das wird möglich, indem gefragt wird, was und wer Unternehmen dazu motivieren kann, gesellschaftliche Ansprüche aufzunehmen und ihr wirtschaftliches Handeln daran zu orientieren. Das ist vor allem dann theoretisch und praktisch eine Herausforderung, wenn damit Einschränkungen in der Verfolgung wirtschaftlicher Zwecke verbunden sind.

Der zusätzliche Gewinn soziologischer CSR-Analysen liegt aber darin, Unternehmen als einen neuen Akteurstyp zu kennzeichnen, der in modernen Gesellschaften angesichts der kapitalistisch-marktwirtschaftlichen Organisation der Produktion eine enorme gesellschaftliche und politische Macht gewonnen hat und neben den klassischen Sozialbeziehungen auch die Interessen der Individuen und einzelner sozialer Gruppen beeinträchtigt bzw. deren soziale Existenz gefährdet. Das macht Unternehmen zu einer potentiellen Gefährdung grundlegender sozialer Institutionen und zu einem Mechanismus der Ungleichheitsverstärkung. Davon ausgehend können Unternehmen ob ihrer Machtfülle und ihrer spezifischen wirtschaftlichen Interessen zum sozialen Ziel gesellschaftlicher Anliegen gemacht werden. Die zentrale Frage ist dann, wann Unternehmen in der Orientierung an wirtschaftlichen Zielen und Rahmenbedingungen zugunsten sozialer Maximen eingeschränkt werden können und vor allem welche sozialen Institutionen dabei helfen, gesellschaftliche Anliegen gegen die mit einer enormen wirtschaftlichen Macht ausgestatteten Unternehmen durchzusetzen.

Empfehlenswerte Literatur

Maurer A (Hrsg) (2017) Handbuch der Wirtschaftssoziologie. VS Verlag für Sozialwissenschaften, Wiesbaden

Maurer A, Schimank U (2008) Die Gesellschaft der Unternehmen – Die Unternehmen der Gesellschaft. VS Verlag für Sozialwissenschaften, Wiesbaden

Weber M (2017) Die protestantische Ethik und der ‚Geist' des Kapitalismus. Neuausgabe mit einem Nachwort von Andrea Maurer. Reclam, Stuttgart

Empfehlenswerte Internetquellen

www.reset.org/knowledge/greenwashing-%E2%80%93-die-dunkle-seite-der-csr
www.nachhaltigkeit.info/

www.wirtschaftslexikon.gabler.de
www.csr-in-deutschland.de

Literatur

Backhaus-Maul H (2009) Zum Stand der sozialwissenschaftlichen Diskussion über ‚Corporate Social Responsibility' in Deutschland. Expertise für das Bundesministeriums für Arbeit und Soziales, Berlin

Baurmann M (1996) Der Markt der Tugend. Recht und Moral in der liberalen Gesellschaft. Mohr Siebeck, Tübingen

Berle AA, Means GC (1932) The Modern Corporation and Private Property. Macmillan, New York

Bertelsmann-Stiftung (2012) CSR WeltWeit. Ein Branchenvergleich. Bertelsmann Stiftung, Gütersloh

Bluhm K (2008) Corporate Social Responsibility – Zur Moralisierung von Unternehmen aus soziologischer Perspektive. In: Maurer A, Schimank U (Hrsg.) Die Gesellschaft der Unternehmen – Die Unternehmen der Gesellschaft. VS Verlag für Sozialwissenschaften, Wiesbaden, S 144-162

Boltanski L (1990/1982) Die Führungskräfte. Die Entstehung einer sozialen Gruppe. Campus, Frankfurt/New York

Bowen HR (1953) Social responsibilities of the businessman. Harper and Brothers, New York

Carroll AB (1999) Corporate Social Responsibility. Evolution and Definition. Business & Society 38: 268-295

Chandler A (1962) Strategy and Structure. Chapters in the History of the American Industrial Enterprise. MIT Press, Cambridge/London

Coleman JS (1974) Power and the Structure of Society. Norton, New York

Coleman JS (1982) The Asymmetric Society. Syracuse University Press, Syracuse

Coleman JS (1990) Foundations of Social Theory. Belknap Press, Cambridge

Crouch C (2008) Postdemokratie. Suhrkamp, Frankfurt.

Granovetter MS (2005) The Impact of Social Structure on Economic Outcomes. Journal of Economic Perspectives 19: 33-50

Hartmann M (2002) Der Mythos von den Leistungseliten. Spitzenkarrieren und soziale Herkunft in Wirtschaft, Politik, Justiz und Wissenschaft. Campus, Frankfurt/New York

Hiß S (2006) Warum übernehmen Unternehmen gesellschaftliche Verantwortung? Ein soziologischer Erklärungsversuch. Campus, Frankfurt/New York

Kocka J (2013) Geschichte des Kapitalismus. C.H. Beck, München

Lexikon der Nachhaltigkeit. 2013. www.nachhaltigkeit.info. Zugegriffen: 14.03.2017

Marshall TH (1950) Citizenship and Social Class. Cambridge University Press, Cambridge

Marx K (1965/1867) Das Kapital. Kritik der politischen Ökonomie. Bd. 1. Dietz, Berlin

Maurer A, Schimank U (2008) Die Gesellschaft der Unternehmen – Die Unternehmen der Gesellschaft. VS Verlag für Sozialwissenschaften, Wiesbaden

Maurer A (2008a) Das moderne Unternehmen. In: Maurer A, Schimank U (Hrsg) Die Gesellschaft der Unternehmen – Die Unternehmen der Gesellschaft. VS Verlag für Sozialwissenschaften, Wiesbaden, S 17-39

Maurer A (2008b) „Institutionalismus und Wirtschaftssoziologie." In: Maurer A (Hrsg) Handbuch der Wirtschaftssoziologie. VS Verlag für Sozialwissenschaften, Wiesbaden, S 63-85

Maurer A, Schmid M (Hrsg) (2002) Neuer Institutionalismus. Zur soziologischen Erklärung von Organisation, Moral und Vertrauen. Campus, Frankfurt/New York

Maurer A, Schmid M (2010) Erklärende Soziologie. Grundlagen, Vertreter und Anwendungsfelder eines Forschungsprogramms. VS Verlag für Sozialwissenschaften, Wiesbaden

Maurer A, Mikl-Horke G (2015) Wirtschaftssoziologie. UTB, Stuttgart

North DC (1977) Markets and Other Allocation Systems in History. The Challenge of Karl Polanyi. Journal of European Economic History 6: 703-716

Polanyi K (1977/1944) The Great Transformation. Politische und ökonomische Ursprünge von Gesellschaften und Wirtschaftssystemen. Suhrkamp, Frankfurt

Preisendörfer P (2005) Organisationssoziologie. Grundlagen, Theorien und Problemstellungen. VS Verlag für Sozialwissenschaften, Wiesbaden

Weber M (1985/1922) Wirtschaft und Gesellschaft. Grundriß der verstehenden Soziologie. 5., revidierte Auflage. Mohr Siebeck, Tübingen

Weber M (1991/1923) Wirtschaftsgeschichte. Abriß der universalen Sozial- und Wirtschaftsgeschichte. 5. Auflage. Duncker & Humblot, Berlin

Weber M (1993) Die protestantische Ethik und der „Geist" des Kapitalismus. Athenäum-Hain-Hanstein, Bodenheim

Wiesenthal H (2000) Markt, Organisation und Gemeinschaft als ‚zweitbeste' Verfahren sozialer Koordination. In: Werle R, Schimank U (Hrsg) Gesellschaftliche Komplexität und kollektive Handlungsfähigkeit. Campus, Frankfurt/New York, S 44-73

Wieser C (2005) Corporate social responsibility – Ethik, Kosmetik oder Strategie? Über die Relevanz der sozialen Verantwortung in der Strategischen Unternehmensführung. Lit, Münster u. a.

Gesellschaftliche Unternehmensverantwortung in Deutschland

9

Zum aktuellen Stand der empirischen Forschung

Judith Polterauer*

Abstract

"Corporate citizenship" is considered as an attempt to solve societal problems through civic engagement of companies. Due to the lack of a coherent and comprehensive approach, the empirical research on Corporate Citizenship is challenging. The components, their operationalization and stated interdependencies will be portrayed and located within the German research. Based on this a model will be introduced that will help systemize the existing research and furthermore enable the explanation and operationalization of one's own research question.

***

„Corporate Citizenship", das heißt das zivilgesellschaftliche Engagement von Unternehmen, beansprucht, einen Beitrag zu gesellschaftlichen Problemlösungen zu leisten. Die empirische Erforschung von Corporate Citizenship ist anspruchsvoll, denn das Konzept setzt sich aus komplexen Einzelbestandteilen zusammen. Diese Bestandteile, ihre Operationalisierungen und die konstatierten Wirkungszusammenhänge werden eingehend dargestellt und im Kontext der deutschsprachigen Forschung verortet. Darauf aufbauend wird ein Modell vorgestellt, das sowohl zur Systematisierung des Forschungsbestands, als auch für die Explikation und die Operationalisierung eigener Forschungsfragen genutzt werden kann.

---

* Besonderer Dank gebührt Franziska Mittelstädt für Recherchearbeiten sowie hilfreiche Kommentare und umsichtige Anregungen zur Gliederung und Konzeption des Textes.

9.1 Einleitung

Das soziale Phänomen „gesellschaftliche Verantwortung von Unternehmen" empirisch zu untersuchen, ist ebenso spannend wie anspruchsvoll. Schon der erste Blick in die Literatur verrät, dass bereits die Begriffsklärung eine Herausforderung ist.[1] Die Forschenden sehen sich einer Vielzahl von Definitionen und Untersuchungen unterschiedlicher Qualität und normativer Einbettung gegenüber. Neben der intensiven gesellschaftspolitischen Diskussion zeichnet sich die Diskussion über Unternehmensverantwortung auch durch Beiträge aus verschiedenen Fachrichtungen aus, also unterschiedlichen Perspektiven, Fragestellungen und Methoden. Das erschwert vielfach den Austausch und die Vergleichbarkeit von Ergebnissen, kann die Diskussion aber auch bereichern.[2]

Ziel dieses Beitrags ist es, die Anforderungen für Forschungsarbeiten zum Thema gesellschaftliche Unternehmensverantwortung, insbesondere Corporate Citizenship (CC), zu systematisieren sowie bestehende Forschungsarbeiten im deutschsprachigen Raum und dabei angewandte Methoden aufzuzeigen. CC wird hier als Verantwortungsübernahme von Unternehmen im Kontext einer relativ starken staatlichen Steuerung und eines vergleichsweise hohen Wohlfahrtsstandards verstanden (genauer vgl. Kap. 9.4.1).

Der Beitrag ist in vier Kapitel unterteilt. Das erste Kapitel gibt einen Überblick über die empirische Forschung zum Thema Unternehmensverantwortung in Deutschland. Neben der Entwicklung des Themas in der Forschung werden die unterschiedlichen Zugänge zum Thema und die verschiedenen forschungsleitenden Fragestellungen herausgearbeitet. Im zweiten Kapitel wird der Stand der Begriffsbildung resümiert.

---

1 Die folgende, notwendigerweise unvollständige Übersicht der im Kontext von Unternehmensverantwortung verwendeten Begriffe soll zunächst diese Begriffsvielfalt verdeutlichen, vor allem aber die Recherchen zu diesem facettenreichen Thema anregen und unterstützen. Neben den gebräuchlichen Begriffen Corporate Citizenship (CC) und Corporate Social Responsibility (CSR) finden sich Arbeiten zum Thema Unternehmensverantwortung auch unter den Begriffen Corporate Political Responsibility bzw. Political CSR, Sustainability/Nachhaltigkeit, ferner Corporate Social Responsiveness, Corporate Social Performance, neuerdings Creating Shared Values (CSV), good Corporate Governance, Social Issue Management, Social Entrepreneurship/ Sozialunternehmertum, sowie Strategic Philanthropy, Venture Philanthropie, Social Lobbying, Private-Public-Partnership/Private-Civil-Partnership, Corporate Giving (Spenden), Sozial-/Umwelt-/Bildungs-Sponsoring, Social Marketing/Cause-Related Marketing, Corporate Volunteering/Mitarbeiterengagement, Stakeholder-Relations/ Stakeholder-Management und Corporate Foundations/Unternehmensstiftungen.

2 Einen Überblick über bestehende Theorieangebote zur Unternehmensverantwortung in der internationalen Diskussion geben z. B. Garriga und Melé (2004).

Diese hat besondere Bedeutung, da „Unternehmensverantwortung" kein wissenschaftlicher Begriff ist, das Begriffsverständnis für die empirische Forschung aber von zentraler Bedeutung ist. Die in der Diskussion prominenten Merkmale von CC wie Freiwilligkeit, strategisches Organisationshandeln, gesellschaftliche Problemlösung und „Win-win" werden beschrieben. Im dritten Kapitel werden dann die beiden grundlegenden Kategorien von Unternehmensverantwortung diskutiert: Das Konzept der „gesellschaftlichen Problemlösung" beziehungsweise einer (guten) gesellschaftlichen Rolle von Unternehmen und Unternehmensengagement als Organisationshandeln. Für diese beiden Aspekte werden jeweils die Herausforderungen für künftige Forschung aufgezeigt sowie die in bisherigen Studien gewählte Vorgehensweise dargestellt. Das vierte Kapitel fasst die unterschiedlichen Dimensionen, die bei der Erforschung von Unternehmensverantwortung zu berücksichtigen sind, in einer Übersicht zusammen und endet mit Hinweisen zum weiteren Forschungsbedarf.

9.2 Überblick zur empirischen Forschung über Unternehmensverantwortung

9.2.1 Entwicklung von Forschungsfragen und Methoden

In den späten 1970er Jahren wurde das Thema Unternehmensverantwortung insbesondere hinsichtlich der Rolle von Wirtschaftseliten für gesellschaftliche Entwicklungen thematisiert.[3] Im Fokus stand aus kritischer Perspektive die Einschätzung ihrer demokratieförderlichen Rolle. Methodisch wurde in der Regel mit Interviews gearbeitet. Seit den 1980er Jahren rückte die Sozialberichterstattung von Unternehmen sowie Untersuchungen zur Sozialperformanz in den Blick (z. B. als Überblick Heymann und Seiwert 1985). Damit gewann die *organisationale* Perspektive von Unternehmenshandeln an Bedeutung, die v. a. mit Hilfe von Unternehmenspublikationen untersucht wurde.

Unter den Begriffen CSR bzw. CC, die aus den USA, England und den Niederlanden in Deutschland übernommen wurden, entstanden zum Jahrtausendwechsel erste (kleinere), v. a. explorative Forschungsarbeiten (siehe zum Überblick Backhaus-Maul 2009) und Auftragsforschungen (insb. von forsa im Auftrag der Initiative

---

[3] Siehe Details und Literaturangaben zum Folgenden in Polterauer (2008).

Neue Soziale Marktwirtschaft 2005; Bertelsmann Stiftung 2005).[4] Hier dienten v. a. standardisierte Befragungen von Beschäftigten oder Unternehmenseigentümer/innen als Datenquellen.

Deutlich intensiver und oftmals im Rahmen von Qualifikationsarbeiten wird das Thema seit etwa 2006 bearbeitet (vgl. Kap. 9.2.2). Institutionalisierte CSR-Forschung gibt es allerdings kaum.[5] Auffällig ist weiterhin, dass Erkenntnisgewinne durch Forschungsaktivitäten an den Disziplinrändern oder in disziplinübergreifenden Forschungsrichtungen entstanden sind, insbesondere in der Nachhaltigkeits- und Umweltforschung und der multidisziplinären Nonprofit- bzw. Zivilgesellschaftsforschung. Traditionell mit dem Thema befasst sich die Unternehmens- und Wirtschaftsethik (z. B. die Beiträge in Backhaus-Maul et. al. 2010; empirisch Brinkmann 2004); aber auch in der Wirtschaftspsychologie (Wehner und Gentile 2012) und der Sozialgeographie wird das Thema untersucht.

Methodisch werden einerseits quantitative Erhebungen gewählt (zur Übersicht Polterauer 2010a; Hüther et. al. 2012, S. 235-237), meist standardisierte Befragungen. Sie beschränken sich in der Regel auf die deskriptive Auswertung der Daten. Hypothesentestende Analysen lassen sich nur im Einzelnen finden; Bi- oder multivariate Analyseverfahren kommen kaum zum Einsatz (Ausnahmen: Fabisch 2004; Maaß 2009). Bei den qualitativen Untersuchungen dominieren Einzel- oder vergleichende Fallstudien (Sack et al. 2003; Brinkmann 2004; Heuberger et al. 2004; Imbusch und Rucht 2009; Gollnick 2013). Hier wird als Datenquelle vor allem auf face-to-face Interviews zurückgegriffen und in nicht-reaktiven Erhebungsverfahren auf Berichte oder Zeitungsartikel; die Fallauswahl wird in der Regel mit dem Merkmal der „Best-Practice" Beispiele begründet.

9.2.2 Thematische Zugänge und Fragestellungen

Die thematischen Zugänge lassen sich zunächst danach unterscheiden, ob Merkmale von Unternehmen oder „Gesellschaft" im weitesten Sinne als Referenzpunkte gewählt werden. Aus der Unternehmensperspektive dominieren Untersuchungen anhand

---

4   Teilweise wurden Arbeiten im Zusammenhang mit der Enquete Kommission „Zur Zukunft des bürgerschaftlichen Engagements" (eingesetzt durch den 14. Bundestag), die 2000-2002 arbeitete, besonders intensiv rezipiert.

5   Beispiele für Ausnahmen siehe Polterauer 2008. Des Weiteren forschen auch wirtschaftswissenschaftliche, insbesondere wirtschaftsethische Institute und Fakultäten, wie beispielsweise an den Universitäten Erfurt, Halle-Wittenberg, Koblenz, Lüneburg oder im schweizerischen St. Gallen zum Thema. Siehe auch die Beiträge in Maurer und Schimank (2008).

von Branchen (Bekleidung, Einzelhandel, Handwerk, Banken, Chemie, Elektrizitätsversorgung) sowie Unternehmensformen und -größen (Familienunternehmen, kleine und mittelständische Unternehmen, Großunternehmen, multinational- oder global agierende Konzerne, (Kredit-) Genossenschaften sowie Unternehmensnetzwerke). Problembezogen stehen Unternehmensfunktionen (Management, Kommunikation, Personal) und der damit in Verbindung stehende Business Case im Vordergrund. Aus Gesellschaftsperspektive wird das Engagement einerseits ausgehend von Engagementbereichen betrachtet, zum Beispiel Sport, Hochschulbildung, soziale Dienstleistungen; oder es wird anhand konkreter Problemstellungen untersucht, wie zum Beispiel im internationalen Kontext HIV/AIDS. Andererseits dienen auch Stakeholder-Gruppen als Ausgangspunkt von Forschungsarbeiten, zum Beispiel Arbeitnehmer/innen, Verbraucher/innen, auch allgemein Stakeholder. Auch Fragen der politischen Steuerung werden thematisiert (z. B. Wolf und Schwindenhammer 2011), u. a. auch in Konfliktregionen und speziell in Räumen „begrenzter Staatlichkeit" (Sonderforschungsbereich 700). Zudem werden lokale und regionale Unternehmenscluster als Feldzugang gewählt.

Als Forschungsfrage dominiert bei empirischen Erhebungen die Deskription gesellschaftlichen Engagements. Die Fragestellung lautet: Welche Unternehmen engagieren sich, mit welchen Maßnahmen und in welchem Umfang, in welchen Bereichen? Die Differenzierungen hinsichtlich Branchen sowie Unternehmensarten und -größen bieten hierfür weitreichende Untersuchungsmöglichkeiten. Die Frage nach den Gründen für die Verantwortungsübernahme wird analytisch bearbeitet.[6] Stefanie Hiß (2006) leitet die Begründung für die Verantwortungsübernahme ausgehend vom soziologischen Neo-Institutionalismus mit handlungstheoretischen Erweiterungen her und zeichnet ihre Argumentation anhand von Fallbeispielen nach. Gabriele Gollnick (2013) rekonstruiert auf Basis von Fallstudien das Motiv für die Verantwortungsübernahme als Reziprozitätsarrangement. Janina Curbach (2009) stellt CSR als soziale Bewegung dar, deren Genese sie skizziert und damit unternehmerische Verantwortungsübernahme als sozialen Prozess beschreibt. Weitere Forschungsfragen sind Erwartungen oder Einschätzungen Engagierter über die heutige und zukünftige Rolle von Unternehmen in der Gesellschaft (z. B. Rieth und Göbel 2005, Heuberger 2009). Annette von Alemann (2015) arbeitet Deutungsmuster von gesellschaftlicher Verantwortung bei Führungskräften heraus. Die Frage nach betriebswirtschaftlichen Effekten von Unternehmensverantwortung wird in Einzelfällen aus Sicht des Gesamtunternehmens (zum Beispiel

---

6   Auch in einigen deskriptiv angelegten Studien wird die Motiv- bzw. Zielfrage gestellt. Hier ist allerdings aus methodischen Gründen nur eine zurückhaltende Interpretation der Ergebnisse möglich.

anhand des Aktienkurs Falck und Heblich 2006) untersucht, meist aber auch aus der Perspektive einzelner Unternehmensfunktionen (Public Relations, Marketing oder Personalarbeit; z. B. Hoffmann und Maaß 2008).

Als Analyseeinheiten werden verschiedene Ebenen betrachtet. Erstens die Individualebene, auf der Individuen in ihrer Funktion als Organisationsmitglied betrachtet werden (zum Beispiel Deutungsmuster von Beschäftigten oder Eigentümer/innen). Zweitens werden Organisationen – mithin Organisationskommunikation (z. B. Paar 2004; Goldt 2011) – als Analyse-Einheiten ausgewählt (zum Beispiel in Form von Ressourcentransfers oder der Umsetzung von Engagement im Unternehmen) sowie Interaktionen zwischen Organisationen (zum Beispiel Kooperationen mit Nonprofit-Organisationen). Auch die „Systemebene" kann die Analyseeinheit in der CC/CSR-Forschung bilden, wenn Engagement- oder Problembereiche untersucht werden oder Unternehmensengagement als Hinweis auf eine veränderte Beziehung zwischen Wirtschaft und Gesellschaft untersucht wird.

Diese Zusammenfassung legt einen umfangreichen Forschungsstand zum Thema CSR und CC nahe. Allerdings erschweren die unterschiedlichen Konzeptionierungen und Begriffsdefinitionen eine Vergleichbarkeit der Ergebnisse. Im Mittelpunkt des folgenden Abschnitts steht der Stand der Begriffsbildung.

9.3 Begriffsbildung „gesellschaftliche Unternehmensverantwortung"

In der Unternehmenspraxis werden die Begriffe Unternehmensverantwortung, Corporate Social Responsibility (CSR), Corporate Citizenship (CC) oder Sustainability/Nachhaltigkeit, scheinbar relativ beliebig verwendet. Sie dienen als Symbol für die Anstrengungen der Unternehmen, ihren Beitrag zur gesellschaftlichen Wohlfahrt zu leisten. Während damit PR-Agenturen ihren ‚Job' erledigen, „erfüllen Wissenschaftler gerade ihren Job nicht, der zuallererst in sauberer Begriffsarbeit und der Klärung der präzisen Bedeutung neuer Ausdrücke besteht" (Ulrich 2010, S. 138). Zwar liegt die Begründung für die unterschiedlichen Inhalte der verwendeten Begriffe auf der Hand: In der Praxis verwendete, zudem noch aus dem englischsprachigen Kontext übernommene Begriffe, funktionieren nicht nach den Merkmalen wissenschaftlicher Begriffsbildung. Sich aber die Gründe für die begriffliche Unschärfe auch im wissenschaftlichen Kontext zu vergegenwärtigen soll helfen, die Anforderungen an die eigene Begriffsarbeit zu reflektieren. Deswegen werden im Folgenden zunächst Ursachen für diese begriffliche Unschärfe herausgearbeitet.

9.3.1 Ursachen für die wissenschaftlich unzureichende Begriffsbildung

9.3.1.1 Dominanz von Auftragsforschung

Die ersten repräsentativen empirischen Untersuchungen wurden im Auftrag oder direkt von gesellschaftspolitischen Akteuren durchgeführt (forsa 2005; Bertelsmann Stiftung 2005). Im Vordergrund stand hierbei nicht so sehr das wissenschaftliche Erkenntnisinteresse, als vielmehr die Verfolgung gesellschaftspolitischer Interessen. CC und CSR wurden meist synonym verwendet, zunächst übersetzt als *soziale* Verantwortung bzw. Engagement von Unternehmen, dann als *gesellschaftliche* Verantwortung und *bürgerschaftliches* oder auch *zivilgesellschaftliches* Unternehmensengagement. Subsummiert wurden darunter sowohl verschiedene Ressourcentransfers von Unternehmen zu begünstigten Akteuren, in Form von Geld- und Sachmitteln, als auch das Engagement von Beschäftigten, entweder im Rahmen von Unternehmensengagement (Corporate Volunteering) oder als Freistellung für privates Engagement. Ein konzeptioneller Bezug zum Begriff „Verantwortung" oder „zivilgesellschaftliches Engagement" bzw. „Citizenship" wurde dabei kaum hergestellt. Diese Akzentuierung des Themas in der Forschung durch politische Akteure zeigt ihre Wirkung bis heute. Dieses spiegelt sich u. a. darin wider, dass selbst in Untersuchungen mit explizit wissenschaftlichem Anspruch oft die ursprünglich von PR-Berater/innen und der EU-Kommission eingeführten Definitionen Anwendung finden (für CC-Definition: Westebbe und Logan 1995; für CSR-Definition: Europäische Kommission 2001, 2011).

9.3.1.2 Vielfache Disziplinbezüge

Eine wissenschaftliche Begriffsdefinition wird zudem dadurch erschwert, dass Unternehmensverantwortung abhängig von der jeweiligen Forschungsdisziplin an bestehende Konzepte anschlussfähig gemacht wird. Dabei werden oftmals Teilaspekte überbetont oder isoliert betrachtet. Beispielsweise wird das betriebswirtschaftlich diskutierte Thema des unternehmerischen „Nutzens" in aller Regel nicht in Zusammenhang mit den gesellschaftlichen Folgen diskutiert. Diese Annahme einer kausalen Unabhängigkeit von gesellschaftlichem und unternehmerischem Mehrwert ist zumindest stark diskussionsbedürftig).

9.3.1.3 Inhärente Normativität der Begriffe

Erschwert hat die Begriffsbildung zudem die Normativität der zentralen Begriffe „zivilgesellschaftliches/bürgerschaftliches Engagement" bzw. der „gesellschaftlichen/gesellschaftspolitischen Verantwortung": Hinter jedem einzelnen Begriff dieser

Termini verstecken sich unterschiedliche gesellschaftspolitische Annahmen bzw. unterschiedliche Akzentuierungen hinsichtlich der vermuteten Wirkung und des Kontextes (Alscher et al. 2009; Klein 2001). Diese normativen Grundlagen spiegeln sich eindrücklich in den unterschiedlichen Ansätzen zu CC in der Wirtschafts- und Unternehmensethik wider (z. B. die verschiedenen Beiträge in Backhaus-Maul et. al. 2010). Zwar existieren für die Begriffsfamilie Zivil-/Bürgergesellschaft Ansätze einer wissenschaftlichen Konzipierung (z. B. Klein 2001; Gosewinkel 2003). In der Forschungspraxis zur Unternehmensverantwortung beziehen sich aber viele Untersuchungen auf eine Gesellschaftsbeschreibung, dessen oftmals erheblicher normativer Unterbau nicht expliziert wird.[7]

9.3.1.4 Komplexität des Konzepts

Ein bedeutsamer Grund für die Schwierigkeiten bei Definitions- und Abgrenzungsversuchen liegt im Thema selbst begründet. Die wichtigsten Aspekte werden zuerst am Beispiel CC benannt und dann in den folgenden Kapiteln detaillierter ausgeführt.

CC beinhaltet unterschiedliche Ebenen. (1) Der Begriff steht für einen Zustand bzw. einen Status oder eine Rolle (Citizenship, Verantwortung). Das Unternehmen wird als Bürger verstanden, man spricht vom Bürgerstatus eines Unternehmens. (2) Der Begriff wird aber auch genutzt, um das Handeln von Organisationen zu beschreiben (verantwortliches Handeln, zivilgesellschaftliches Engagement). (3) Zwischen dem Status bzw. der Rolle und dem Handeln besteht ein Ursache-Wirkungs-Verhältnis, das oft ebenfalls mit dem Begriff CC gemeint wird. Erstens im Sinne von Wirkungs-Erwartungen: Unternehmen engagieren sich gesellschaftlich, *um* als Unternehmensbürger angesehen zu werden. Zweitens besteht der Wirkungszusammenhang aber auch für die deskriptive Verwendung des Begriffs (Matten und Crane 2005): *Weil* Unternehmen bereits eine neue gesellschaftliche Rolle eingenommen haben, handeln sie „gesellschaftlich verantwortlich". Dieser Ursache-Wirkungs-Zusammenhang ist zentral bei den Begriffsverwendungen, die CC als „positive" Rolle im normativen Sinne verstehen. Das spiegelt sich in der häufigen Verwendung des Begriffs „guter" Unternehmensbürger wider oder auch in der Verwendung von „Win-win"-Annahmen. Diese positive Konnotation basiert auf unterschiedlichen sozialen Konstruktionsprozessen (Selbst- und Fremdbeschreibungen). Diese Prozesse müssen für die empirische Forschung rekonstruiert werden (vgl. Kap. 9.3.2 und 9.4).

Unternehmensverantwortung/-engagement beinhaltet eine Vielzahl komplexer Variablen: zivilgesellschaftliches Engagement, Verantwortung, gesellschaftliche Problemlösung, Unternehmenshandeln. Diese Variablen sind in sachliche, soziale,

---

7 Vgl. dazu z. B. Lösch (2007).

räumliche und zeitliche Zusammenhänge eingebettet. Folgendes Beispiel kann dieses verdeutlichen: Wer die Unternehmensverantwortung eines sehr großen, international agierenden, börsennotierten Unternehmens aus der forschenden pharmazeutischen Industrie in Ländern mit begrenzter Staatlichkeit im Bereich HIV-Gesundheitsfürsorge anhand von Interviews mit Abteilungsleiter/innen untersucht, hat es mit grundsätzlich anderen Ausprägungen des Phänomens zu tun als Forschende, die das lokale Engagement gegen politischen Extremismus eines in Deutschland tätigen kleinen oder mittelständischen Dienstleistungsunternehmens im Familienbesitz anhand von Interviews mit Beschäftigten und lokalen Aktivisten erforschen.

Aus den genannten Gründen verwundern die Schwierigkeiten bei der Abgrenzung und Definition der Begriffe CSR und CC bzw. ihrer deutschen Übersetzung als gesellschaftliche Verantwortung und zivilgesellschaftliches Unternehmensengagement nicht. Gleichwohl gilt es dem wissenschaftlichen Anspruch an Begriffsreflexion Rechnung zu tragen. Mindestens innerhalb einer Forschungsarbeit, die sich auf jeweils spezielle sachliche, soziale, räumliche und zeitliche Zusammenhänge bezieht, kann eine konsistente Begriffsverwendung entwickelt werden. Vor diesem Hintergrund werden die v. a. in der deutschen Diskussion charakteristischen Merkmale von CC und CSR eingehender betrachtet.

9.3.2 Wesentliche Merkmale von Unternehmensverantwortung als Ansatzpunkte für Definitions- und Abgrenzungsversuche

9.3.2.1 (Strategisches) Organisationshandeln

Allen Ansätzen zu CC und CSR ist gemein, dass sie das Handeln bzw. die Verantwortung einer wirtschaftlichen Organisation zum Thema machen (Polterauer 2005, S. 99ff.; Habisch 2010, S. 163; Hüther et. al. 2012, S. 221ff.; kritisch Ortmann 2010). Auch wenn die Frage umstritten ist, ob Unternehmen handeln können, legt der Begriff fest, dass eine Organisation verantwortlich oder engagiert ist.

Organisationen, und gerade auch Unternehmen, werden in der Öffentlichkeit als Akteur sui generis wahrgenommen („Deutsche Bank", „Greenpeace") und stellen sich auch als solche dar, zum Beispiel um als „Marke" Marktvorteile zu erlangen. In diesem Sinne werden Organisationen als soziale Akteure konstruiert, die sich aber von individuellen Akteuren unterscheiden. Aufgrund einiger Merkmale, wie zum Beispiel Zielspezifität, Binnentransparenz und Spezialwissen, erscheinen sie eher als „perfekte Akteure", die nach dem Modell rationalen Handelns agieren (Geser 1990; Wiesenthal 1990). Allerdings ist das (rationale) Handeln einer Organisation nicht auf das Handeln eines oder einzelner Organisationsmitglieder, etwa der Unternehmensführung, zu reduzieren. Annäherungsweise besteht die Vorstellung, Organisationshandlungen seien „zielgerichtete oder zumindest koordinierte Aktivitäten von Organisationseinheiten" (Fuchs-Heinritz et. al. 2007, S. 474). Diejenigen Definitionen von CC, die das Engagement als „Strategie" verstehen, spiegeln diese Vorstellung wider: Das Unternehmensengagement würde sich an einem für die Gesamtorganisation gültigen Ziel orientieren.

9.3.2.2 Gesellschaftliche Wohlfahrtssteigerung beziehungsweise Problemlösung

Ebenfalls alle Ansätze teilen die Ansicht, dass mit der Verantwortungsübernahme von Unternehmen positive gesellschaftliche Effekte oder anders formuliert eine gesellschaftliche Wohlfahrtssteigerung verbunden sind. Die Diskussion um CSR stellt in der Regel auf die Verantwortungsübernahme für negative gesellschaftliche Folgen unternehmerischen Handelns ab. Die aktuelle Definition der Europäischen Kommission (2011), auf die sich viele Forschende beziehen, heißt: „Verantwortung von Unternehmen *für ihre Auswirkungen* auf die Gesellschaft" (Europäische Kommission 2011, S. 6). Ludger Heidbrink (2012) unterscheidet beispielsweise Handlungs-, Ordnungs- und Systemverantwortung. Die Handlungsverantwortung, die als CSR verstehbar ist, meint die Internalisierung der durch das Unternehmenshandeln entstehenden externen (gesellschaftlichen) Kosten. Mit Bezug zum Verursacherprinzip besteht somit die Verantwortung von Unternehmen darin, diese Kosten nicht zu solidarisieren, sondern zu privatisieren. Bereits angefallene Kosten durch Unternehmenshandeln müssen ausgeglichen, zukünftige vermieden oder weiterhin bezahlt werden. Die Besserstellung für die Gesellschaft besteht im Kosten-Ausgleich. Auch die Instrumente in der Unternehmenspolitik, die in der CSR-Forschung betrachtet werden, weisen auf dieses Verständnis von CSR hin. Konkret geht es dabei oftmals um die Einhaltung von Standards, beispielsweise die Arbeitsrechtsnormen in der Wertschöpfungskette (Hiß 2006).

Eine andere Konnotation gesellschaftlicher Problemlösungsprozesse wird in Beiträgen in der CC-Diskussion gesetzt. André Habisch (2003) definiert zum Beispiel: „Als unternehmerisches Bürgerengagement (CC) bezeichnet man Aktivitäten, mit deren Hilfe Unternehmen selbst in ihr gesellschaftliches Umfeld investieren und ordnungspolitische Mitverantwortung übernehmen" (S. 58). Holger Backhaus-Maul und Kolleg/innen zeichnen nach, wie Unternehmen „die Mitverantwortung für die Reproduktion [der eigenen] soziokulturellen Grundlagen wirtschaftlich erfolgreichen Handelns" übernehmen (2010, S. 20). Auch Ingo Pies, Markus Beckmann und Stefan Hielscher (2012) betonen die Ordnungsverantwortung als Orientierungspunkt für CC.

9.3.2.3 Verantwortungs- bzw. Handlungsbereiche

Direkt in Zusammenhang mit der Frage nach der Art des gesellschaftlichen Problemlösungsbeitrags steht die Definition der Verantwortungsbereiche (Dubielzig und Schaltegger 2005a, 2005b). Einige Autor/innen verstehen das unternehmerische Kerngeschäft als CSR-typischen Handlungsbereich und die gesellschaftlichen Rahmenbedingungen unternehmerischen Handelns als CC-typischen Handlungsbereich. CC findet demnach in Bereichen statt, die über die eigentliche Geschäftstätigkeit hinausgehen (Hiß 2006, S. 36-93; Backhaus-Maul und Braun 2007). Diese Abgrenzung erscheint nicht trennscharf, weil Unternehmen in vielfacher Weise gesellschaftliche Rahmenbedingungen mitgestalten, auch durch ihr unternehmerisches Kerngeschäft. „Unternehmen üben als Orte der Arbeitsgestaltung, der Kommunikation und der Produktentwicklung wesentlichen Einfluss auf Märkte und Gesellschaft aus. Über die Produktgestaltung beeinflussen sie Konsummuster, über den Einkauf Lieferketten, über die Gestaltung der Arbeitsplätze das Arbeitsleben und über ihre politische Einflussnahme Entwicklungspfade der staatlichen und supranationalen Politik. Kurz: Unternehmen beeinflussen die Nachhaltigkeit wirtschaftlicher und gesellschaftlicher Entwicklung. Darüber dürfte Konsens bestehen" (Schaltegger 2015, S. 199). Dementsprechend verweisen auch Holger Backhaus-Maul und Sebastian Braun (2007) auf Grauzonen zwischen CC und CSR, beispielsweise die Vereinbarkeit von Familie und Beruf. Explizit kritisch sieht Uwe Schneidewind (2010) die Abgrenzung von CSR und CC anhand des Merkmals Kerngeschäft und expliziert dies anhand seines Konzepts vom Unternehmen als strukturpolitischen Akteur. Auch das Autorenteam um Ingo Pies (2012) und Ludger Heidbrink (2012) zweifeln an der Demarkationslinie entlang des Merkmals Kerngeschäft.

9.3.2.4 Verpflichtungsgrad bzw. Freiwilligkeit

Übereinstimmend wird für die beiden Konzepte CC und CSR Freiwilligkeit als Merkmal genannt (Hiß 2009)[8]. Die genaue Bedeutung von Freiwilligkeit ist allerdings erklärungsbedürftig. Freiwilligkeit kann auf der einen Seite des Spektrums bedeuten, dass Unternehmen auch dann gesetzeskonform handeln, wenn sie nicht kontrollierbar sind (Beckert 2006). Neben der Legalität kann auch die Legitimität als Maßstab gelten (vgl. dazu Archie B. Carolls Stufen- bzw. Pyramidenmodell von CSR, 1991). Freiwilligkeit kann – auf der anderen Seite des Spektrums – aber

---

8 Stefanie Hiß rekonstruiert, wie sich historisch freiwillige Verantwortungsübernahmen institutionalisiert haben. Als Merkmal der aktuellen Situation sieht sie CSR als „explizite freiwillige Angelegenheit". Kritisch beschreibt sie „eine Infrastruktur der Freiwilligkeit", die nicht mehr in ein institutionelles Setting eingewoben ist (2009, S. 295; zudem auch die Systematisierung von Jens Beckert (2006)).

auch bedeuten, dass die verschiedensten Aspekte der Verantwortungsübernahme frei gewählt sind: gesellschaftliche Probleme bzw. Handlungsbereiche, -formen, Zeiträume, Orte. „Es geht […] um paternalistische und philanthropische Motive als *strategisch ausgewählte Selbstverpflichtungen* im Sinne einer selbst bestimmten *Optionswahl*, mit der jeweils konkrete Nutzendispositionen verbunden werden" (Szyska, 2011, S. 132; Hervorhebung im Original). Besonders beim zivilgesellschaftlichen Engagement wird der frei wählbaren Freiwilligkeit sinnstiftende Funktion und damit hohe Bedeutsamkeit zugeschrieben.

Da in den Nationalstaaten jeweils verschiedene Vorgaben zur Legalität und Legitimität gelten, etwa in den Bereiche Gesundheit und soziale Absicherung von Beschäftigten sowie Arbeitssicherheit und Umweltschutz, ist Unternehmensverantwortung nur bedingt über nationalstaatliche Grenzen hinweg vergleichbar: Was in einem Land eine freiwillige Verantwortungsübernahme ist, kann im anderen Land gesetzlich vorgeschrieben sein. Auch aus historischer Perspektive ist zu berücksichtigen, dass sich im Rahmen von Institutionalisierungs- und Deinstitutionalisierungsprozessen der Verpflichtungsgrad von Normen ändern kann (Hiß 2009).

9.3.2.5 „Win-win": Gesellschaftliche *und* unternehmerische Besserstellung?

Ein weiteres Charakteristikum von Unternehmensverantwortung wird mit dem Begriff „Win-win" beschrieben. Es geht um die *beidseitige* Besserstellung von Gesellschaft und Unternehmen. Diese Besserstellungen („win") werden mit den Begriffen „Business Case" für unternehmerischen Mehrwert und „Social Case" für gesellschaftlichen Mehrwert beschrieben.

9.3.2.5.1 Business und Social Case

Als *Business Case* werden üblicherweise positive Effekte für das Unternehmen beispielsweise im Personalmanagement, Marketing und in der Öffentlichkeitsarbeit genannt. Auf Basis einer Literaturanalyse von Studien, die sich mit dem „Business Case" von Unternehmensverantwortung beschäftigten, arbeiten Elisabeth Kurucz, Barry A. Colbert und David Wheeler (2008, S. 92) vier Business Cases heraus. Diese ermöglichen jeweils verschiedene Wertschöpfungsprozesse und sind in der Praxis in unterschiedlichen Kombinationen auffindbar: 1. Kosten- und Risikoreduktion, 2. Profitmaximierung und Wettbewerbsvorteil, 3. Reputation und Legitimation sowie 4. Synergetische Wertschöpfung.

9 Unternehmensverantwortung in Deutschland

Der *Social Case*[9] meint die im Kapitel 2.2.2 diskutierte gesellschaftliche Wohlfahrtssteigerung. Dies kann die beschriebene Internalisierung der gesellschaftlichen Kosten wirtschaftlichen Handelns sein. Beispielsweise entwickeln die unternehmens- und wirtschaftsethischen Ansätze Überlegungen, wie wirtschaftliches Handeln an ethische Normen gebunden werden kann, so dass das wirtschaftliche Handeln mit menschlichen Bedürfnissen in Einklang gebracht wird. Darüber hinaus werden gesellschaftliche Integrationsformen im Sinne von Sozialkapitalbildung (Hiß 2006) oder abstrakter in der Lockwood'schen Unterscheidung zwischen Sozial- und Systemintegration (Polterauer 2005) genannt. Auch die verbesserte Selbststeuerung durch die Etablierung von Selbstverpflichtungen (Müller-Debus 2010) sowie Formen sozialen Wandels als soziale Innovationen (Sack et al. 2003) beschreiben einen Social Case. Als ein weiterer Aspekt gesellschaftlicher Besserstellung lassen sich die Möglichkeiten des sozialen Lernens durch Corporate Volunteering verstehen (Korfmacher und Mutz 2003).[10]

Aus Sicht der empirischen Sozialforschung ist allerdings zu berücksichtigen, dass der Begriff „Business Case" aus der Managementliteratur stammt. Business Cases dienen als Grundlagen für Investitionsentscheidungen. Es handelt sich also nicht um ein (wissenschaftliches) Analyseinstrument, das reale Entwicklungen abbildet, sondern diese aufgrund von Plausibilitätsüberlegungen *annimmt*. Es eignet sich damit kaum für die Erforschung sich verändernder sozialer Tatsachen. Zudem ist bei der Analyse von Handlungsfolgen stets zu beachten, dass diese zu einem erheblichen Anteil durch *nicht-intendierte* Nebenfolgen sozialen Handelns geprägt sind (Dietz 2004; Schimank 2006).

9.3.2.5.2 Zur Sprachfigur „Win-win" und deren explizite und implizite Verwendung

Der Terminus „Win-win" findet sich in der Diskussion um Unternehmensverantwortung mit zwei Bedeutungen wieder. Erstens wird der „Win-win"-Aspekt *explizit* bei Diskussionen um CC als Wesensmerkmal diskutiert (Habisch 2003; Nährlich 2010; Brinkmann und Pies 2005). Hier wird in Anlehnung an die Diskussion um individuelles Engagement betont, dass der Eigennutz oder das wohlverstandene

---

9   Vgl. die Zusammenfassung in der internationalen Debatte beispielsweise Garriga und Melé (2004), die „politische", „sozialintegrative" und „ethische" Theorien beschreiben.

10 Susanne Lang (Embacher und Lang 2008) plädiert für die explizite Berücksichtigung einer weiteren Ebene: den *Civic Case*, der den speziellen zivilgesellschaftlichen Mehrwert von Unternehmensengagement betrachtet (z. B. Förderung von Partizipation, Inklusion, Öffentlichkeit). Angesichts der, insbesondere in der internationalen Diskussion, geführten Möglichkeiten politischer Steuerung durch CSR ließe sich möglicherweise auch noch ein „political case" unterscheiden – weitere Differenzierungen nicht ausgeschlossen.

Eigeninteresse von Unternehmen gerechtfertigt ist. Darüber hinaus würde ein von Eigeninteresse geleitetes Handeln Kontrollkosten sparen und die Involviertheit des Unternehmens sicherstellen. In diesem Zusammenhang wird zum Beispiel überlegt, wie Anreizstrukturen ausgestaltet sein müssen, damit „Win-win" realisierbar ist (Pies et al. 2012). Oder „Win-win" wird als Abgrenzungsmerkmal von CC im Vergleich zu Philanthropie und Sponsoring eingeführt (Nährlich 2010). Uwe Schneidewind beschreibt dieses in Anlehnung an Umwelt-Management-Überlegungen (2010). In der Managementforschung wird aktuell diskutiert, wie mit den Spannungen umgegangen werden kann, die sich aus den unterschiedlichen Logiken von ökonomischen und gesellschaftlichen Ansprüchen ergeben und mithin ein „Win-win"-Situation erreicht werden kann (Gandenberger 2009; auch Thummes 2013; international: Byl und Slawinski 2015).

Zweitens ist der „Win-win"-Gedanke *implizit* vorhanden aufgrund der Kombination der Merkmale Freiwilligkeit von (strategischem) Unternehmenshandeln und dem Ziel der gesellschaftlichen Besserstellung. Ausgangspunkt ist die differenzierungslogische Annahme, dass das Ziel wirtschaftlicher Organisationen im ökonomischen Erfolg liegt, der sich an der Profitabilität messen lässt. Dann muss ein Unternehmenshandeln, das auf gesellschaftliche Besserstellung zielt, in irgendeiner Weise für das Unternehmen von Nutzen sein. Andernfalls gäbe es für dieses keinen Grund, sich *als Organisation* zu engagieren.

Allerdings bleiben verschiedene Aspekte unklar. Erstens wird meist nicht deutlich, ob es sich bei „Win-win" um eine Argumentationsfigur handelt, die die konzeptionelle Verbindung von Interessen oder Handlungsorientierungen beschreibt, oder ob „Win-win" ein empirisch nachweisbarer Effekt sein muss, um als Charakteristikum für CC oder CSR zu gelten. Zweitens bleiben die offen Fragen zur Bewertung eines „Win"-Zustandes mit der Verabsolutierung der „Win-win"-Metapher unterbelichtet. Diese sind: Was, wie und wann wird bewertet? Wer bewertet? Wie wird das Niveau der gesellschaftlichen und unternehmerischen Besserstellung verglichen?

Einige Autor/innen argumentieren darüber hinaus, dieses, auf klugheitsethischen („Win-win") Motiven basierende Verständnis von Unternehmensverantwortung greife zu kurz, weil Unternehmen dem Status eines *politischen* Akteurs mit einer „Win-win" Handlungsmaxime nicht gerecht werden (Heidbrink 2012; Ulrich 2010). Das gilt konzeptionell, weil solch ein Verständnis nicht den veränderten gesellschaftlichen Herausforderungen und Rahmenbedingungen entspricht. Es trägt aber auch nicht der tatsächlichen Entwicklung Rechnung, dass Unternehmen de facto *jenseits* der Märkte agieren, indem sie beispielsweise Bürgerrechte administrieren. Das tun sie einerseits, wenn sie Menschen mit einem bestimmten ethnischen Hintergrund oder einer bestimmten sexuellen Orientierung nicht beschäftigen; oder als Gegenbeispiel andererseits, wenn sie mit Menschen ohne

Aufenthaltsstatus einen Arbeitsvertrag schließen und ihnen damit erst den legalen Aufenthalt im jeweiligen Land ermöglichen (Crane et al. 2008).

Das Merkmal „Win-win" als *Charakteristikum* von Unternehmensverantwortung oder Abgrenzung von CC und CSR scheint aus wissenschaftlicher Perspektive lediglich als Metapher einsetzbar für die legitime Berücksichtigung unternehmerischer Interessen beim Unternehmensengagement. Die dargelegten Schwachstellen weisen auf zwei Grundprobleme hin: Erstens bestehen erhebliche Probleme bei der Explikation, weil unterschiedliche Kontexte in eine betriebswirtschaftliche Logik eingepasst werden. Dies wird der Komplexität der Themen nicht gerecht. Zweitens unterstellt die „Win-win"-Logik in allgemeiner Weise, dass das bestehende Gefüge von gesellschaftlichen und unternehmerischen Interessen im *Gleichgewicht* sei und sein solle. Diese Annahme scheint unpassend. Vielmehr müssen die unterschiedlichen Rahmen- und Ausgangsbedingungen berücksichtigt werden. Gleichwohl berühren die unterschiedlichen Komponenten, die unter „Win-win" subsummiert werden, zentrale Aspekte des Themas. Statt „Win-win" als Definitionsmerkmal zu konzipieren, sollten deswegen die einzelnen Aspekte getrennt voneinander als empirisch zu bestimmende Kategorie betrachtet werden (vgl. dazu Kap. 9.4).

9.3.2.6 Raum und Akteure

Zur Abgrenzung von CC und CSR werden zuweilen zwei weitere Merkmale angeführt, die vor allem auf empirischen Beobachtungen und weniger auf konzeptionellen Herleitungen basieren. Erstens die räumliche Dimension: Oftmals wird CC als Engagement im lokalen, regionalen Bereich verstanden, während es bei CSR um Aktivitäten im nationalen und internationalen Raum geht. Dieses wird oft mit der Bedeutung des lokalen Raums für das bürgerschaftliche Engagement begründet (empirisch Braun und Kukuk 2009; Mittelstädt et al. 2013, S. 20) und den globalen Handlungsfolgen unternehmerischer Tätigkeit v. a. in der Wertschöpfungskette. Zweitens wird ein Abgrenzungsversuch auch anhand von Akteur/innen gemacht. Typischerweise wird mit CC das Engagement kleiner, mittelständischer Unternehmen – oftmals auch Familienunternehmen – verbunden, während CSR als Konzept für global agierende, börsennotierte Großunternehmen betrachtet wird.

9.3.3 Zwischenfazit

Die Diskussion über die charakteristischen Merkmale von Unternehmensverantwortung macht deutlich, dass der Kontext von Unternehmensverantwortung bedeutsam ist. Eine allgemeingültige Definition von CC oder CSR scheint dadurch ebenso wenig sinnvoll zu sein, wie eine generelle Abgrenzung der Begriffe. Die

Diskussion zeigt auch, dass die Forschenden bei zahlreichen Aspekten inhaltliche Entscheidungen treffen müssen, die bisher aber theoretisch nicht durchdrungen sind. Umso wichtiger ist deswegen, eine nachvollziehbare Argumentation für forschungspraktische Entscheidungen zu treffen.

Thema des nächsten Kapitels sind die Herausforderungen für Unternehmensverantwortung in Form von CC als empirischem Untersuchungsgegenstand und die bestehenden Lösungswege; hier werden auch Untersuchungen zu misslingender Verantwortungsübernahme rezipiert (Kap. 9.4.2, 9.4.3). Zunächst wird anhand der diskutierten Aspekte das im vorliegenden Beitrag vertretene Verständnis von CC entwickelt (Kap. 9.4.1).

9.4 Herausforderungen und Lösungswege in der Corporate Citizenship-Forschung

9.4.1 Konzipierung von Corporate Citizenship als spezielle Variante von Unternehmensverantwortung in Deutschland

Die folgenden Überlegungen beziehen sich auf Forschungsarbeiten, die das zivilgesellschaftliche Engagement von Unternehmen thematisieren (hier CC). Zwar besteht zweifelsfrei neben dem Handlungs- auch Analysebedarf hinsichtlich der Themen, die in der Regel als CSR verstanden werden. Insbesondere zu Problemen der Umsetzung bestehender Normen, wie zum Beispiel der Verletzung der Rechte von Arbeitnehmer/innen, Umweltzerstörung und Korruption, besteht ein eklatanter Forschungsmangel. Der hier gewählte thematische Fokus auf CC als Engagement *jenseits* der freiwilligen Einhaltung von normierten Selbstverpflichtungen (i. d. R. in Form von Standards) ist dem Erkenntnisinteresse geschuldet, aktuelle Koordinationsmodelle gesellschaftlicher Problemlösung unter Einbezug von Unternehmen erfassen zu wollen. Somit steht nicht die Frage im Zentrum, wie Unternehmen sinnvoll politisch reguliert werden können, sondern wie gesellschaftliche Problemlösung unter Einbezug von freiwilligem Unternehmenshandeln erreicht werden kann. In diesem Sinn wird CC hier als *eine* Perspektive von Unternehmensverantwortung verstanden, dessen Leistungsfähigkeit in Deutschland, einem Land mit einem international vergleichsweise hohen Standard an Normierung, Wohlstand und Freiheit, erprobt wird. Diese Betrachtungsweise ist begriffsadäquat, denn das Konzept „Citizenship" ist (noch?) stark nationalstaatlich geprägt, so dass dieser Zugang mit nationalstaatlichem Ausgang auch für CC passend ist (vgl. allerdings zu Problemen durch die nationalstaatliche Fokussierung von Citizenship z. B. Mackert und Müller 2007).

Mit CC wird in diesem Sinne die Frage beantwortet, wie Unternehmen ihrer Verantwortung gerecht werden können, die ihnen als *gesellschaftspolitische* Akteure in Deutschland im Rahmen aktueller gesellschaftlicher Entwicklungen zukommt (zum Folgenden Kaufmann 1989). „Verantwortung" bezieht sich auf die Beschaffenheit derjenigen Aufgaben (verantwortungsvolle Aufgaben), deren Lösung typischerweise *nicht* im Voraus feststeht. Vielmehr haben solche Aufgaben ein charakteristisches Moment der Eigentätigkeit. Diese setzt einen Handlungsspielraum auf Seiten der Verantwortungsträger voraus, den sie durch spezifische Qualitäten der eigenen „Person", bzw. hier des jeweiligen Unternehmens, ausfüllen müssen. Es handelt sich somit auch um eine Zuschreibung von Verantwortung, die Vertrauen in die Fähigkeiten beinhaltet, eine hinsichtlich ihrer Lösung nicht näher bestimmte Aufgabe angemessen bzw. erfolgreich lösen zu können.

Mit diesem Verantwortungsverständnis lässt sich CC als Beschreibung des Handlungsspielraums von Unternehmen verstehen: Sie sollen als Organisation in der sozialen Rolle von „Bürger/innen" gesellschaftliche Verantwortung übernehmen. Die verantwortungsvolle Aufgabe besteht darin, mittels ihrer Kompetenzen und Ressourcen einen Lösungsbeitrag für gesellschaftliche Probleme zu schaffen. Der Kontext, in dem dieses geschieht, lässt sich für die Bundesrepublik Deutschland zusammenfassen als Situation, in der „angesichts der offensichtlichen Leistungsgrenzen und Probleme von marktwirtschaftlicher und staatlich-hierarchischer Gesellschaftssteuerung – [CC] als Suche nach Auswegen aus diesem Dilemma zu verstehen" ist (Backhaus-Maul et. al. 2010, S. 25). Hinsichtlich des Verpflichtungsgrads interessieren also vor allem Ansätze jenseits der kodifizierten Anforderung an Unternehmen, die zwischen Unternehmen und Gesellschaft ausgehandelt werden.

9.4.2 Sozialkonstruktion einer „guten" Unternehmensrolle und gesellschaftlicher Problemlösung

In dem genannten Verständnis basiert CC auf sozialkonstruktivistischen Elementen. Die Vorstellung vom „Unternehmensbürger" stellt auf eine soziale Rolle und einen damit verbundenen Status ab. Die Rolle zeichnet sich neben rollenspezifischen Handlungen durch Zuschreibungsprozesse von Erwartungen aus: Einerseits beanspruchen Unternehmen, als Corporate Citizen zu gelten (Selbstzuschreibung). Andererseits fordern Akteur/innen aus der Umwelt der Unternehmen dieses und explizieren ihre Handlungserwartungen (Fremdzuschreibung). Die Zuschreibungen sind positiv konnotiert – das äußert sich in der häufigen Verwendung des

Zusatzes „good" CC (Schrader 2003). Wird der Begriff Verantwortung verwendet, ist die positive Konnotation alltagssprachlich inhärent. Es bedeutet gleichzeitig die Bewertung, dass die Rolle „gut" ausgefüllt wird, also ein gesellschaftlicher Problemlösungsbeitrag geleistet wird und mithin der Status des Unternehmens als „Bürger" akzeptiert ist: „Corporate Citizen ist man nicht, Corporate Citizen wird man" (Polterauer und Nährlich 2010, S. 578).

9.4.2.1 Rekonstruktion der sozialen Rolle „Corporate Citizen"

Für die Forschung ist dieser konstruktivistische Zusammenhang bereits bei der Identifikation von Unternehmen als Corporate Citizen problematisch. Dieses gilt für die Auswahl von Fallstudien ebenso wie für Bestandserhebungen. Soll beispielsweise die zunächst einfach klingende Frage nach der „Anzahl von Corporate Citizen" beantwortet werden, können mittels Unternehmensbefragungen die Antworten der Unternehmen gezählt werden. Damit ist aber lediglich das Phänomen „Selbstverständnis von Unternehmen als Corporate Citizen" beschrieben, nicht das Phänomen Corporate Citizen(-ship). Weil das Engagement von Unternehmen aktuell besonders gesellschaftlich erwünscht ist, ist davon auszugehen, dass sich Unternehmen tendenziell eher als Corporate Citizen beschreiben. Auch die Antwort- bzw. Teilnahmebereitschaft bei Umfragen von engagierten Unternehmen ist vermutlich höher als bei Nicht-Engagierten. So entsteht durch die soziale Erwünschtheit eine systematische Verzerrung im Sinne einer Überrepräsentation engagierter Unternehmen (Polterauer 2010a, S. 212).

Diesen Aspekt adressieren einige Autor/innen, die qualitative Bestimmungsmerkmale von CC aus unterschiedlichen wissenschaftlichen Perspektiven und fachlichen Begründungszusammenhängen definieren. Ulf Schrader (2003) leitet Anforderungen eines „good CC" aus den Legitimationsproblemen von Unternehmen ab und erwartet von guten Corporate Citizen die Ausrichtung des Engagements an der Unternehmensidentität, am Gemeinwohl, am langfristigen Geschäftsinteresse und am Kriterium der Informationsoffenheit. Veronica Kneip (2013) beschreibt die „Erwartungen und Rollenvorgaben" anhand von „Inhalten bürgerlichen Handelns" und leitet die Übertragbarkeit auf Unternehmen und sich daraus ergebende Spannungslinien ab (S. 80). Andreas Scherer und Guido Palazzo (2011) schlagen vor, die Theorie der deliberativen Demokratie von Jürgen Habermas als Grundlage zu verwenden, um die Anforderungen an Unternehmen als verantwortungsvolle politische Akteure zu bestimmen. In diesem Zusammenhang sind die öffentliche Diskussion und die Beteiligung am politischen Prozess von zentraler Bedeutung. In der empirischen Forschung fanden diese Überlegungen aber bisher noch keinen Niederschlag. Einen pragmatischen Begründungszusammenhang stellt André Habisch her. Er folgert auf Basis seiner Analysen von „Best Practice-Beispielen" aus Wettbewerbsunterlagen, dass vier Merkmale ein Unternehmen als Corporate Citizen auszeichnen würden: Zusammenarbeit, Dauerhaftigkeit, Wirkung und Kompetenz (2003, S. 92-96). Auch Susanne Korfmacher und Gerd Mutz (2003), die insbesondere Corporate Volunteering thematisieren, aber ebenso CC als gesellschaftliches Phänomen untersuchen, identifizieren auf Basis empirischer Untersuchungen Indikatoren, die es erlauben „die unterschiedliche Tiefe und Qualität der jeweiligen CC- und Corporate-Volunteering-Konzepte zu beurteilen" (S. 109f.): Grad der zivilgesellschaftlichen Involvierung des Unternehmens, Einbezugs der Beschäftigten sowie Verbindlichkeit und Nachhaltigkeit von Partnerschaften mit anderen Akteuren.[11]

Eine andere Möglichkeit der Bestimmung von CC ist es, das „Handeln als Corporate Citizen" zu operationalisieren. Abgefragt werden Ressourcentransfers, wie etwa Spenden, Sponsoring, bestimmte Programme oder Produktangebote. In diesem Fall übernehmen die Forschenden die Zuschreibung (Fremdzuschreibung). Sie entscheiden beispielsweise, ob Sponsoring, also vertragliche Absprachen von Leistungen und Gegenleistungen, als Engagement zu verstehen ist. Nicole Fabisch (2004) beispielsweise schließt Profi-Sponsoring, etwa im Sport und in der Musik, ausdrücklich aus, weil es ausschließlich als Kundenpflege zu verstehen sei. Sebastian Braun und Marc Kukuk (2007) berücksichtigen Sponsoring im Allgemeinen nicht, da es ein „strategisches Instrument der Imagewerbung – und damit als eine Geschäftspraktik – betrachtet wird, die auf vertraglich geregelten Gegenleistungen des Gesponserten beruht" (S. 12; Fußnote 5). Darüber, ob das beobachtbare „gesellschaftspolitische Lobbying" hauptsächlich der Gesellschaft oder dem Unternehmen dient, ob es Corporate Citizen-Handeln oder Lobbying im engeren Sinne ist, entscheiden somit die Forschenden.

9.4.2.2 Rekonstruktion „gesellschaftlicher Problemlösungen"

Nimmt man den Beitrag zu gesellschaftlichen Problemlösungen als Bestimmungsmerkmal von CC, so besteht explizit ein sozialkonstruktivistischer Zusammenhang. Sowohl (1) die Identifikation eines sozialen Problems als auch (2) seine Lösung bzw. eines Beitrages zu seiner Lösung sind sozial konstruiert (stellvertretend Albrecht und Groenemeyer 2012; Schetsche 1996).

Die Identifikation eines Themas als „Problem" ist vom erfolgreichen Agenda-Setting abhängig. Unterscheidbar sind „soziale Probleme", die in der Öffentlichkeit wahrgenommen werden und „objektive Problemlagen", die zwar v. a. von Expert/innen, aber (noch) nicht in der Öffentlichkeit thematisiert werden. Typischerweise

---

11 Vgl. die sieben Grundsätze gesellschaftlicher Verantwortung entsprechend DIN ISO 2600 (Bundesministerium für Umwelt, Natur, Bau und Reaktorsicherheit 2014).

wird Nonprofit-Organisationen die Funktion der Problemwahrnehmung zugeschrieben (Simsa 2001), wobei zunehmend aber auch Unternehmen diese Funktionen zugerechnet wird oder sie diese Funktion für sich reklamieren.

Der „Problemlösungsbeitrag" kann dementsprechend aus sozialkonstruktivistischer Perspektive in unterschiedlicher Weise bestehen: wenn a) materiell ein problematischer Zustand geändert wurde, b) das Problemthema zu einer anderen Problemlage verschoben wurde, c) ein Problem aus der öffentlichen Wahrnehmung verdrängt wurde oder d) eine Scheinlösung entwickelt wurde; b) – d) sind aus einer positivistischen Perspektive auch als „Nicht-Lösungen" verstehbar.

Um den gesellschaftlichen Problemlösungsbeitrag durch Unternehmensengagement zu untersuchen, ist neben der sachlichen (welches Problem?), der sozialen (wer ist davon betroffen?) und der räumlichen (auf welches Gebiet beziehen sich Problem und Problemlösung?) auch die zeitliche Dimension wichtig: Handlungsfolgen stellen sich zu unterschiedlichen Zeitpunkten unterschiedlich dar. Für die Forschung müssen Zeiträume und -punkte festgelegt werden, wann Probleme als gelöst gewertet werden sollen (siehe zum Problem der Zeitlichkeit in der empirischen Forschung Baur 2005). Auch stellt die Rekonstruktion von Handlungen und deren Folgen, also die kausale Zurechenbarkeit, hohe Ansprüche an die Forschenden.[12]

In der CC-Forschung werden aktuell drei Wege eingeschlagen, um die gesellschaftliche Problemlösung zu operationalisieren: Erstens über Konzepte wie Gemeinwohlorientierung oder öffentliche Güter, zweitens über eine konkrete Rekonstruktion der gesellschaftlichen Problemlösung und drittens über die Betrachtung von Engagementbereichen, die als Orte gesellschaftlicher Problemlösung betrachtet werden. Einen Sonderfall stellen Kooperationen dar, die in der CC-Diskussion eine prominente Rolle spielen, deren Bedeutung für „gesellschaftliche Problemlösung" aber bis dato noch nicht ausreichend geklärt ist.

9.4.2.2.1 Konzeptionelle Operationalisierung gesellschaftlicher Problemlösung als Gemeinwohl und öffentliche Güter

In der CC-Forschung wird oft die Gemeinwohlorientierung des Engagements als Indikator für gesellschaftliche Lösungsbeiträge verwendet. Das im vorhergehenden Abschnitt aufgezeigte Beispiel des Ausschlusses von Profi-Sponsoring bei Fabisch (2004) verdeutlicht dieses. Im Engagementbereich wird das Gemeinwohl oftmals

---

12 Vgl. zum empirischen Umgang mit rekonstruierenden Untersuchungen z. B. Jochen Gläser und Grit Laudel (2010) sowie zum Problem der „Wirkungsforschung" stellvertretend z. B. Helmut Kromrey (2000). In den letzten Jahren sind Fragen und Methoden zur Impact- bzw. Wirkungsforschung verstärkt auch in Deutschland diskutiert worden. Einen Überblick und eine kritische Einschätzung zum vergleichsweise anspruchsvollen und viel diskutierten SROI Ansatz geben z. B. Maier et. al. (2014).

aus der steuerrechtlich definierten Gemeinnützigkeit abgeleitet. Allerdings hat Claus Offe (2002) in seinem grundlegenden Beitrag „Wessen Wohl ist das Gemeinwohl" die Problematik des Gemeinwohl-Gedankens anschaulich diskutiert. Als Alternative zum Gemeinwohl-Konzept verspricht sich Ute Hasenöhrl (2005) für die Zivilgesellschaftsforschung von der Anwendung der Theorie öffentlicher Güter eine höhere Gegenstandsadäquatheit. „Indem das allgemeine Wohl nicht mehr als Kennzeichen von Zivilgesellschaft gesetzt wird [sondern durch Bezug auf Kollektivgüter ersetzt würde, J.P.], könnte es im jeweiligen Kontext auf seine Inhalte befragt und effektiver in seiner Pluralität erkannt und historisiert werden. [...] Das Gemeinwohl würde damit operationalisiert, aber auch ein stückweit entzaubert" (S. 32). Dominic Entes und Michael Hüther (2012) skizzieren für CC, wie der gesellschaftliche Lösungsbeitrag über öffentliche Güter bestimmbar ist. Sie nennen Beispiele („Themen") bürgerschaftlichen Engagements, die sich als reine öffentliche Güter, öffentliche Zwischenprodukte, Allmendegüter oder meritorische Güter darstellen lassen und deren Nutzen damit über einen reinen Nutzen für die engagierten Unternehmen hinausgeht (2012, S. 308).

9.4.2.2.2 Operationalisierung durch die Rekonstruktion des Bewertungsprozesses gesellschaftlicher Problemlösung

Anders gehen Forschende vor, die nicht ein Merkmal wie das Gemeinwohl oder ein öffentliches Gut als Definition für den Problemlösungsbeitrag operationalisieren, sondern die Bewertung bzw. den Bewertungsprozess rekonstruieren. Das ist der Fall, wenn die Kooperationspartner der Unternehmen den Problemlösungsbeitrag einschätzen (Brinkmann 2004). Auch Engagement, das in einem Wettbewerb positiv bewertet wurde, wird ein Problemlösungsbeitrag bescheinigt (Maaß 2009). Bei beiden Verfahren spielen soziale Rekonstruktionsprozesse eine wichtige Rolle: Während bei Kooperationspartnern von einer sachlich kompetenten Urteilsfähigkeit auszugehen ist, beeinflusst in aller Regel ihre Abhängigkeit vom Projekterfolg die Beurteilung. So kann beispielsweise eine Folgekooperation von der Erfolgsbewertung des Engagements abhängen. Bei Wettbewerben oder anderen Bewertungen[13] durch externe Fachleute entscheidet in der Regel eine Jury über die Qualität des Engagements, so dass die Jury-Besetzung (Kompetenz, Interessen) und die Abstimmungsprozesse Einfluss auf die Bewertung haben. Auch kombinierte Vorgehen

---

13 Eine weitere Bewertung liefert die Sachverständigenkommission des Ersten Engagementberichts der Bundesregierung (Hüther et. al. 2012, S. 346). Anhand der thematischen Diskussion von Problemlagen und -entwicklungen in verschiedenen Engagementbereichen grenzen die Fachleute die jeweiligen Formen des Unternehmensengagements als bürgerschaftlich vom nicht-bürgerschaftlichen ab und spezifizieren damit den gesellschaftlichen Problemlösungsbeitrag ihres Engagements.

sind möglich (Sack et. al. 2003; Polterauer 2010b, S. 625ff.): Der Feldzugang zum Forschungsfeld gesellschaftliche Problemlösung durch Unternehmensengagement wird über Wettbewerbsgewinner erschlossen, die einzelnen Aspekte gesellschaftlicher Problemlösung werden bei den untersuchten Fällen fachlich nachgezeichnet.

9.4.2.2.3 Engagementbereiche als Orte gesellschaftlicher Problemlösung

Die Betrachtung der Engagementbereiche Soziales, Sport, Bildung, Kultur oder Umwelt kann als Indikator für den gesellschaftlichen Problemlösungsbeitrag verstanden werden: „Die Frage, in welchen Themengebieten Unternehmen sich engagieren, lässt Rückschlüsse auf mögliche gesamtgesellschaftliche Potenziale unternehmerischen Engagements zu" (Mittelstädt et. al. 2014, S. 18). Bei quantitativen Untersuchungen gehört diese Analyse zum Standard (z. B. forsa 2005; Bertelsmann Stiftung 2005; Braun und Kukuk 2007; Mittelstädt et. al. 2014). Allerdings ist die Zuordnung von Engagementbereichen zur gesellschaftlichen Problemlösung nicht eindeutig. Sowohl Handlungsziele als auch Handlungsfolgen lassen sich nicht eindeutig einem Engagementbereich zuordnen. Lokale Sportvereine etwa wollen, oftmals gleichzeitig, teilweise aber auch mit unterschiedlicher Priorisierung, sportlich, gesundheitlich, pädagogisch und integrativ wirken (Ziele). Und während Fußballspielen zur interkulturellen Verständigung zwischen Ethnien, Milieus und Altersgruppen beitragen kann, kann es genauso Gelegenheiten zu ethnischer, nationaler oder geschlechtlicher Selbstvergewisserung bieten (Folgen). Die Engagementbereiche lassen sich demnach nicht mit gesellschaftlicher Problemlösung gleichsetzen. Zur Bestimmung des gesellschaftlichen Problemlösungsbeitrags anhand der Engagementbereiche bedarf es vielmehr einer umsichtigen Konzipierung, einer Kombination mit anderen Merkmalen und v. a. einer Explikation von Annahmen, *inwiefern* die Verteilungen der quantitativ abgefragten Engagementbereiche dem Erkenntnisinteresse dienen können.

9.4.2.3 Sonderfall Kooperationen

In der CC-Diskussion ist es auffällig, dass Kooperationen von Unternehmen mit Nonprofit-Organisationen häufig als notwendiger Erfolgsfaktor für die Realisierung von Unternehmensverantwortung betrachtet werden. André Habisch (2003, S. 58) erfasst dies in seiner Definition von CC („um zusammen mit Partnern aus anderen gesellschaftlichen Bereichen"). Auch definiert er anhand seiner Betrachtung von Best Practice-Beispielen die Zusammenarbeit als eines von vier Erfolgsmerkmalen (vgl. Kap. 3.2.1). Susanne Korfmacher und Gerd Mutz (2003) sehen in der Partnerschaft mit externen Akteuren einen wichtigen Bewertungsmaßstab für CC-Aktivitäten (vgl. ebenfalls Kap. 3.2.1). Frank Maaß (2009) geht davon aus, dass sich die Vorteile von kooperativen CC-Zusammenschlüssen „direkt aus den originären Zielen der [unternehmerischen] CC-Politik ergeben" (S. 6). Stefan Nährlich (2010) sieht in Nonprofit-Organisationen nicht mehr nur Legitimations-, sondern auch die Kompetenzpartner im CC. Ingo Pies, Markus Beckmann und Stefan Hielscher (2012) argumentieren unter Verweis auf die aristotelische Tugendethik, dass die kooperative soziale Interaktion notwendiger Bestandteil von CC sei.[14] Jens Prinzhorn (2011) sieht in Civil-Private-Partnerships eine organisationale Möglichkeit, wie transnational agierende Unternehmen ihrer Verantwortung gerecht werden können. Lothar Rieth und Melanie Göbel (2005) zeichnen die Einschätzung zur Bedeutsamkeit von Kooperationen aus Sicht der NGO nach, Frank Heuberger (2009) aus Sicht von deutschen „Top-Managern" – in beiden Fällen bewerten die Akteure Kooperationen als wichtige und/oder in Zukunft an Bedeutsamkeit gewinnende Elemente ihres Engagements. Auch in einschlägigen quantitativen Untersuchungen werden Kooperationen zwischen Unternehmen und zivilgesellschaftlichen Akteuren abgefragt (forsa 2005; Bertelsmann Stiftung 2005; Braun und Kukuk 2007; Mittelstädt et. al. 2014).

Zusammenfassend lässt sich festhalten: Die bisherigen Annahmen, Kooperationen zwischen Nonprofit-Organisationen und Unternehmen seien für den Erfolg von CC erforderlich, basieren auf theoretischen Annahmen sowie Argumentationen und Bewertungen von beteiligten Akteuren. Kooperationen wird theoretisch-konzeptionell eine besondere Rolle und hohe Bedeutung zugewiesen. Allerdings werden in diesen Beiträgen kaum empirisch gesättigte Analysen gewonnen, die Aufschluss darüber geben, inwiefern Kooperationen zum *Gelingen* von CC beitragen.

9.4.2.4 Forschung zur Situation einer fehlenden gesellschaftlichen Problemlösung als Handlungsfolge von Unternehmensengagement

In der empirischen Forschung zu den Folgen gesellschaftlichen Unternehmensengagements entstehen zunehmend auch Beiträge, die den Problemlösungsbeitrag *hinterfragen*. Die in der internationalen Debatte diskutierte inhaltliche Nähe von politischem Lobbying und CC/CSR (z. B. Anastasiadis 2014; Scherer und Palazzo 2011; Bernhagen 2014; siehe den Beitrag von Speth in diesem Band) macht den Bedarf an Differenzierung deutlich. Daniel Nyberg, André Spicer und Christopher Wright (2013) thematisieren mit Rückgriff auf die politikwissenschaftliche Hegemonie-Theorie (Gramsci), wie das Konzept „citizenship" durch Unternehmensengagement an ökonomische Logiken angepasst wird und damit Unternehmen

---

14 Auch in der englischsprachigen Diskussion spielen Kooperationen eine wichtige Rolle: z. B. Alan Murray, Kathryn Haynes und Lucian J. Hudson (2010).

darüber Definitionsmacht erreichen. Auch in der „extended view" von CC von Andrew Crane, Dirk Matten und Jeremy Moon (2008) ist diese Entwicklung als eine Möglichkeit angelegt, wenn Unternehmen die Entscheidungshoheit über die Gewährung von Citizenship-Rechten übernehmen. Die Analyse von Stefanie Hiß (2009) zum aktiv betriebenen Abbau institutionalisierter Verantwortungsübernahme kann ebenfalls so interpretiert werden: „In einer beeindruckenden Weise gelingt es ihnen [den Unternehmen, J.P.], sich als gute Corporate Citizen zu inszenieren, während sie auf der anderen Seite am Abbau der Institutionen, die lange Zeit Verantwortungsübernahme implizit gewährleistet hatten, aktiv mitwirken" (S. 299).[15] In einer systemfunktionalistischen Interpretation lassen sich neben dem Szenario eines Problemlösungsbeitrags durch „Interpenetration" der gesellschaftlichen Handlungssphären drei alternative Entwicklungsmodelle ableiten (Polterauer 2005): „Einschnürung" der ökonomischen Logik durch die zivilgesellschaftliche Handlungslogik, „Anpassung" der zivilgesellschaftlichen an die ökonomische Handlungslogik und „Isolation" beider Handlungslogiken, wenn sie unverbunden nebeneinander existieren, wie beispielsweise beim traditionellen Mäzenatentum.

Die hier nachgezeichnete Komplexität des sozialen Phänomens „gesellschaftliche Problemlösung" bedeutet für Forschende nicht, sie in Forschungsarbeiten immer rekonstruieren zu müssen. Gleichwohl besteht aber die Notwendigkeit zu beschreiben, auf Basis welcher Beurteilung das Handeln von Unternehmen als „gut" bzw. problemlösend gewertet wird – oder warum nicht – und zu reflektieren, welche Bedeutung dieses für das Erkenntnisinteresse und für das Ergebnis der Forschungsarbeit hat.

9.4.3 Handeln von Unternehmen ist Organisationshandeln

CC ist per Definition Organisationshandeln. Wie aber lässt sich das Handeln einer Organisation untersuchen – und welche Pfade hat die CC-Forschung bisher eingeschlagen?

9.4.3.1 Bedeutung organisationstheoretischer Annahmen

Die theoretische Schlüssigkeit und empirische Evidenz der organisationstheoretischen Annahme von planmäßigen oder strategischen Organisationshandlungen ist umstritten (Wiesenthal 1990). Abhängig von der zugrundeliegenden Organisationstheorie wird der Unternehmung in unterschiedlicher Weise Entscheidungs- und

---

15 Auch die Diskussion um Green- und Whitewashing und verdeckte PR-Methoden lassen sich hier einordnen.

Steuerungsfähigkeit zugetraut (vgl. die Überblicksdarstellungen der Organisationstheorien von Kühl 2011; Preisendörfer 2011; Weik und Lang 2005; Allmendinger und Hinz 2002).[16] In der CC-Forschung zeigen sich die organisationstheoretischen Annahmen zunächst an der Fragestellung. Vor allem Untersuchungen aus der Managementperspektive, die nach der „besten" CC-Strategie und deren Umsetzbarkeit fragen, verstehen Organisationen als Akteure, die effizient Ziele erreichen können. Im Sinne eines derartigen Organisationsverständnisses sind auch die Begründungen für CC-Handeln grundsätzlich anders als beispielsweise in der Lesart des soziologischen Neo-Institutionalismus. Dort wird Unternehmensverantwortung als Anpassungsprozess an veränderte gesellschaftliche Erwartungen interpretiert (Hiß 2006; auch Schäfer 2009 für Corporate Volunteering; siehe den Beitrag von Bohn in diesem Band) und nicht als strategisches Handeln von Unternehmen, das darauf abzielt, (gleichrangig) gesellschaftliche Wohlfahrt und Unternehmensprofit zu steigern. Auch kommt die neo-institutionalistische Analyse der PR-Arbeit über CSR (Thummes 2013) zu anderen Ergebnissen als beispielsweise ein von der Theorie des kommunikativen Handelns inspirierter Ansatz (Scherer und Palazzo 2007, 2011). So können aus dem Blickwinkel der neo-institutionalistischen Theorie unter bestimmten Voraussetzungen kommunikative Täuschungen als Verantwortungshandeln verstanden werden, während im diskurstheoretischen Ansatz die Verständigung – und sei es mit dem Ergebnis gegenseitig zugestandener Meinungsdifferenzen – der Schlüssel zum Verständnis von Unternehmensverantwortung ist.

9.4.3.2 Forschungspragmatische Überlegungen zu Unternehmen als sozialen Akteuren

Das in der Betriebswirtschaftslehre, insbesondere in der Managementforschung, dominierende Organisationsverständnis ist vergleichbar mit dem der öffentlichen Wahrnehmung: Einer Organisation werden grundsätzlich planmäßiges Handeln und daraus resultierende Handlungsfolgen zugeschrieben. Auch in der bisherigen CC-Forschung ist dieses Organisationsverständnis vorherrschend, obwohl es in der

---

16 Zur Veranschaulichung seien hier stark vereinfacht Organisationsverständnisse angedeutet, die beispielhaft die große theoretische Spannbreite in der Organisationstheorie aufzeigen. Manche verstehen Organisationen als rational agierende Akteure, die anhand ihrer formalen und ggfs. informalen Organisationsstruktur analysiert werden können (verhaltenswissenschaftliche Entscheidungstheorie). Andere sprechen statt von Organisation von organisieren und betonen Kommunikation und Sprache als Grundelemente von Organisationen (interpretative Theorien). Für die einen entsteht eine Organisation aus Gründen der Effizienzsteigerung (Institutionenökonomie), für andere aus Gründen der Komplexitätsreduktion (Systemtheorie) und für wieder andere als Anpassung an Erwartungen aus der sozialen Umwelt (Neo-Institutionalismus).

Regel nicht expliziert wird. Daraus ergeben sich eine Reihe forschungspragmatischer Herausforderungen. Wie die Erfahrungen von Bernhard Seitz (2002) gezeigt haben, ist es beispielsweise fraglich, ob sich CC-Organisationshandeln durch die Befragung *einer* Person abbilden lässt. In seiner Studie[17] war es die Leistung des Forschers, die Engagementaktivitäten der Organisation zu benennen, denn es existierte in aller Regel keine organisationsweite Bestandserhebung der Aktivitäten und der Budgets. Erst die Nachforschungen der Interviewer/innen in den einzelnen Unternehmensabteilungen erbrachten die gewünschten Daten.

Besonders für Forschungsvorhaben, die große international agierende Konzerne untersuchen, die in unterschiedliche gesellschaftliche Umwelten eingebettet und organisationsstrukturell verzweigt sind, ist die empirische Untersuchung von „Organisationshandeln" eine anspruchsvolle Aufgabe. Aber auch bei kleineren Unternehmen, bei denen oftmals die Unternehmensleitung direkt in operative Tätigkeiten eingebunden ist und möglicherweise die persönliche Einbettung in das gesellschaftliche Umfeld groß ist, bedarf es umsichtiger Operationalisierungen, um Organisationshandeln – im Gegensatz zum Individualhandeln – zu erforschen. So ist entsprechend der jeweils gewählten Fragestellung zu erklären, welche Untersuchungseinheit(en) gewählt und welche Datenquellen dafür verwendet werden.

Als Untersuchungseinheit von CC-Organisationshandeln wird Engagement v. a. als unternehmensexterner „Ressourcentransfer oder -tausch" betrachtet. Getauscht werden Geld- und Sachmittel, (Arbeits-)Zeit, Infrastruktur, Wissen und Zugang zu Netzwerken. Das ist anschlussfähig an die Vorstellungen von einer Organisation als korporativem Akteur, der nach dem Modell der „Ressourcenzusammenlegung" operiert (Preisendörfer 2011). Als Engagement werden bestimmte Aktivitäten wie etwa Sach- und Geldspenden, Sponsoring, (Zu-)Stiftungen, Cause-Related-Marketing, Payroll-Giving, Pro-Bono-Dienstleistungen, Freistellungen und Abordnungen verstanden (Fabisch 2004; Fifka 2011). Operationalisiert werden sie mittels Abfrage der aufgewendeten Geldbeträge und der Bewertung von Aktivitäten als „geldwerte" Leistungen bzw. Personalkosten (beispielsweise forsa 2005; Braun und Kukuk 2007; Hüther et. al. 2012, S. 240). Allerdings bleiben dabei einige Punkte unklar: 1. Während sich die Engagementform „Spende" als vollständiger Ressourcentransfer beschreiben lässt, werden bei der Mitnutzung der Büroinfrastruktur Ressourcen nur geteilt. Dann entsteht nur ein Teil des Ressourcentransfers als Extrakosten, wie zum Beispiel Betriebskosten. Die genaue Bezifferung der Kosten des Engagements ist also schwierig. 2. Für das Phänomen CC noch entscheidender ist aber, dass einige

---

17 Bernhard Seitz (2002) hat mit seiner quantitativen Erhebung auf unterschiedlichen hierarchischen Ebenen in Unternehmen versucht, CC als Organisationshandeln zu erfassen.

der Aktivitäten einen relativ niedrigen Grad sozialer Interaktivität haben. Beispielsweise ist das Ausstellen einer Spendenüberweisung weitgehend unabhängig vom menschlichen Miteinander. Bei anderen Aktivitäten ist die soziale Interaktivität höher, so dass die persönlichen Eigenschaften der Akteure die Handlungen und ihre Folgen prägen. Das ist offensichtlich bei Corporate Volunteering-Programmen, aber auch wenn Wissen und Netzwerkzugänge der Beschäftigten oder der Unternehmensführung für Engagement eingesetzt werden. Aus der Perspektive des Ressourceneinsatzes lässt sich bei solchen Aktivitäten zwar die Arbeitszeit als Ressource operationalisieren, nicht aber in welcher Form, welches Wissen weitergegeben wird. Das weist auf die eingeschränkte Tauglichkeit insbesondere der quantifizierten Operationalisierung von Engagement als Ressourcentransfer hin: Denn gerade unternehmerisches Denken („Unternehmergeist"), Zugänge zu sozialen und organisationalen Netzwerken sowie die Erschließung von „sozialem Kapital" sind für das gesellschaftliche und unternehmerische Potenzial des CC-Engagements relevant. 3. Die Konzipierung von Engagement als Ressourceneinsatz und mithin als Organisationshandeln basiert auf der Annahme, dass diesem Handeln Entscheidungen vorausgehen, die – selbst wenn sie nicht strategisch oder koordiniert sind – an Organisationsinteressen ausgerichtet sind. Solche Entscheidungen können aber auch nur Interessen einzelner Abteilungen oder Mitarbeitender abbilden oder sie resultieren nicht aus konkreten Entscheidungen, sondern sind Routinen oder Konsequenzen vorhergegangener Entscheidungen in einem anderen Kontext.[18]

Direkt im Zusammenhang mit den Untersuchungseinheiten steht die Frage nach den Datenquellen. Üblicherweise dienen standardisierte Interviews als Datenquelle. Befragt werden in der Regel einzelne Beschäftigte, denen aufgrund ihrer Position oder ihrer Aufgabe im Unternehmen Aussagefähigkeit zum Thema zugetraut wird. Es wird also das Wissen von Einzelnen als Repräsentanten der Organisation erfasst. Wie das weiter oben erwähnte Beispiel von Bernhard Seitz (2002) zeigt, ist es aber zunächst fraglich, ob solches gesammelte Wissen überhaupt existiert, ob also ein Unternehmensrepräsentant überhaupt darüber verfügen *kann*. Zudem ist entscheidend, welches Wissen erfragt wird. Wenn nicht Sachwissen, sondern Prozess- oder Erfahrungswissen oder gar Einschätzungen erhoben werden, wie Motive, Erfahrungen, Erfolgseinschätzungen, sind personenbezogene Merkmale der Befragten als Träger von Organisationswissen entscheidend. Ihre organisatorische Position (Funktion im Unternehmen, Position in Entscheidungsprozessen, Dauer der Beschäftigung), aber auch individuelle Merkmale, wie Geschlecht, Berufsausbildung

---

18 Vergleiche die Ausführungen von Frank Adloff und Steffen Mau (2005) zur Soziologie der Reziprozität als Hinweis auf Handlungsmechanismen.

und privates Engagement, können die Antworten beeinflussen.[19] Gabriele Gollnick (2013) argumentiert entsprechend: Sie befragt in ihrer Dissertation die Inhaber/innen kleiner und mittlerer Unternehmen nach den Motiven ihres Engagements, weil sie davon ausgeht, dass diese für das Organisationshandeln entscheidend sind und über unternehmensbezogene Abläufe und Entscheidungen Auskunft geben können.

In der CC-Forschung ist also das zugrundliegende Organisationsverständnis zu klären, da sowohl der Untersuchungsgegenstand selbst, als auch dessen Operationalisierung davon beeinflusst wird.

9.5 Fazit und Forschungsbedarf

Anhand der vorgestellten Überlegungen wurde gezeigt, dass Forschung zum Thema Unternehmensverantwortung voraussetzungsvoll ist. Es geht um die empirische Durchdringung eines sozialen Phänomens, das sich durch soziale Konstruktionsprozesse und hohe Komplexität aufgrund zahlreicher Einflussfaktoren auszeichnet. Das folgende Schaubild fasst die Dimensionen zusammen, die bei der empirischen Erforschung von CC unterschieden werden können und in den vorherigen Kapiteln diskutiert wurden.

Die gesellschaftliche Verantwortung von Unternehmen wird wegen ihrer Bedeutung für die gesellschaftliche Ressourcenverteilung politisch intensiv und oftmals normativ aufgeladen diskutiert. Das Plädoyer für die empirische Forschung lautet deswegen, sich wissenschaftlich-analytisch mit diesen normativen Annahmen auseinander zu setzen. Dieses gilt einerseits für die gegenstandsbezogene Normativität, mit der Unternehmensverantwortung bruchlos als Bestandteil von Zivil- bzw. Bürgergesellschaft verstanden wird und für die in der praxisnahen Forschung dominante Verwendungsorientierung der Ergebnisse (Entwicklung eines Managementsystems, Bestandteil von Marketings, Entscheidungsgrundlage für politische Steuerungsentscheidungen, etc.). Andererseits ist die Klärung normativer Grundlagen aber auch bedeutsam bei der Wahl der zugrundeliegenden organisationstheoretischen und sozialwissenschaftlichen Theorie (vgl. Kap. 3.3.1; grundsätzlich Ahrens et. al. 2011).

---

19 Beispielsweise beschreibt von Alemann (2015) geschlechtertypische Unterschiede im Rollenverständnis von Wirtschaftseliten, die – so die Annahme – auch das Unternehmensengagement prägen.

Begriffs-verständnis	**HANDLUNG** GEMEINWOHL- /GESELL. PROBLEMLÖSUNGSORIENTIERTES HANDELN **ROLLE** HANDLUNGEN UND ERWARTUNGEN/NORMEN **MECHANISMUS – ALS HANDLUNGSORIENTIERUNG ODER HANDLUNGSFOLGE** GESELL. PROBLEMLÖSUNG DURCH ENGAGEMENT
Analyse-Gegenstand	**ZUSCHREIBUNGEN** SELBST- UND FREMDZUSCHREIBUNG **HANDLUNGEN** **HANDLUNGSFOLGEN** **MECHANISMUS**
Analyse-Einheiten	**INDIVIDUUM** **ORGANISATION** **INTERAKTION/KOOPERATION/NETZWERK** **SYSTEM**
Einbettung	**SACHLICH** **SOZIAL** **RÄUMLICH** **ZEITLICH**

Abb. 1 Zentrale Aspekte der empirischen Forschung von Corporate Citizenship
Quelle: eigene Darstellung

In der quantitativen Forschung sollten vor neuen Primärerhebungen Überlegungen stehen, bereits vorhandene Datensätze weitergehend sekundäranalytisch zu untersuchen (zum Beispiel durch bi- oder multivariate Analysemethoden oder im Rahmen von Längsschnittstudien als zeitpunktspezifische Daten) – vorausgesetzt, die Primärdaten (nicht nur die Auswertungen!) werden überhaupt für wissenschaftliche Forschungen zugänglich gemacht. Darüber hinaus versprechen insbesondere Vergleichsstudien (zum Beispiel Zeit-, Kultur-, Länder- und Problemvergleiche) Erkenntnisgewinne und zwar nicht in erster Linie, weil verwertbare Übertragungen zu erhoffen sind, sondern weil im Vergleich Handlungs- oder Strukturmuster pointiert herausgearbeitet und grundlegend analysiert werden können. Ergebnisse von quantitativen Studien können auch genutzt werden, um daran anschließend vertiefende qualitative Untersuchungen durchzuführen. Jenseits themenbezogener Interviews sollten andere Methoden empirischer Sozialforschung geprüft werden, etwa die soziale Netzwerkanalyse zur Aufdeckung von Prozessen sozialen Wandels.

Hinsichtlich der Forschungsfrage lässt sich etwas polemisch formuliert zusammenfasen: Es bedarf keiner weiteren Untersuchung, die zu dem Ergebnis kommt, dass sich beinahe alle Unternehmen in Deutschland heute in irgendeiner Art und Weise engagieren. Selbst die Erfassung und das Ranking der gesellschaftlichen Bereiche des Engagements leistet keinen sinnvollen Erkenntnisgewinn. Forschungslücken bestehen insbesondere hinsichtlich des gesellschaftlichen Problemlösungsbeitrags, d. h. insbesondere zur Frage, *wie* Unternehmensverantwortung einen Beitrag zur Lösung gesellschaftlicher Probleme leisten kann. Ebenso sind empirische Analysen wichtig, in denen Ambivalenzen und Spannungslinien erkennbar werden. Ein weiterer Forschungsrückstand besteht hinsichtlich der Zuschreibungsprozesse gesellschaftlicher Verantwortung, etwa zu den Spezifika gesellschaftlicher Probleme, die in die Verantwortung von Unternehmen gelegt – oder die von Unternehmen ihrem Verantwortungsbereich zugerechnet werden.

Besonders erkenntnisgenerierend erscheinen empirische Untersuchungen zu sein, die konkrete gesellschaftliche Problemlagen als Ausgangspunkt der Untersuchung wählen. Dabei sei aufgrund der intensiven Diskussionen und der bereits vorliegenden Forschungen zum Thema „Ökologische Unternehmensverantwortung" auf die Betriebswirtschaftslehre und die Wirtschaftssoziologie verwiesen. Besonderes Augenmerk sollte in der Forschung über Unternehmensverantwortung zukünftig auf organisationssoziologische Forschungsansätze gelegt werden, die geeignet sind, Organisationshandeln empirisch zu erforschen (beispielsweise für die rekonstruktive Organisationsforschung Vogd 2009, S 41ff.; allgemein zu qualitativen und quantitativen Methoden in der Organisationsforschung Kühl et. al. 2009). Die Grundkonzeption „Gesellschaftliche Problemlösung (Makro-Ebene) durch Unternehmensengagement (Meso-Ebene)" setzt eine Beschäftigung mit theoretischen Konzepten voraus, die diese Verbindung der unterschiedlichen Handlungsebenen thematisieren und sie auch wiederum befruchten können. Jens Beckert (2009) hat darüber hinaus auf die besondere Bedeutung der Wirtschaftssoziologie, in deren Themenzuschnitt auch CC und CSR fallen, für die Entwicklung der Gesellschaftstheorie und der Erklärung sozialen Wandels hingewiesen.

Insgesamt besteht aufgrund der Komplexität des Themas und seiner relativen Neuigkeit vor allem ein Bedarf an qualitativer Forschung, also an Forschungsinstrumenten und -verfahren, die die Gesamtheit des Phänomens zu erfassen versuchen und eher induktiv vorgehen.[20]

Empfehlenswerte Literatur

Matten D, Moon J (2008) "Implicit" and "Explicit" CSR: A Conceptual Framework for a Comparative Understanding of Corporate Social Responsibility. In Academic Management Review 33, 404-424

Kühl S, Strodtholz P, Taffertshofer A (Hrsg) (2009) Handbuch Methoden der Organisationsforschung. Quantitative und Qualitative Methoden. VS Verlag für Sozialwissenschaften, Wiesbaden

Literatur

Adloff F, Mau S (2005) Vom Geben und Nehmen. Zur Soziologie der Reziprozität. Campus, Frankfurt/New York

Ahrens J, Beer R, Bittlingmayer UH, Gerde J (2011) Normativität: Über die Hintergründe sozialwissenschaftlicher Theoriebildung. VS-Verlag für Sozialwissenschaften, Wiesbaden

Albrecht G, Groenemeyer A (2012) Handbuch soziale Probleme. VS-Verlag für Sozialwissenschaften, Wiesbaden

Alemann, A v (2015) Gesellschaftliche Verantwortung und ökonomische Handlungslogik. VS-Verlag für Sozialwissenschaften, Wiesbaden

Allmendinger J, Hinz T (2002) Organisationssoziologie. Westdeutscher Verlag, Wiesbaden

Alscher M, Dathe D, Priller E, Speth R (2009) Bericht zur Lage und zu den Perspektiven des bürgerschaftlichen Engagements in Deutschland. Bundesministerium für Familie, Senioren, Frauen und Jugend, Berlin

Anastasiadis S (2014) Toward a View of Citizenship and Lobbying: Corporate Engagement in the Political Process. Business and Society 2: 260-299

Backhaus-Maul H, Biedermann C, Nährlich S, Polterauer J (2010) Corporate Citizenship in Deutschland. In: dies. (Hrsg) Corporate Citizenship in Deutschland. VS Verlag für Sozialwissenschaften, Wiesbaden, S 15-49

Backhaus-Maul H (2009) Zum Stand der sozialwissenschaftlichen Diskussion über „Corporate Social Responsibility" in Deutschland. Expertise für das Bundesministerium für Arbeit und Soziales. Bundesministerium für Arbeit und Soziales, Berlin

---

20 Für eine gute Übersicht zu Verfahren der qualitativen Sozialforschung beispielsweise Lamnek (2010) und für Expert/inneninterviews in der rekonstruktiven Forschung Gläser und Laudel (2010).

Backhaus-Maul H, Braun S (2007) Gesellschaftliches Engagement von Unternehmen in Deutschland. Stiftung & Sponsoring 2: 1-14

Baur N (2005) Verlaufsmusteranalyse. VS Verlag für Sozialwissenschaften, Wiesbaden

Beckert J (2006) Sind Unternehmen sozial verantwortlich? MPIfG/Max-Planck-Institut für Gesellschaftsforschung Working Paper 06/4. Max-Planck-Institut für Gesellschaftsforschung, Köln

Beckert J (2009) Wirtschaftssoziologie als Gesellschaftstheorie. Zeitschrift für Soziologie 3: 182-197

Bernhagen P (2014) A Question of Citizenship: How do corporations balance lobbying with social responsibility? Britain in 2014: 73

Bertelsmann Stiftung (2005) Die gesellschaftliche Verantwortung von Unternehmen. Bertelsmann Stiftung, Gütersloh

Braun S, Kukuk M (2007) Corporate Citizenship. Gesellschaftliches Engagement von Wirtschaftsunternehmen in Deutschland. Universität Paderborn/Forschungszentrum für Bürgerschaftliches Engagement, Paderborn

Brinkmann J (2004) Corporate Citizenship und Public-Private Partnerships. WZGE-Studien 2004-01. Wittenberg Zentrum für Globale Ethik, Wittenberg

Brinkmann J, Pies I (2005) Corporate Citizenship: Raison d'être korporativer Akteure aus Sicht der ökonomischen Ethik. WZGE/Wittenberg Zentrum für Globale Ethik Diskussionspapiere 05-01. Wittenberg Zentrum für Globale Ethik, Wittenberg

Bundesministerium für Umwelt, Natur, Bau und Reaktorschutz (2014) Gesellschaftliche Verantwortung von Unternehmen. Eine Orientierungshilfe für Kernthemen und Handlungsfelder des Leitfadens DIN ISO 26000. Bundesministerium für Umwelt, Natur, Bau und Reaktorschutz, Berlin

Byl CA v d, Slawinskis N (2015) Embracing Tensions in Corporate Sustainability: A Review of Research from Win-Wins and Trade-Offs to Paradoxes and Beyond. Organization & Environment 1: 54-79

Carroll AB (1991) The Pyramid of Corporate Social Responsibility. Business Horizons 4: 39-48

Carroll AB, Shabana KM (2010) The Business Case for Corporate Social Responsibility: A Review of Concepts, Research and Practice. International Journal of Management Reviews Special Issue 1: 85-105

Crane A, Matten D, Moon J (2008) Corporations and Citizenship. Cambridge University Press, Cambridge

Curbach J (2009) Die Corporate-Social-Responsibility-Bewegung. VS Verlag für Sozialwissenschaften, Wiesbaden

Dietz H (2004) Unbeabsichtigte Folgen – Hauptbegriff der Soziologie oder verzichtbares Konzept? Zeitschrift für Soziologie 1: 48-61

Dubielzig F, Schaltegger S (2005a) Corporate Citizenship. In: Althaus M, Geffken M, Rawe S (Hrsg) Handlexikon Public Affairs. Lit, Münster u. a., S 235-238

Dubielzig F, Schaltegger S (2005b) Corporate Social Responsibility. In: Althaus M, Geffken M, Rawe S (Hrsg) Handlexikon Public Affairs. Lit, Münster u. a., S 240-243

Embacher S, Lang S (2008) Lern- und Arbeitsbuch Bürgergesellschaft. Dietz, Bonn

Enste D, Hüther M (2012) Bürgerschaftliches Engagement der Unternehmen im öffentlichen Raum. ORDO 63: 293-324

Europäische Kommission (2001) Europäische Rahmenbedingungen für die soziale Verantwortung der Unternehmen. Europäische Kommission, Brüssel

Europäische Kommission (2011) A renewed EU strategy 2011-14 for Corporate Social Responsibility. Europäische Kommission, Brüssel
Fabisch N (2004) Soziales Engagement von Banken. Rainer Hampp Verlag, München/Mehring
Falck O, Helbich S (2006) Einbettung des Unternehmens in das Wirtschaftssystem. Passauer Diskussionspapiere: 45. Universität Passau/Lehrstuhl für Volkswirtschaftslehre, Passau
Fifka MS (2011) Corporate Citizenship in Deutschland und den USA. Gabler, Wiesbaden
Forsa (2005) „Corporate Social Responsibiliy" in Deutschland, Befragung im Auftrag der Initiative Neue Soziale Marktwirtschaft. Initiative Neue Soziale Marktwirtschaft, Köln
Fuchs-Heinritz W, Lautmann R, Rammstedt O, Wienold H (2007) Lexikon zur Soziologie. VS-Verlag für Sozialwissenschaften, Wiesbaden
Gandenberger C (2009) CSR im Spannungsfeld zwischen ökonomischen und sozialen Zielen. Zeitschrift für Wirtschafts- und Unternehmensethik 3: 304-321
Garriga E, Melé D (2004) Corporate Social Responsibility Theories: Mapping the Territory. Journal of Business Ethics 53: 51-71
Geser H (1990) Organisationen als soziale Akteure. Zeitschrift für Soziologie 19: 401-417
Gläser J, Laudel G (2010) Experteninterviews und qualitative Inhaltsanalyse: als Instrumente rekonstruierender Untersuchungen. VS Verlag für Sozialwissenschaften, Wiesbaden
Goldt J (2011) Die Kommunikation verantwortungsvollen Handelns. Online-Journal für Wirtschafts-, Arbeits- und Organisationssoziologie 1: 135-203
Gollnick G (2013) Geben ohne Kalkül. Springer, Wiesbaden
Gosewinkel D (2003) Zivilgesellschaft – eine Erschließung des Themas von seinen Grenzen her. WZB/Wissenschaftszentrum Berlin für Sozialforschung Discussion Paper SP IV 2003-505. Wissenschaftszentrum Berlin für Sozialforschung, Berlin
Habisch A (2003) Corporate Citizenship. Springer, Berlin
Habisch A (2010) Unternehmensgeist in der Bürgergesellschaft. In: Backhaus-Maul H, Biedermann C, Nährlich S, Polterauer J (Hrsg) Corporate Citizenship in Deutschland. VS Verlag für Sozialwissenschaften, Wiesbaden, S 157-172
Hasenöhrl U (2005) Zivilgesellschaft, Gemeinwohl und Kollektivgüter. WZB/ Wissenschaftszentrum Berlin für Sozialforschung Discussion Paper SP IV 2005-401. Wissenschaftszentrum Berlin für Sozialforschung, Berlin
Heidbrink L (2012) Unternehmen als politische Akteure. ORDO 63: 203-231
Heuberger F (2009) Topmanagement in gesellschaftlicher Verantwortung. Centrum für Corporate Citizenship Deutschland, Berlin
Heuberger F, Oppen M, Reimer S (2004) Der deutsche Weg zum bürgerschaftlichen Engagement von Unternehmen. betrifft: Buergergesellschaft 12. Friedrich-Ebert-Stiftung, Bonn
Heymann HH, Seiwert L (1985) Sozialbilanzen. Expert Verlag, Grafenau
Hiß S (2006) Warum übernehmen Unternehmen gesellschaftliche Verantwortung? Campus, Frankfurt/New York
Hiß S (2009) Corporate Social Responsibility – Innovation oder Tradition? Zeitschrift für Wirtschafts- und Unternehmensethik 3: 287-303
Hoffmann M, Maaß F (2008) Corporate Social Responsibility als Erfolgsfaktor einer stakeholderbezogenen Führungsstrategie? Gabler, Wiesbaden
Hüther M, Braun S, Enste D, Neumann M, Schwalb L (2012) Erster Engagementbericht – Für eine Kultur der Mitverantwortung. Bundestagsdrucksache 17/10580. Deutscher Bundestag, Berlin
Imbusch P, Rucht D (2006) Profit oder Gemeinwohl? VS Verlag für Sozialwissenschaften, Wiesbaden

Kaufmann FX (1989) Über die soziale Funktion von Verantwortung und Verantwortlichkeit. In: Lampe EJ (Hrsg) Verantwortlichkeit und Recht. Jahrbuch für Rechtssoziologie und Rechtstheorie 14. Westdeutscher Verlag, Opladen, S 204-224

Klein A (2001) Der Diskurs der Zivilgesellschaft. Politische Kontexte und demokratietheoretische Bezüge der neueren Begriffsverwendung. VS Verlag für Sozialwissenschaften, Wiesbaden

Kneip V (2013) Politische Verantwortung in der Marktwirtschaft: zur Übertragung von Citizenship-Konzepten auf Konsumenten und Unternehmen. Zeitschrift für Wirtschafts- und Unternehmensethik 1: 62-85

Korfmacher S, Mutz G (2003) Corporate Volunteering in Deutschland – soziales und zivilgesellschaftliches Lernen durch unternehmerisches Bürgerschaftliches Engagement. In: Mutz G (Hrsg) Die Gesellschaft umbauen. Perspektiven bürgerschaftlichen Engagements. Sozialpädagogisches Institut im SOS-Kinderdorf e. V., München, S 100-132

Kromrey H (2000) Fallstricke bei der Implementations- und Wirkungsforschung sowie methodische Alternativen. In: Müller-Kohlenberg H, Münstermann K (Hrsg) Qualität von Humandienstleistungen. Leske und Budrich, Opladen, S 19-58

Kühl S (2011) Organisationen. Eine sehr kurze Einführung. VS Verlag für Sozialwissenschaften, Wiesbaden

Kühl S, Strodtholz P, Taffertshofer A (2009) Handbuch Methoden der Organisationsforschung. VS-Verlag für Sozialwissenschaften, Wiesbaden

Kurucz E, Colbert B, Wheeler D (2008) The Business Case for Corporate Social Responsibility. In: Crane A, Matten D, McWilliams A, Moon J, Siegel D (Hrsg) The Oxford Handbook on Corporate Social Responsibility. Oxford University Press, Oxford, S 83-112

Lamnek S (2010) Qualitative Sozialforschung. Beltz, Basel

Lösch B (2007) Die neoliberale Hegemonie als Gefahr für die Demokratie. In: Butterwege C, Lösch B, Ptak R (Hrsg) Kritik des Neoliberalismus. VS Verlag für Sozialwissenschaften, Wiesbaden, S 221-283

Maaß F (2009) Kooperative Ansätze im Corporate Citizenship. Rainer Hampp Verlag, München/Mering

Mackert J, Müller P (2007) Die Staatsbürgerschaft vor postnationalen Herausforderungen. In: dies. (Hrsg) Moderne (Staats)Bürgerschaft. VS Verlag für Sozialwissenschaften, Wiesbaden, S 9-26

Maier F, Schober C, Simsa R, Millner R (2015) SROI as a Method for Evaluation Research: Understanding Merits and Limitations. Voluntas 5: 1805-1830

Matten D, Crane A (2005) Corporate Citizenship: Toward An Extended Theoretical Conceptualization. Academy of Management Review 1: 166-179

Maurer A, Schimank U (2008) Die Gesellschaft der Unternehmen – Die Unternehmen der Gesellschaft: Gesellschaftstheoretische Zugänge zum Wirtschaftsgeschehen. VS Verlag für Sozialwissenschaften, Wiesbaden

Mittelstädt F, Backhaus-Maul, H, Kunze M (2013) Gesellschaftliches und ökologisches Engagement von Unternehmen (CSR) in Sachsen-Anhalt. Band 3 der Schriftenreihe des Fachgebiets Recht, Verwaltung und Organisation der Martin-Luther-Universität Halle-Wittenberg. Martin-Luther-Universität Halle-Wittenberg/Philosophische Fakultät III, Halle

Müller-Debus AK (2010) Collective action of firms. Dissertation, Berlin. www.diss.fu-berlin.de/diss/servlets/MCRFileNodeServlet/FUDISS_derivate_000000010677/Mueller_Debus_Online_Publikation.pdf. Zugegriffen: 14.03.2017

Murray A, Haynes K, Hudson L (2010) Collaborating to achieve corporate social responsibility and sustainability? Possibilities and problems. Sustainability Accounting, Management and Policy Journal 2: 161-177

Nährlich S (2010) Tue Gutes und profitiere davon. In: Backhaus-Maul H, Biedermann C, ders., Polterauer J (Hrsg) Corporate Citizenship in Deutschland. VS Verlag für Sozialwissenschaften, Wiesbaden, S 240-258

Nyberg D, Spicer A, Wright C (2013) Incorporating citizens: corporate political engagement with climate change in Australia. Organization 3: 433-453

Offe C (2002) Wessen Wohl ist das Gemeinwohl? In: Herfried M, Karsten F (Hrsg) Gemeinwohl und Gemeinsinn. Akademie Verlag, Berlin, S 55-76

Ortmann G (2010) Organisation und Moral. Die dunkle Seite. Velbrück Wissenschaft, Weilerswist

Ortmann G, Sydow J (2001) Strategie und Strukturation. Strategisches Management von Unternehmen, Netzwerken und Konzernen. Gabler, Wiesbaden

Paar S (2004) Die Kommunikation von Corporate Citizenship. Dissertation, Hochschule St. Gallen, St. Gallen

Pies I, Beckmann M, Hielscher S (2012) The Political Role of the Business Firm. Diskussionspapier Nr. 2012-1 des Lehrstuhls für Wirtschaftsethik an der Martin-Luther-Universität Halle-Wittenberg. Lehrstuhl für Wirtschaftsethik an der Martin-Luther-Universität Halle-Wittenberg, Halle

Polterauer J (2005) Corporate Citizenship – Systemfunktionalistische Perspektiven. In: Adloff F, Birsl U Schwertmann P (Hrsg) Wirtschaft und Zivilgesellschaft. Theoretische und empirische Perspektiven. VS Verlag für Sozialwissenschaften, S 97-126

Polterauer J (2008) Corporate-Citizenship-Forschung in Deutschland. Aus Politik und Zeitgeschichte 31: 32-38

Polterauer J (2010a) Unternehmensengagement als Corporate Citizen. Zum Stand der empirischen Corporate Citizenship-Forschung in Deutschland. In: Backhaus-Maul H, Biedermann C, Nährlich S, dies. (Hrsg) Corporate Citizenship in Deutschland. VS Verlag für Sozialwissenschaften, Wiesbaden, S 203-239

Polterauer J (2010b) Der gesellschaftlichen Problemlösung auf der Spur: Gegen ein unterkomplexes Verständnis von „Win-win"-Situationen bei Corporate Citizenship. In: Backhaus-Maul H, Biedermann C, Nährlich S, dies. (Hrsg) Corporate Citizenship in Deutschland. VS Verlag für Sozialwissenschaften, Wiesbaden, S 612-643

Polterauer J, Nährlich S (2010) Funktion und gesellschaftliche Anerkennung von Unternehmensengagement in der Bürgergesellschaft. In: Backhaus-Maul H, Biedermann C, Nährlich S, dies. (Hrsg) Corporate Citizenship in Deutschland. VS Verlag für Sozialwissenschaften, Wiesbaden, S 561-587

Preisendörfer P (2011) Organisationssoziologie. Grundlagen, Theorien und Problemstellungen. Lehrbuch. VS Verlag für Sozialwissenschaften, Wiesbaden

Prinzhorn J (2011) Civil Private Partnerships. Kooperationen mit multinationalen Unternehmen aus Sicht von Nonprofitorganisationen. Tectum, Marburg

Rieth L, Göbel T (2005) Unternehmen, gesellschaftliche Verantwortung und die Rolle von Nichtregierungsorganisationen. Zeitschrift für Wirtschafts- und Unternehmensethik 2: 244-261

Sack D, Oppen M, Wegner A (2003) Innovationsinseln in korporatistischen Arrangements. WZB/ Wissenschaftszentrum Berlin für Sozialforschung Discussion Paper SP III 2003-117. Wissenschaftszentrum Berlin für Sozialforschung, Berlin

Schäfer CK (2009) Corporate Volunteering und professionelles Freiwilligen-Management. VS-Verlag für Sozialwissenschaften, Wiesbaden

Schaltegger S (2015) Die Beziehung zwischen CSR und Corporate Sustainability. In: Schneider A, Schmidtpeter R (Hrsg) Corporate Social Responsibility. Springer, Berlin/Heidelberg, S 199-209

Scherer A, Palazzo G (2001) The new political role of business in a globalized world. Journal of Management Studies 48: 899-931

Scherer A, Palazzo G (2007) Toward a Political Conception of Corporate Responsibility – Business and Society seen from a Habermas Perspective. Academy of Management Review 32: 1096-1120

Schetsche M (1996) Die Karriere sozialer Probleme. Eine soziologische Einführung. Oldenbourg, München/Wien

Schimank U (2006) Handeln und Strukturen: Einführung in die akteurtheoretische Soziologie. Juventa, Weinheim

Schneidewind U (2010) Unternehmerische Strukturpolitik als Ausdruck des Corporate Citizenship – zur Fruchtbarmachung des ökologischen Managementdiskurses für die CSR-Debatte. In: Backhaus-Maul H, Biedermann C, Nährlich S, Polterauer J (Hrsg) Corporate Citizenship in Deutschland. VS Verlag für Sozialwissenschaften, Wiesbaden, S 92-110

Schrader U (2003) Corporate Citizenship. Die Unternehmung als guter Bürger? Logos, Berlin

Seitz B (2002) Corporate Citizenship: Zwischen Idee und Geschäft. In: Wieland J, Conradi W (Hrsg) Corporate Citizenship. Gesellschaftliches Engagement – unternehmerischer Nutzen. Metropolis, Marburg, S 23-195

Simsa R (2001) Gesellschaftliche Funktionen und Einflussformen von Nonprofit-Organisationen. Lang, Frankfurt

Szyska P (2011) Unternehmen und soziale Verantwortung – eine organisational-systemtheoretische Perspektive. In: Raupp J, Jaromilek S, Schultz F (Hrsg) Handbuch CSR. VS Verlag für Sozialwissenschaften, Wiesbaden, S 128-149

Thummes K (2013) Die Grauzone der Halbwahrheiten. Voraussetzungen für die Verantwortbarkeit täuschender PR infolge organisationaler Entkopplung. Communicatio Socialis 3-4: 419-431

Ulrich P (2010) Corporate Citizenship oder: Das politische Moment guter Unternehmensführung in der Bürgergesellschaft. In: Backhaus-Maul H, Biedermann C, Nährlich S, Polterauer J (Hrsg) Corporate Citizenship in Deutschland. VS Verlag für Sozialwissenschaften, Wiesbaden, S 94-100

Vogd W (2009) Rekonstruktive Organisationsforschung. Qualitative Methodologie und theoretische Integration – eine Einführung. Verlag Barbara Budrich, Berlin/Toronto

Wehner T, Gentile C (2012) Corporate Volunteering. Unternehmen im Spannungsfeld von Effizienz und Ethik. Springer Gabler, Wiesbaden

Weik E, Lang R (2013) Moderne Organisationstheorien: eine sozialwissenschaftliche Einführung. Gabler, Wiesbaden

Westebbe A, Logan D (1995) Corporate Citizenship. Unternehmen im gesellschaftlichen Dialog. Gabler, Wiesbaden

Wiesenthal H (1990) Unsicherheit und Multiple-Self-Identität. Eine Spekulation über die Voraussetzungen strategischen Handelns. Discussion Paper 90/2 des Max-Planck-Instituts für Gesellschaftsforschung. Max-Planck-Institut für für Gesellschaftsforschung., Köln

Wolf KD, Schwindenhammer S (2011) Der Beitrag privater Selbstregulierung zu Global Governance. Zeitschrift für Wirtschafts- und Unternehmensethik 1: 10-28

Unternehmensverantwortung aus wirtschaftswissenschaftlichen Perspektiven

10

Christoph Schank und Thomas Beschorner

> **Abstract**
>
> To first illustrate the perspective of business administration on companies' social responsibility the historical background of this topic is outlined so that the origin and developments of the discussion concerning corporate responsibility in economic sciences can be analyzed. To show the limits of the traditional method, especially the approaches of business ethics based on an explicit economic approach will be considered. Furthermore, approaches of integrative economic ethics and culturist business ethics will be portrayed to ensure an extensive understanding of economics, economy and ethics and to promote a re-thinking of economy.

***

Um die (betriebs-)wirtschaftlichen Zugänge zum Thema gesellschaftliche Verantwortung von Unternehmen zu eröffnen, wird zunächst die historische Genese des Themas in der gebotenen Kürze rekonstruiert, um daran anschließend die Anfänge und Entwicklungen der Auseinandersetzung mit Unternehmensverantwortung in den Wirtschaftswissenschaften herausarbeiten. Dabei werden insbesondere jene wirtschafts- und unternehmensethischen Ansätze herangezogen, denen ein explizit ökonomischer Zugang zugrunde liegt, um die Grenzen der traditionellen Methode aufzuzeigen. Um ein weiterreichendes Verständnis von Ökonomik, Ökonomie und Ethik zu entwickeln und ein „Neudenken" der Ökonomik anzuregen, werden abschließend integrative Perspektiven aufgezeigt.

10.1 Einleitung

Die Auseinandersetzung mit der gesellschaftlichen Verantwortung von Unternehmen ist selbst in der gleichfalls noch jungen wissenschaftlichen Disziplin der Betriebswirtschaftslehre ein recht neues und zugleich überaus kontrovers diskutiertes Feld. Zwar begründen einige frühe Arbeiten durchaus etwas wie eine Tradition der betriebswirtschaftlichen Auseinandersetzung mit solchen Fragestellungen (Clark 1916; Donham 1929; Bowen 1953; Heald 1957), eine durchgehende, breite und zugleich reflektierte Beschäftigung erfolgte jedoch erst ab den 1980er Jahren[1] mit einer zugleich praxisrelevanteren Etablierung des Begriffes der Corporate Social Responsibility (CSR), der gezielt Unternehmen als Verantwortungssubjekte adressiert und neben der Gewinnerzielung soziale, ökologische und gesellschaftspolitische Dimensionen in die Geschäftstätigkeit integriert. Während Unternehmensverantwortung lange Zeit ein Nischendasein in der akademischen Diskussion fristete, mehren sich die Anzeichen für eine breitere Rezeption in der betriebswirtschaftlichen Forschung, die auch in klassische Managementbereiche vordringt (Hansen und Schrader 2005; Matten und Palazzo 2008). Zugleich muss festgehalten werden, dass das Thema Unternehmensverantwortung noch nicht dem Mainstream betriebswirtschaftlicher Forschung und Lehre zugerechnet werden kann; zu groß erscheinen dafür die Vorbehalte und Vorurteile gegenüber einem aufstrebenden Fach, das durchaus auch grundlegendere Fragen gegenüber der Betriebswirtschaftslehre insgesamt aufwirft. Die weiterhin recht geringe Anzahl von Lehrstühlen im Bereich der Wirtschafts- und Unternehmensethik ist dafür ein deutlicher Indikator – ganz besonders im deutschsprachigen Raum.

Eine zunehmende Verbreitung und Intensivierung der CSR-Diskussion ist aber durchaus zu erkennen und kann als Reaktion auf eine normativ entkernte, in ihrem Anspruch wertfrei gestaltete Betriebswirtschaftslehre verstanden werden, die (ethisch gehaltvolle) Normen und Werte weder behandelt noch reflektiert und damit in ihrem Erklärungsanspruch möglichst „objektiv" bleiben will.[2] Innerhalb

---

1 Die Gründung der „Society of Business Ethics", die bis heute wichtigste wissenschaftliche Vereinigung im Bereich der Wirtschafts- und Unternehmensethik, erfolgte im Jahr 1980 unter Federführung von Richard George, Thomas Donaldson und Pat Werhane. Zudem fallen erste richtungsweisende Arbeiten wie jene von Archie B. Carroll (1979) und die ersten systematischen Auseinandersetzungen mit dem Stakeholder-Begriff unter R. Edward Freeman (Freeman und Reed 1983, Freeman 1984) in diesem Zeitraum.

2 Dieser selbstformulierte Anspruch der traditionellen Betriebs- ebenso wie der Volkswirtschaftslehre übersieht, dass der eigenen Disziplin natürlich schon selbst eine Ethik zugrunde liegt (der sogenannte Utilitarismus), von Wertfreiheit also in keiner Weise die Rede sein kann.

des traditionellen Verständnisses der Betriebswirtschaftslehre folgen Unternehmen dem ökonomischen Primat der Gewinnerzielung und vermeiden „außerökonomische" Handlungslogiken, die dem Gewinnprinzip möglicherweise nicht dienlich sind. Während die Disziplin der Unternehmensethik nun aber genau die Diskussion über die Wertegrundlage und die meisten Fachvertreter eine über das Prinzip der Gewinnmaximierung hinausgehende Verantwortung des Wirtschaftens fordern, lehnen Vertreter der „reinen" Betriebswirtschaftslehre diese Beschäftigung mit unterschiedlichen, teilweise konträren Argumenten ab (Göbel 2013, S. 5). So sieht beispielsweise Schneider (1990, S. 885ff.) eine ethisch-normative Lesart der Disziplin als anmaßend, fruchtlos und irreleitend an und fordert, sich auf den Kern der Disziplin, nämlich ökonomische Rationalität und Gewinnprinzip, zu beschränken. Andere Vertreter einer traditionellen Betriebswirtschaftslehre möchten auf „Moralapostel und erhobene Zeigefinger" verzichten, indem sie argumentieren: Unternehmensethik – und damit die Frage nach der gesellschaftlichen Verantwortung von Unternehmen – ist schlechterdings überflüssig; schließlich sei gutes, sprich: erfolgreiches Management immer zugleich auch ethisches Management (Albach 2005, S. 809). Unternehmensethik wird folglich aus zwei widersprüchlichen Gründen verworfen: Einerseits sei sie von ökonomisch-rational agierenden Akteuren schlichtweg nicht zu leisten und müsse außerökonomisch, etwa durch eine staatliche Rahmenordnung, zugeführt und sichergestellt werden. Andererseits fielen Unternehmensethik und Unternehmensführung zwangsläufig zusammen, da erfolgsorientiertes und erfolgreiches Management dem Gemeinwohl zuträglich sei.

Beide Sichtweisen befriedigen weder aus normativer Sicht noch mit Blick auf die unternehmerische Realität. Von einer Einheit oder auch nur Wahlverwandtschaft von gesellschaftlich verantwortlichem und ökonomisch erfolgreichem Wirtschaften zu sprechen, erscheint aufgrund einer Reihe von höchst profitablen, jedoch dezidiert gemeinwohlschädlichen Handlungen innerhalb der Wettbewerbsordnung mehr als nur fraglich. Eine Vielzahl von Betrugsskandalen, Bilanzfälschungen (z. B. die Insolvenz des US-amerikanischen Energiekonzerns Enron 2001), Korruptionsfällen (z. B. die Korruptionsaffäre im Technologiekonzern Siemens 2006-2008) und der fahrlässige Umgang mit Wohlstand, Gesundheit und Leben von Konsumenten und Beschäftigten (z. B. verschiedene (Gammel-)Fleischskandale in Deutschland 2005 und 2006) belegen dieses eindrucksvoll. Noch besorgniserregender muss jedoch die Annahme sein, dass Unternehmen zur Übernahme gesellschaftlicher Verantwortung schlicht nicht fähig seien. Dieses würde eine wirkungsmächtige Instanz außerhalb der ökonomischen Handlungslogik voraussetzen. Weder die Öffentlichkeit noch der (National-)Staat sind vor dem Hintergrund der Globalisierung hierzu jedoch alleine in der Lage, wie die aktuelle Diskussion zeigt (vgl. dazu den Beitrag von Baur in diesem Band).

In diesem Beitrag stellen wir uns die Frage nach (betriebs-)wirtschaftswissenschaftlichen Zugängen zur Verantwortung von Unternehmen. In einem ersten Schritt erscheint es hilfreich, zu den Ursprüngen der Wirtschaftswissenschaften schlaglichtartig in die Zeit der griechischen Antike bis zu der Aufklärung zurückzugehen, um daran anschließend Ursprünge und Entwicklungen der Auseinandersetzung mit der Unternehmensverantwortung in den Wirtschaftswissenschaften – nun als etablierte wissenschaftliche Disziplin – herauszuarbeiten. Wir werden dabei insbesondere jene wirtschafts- und unternehmensethischen Ansätze heranziehen, denen ein explizit ökonomischer Zugang zugrunde liegt, um die Argumentation darzustellen und die Grenzen der traditionellen Methode aufzuzeigen. Letztlich werden wir uns mit der Integrativen Wirtschaftsethik und der kulturalistischen Unternehmensethik jenen Ansätzen zuwenden, die ein weiterreichendes Verständnis von Ökonomik, Ökonomie und Ethik entwickeln. Dieser Überblick kann nicht erschöpfend, sondern nur abrissartig gegeben werden.

10.2 Ökonomik in den Kinderschuhen: Unternehmensverantwortung in der griechischen und römischen Antike bis zur nationalökonomischen Klassik

Die Wiege der heute entwickelten und ausdifferenzierten Wirtschaftswissenschaften liegt in den Zeiten der griechischen Antike. Das dort entwickelte Verständnis überdauerte im Kern die römische Antike und das christliche Mittelalter, in dem Denker wie Aristoteles, Platon, Cicero und Seneca als unbestrittene Autoritäten galten (Aßländer 2011a, S. 30). Wir finden hier zugleich einige wichtige Hinweise zur Geburtsstunde der modernen Nationalökonomie. Aristoteles (384-322 v. Chr.) begründet die Einheit von Ethik, Politik und Ökonomie, die er unter dem Dach der Praktischen Philosophie verortet. Wirtschaftswissenschaft ist damit (noch) keine Einzelwissenschaft im Sinne eines funktional ausdifferenzierten Wissenschaftssystems, wie wir es heute kennen, sondern auf das Engste mit normativen und politischen Fragestellungen verbunden. Im Zentrum dieser Ökonomie steht der Haushalt (*Oikos*) und seine Bewirtschaftung. Im Spiegel der antiken, agrarisch geprägten Form des Wirtschaftens dient er primär dem Erwerb von Gütern, d. h. dem Lebenserhalt (Vieh, Getreide, Baumaterialien etc.). Haushaltsführung ist dabei vordergründig mit dem Subsistenzgedanken verbunden. Wie diese Wirtschaftskunst auszuüben ist, steht unter einem ethischen Primat und ist keine autonome, allein effizienzorientierte Wissenschaft. Gleichsam verhält es sich zur

Abgrenzung gegenüber der ebenfalls eng verflochtenen Politik. Der Haushalt ist nicht, wie in der späteren Wirtschaftswissenschaft, ein für sich allein zu fassendes Analyseobjekt und Subjekt von wirtschaftlichen Entscheidungen, sondern stets in die ihn umgebende Gesellschaft eingebettet. Vielmehr ist dieser Haushalt ohne den Staat (*Polis*) nicht denk- und beschreibbar (Koslowski 1993, S. 50). Wer sich – nach diesem antiken Verständnis – als Wirtschaftssubjekt betätigt, tut dies daher zwangsläufig unter Vorbehalt normativer und politischer Legitimität und nicht allein aus effizienzorientiertem Gewinnstreben. Vereinfacht kann man sagen: Erst kommt die Ethik, dann die Politik, dann die Ökonomie. Der Effizienzgedanke, der später im Dienste der Allokation knapper Güter zu einem beherrschenden Primat der Wirtschaftswissenschaft werden sollte, spielte in der antiken Wirtschaft eine lediglich untergeordnete Rolle, was sich u. a. auch darin widerspiegelt, dass Kameralistik und die kaufmännische doppelte Buchführung Errungenschaften des Mittelalters und der Neuzeit sind (Gleeson-White 2012; Lee 1977).

Die hohe normative und politische Durchdringung des Wirtschaftens böte eine hervorragende Rahmenbedingung, um schon in der frühen Geburtsstunde ökonomischer Wissenschaft den Rahmen für die Verantwortung von Unternehmen abzustecken. Ein solches Vorhaben wird jedoch allein maßgeblich vom Fehlen eines dezidierten Unternehmensbegriffes bei Aristoteles erschwert. Der Haushalt selbst ist kein verfasster Akteur, sondern nur die Stätte des Wirtschaftens für natürliche Personen. Wirtschaftliches Streben verfolgt dabei zwei Ziele, nämlich die Autarkie des Haushaltes sicherzustellen und dem Haushaltsvorstand, dem freien (politischen) Bürger, ökonomische Sicherheit und Freiheit zu gewähren, ohne die eine Wahrnehmung seiner Bürgerpflichten nicht möglich wäre. Der Erwerb von Reichtum und die Gewinnerzielung sind damit kein Selbstzweck und die Zielsetzung, die causa finalis des Wirtschaftens, ist für eine ethische Betrachtung zentral. Aristoteles verdeutlicht dieses anhand seiner Unterteilung in die Haushaltskunst (*Oikonomik*), die Beschaffungskunst (*Ktetik*) und die Erwerbskunst (*Chrematistik*) (Aßländer 2011b, S. 28). Davon gilt es die Chrematistik, der Erwerb um des Erwerbens Willen, als „unnatürliche" Form des Erwerbes vom „natürlichen" Erwerb zu trennen. Darunter fallen weite Bereiche der Tauschwirtschaft (Handel), des Geldverleihs, der Spekulation, aber auch der Produktion, sofern hier nicht die Handwerkskunst, sondern die Veräußerung der Waren das Ziel ist. Das heutige Verständnis von einem Unternehmen als zweckmäßig zum Gewinnerwerb errichtete Formalorganisation fußt daher nicht auf dem antiken Verständnis eines guten, oder wenn wir so möchten, gesellschaftlich verantwortungsvollen Handelns.

Die vormoderne Welt der Griechen, Römer und der mittelalterlichen Völker Europas ist nicht mit der stark arbeitsteiligen, von langen Interdependenzketten geprägten Arbeitswelt der modernen Gesellschaft vergleichbar. Während für

Aristoteles das gute Leben außerhalb der Gemeinschaft mit Anderen (Aristoteles 1985, S. 1099) kaum denkbar war und soziale Normen individuelles Fehlverhalten noch begrenzten, findet Wirtschaften bereits in der Neuzeit vor dem Hintergrund einer wertepluralen, in weiten Zügen anonymisierten Gesellschaft statt, die dem (opportunistischen) Eigeninteresse der Menschen schwerer etwas entgegensetzen kann. Im Lichte dieser Entwicklung wird verständlich, weshalb die Wirtschaftswissenschaft in der Aufklärung eine neue Legitimitätsgrundlage erhält.

10.3 Der Beginn der ökonomischen Wissenschaft in der nationalökonomischen Klassik

Der Beginn der Ökonomie als Einzelwissenschaft ist untrennbar mit den Vordenkern der schottischen Aufklärung, insbesondere dem Gründungsvater Adam Smith (1723-1790), sowie den weniger einflussreichen Physiokraten verbunden, die ihre Überlegungen in einem von den Merkantilisten und Kameralisten beherrschten Europa aufstellten (Priddat 2011, S. 35ff.). Diese Welt hatte sich gegenüber Antike und Mittelalter einschneidend verändert: Die beginnende Industrielle Revolution und der Kapitalismus sorgten für einen rasanten Produktionsanstieg mit hoher Arbeitsteilung und anonymen Austauschbeziehungen zwischen den Wirtschaftspartnern, aber auch massenhafter Armut der Arbeiterschaft. Gleichzeitig änderten sich die gesellschaftlich-klimatischen Bedingungen, vor deren Hintergrund ökonomisches Handeln bewertet wurde. Galt das wirtschaftliche Erwerbsstreben insbesondere bis ins hohe Mittelalter hinein als missliebiges, lasterhaftes Tagewerk, erfolgte nun eine Umstilisierung des ökonomischen Eigeninteresses zu einer gesellschaftlich produktiven Kraft (Hirschman 1987, S. 66ff.). Dem Handel wurde nun zugeschrieben, Tugenden wie Klugheit oder Rechtschaffenheit zu fördern und der Zivilisierung des Menschen zur Durchsetzung zu verhelfen (Hirschman 1989, S. 139f.).

Obwohl Adam Smith durchaus selbst noch die Einheit von Ethik, Politik und Ökonomie bemüht[3], gibt sein Wirken den entscheidenden Anstoß zur Etablierung der Wirtschaftswissenschaft als Einzeldisziplin mit einem überwiegend (aber nicht ausschließlichen) empirisch-deskriptiven Selbstverständnis (Löhr 1991, S. 70). Zur Bestimmung der „Unternehmens"verantwortung bietet Adam Smith eine klassische

---

3 Adam Smiths Überlegungen werden leider mitunter fälschlich auf die Idee einer Marktlogik durch die „unsichtbare Hand" reduziert. In der Adam-Smith-Forschung besteht jedoch weitestgehend Einigkeit darüber, dass diese Überlegungen in dem Buch „Der Wohlstand der Nation" (1776) in Korrespondenz mit (und nicht als Aufhebung von) „The Theory of Moral Sentiments" (1759) zu lesen sind.

wie scheinbar verlockend einfache Formel: „Nicht vom Wohlwollen des Metzgers, Brauers und Bäckers erwarten wir das, was wir zum Essen brauchen, sondern davon, daß sie ihre eigenen Interessen wahrnehmen. Wir wenden uns nicht an ihre Menschen- sondern ihre Eigenliebe, und wir erwähnen nicht die eigenen Bedürfnisse, sondern sprechen von ihrem Vorteil" (Smith 1999, S. 17). Dieses würde die Verantwortung von Unternehmen auf den (vermeintlich reinen) Organisationszweck der Gewinnerzielung reduzieren. Ganz so einseitig verhält es sich bei dieser Verantwortungszuschreibung jedoch nicht, denn Adam Smith verteufelt durchaus „unverschämte Eifersucht", „bloße Habgier und Monopolgeist der Kaufleute und Unternehmer" und sieht darin ein Grundübel nicht nur der Wirtschaft, sondern der gesellschaftlichen Ordnung schlechthin (Smith 1999, S. 407).

Smith selbst entwickelt keine Konzeption von Unternehmensverantwortung, sondern rückt den Unternehmer selbst in den Vordergrund. Im Gegensatz zur aristotelischen Perspektive ist die eigennützige Erwerbskunst nun aber nicht länger per se unmoralisch, sondern erfährt eine gesellschaftliche Legitimation. Abgesehen von der These, die Verfolgung des Eigennutzes diene dem Gemeinwohl, lassen sich Verantwortungsbereiche jedoch lediglich *ex negatio* bestimmen. So wendet er sich etwa gegen existenzgefährdende Löhne, starre Zunftgesetze, Preisabsprachen und Kartellbildung (Leisinger 1997, S. 35ff.). Verantwortungsvoll ist ein Wirtschaftsakteur folglich dann, wenn er die freie Wettbewerbsordnung nicht hintertreibt und ihre Unvollkommenheiten gleichzeitig nicht unbillig ausnutzt.

10.4 Inwiefern tragen Unternehmen Verantwortung?

Die Frage nach der gesellschaftlichen Verantwortung von Unternehmen im Allgemeinen und die Fachdisziplin der Unternehmensethik im Speziellen zählen nicht zu den klassischen Feldern der Betriebswirtschaftslehre und sind in einschlägigen Standardwerken und Handbüchern auch heute noch vergleichsweise selten Gegenstand der Betrachtung (Küpper 2011, S. 4f.).

Der Grundstein der Entwicklung hin zu einem modernen Verständnis von gesellschaftlicher Unternehmensverantwortung legte Howard Bowen 1953 mit seiner klassischen Schrift „Social Responsibilities of the Businessman", die auch eine frühe Definition von unternehmerischer Verantwortung beinhaltet: „Its refers to the obligations of businessmen to pursue those policies, to make those decisions, or to follow those lines of action which are desirable in terms of the objectives and values of our society" (1953, S. 6). Zwei Aspekte sind an diesem Zitat bemerkenswert: Erstens, die explizite Bezugnahme unternehmerischen Handelns auf Ziele und Werte (in) der

Gesellschaft. Zweitens adressiert Bowen die Realisierung dieser gesellschaftlichen Ziele und Werte vornehmlich an das Management (also die „Businessmen") und damit schlussendlich an natürliche Personen. Da hierbei die Unternehmen, ihre Ressourcen und ihre organisationsspezifische Verantwortung jedoch unmittelbar mitgedacht werden, erscheint es durchaus legitim, Howard Bowen als Vater der modernen Unternehmensverantwortung zu benennen (Carroll 1999, S. 270).

Die Frage, ob Unternehmen als Kunstgebilde überhaupt gesellschaftliche Verantwortung übernehmen sollen und können, beschäftigte auch Milton Friedman prominent in seinem Beitrag „The Social Responsibility of Business Is to Increase its Profits" von 1970. Eine gesellschaftliche *Unternehmens*verantwortung sieht er darin kritisch: „Only people can have responsibilities. A corporation is an artificial person and in this sense may have responsibilities, but ´business' as a whole cannot be said to have responsibilities, even in this vague sense" (Friedman 1970, 2007, S. 173). Friedmans Thesen sind Gegenstand einer Vielzahl an Kritiken und es bedarf keiner weiteren eingehenden Auseinandersetzung in diesem Beitrag. Herauszustellen ist jedoch, dass er „gesellschaftliche" Verantwortung, die er zum einen als Spendenethik und zum anderen als individuellen Ethos versteht, allein in der außerökonomischen Sphäre des Privatmenschen verortet (Friedman 2007, S. 174). In Unternehmen jedoch seien Privatmenschen eben gerade nicht in privater Mission, sondern als Agenten der Eigentümer unterwegs. Versucht dieser Agent aber nun, sich gesellschaftspolitisch zu betätigen und mit den Unternehmensressourcen soziale oder ökologische Ziele zu verfolgen, verübt er damit nicht nur Betrug an den Eigentümern, sondern er unterminiere damit zugleich die freie Gesellschaftsordnung, in der demokratische Prozesse über die Verwendung von Steuergeldern bestimmen (Friedman 2007, S. 178). Aufgrund dieser Überlegungen stilisiert Friedman gesellschaftliche Unternehmensverantwortung zu nicht weniger als eine subversive Bewegung zur Unterhöhlung eben dieser freien Gesellschaftsordnung (Friedman 1962, S. 133). Es gilt folglich knapp zu erörtern, inwiefern Kunstgebilde wie Unternehmen überhaupt eine Verantwortung tragen können.

Eine zunehmende Bedeutung von Organisationen zeichnet sich erst mit der beginnenden Moderne ab. Vor diesem Hintergrund überrascht es kaum, dass eine philosophische Beschäftigung mit diesen neuen, aber immer relevanteren „Gebilden" lange auf sich warten ließ – und durchaus auch bis heute noch nicht hinreichend betrachtet wurde. Eine wichtige Frage in diesem Zusammenhang ist, ob Organisationen, z. B. Unternehmen, eine Verantwortung als „kollektive Akteure" wahrnehmen können. Anders formuliert: Können Unternehmen als eigenständige Verantwortungsakteure – jenseits einer individuellen Verantwortung der in ihnen handelnden Individuen – betrachtet werden? Die Beantwortung dieser Frage bestimmt sich wenigstens über zwei zusammenhängende Dimensionen, wie

Ludger Heidbrink (2011) verdeutlicht: Erstens über eine prinzipielle Verantwortungsfähigkeit (dazu zählen: Freiheit, Handlungsfähigkeit) und zweitens über das Organisationsverständnis (z. B. als Nexus von Verträgen, als Maschinenmodell, Organismus, Personenmodell oder Modell sekundärer Verantwortung etc.). Heidbrink (2011, 194ff.) kommt zu dem Ergebnis, dass über das Personenmodell und über das Modell sekundärer Verantwortung eine korporative Verantwortung plausibel gemacht werden kann: „[...] das Personenmodell [sieht] in Korporationen moralische Akteure *sui generis*, die in vollem Umfang für ihre Operationen verantwortlich sind, ohne dass Unternehmensentscheidungen auf Handlungen einzelner Mitglieder zurückgeführt werden müssen. Ähnlich geht das Modell sekundärer Verantwortung davon aus, dass Korporationen sekundäre moralische Akteure sind, die eine eigene Gesamtverantwortung tragen. Die sekundäre Verantwortung von Unternehmen lässt sich auf die Einzelverantwortung der Unternehmensmitglieder zurückführen, ohne mit dieser identisch sein zu müssen" (Heidbrink 2011, 194f.).

Eine systemische und genuin auf den Verantwortungsträger Unternehmen – nicht (nur) auf Unternehmer – zugeschnittene Diskussion beginnt Archie B. Carroll mit seinem Modell von dem „corporate social performance conceptual model" (Carroll 1979, S. 502) und – noch wegweisender – „Pyramid of Corporate Social Responsibility" (Carroll 1991) bzw. seinen identischen „Four Faces of Corporate Citizenship" (Carroll 1998). In seiner vierstufigen Konzeption denkt er die ökomische und rechtliche Verantwortung von Unternehmen mit der ethischen und der philanthropischen zusammen. Damit wird ein Analyserahmen gesteckt, der die vom Markt aufgezwungene ökonomische Verantwortung und die vom regulativen Rahmen geforderte rechtliche Verantwortung – wir können sie als obligatorische, essentielle oder unfreiwillige Verantwortung bezeichnen – als Fundament setzt. Darüberhinausgehend erfährt Unternehmensverantwortung aber seine wirkliche Qualität erst mit der ethischen und philanthropischen Dimension. Während „philanthropische Verantwortung" bedeutet, sich den *Wünschen* der Anspruchsgruppen anzunehmen, deckt die ethische Dimension die *Erwartungen* eben jener Gruppen ab. Sich als Unternehmen auch jenseits der ökonomischen Marktzwänge und des juristischen Korsetts erwartungskonform und strategisch klug zu verhalten, vereint als „enlightened self-interest" (Leisinger 2009, S. 192) im Idealfall die Anforderungen eines begründet normativen und wirtschaftlich erfolgreichen Managements. Das Modell von Archie B. Carroll verhalf der CSR-Diskussion zum Durchbruch und hat zu ähnlichen Folgemodellen inspiriert (Hiß 2006; Höffe 2010).

Eine Beschäftigung mit der Verantwortung speziell von Unternehmen als kollektive Akteure ist in der wissenschaftlichen Diskussion spätestens seit Beginn der 90er Jahre salonfähig und etabliert. Der viel beachtete und jüngste Ansatz stellt dabei die ISO 26000 dar, die aus einem globalen Aushandlungsprozess unter umfassender Beteiligung hervorging und die Verantwortung von Organisationen behandelt (Schmiedeknecht und Wieland 2012). Im Folgenden wollen wir nun unser Augenmerk gezielt auf jene Strömung gesellschaftlicher Unternehmensverantwortung richten, die eine wirtschaftswissenschaftliche Methode (Ökonomik) für eine Ethik mit anderen Mitteln fruchtbar machen will.

10.5 Ökonomik als Fortsetzung der Ethik mit anderen Mitteln

Ein besonders konsequent an der neoklassischen Ökonomik orientierter Ansatz zur Auseinandersetzung mit der gesellschaftlichen Verantwortung von Unternehmen stellt die vom Ökonomen und Philosophen Karl Homann und seinen Schülern entwickelte Moralökonomik dar (Homann und Blome-Drees 1992; Homann und Pies 1994; Suchanek 2007; Pies 2009). Die moralökonomische Sichtweise auf das Spannungsfeld zwischen Ethik und Ökonomie weist der Ökonomik das Primat gegenüber der Ethik zu und fragt, unter welchen Prämissen und Bedingungen Moral in der modernen Wirtschaft realisiert werden kann. Damit wird die Ökonomik und ihre Handlungslogik als gegeben akzeptiert – und analog zu Adam Smith über ihre Wohlfahrtsfunktion legitimiert und begründet, wodurch Markt und Wettbewerb eine eigene moralische Qualität erhalten (Homann und Pies 1994, S. 4).[4] Der Markt wird als ausdifferenziertes Subsystem erkannt, das gegenüber der Ethik erst einmal autonom ist und seine eigene Rationalität besitzt. Er fällt nun nicht länger mit dem Subsystem der Ethik zusammen. Marktwirtschaft, Wettbewerb und Gewinnprinzip werden in der Moralökonomik damit nicht hinterfragt, sondern für die Wirtschaft der Moderne als zwingend konstituierend postuliert. Die Realisierung von Moral und Ethik in Marktprozessen sei durch diese ökonomischen Sachzwänge prinzipiell restringiert, aber nicht ohne Möglichkeit zur Umsetzung. Entsprechend stehen die Rahmenbedingungen und Voraussetzungen im Vordergrund, unter denen Unternehmen eine gesellschaftliche Verantwortung über ihre Gewinnabsichten hinaus wahrnehmen können.

---

4 Ähnlich argumentiert schon Wilhelm Röpke, einer der Väter der Sozialen Marktwirtschaft, wenn er die Gewinnerzielung von Unternehmen als „sozialwirtschaftliche Funktion" verstanden wissen will, die zum Erhalt und zur Generierung des volkswirtschaftlichen Wohlstandes unerlässlich ist (Röpke 1979, S. 378, zitiert nach Goldschmidt und Homann 2011, S. 7).

Unter Rückgriff auf Gary S. Becker (1982) werden die Anliegen der Ethik, genauer die normative Begründung der wirtschaftlichen Aktivitäten und die bereits bei Aristoteles aufgeworfene Frage nach dem guten Leben, in die „terms of economics", also in die Sprache des Ökonomischen, übersetzt, so Homann (2004, S. 9). Gesellschaftliche Verantwortung ist damit eine Frage der Anreize und wird von Unternehmen übernommen, wenn sie sich ökonomisch rechnet oder zumindest nichts kostet. Die Moralökonomik zieht daraus die Schlüsse, dass Moral entweder in den Anreizstrukturen oder überhaupt nicht zur Geltung kommen kann (Homann 2007, S. 14). Positiv formuliert: Moral soll nicht gegen die Eigeninteressen der Akteure in Stellung gebracht, sondern für diese dienstbar gemacht werden (Suchanek 2007, Vorwort). Hierbei wird die Verantwortung des Unternehmens gegenüber seinen Anteilseignern nicht mit seiner Verantwortung gegenüber der Gesellschaft gleichgesetzt, wie dies noch bei Milton Friedman zu beobachten ist. Dennoch wird gesellschaftliche Verantwortung auch bei Homann et al. nicht auf Kosten von Shareholdern realisiert. Die genaue Bestimmung dieser gesellschaftlichen Verantwortung erfolgt bei Karl Homann (2006) über einen Dreiklang aus Handlungs-, Ordnungs- und Diskursverantwortung (ähnlich auch bei Pies et al. 2009):

- Handlungsverantwortung: Hierunter werden in einem engeren Sinne die Aktivitäten des Kerngeschäftes, die Unternehmensführung und philanthropische Aktivitäten verstanden. Unternehmen sind demnach für ihr unmittelbares, zur Erfüllung des Geschäftszwecks (und darüber hinaus) notwendiges Tun verantwortlich. In einem erweiterten Sinne übernehmen Unternehmen Verantwortung für Strukturprobleme und gesellschaftliche Problemlagen vor Ort und global, etwa indem sie sich auf den Feldern Bildung, Soziales, Gesundheit oder Entwicklungszusammenarbeit betätigen. Hier übernehmen Unternehmen häufig Verpflichtungen, die üblicherweise in die Hoheit der Nationalstaaten fallen (Matten und Crane 2005).
- Ordnungsverantwortung: Die Moralökonomik gibt sich nicht der Illusion einer perfekten, vollständigen Rahmenordnung hin, die moralischen Standards durchgehend zu ihrer Durchsetzung verhelfen könnte. Da in der Rahmenordnung aber der maßgeblichste Garant für die Institutionalisierung von Moral in der modernen Wirtschaft gesehen wird, ist die „Arbeit an einer sozialen Ordnung für die Weltgesellschaft" (Homann 2006, S. 2) die vornehmste und zugleich vordringlichste Aufgabe der Unternehmen. Unternehmen tragen in dieser Kategorie für eine leistungsfähige (globale) Governance Sorge und gestalten staatliche Regulierungslücken – als ein Akteur unter mehreren – aus.
- Diskursverantwortung: In der Homannschen Lesart bedeutet Diskursverantwortung die Überwindung von „moralischen Blockaden" (Homann 2006, S. 4),

die den Blick auf Marktwirtschaft und Wettbewerb als effizientes und damit wohlstandsförderndes Ordnungsinstrument verstellen. Obwohl hier ein Dialog mit offenem Ausgang ausgelobt wird, scheint es sich hierbei um nicht weniger als die Legitimierung des marktwirtschaftlichen Systems unter Rückgriff auf normative Dimensionen zu handeln. Ein ergebnisoffener Diskurs hat ein solches „Freund-Feind-Denken" (Steinmann 2008, S. 341) jedoch abzulehnen.

Die Moralökonomik verfügt somit über eine bewusst den Unternehmen zugeschriebene gesellschaftliche Verantwortung über die Gewinnerzielung hinaus, deren legitimatorische Grundlage aber kaum legitimatorisch begründet wird und in der Gesamtkonzeption marginal bleibt. Systematischer Ort der Moral ist hierbei die Rahmenordnung, die für alle Akteure die Handlungsräume gestaltet. Indem unerwünschte, weil sittlich bedenkliche, Handlungen durch die Rahmenordnung unterbunden werden, sind die einzelnen Handlungen der Unternehmen, die Spielzüge innerhalb der Spielregeln, von Moral (weitestgehend) befreit (Homann und Blome-Drees 1992, S. 35). Treten in der Ökonomie nun Konfliktfälle zwischen wirtschaftlichem Erfolg und moralischer Bewertung auf – etwa, wenn eine moralisch unerwünschte Handlung mit großen Profiten verbunden ist –, ist nun nicht das einzelne Unternehmen gefordert, diese Handlung von sich aus zu unterlassen, sondern die Rahmenordnung muss die fragliche Handlung für alle Akteure wirksam unterbinden. Die Verantwortung des Unternehmens läge in diesem Fall darin, auf eine Optimierung des Ordnungsrahmens (siehe Ordnungsverantwortung) hinzuwirken. Dieses wird, im Geiste des Ansatzes folgerichtig, als Investition in die Wettbewerbsordnung und nicht als moralische Pflicht begriffen.

Karl Homann und seine Schüler vertreten einen ökonomisch begründeten Ansatz von gesellschaftlicher Unternehmensverantwortung, der dezidiert die Implementierungsproblematik von Moral in den Mittelpunkt rückt. Erscheint dieses im Hinblick auf eine theoretisch gehaltvolle Auseinandersetzung mit dem Wirken von Unternehmen als maßgebliche Akteure einer Marktwirtschaft noch verheißungsvoll, werden diese Hoffnungen rasch zerschlagen. Unternehmen als kollektive Akteure werden (wie individuelle Akteure in Form von Konsumenten, Investoren, Politikern etc. auch) darin lediglich dazu aufgerufen, die bestehende Rahmenordnung zu achten, an ihrer Optimierung mitzuwirken, sich dialogfähig gegenüber auch kritischen Anspruchsgruppen zu zeigen und in Form von Wettbewerbsstrategien solche Geschäftsfelder zu erschließen, die ökonomisch gewinnbringend und gleichzeitig moralisch integer ausfallen. Auch wenn Unternehmen damit keinesfalls von gesellschaftlicher Verantwortung befreit sind, steht doch jegliche moralische Erwägung unter einem ökonomischen Vorbehalt. Gesellschaftliche Verantwortung über ihre im Wettbewerb realisierte Wohlstandsfunktion hinaus ist nur dann legitimerweise zu erhoffen, wenn es dazu ökonomische Anreize in Form von Gewinnpotenzialen oder Sanktionen gibt.

Insgesamt, so können wir bis hierhin festhalten, bestehen bei wirtschaftswissenschaftlichen Ansätzen, die sich dem Thema Unternehmensverantwortung unter Verwendung einer engen ökonomischen Methode zuwenden, durchaus gravierende, teils methodische, teils normative Probleme, die nur zu unbefriedigenden Ergebnissen führen. Dabei scheinen uns manche Autoren, wie im Falle Friedmans oder Albachs, durchaus nicht nur von einem wissenschaftlichen Interesse geleitet, sondern auch politisch motiviert.

10.6 Integrative Perspektiven: Ökonomie und Ökonomik anders denken

Anders als in ökonomisch orientierten Ansätzen argumentiert Ulrich in seiner „Integrativen Wirtschaftsethik" (1997, erstmals 1994) nicht aus einer einzelwirtschaftlichen Logik verbunden mit dem Versuch, Nutzenpotenziale für Unternehmen durch ethisches Handeln aufzuspüren. Vielmehr versteht Ulrich (1977) Unternehmen als „quasi-öffentliche Institution", da ihre Auswirkungen auf die Gesellschaft schwerer als private Interessen wiegen können. Ulrich geht es dabei um nicht weniger als die Entwicklung eines ethischen Standpunktes zur Beantwortung der Frage nach einem guten und gerechten Leben. Dabei ist es für Ulrich zentral, der ökonomischen Verfügungsordnung eine politisch-ökonomische Verständigungsordnung vor- bzw. überzuordnen und damit die Ökonomie durch einen gesellschaftsvertraglichen Basiskonsens zu legitimieren. Unter Rückgriff auf die Diskursethik wird der Herauslösung der ökonomischen Rationalität aus der praktischen Vernunft entgegnet, indem die – der traditionellen Ökonomik zugrundeliegende – utilitaristische in eine kommunikative Ethik überführt werden soll.

Ulrich (2000, S. 7) charakterisiert die Grundaufgaben einer Integrativen Wirtschaftsethik wie folgt: In einem ersten Schritt wird – in deutlicher Abgrenzung zu „konventionellen" wirtschaftsethischen Ansätzen – eine vernunftethische Perspektive entfaltet, um von diesem Standpunkt her gegenüber der „‚reinen' ökonomischen Vernunft" eine substanzielle Kritik formulieren zu können. Auf dieser Grundlage wird sodann nach normativen „lebensdienlichen" Grundorientierungen gefragt und es werden letztlich die „Orte" der Moral des Wirtschaftens entwickelt. Die aus der Diskursethik entwickelte „regulative Idee der idealen Kommunikationsgemeinschaft" repräsentiert den moralischen Standpunkt.

Auf der Grundlage einer allgemein anerkannten Zweistufigkeit von Ordnungs- und Unternehmensethik konzipiert Ulrich die Unternehmensethik noch einmal in sich zweistufig.

Auf der ersten Stufe (Geschäftsethik) differenziert Ulrich zum einen eine unternehmensethische Integrationsaufgabe und zum anderen eine von deontologischen Werten geleitete Legitimitätsprämisse. Die unternehmerische Integrationsaufgabe besteht für Ulrich darin, mögliche – in der Regel verkannte – Handlungsspielräume im „Schnittmengenbereich" von Ethik und Erfolg aufzuspüren. Gerade auf der strategischen Managementebene bieten sich Möglichkeiten einer innovativen und sich rechnenden Synthese zwischen Ethik und Erfolg (Ulrich 1994, S. 93f.). Dieses Aufspüren von ökonomischen Erfolgsfaktoren hinsichtlich der Verbindung von Ökonomie und Ethik basiert jedoch, das ist wichtig, immer auf der „Grundlage einer kategorialen Selbstbindung, keine moralischen Rechte anderer Personen zu verletzen" (Ulrich 1994, S. 93f.). Mit anderen Worten: Auf der Grundlage einer deontologischen Wertbasis, und nur auf dieser Grundlage, werden Geschäfte gemacht. Aus dieser Perspektive ergibt sich in praktischer Hinsicht beispielsweise, dass strategisches Management nicht nur ökonomisches Kalkül ist, sondern „stets zugleich auf eine selbstkritische Reflexion über den ethischen Gehalt alternativer Geschäftsstrategien abzustellen" ist (Ulrich 1994, S. 95).

Zur Realisierung der Stufe der Geschäftsethik schlägt Ulrich eine dialogische, konsensorientierte Unternehmenspolitik vor, die den Ansprüchen aller Betroffenen angemessen Geltung verschafft: „Der normale Sachverhalt […] privatwirtschaftlichen Handelns ist schlicht der, daß vor allem größere Unternehmen mitten im Brennpunkt vielschichtiger Wert- und Interessenkonflikte zwischen einer Vielzahl beteiligter bzw. betroffener Anspruchsgruppen (sog. Stakeholder) […] stehen. Unternehmenspolitik ist unter solchen Umständen tatsächlich Politik der Unternehmung. Es bleibt […] nur der praktische und normative Weg offen, diese unternehmenspolitischen Konflikte nach Maßgaben von Gesichtspunkten ethisch-praktischer Vernünftigkeit unter fairen, d. h. symmetrischen Kommunikationsbedingungen argumentativ auszutragen" (Ulrich 1994, S. 92).

Die Ebene der Geschäftsethik wird um die zweite Stufe einer republikanischen Unternehmensethik ergänzt. Es geht Ulrich hier um die unternehmerische Mitgestaltung der marktwirtschaftlichen Rahmenordnung. Der systematische Ort der Moral ist jedoch nicht erst der konstitutionelle Rahmen oder eine Unternehmensethik, vielmehr begreift er die kritische Öffentlichkeit, genauer: die republikanischen Wirtschaftsbürger als den Ort der praktischen ethischen Reflexion.

Die Stärken der Integrativen Wirtschaftsethik liegen aus unserer Sicht in der normativen Begründung für eine „lebensdienliche Ökonomie", die unter Rückgriff auf diskursethische Ansätze in einem anspruchsvollen Mehrebenenmodell verarbeitet wird. Dadurch können wichtige Handlungsorientierungen sowie Hinweise zur institutionellen Ausgestaltung moderner Gesellschaften entwickelt werden. Die Schwächen des Ansatzes liegen gleichwohl im Bereich der praktischen Umsetzung und der Anwendbarkeit des konzeptionellen Vorschlages. Kritiker (beispielsweise Nutzinger 1994; Nutzinger 1996; Osterloh 1996; König 1999) bemängeln insbesondere, Ulrich würde sich zwar intensiv mit den idealen Kommunikationsgemeinschaften beschäftigen, zugleich aber „reale Diskurse" sträflich vernachlässigen. Damit sei die Integrative Wirtschaftsethik eine Wirtschaftsethik, die zwar alle wollten, die jedoch in praktischer Hinsicht wirkungslos bleibe. In der Tat erscheinen Anwendungsfragen für die Integrative Wirtschaftsethik durch ihre dominante Beschäftigung mit begründungstheoretischen Fragestellungen zu einem „moral point of view" und einer damit verbundenen Kritik an der Ökonomik lediglich mittelbar bedeutsam. Sie kritisiert ökonomische Theorie (z. B. in der Variante von Homann et. al), nicht jedoch ökonomische Praxis.

Wir haben an anderer Stelle eine wirtschaftsethische Anwendungstheorie vorgeschlagen (Beschorner 2013), die eine Beschreibung und Erklärung faktischer sozialer Praxis und sozialer Verflechtungen mit – gegenüber der traditionellen Ökonomik – „anderen Mitteln" vorschlägt. Hier geht es um „die Entwicklung der [...] Vorstellungskraft und des [...] Denkens in Richtung auf die Wahrnehmung dieser Verflechtungen, dieser Figurationen, die Menschen miteinander bilden" (Elias 1970, S. 23). Orientierungen für dieses Forschungsprogramm bieten kulturwissenschaftliche Ansätze, die im Rahmen wirtschaftsethischer Fragestellung als fünfstufiges Mehrebenenmodell fruchtbar gemacht werden können. In Abgrenzung zur traditionellen Ökonomik stellen sich diese Ebenen wie folgt dar:

- Handlungstheorie: Die Theorie der rationalen Wahl (Homo oeconomicus) wird durch eine interpretative Handlungstheorie ersetzt. Diese ist „verstehend" angelegt und kennt jenseits der Zweckrationalität noch weitere Handlungstypen, insbesondere routinenbasiertes und wertrationales Handeln.
- Interaktionstheorie: Der (äquivalente) Tausch stellt einen Spezialfall allgemeiner reziproker Interaktionen dar.
- Institutionentheorie: Institutionen werden nicht nur als Anreizsysteme konzipiert, sondern allgemeiner als komplexitätsreduzierende Formen zur Gewährleistung von Erwartungssicherheit betrachtet. Die Relevanz symbolischer und legitimatorischer Ordnungen wird dadurch erhellt.
- Organisationstheorie: Unternehmen werden als polylinguale Systeme betrachtet, die nicht nur auf Gewinnmaximierung geeicht sind.
- Gesellschaftstheorie: Die Annahme der traditionellen Ökonomik, die Ökonomie sei ein autonomes gesellschaftliches Subsystem, das nur nach einer strikten

Logik funktioniert, wird durch einen Perspektivenwechsel auf Spannungen verschiedener gesellschaftlicher Subsysteme ersetzt.

Die Relevanz dieses Perspektivenwechsels für Fragen von Unternehmensverantwortung zeigt sich als „kulturalistische Unternehmensethik" u. a. in einer erweiterten Handlungs-, Organisations- und Institutionentheorie, mit der es in einem ersten Schritt möglich ist, Organisationen als polylinguale und multireferentielle Akteure zu charakterisieren. Organisationen sind durch „ein Set distinkter" – und nicht aufeinander reduzierbarer – „Sprachspiele" (ebenso Wieland 1996, S. 73ff.; 1999, S. 56ff.) bestimmt. Unternehmen beispielsweise sprechen nicht nur die ökonomische Sprache im engeren Sinne, sondern in ihnen manifestieren sich eine Vielzahl von Handlungsroutinen und -orientierungen, die durch verschiedene parallel laufende (und teilweise konfligierende) Institutionen (z. B. technischer, juristischer, bürokratischer oder moralischer Art) ihren Ausdruck finden. Diese verschiedenartigen Institutionen wirken nicht nur nach innen, sondern sind ebenso mit der organisationalen Umwelt verbunden. Jede Organisation bezieht sich immer zugleich auf Funktionslogiken verschiedener gesellschaftlicher Systeme (Multireferentialität).

Governancetheoretisch deutet sich über einen derartigen Zugang an, dass bei der institutionellen Ausgestaltung von Organisationen nicht (nur) Transaktionskostenvorteile und Kooperationsgewinne zu berücksichtigen sind (das ist Wielands Argumentation), sondern auch danach zu fragen ist, welche institutionellen Bedingungen die Entwicklung bestimmter, z. B. moralischer, Fähigkeiten der Organisation fördern können. Wir wollen einen solchen Ansatz als einen kompetenz-, ressourcen- oder fähigkeitsbasierten Zugang charakterisieren. Für unternehmensethische Fragen ist dieser allgemeine unternehmenstheoretische Perspektivenwechsel wenigstens in dreifacher Hinsicht von Bedeutung:

- *Erstens* kann die Sinnhaftigkeit einer reinen Compliance-Orientierung mit dem Hinweis kritisiert werden, dass diese Lern-, Entwicklungs- und Innovationsfähigkeit unterminieren können, denn Innovationen und die Entwicklung moralischer Fähigkeiten setzen (kreative) Freiräume, „organizational slacks", voraus, die aufgrund definierter Regeln gerade nicht gegeben sind.
- *Zweitens* richtet sich der Blick damit auf das Kerngeschäft und die Kernkompetenzen von Unternehmen. Es geht nicht nur um eine Unterbindung nicht-moralischen Verhaltens, sondern – positiv – um eine Realisierung moralischen Handelns. Damit wird eine Unternehmensethik sichtbar, die nicht nur Reparaturwerkstatt des Kapitalismus ist und „bad business practices" (z. B. Korruption und Betrügereien jedweder Art) vermeidet, auch wenn dies wichtig bleibt. Eine kulturalistische Unternehmensethik fragt unter Verwendung eines kompe-

tenzbasierten Ansatzes vielmehr in stärkerem Maße nach den Möglichkeiten (und Grenzen) einer Realisierung von „good business practices" – und damit zusammenhängend nach gesellschaftlichen Transformationsprozessen durch Unternehmen zum Zweck einer „guten" oder wenigstens „besseren Gesellschaft". In praktischer Hinsicht betrifft dieses ein umfassendes CSR-Management über die gesamte Wertschöpfungskette hinweg, von einem verantwortungsvollen Supply-Chain-Management über sozial-ökologische Meilensteine bei Innovations- und Produktionsprozessen, Produkte und Dienstleistungen sowie den Umgang mit Mitarbeitern bis hin zu Vermarktungen, Werbeformen und Interaktionen mit Kunden, um nur einige Beispiele zu nennen.

- *Drittens* leitet sich aus der vorgeschlagenen kompetenzbasierten Betrachtungsweise eine stärkere proaktive Rolle von Unternehmen in einer gesellschaftlichen Governance ab, die Unternehmen als strukturpolitische Akteure in modernen Gesellschaften thematisiert. Für eine theoretische wie empirische Bearbeitung relevanter Forschungsfragen in diesem Bereich ergibt sich dabei besonders die Notwendigkeit, eine Forschungsperspektive zu konzeptualisieren, die Akteurskonstellationen und -interaktionen und damit einhergehend (De-)Institutionalisierungsprozesse und institutionelle Dynamiken in verstärktem Maße untersucht. Weder die Unterscheidung zwischen konstitutioneller und nachkonstitutioneller Ebene (Spielregeln und Spielzüge) noch die Analyse von (bloß bilateralen) Stakeholderbeziehungen erscheinen dafür in hinreichender Weise geeignet (wenn auch in beiderlei Hinsicht anschlussfähig), denn: „[...] new forms of political regulation operate above and beyond the nation-state in order to re-establish the political order and circumscribe economic rationality by new means of democratic control" (Scherer und Palazzo 2011, S. 909; Scherer und Palazzo 2007).

Diese Betrachtungsweise führt u. a. zu der Konsequenz, dass andere (als staatliche) Organisationen, z. B. Unternehmen, nicht mehr nur als Surrogat für unvollständige gesellschaftliche Steuerungsprozesse durch eine wirtschaftliche Rahmenordnung gesehen werden. Die Unterscheidung zwischen Spielregeln und Spielzügen ist eine methodische Trennung. Realiter besteht ein enger Zusammenhang zwischen beiden Ebenen und nur in ihrem Zusammenwirken sind überhaupt erst praktische Lösungen denkbar (Steinmann 2004, S. 105). Unternehmen (und andere Organisationen) treten jetzt als aktive Mitgestalter der Spielregeln in Erscheinung, denen eine ordnungspolitische (Mit-)Verantwortung zukommt (Beschorner 2004; Beschorner und Schank 2012). Über eine Betrachtung in organisationalen Feldern werden Unternehmen in der Gesellschaft verortet und damit als gesellschaftliche, governancepolitische Akteure überhaupt erst adressierbar.

10.7 Ausblick

Gesellschaftliche Verantwortung durch Unternehmen ist möglich und nötig. Dies wird nicht zuletzt im steigenden Bewusstsein der Unternehmen selbst deutlich, die sich zunehmend als Verantwortungssubjekte begreifen und akzeptieren (müssen), dass ihre gesellschaftliche Akzeptanz und Legitimität im Spiegel einer zunehmend kritischeren Zivilgesellschaft heute mehr denn je von ihrem verantwortungsvollen Umgang mit Kerngeschäft und ihrem Engagement im und für das Gemeinwesen abhängt. Mit der Übernahme von Verantwortung für soziale, ökologische oder gesellschaftspolitische Belange kommen Unternehmen daher einer an sie herangetragenen Erwartungshaltung nach. Es bleibt hier nicht aus, dass dieses (vermeintliche) Verantwortungsbewusstsein zum Zwecke des Reputationsaufbaus oder als rein strategisches Instrument zur Absatzsteigerung, Mitarbeitermotivation oder auch Vorbeugung gegen rechtliche Normsetzungen genutzt wird. Dennoch ist Unternehmensverantwortung in der Geschäftspraxis angekommen und überaus vital in einer Vielzahl an Initiativen und intersektoralen Kooperationen. Bedeutende globale Standardisierungen von Unternehmensverantwortung, wie etwa der Global Compact der Vereinten Nationen, die ISO 26000, die Global Reporting Initiative und eine zunehmende Anzahl an branchenspezifischen Vorstößen legen ein beredtes Zeugnis für die steigende Relevanz ab.

Gleichzeitig ist die Verantwortung von Unternehmen ein akademisch umfassend betrachtetes Phänomen, das eine beachtliche theoretische Ausdifferenzierung und Heterogenität entwickelt hat (Garriga und Melè 2004). Die ökonomische Wissenschaft ist allein von daher gezwungen, sich der Verantwortung von Unternehmen anzunehmen. Wir haben in unserem Beitrag aufgezeigt, dass gerade die Vorläufer der heutigen ökonomischen Wissenschaften, einschließlich der ökonomischen Klassik als Geburtsstunde der Disziplin der Nationalökonomik, noch kein genuin eigenes Verständnis von Unternehmensverantwortung entwickelt haben. Dass Unternehmen als eigenständige Akteure betrachtet werden und ihnen in einem weiteren Schritt Verantwortung zugeschrieben wird, ist ein relativ junges Phänomen ohne bedeutende Tradition. Heute ist die Frage, ob Unternehmen Verantwortung tragen können und sollen, weitgehend konsensual beantwortet. Wo diese Verantwortung jedoch beginnt und endet, wird weiterhin kontrovers diskutiert. Integrative Perspektiven, für die wir uns hier aussprechen, setzen ein Neudenken der Ökonomik voraus, die sich nicht länger auf eine ökonomische Einzellogik zurückziehen kann. Dadurch, so hoffen wir, kann der Brückenschlag zwischen Begründungsfragen des Wirtschaftens und den Anwendungs- und Implementierungsfragen einer moralisch integren Unternehmenspraxis gelingen.

Empfehlenswerte Literatur

Beschorner T et al. (2017) Wirtschafts- und Unternehmensethik. Springer, Berlin
Crane A, Matten D (2004) Business Ethics. A European Perspective. Managing Corporate Citizenship and Sustainability in the Age of Globalization. Oxford University Press, Oxford/New York
Schneider A, Schmidpeter, R (Hrsg) (2015) Corporate Social Responsibility: Verantwortungsvolle Unternehmensführung in Theorie und Praxis. Springer, Berlin

Empfehlenswerte Internetquellen

www.csr-news.net
www.forum-wirtschaftsethik.de/

Literatur

Albach H (2005) Betriebswirtschaftslehre ohne Unternehmensethik! Zeitschrift für Betriebswirtschaft 75: 809-829
Aristoteles (1985) Nikomachische Ethik. Meiner, Hamburg
Aßländer MS (2011a) Von der aristotelischen Trias zur schottischen Aufklärung. In: Aßländer MS (Hrsg) Handbuch Wirtschaftsethik. J.B. Metzler, Marburg, S 27-34
Aßländer MS (2011b) Grundlagen der Wirtschafts- und Unternehmensethik. Metropolis, Marburg
Beschorner T (2004) Unternehmensethische Untersuchungen aus gesellschaftlicher Perspektive. Von der gesellschaftsorientierten Unternehmenslehre zur unternehmensorientierten Gesellschaftslehre. Zeitschrift für Wirtschafts- und Unternehmensethik 5: 255-276
Beschorner T (2013) Kulturalistische Wirtschaftsethik – Grundzüge einer Theorie der Anwendung. Zeitschrift für Wirtschafts- und Unternehmensethik 14: 346-372
Beschorner T, Schank C (2012) CSR – Zur Bürgerrolle und Verantwortung von Unternehmen. In: Schneider A, Schmidpeter R (Hrsg) Corporate Social Responsibility: Verantwortungsvolle Unternehmensführung in Theorie und Praxis. Springer, Berlin/Heidelberg, S 155-164
Becker GS (1982) Der ökonomische Ansatz zur Erklärung menschlichen Verhaltens. Mohr Siebeck, Tübingen
Bowen HR (1953) Social Responsibilities of the Businessman. Harper and Borthers, New York
Carroll AB (1979) A Three-Dimensional Conceptual Model of Corporate Performance. The Academy of Management Review 4: 497-505
Carroll AB (1991) The Pyramid of Corporate Social Responsibility: Toward the Moral Management of Organizational Stakeholders. Business Horizons, 34: 39-48
Carroll AB (1998) The Four Faces of Corporate Citizenship. Business and Society Review 100-101: 1-7

Carroll AB (1999) Corporate Social Responsibility. Evolution of a Definitional Construct. Business & Society, 38: 268-295

Clark JM (1916) The Changing Basis of Economic Responsibility. The Journal of Political Economy 24: 209-229

Elias N (1970) Was ist Soziologie? Juventa, München

Freeman RE, Reed DL (1983) Stockholder and Stakeholders: A New Perspective on Corporate Governance. On: California Management Review 24: 88-106.

Freeman RE (1984) Strategic management: A stakeholder approach. Pitman, Boston

Friedman M (1962) Capitalism and Freedom. University of Chicago Press, Chicago

Friedman M (1970) The Social Responsibility of Business Is to Increase Its Profits. The New York Times Magazine vom 13.09.1970

Friedman M (2007) The Social Responsibility of Business Is to Increase Its Profits. In: Zimmerli WC, Richter K, Holzinger M (Hrsg) Corporate Ethics and Corporate Governance. Springer, Berlin, S 173-178

Gleeson-White J (2012) Double Entry: How the Merchants of Venice Created Modern Finance. W. W. Norton & Company, New York

Göbel E (2013) Unternehmensethik. Grundlagen und praktische Umsetzung. UVK Verlagsgesellschaft, Konstanz/München

Goldschmidt N, Homann K (2011) Die gesellschaftliche Verantwortung der Unternehmen. Theoretische Grundlagen für eine praxistaugliche Konzeption. Diskussionspapier Nr. 10. Roman Herzog Institut, München

Hansen U, Schrader U (2005) Corporate Social Responsibility als aktuelles Thema der Betriebswirtschaftslehre. Die Betriebswirtschaft, 65: 373-395

Heald M (1957) Management's Responsibility to Society: The Growth of an Idea. The Business History Review, 31: 375-384

Heidbrink L (2011) Der Verantwortungsbegriff der Wirtschaftsethik. In: Aßländer MS (Hrsg) Handbuch Wirtschaftsethik. J.B. Metzler, Marburg, S 188-197

Hirschman AO (1987) Leidenschaften und Interessen. Politische Begründungen des Kapitalismus vor seinem Sieg. Suhrkamp, Frankfurt

Hirschman AO (1989) Entwicklung, Markt und Moral. Abweichende Betrachtungen. Carl Hanser, München/ Wien

Hiß S (2006) Warum übernehmen Unternehmen gesellschaftliche Verantwortung – Ein soziologischer Erklärungsversuch. Campus, Frankfurt/New York

Höffe O (2010): Soziale Verantwortung von Unternehmen – Rechtsphilosophische Überlegungen. In: Aßländer MS, Löhr A (Hrsg) Corporate Social Responsibility in der Wirtschaftskrise – Reichweiten der Verantwortung. Rainer Hampp Verlag, München/ Mehring, S 35-48

Homann K (2004) Gesellschaftliche Verantwortung der Unternehmen. Philosophische, gesellschaftstheoretische und ökonomische Überlegungen. Diskussionspapier Nr. 04-6. Wittenberg-Zentrum für Globale Ethik, Wittenberg

Homann K (2006) Gesellschaftliche Verantwortung von Unternehmen in der globalisierten Welt: Handlungsverantwortung – Ordnungsverantwortung – Diskursverantwortung. Diskussionspapier Nr. 2006-1. Wittenberg-Zentrum für Globale Ethik, Wittenberg

Homann K, Blome-Drees F (1992) Wirtschafts- und Unternehmensethik. Vandenhoeck, Göttingen, S 134-147

Homann K, Pies I (1994) Wirtschaftsethik in der Moderne: Zur ökonomischen Theorie der Moral. Ethik der Sozialwissenschaften 5: 3-12

Donham, WB (1929) Business Ethics – A General Survey. Harvard Business Review 7: 385-394

König M (1999) Ebenen der Unternehmensethik. In: Nutzinger H G, Berliner Forum für Wirtschafts- und Unternehmensethik (Hrsg) Wirtschafts- und Unternehmensethik: Kritik einer neuen Generation. Zwischen Grundlagenreflexion und ökonomischer Indienstnahme. Rainer Hampp Verlag, München/Mering, S 55-73

Koslowski P (1993) Politik und Ökonomie bei Aristoteles. J.C.B. Mohr, Tübingen

Küpper HU (2011) Unternehmensethik. Hintergründe, Konzepte, Anwendungsbereiche. Schäffer-Poeschel, Stuttgart

Lee GA (1977) The Coming of Age of Double Entry: The Giovanni Faroli Ledger of 1299-1300. Accounting Historians Journal 4: 79-95

Leisinger KM (1997) Unternehmensethik. Globale Verantwortung und modernes Management. C.H. Beck, München

Leisinger KM (2009) On Corporate Responsibility on Human Rights. In: Spitzeck H, Pirson M, Amann W, Khan S, Kimakowitz, E v (Hrsg) Humanism in Business. Cambrigde University Press, Cambrigde, S 175-203

Löhr A (1991) Unternehmensethik und Betriebswirtschaftslehre. Untersuchungen zur theoretischen Stützung der Unternehmenspraxis. M&P, Stuttgart

Matten D, Crane, A (2005) Corporate Citizenship: Toward an Extended Theoretical Conceptualization. Academy of Management Review 30: 166-179

Matten D, Crane A (2008) Unternehmensethik als Gegenstand betriebswirtschaftlicher Forschung und Lehre – Eine Bestandsaufnahme aus internationaler Perspektive. Schmalenbachs Zeitschrift für betriebswirtschaftliche Forschung, Sonderheft 58: 50-71

Nutzinger HG (1994) Unternehmensethik zwischen ökonomischem Imperialismus und diskursiver Überforderung. In: Forum für Philosophie Bad Homburg (Hrsg) Markt und Moral – Die Diskussion um die Unternehmensethik. Haupt, Bern/Stuttgart/Wien, S 181-214

Nutzinger HG (1996) Zum Verhältnis von Ökonomie und Ethik. Ver- such einer vorläufigen Klärung. In: Nutzinger HG (Hrsg), Natur- schutz – Ethik – Ökonomie. Metropolis, Marburg, S 171-196

Osterloh M (1996) Vom Nirwana-Ansatz zum überlappenden Konsens. Konzepte der Unternehmensethik im Vergleich. In: Nutzinger HG (Hrsg) Wirtschaftsethische Perspektiven III. Unternehmensethik, Verteilungsprobleme, methodische Ansätze. Duncker & Humblot, Berlin, S 203-229

Priddat BP (2011) Der Beginn der ökonomischen Wissenschaft. In: Aßländer MS (Hrsg) Handbuch Wirtschaftsethik. J.B. Metzler, Marburg, S 35-43

Pies I (2009) Moral als Produktionsfaktor. Ordonomische Schriften zur Unternehmensethik, wvb, Berlin

Pies I, Hielscher S, Beckmann M (2009) Moral Commitments and the Societal Role of Business: An Ordnomic Approach to Corporate Citizenship. Business Ethics Quarterly 19: 375-401

Röpke W (1979) Jenseits von Angebot und Nachfrage. Haupt, Bern/Stuttgart

Scherer AG, Palazzo G (2007) Toward a political conception of corporate responsibility: business and society seen from a Habermasian perspective. Academy of Management Review 32: 1096-1120

Scherer AG, Palazzo G (2011) The new political role of business in a globalized world: a review of a new perspective on CSR and its implications for the firm, governance, and democracy. Journal of Management Studies 48: 899-931

Schmiedeknecht MH, Wieland J (2012) ISO 26000, 7 Grundsätze, 6 Kernthemen. In: Schneider A, Schmidpeter R (Hrsg) Corporate Social Responsibility. Verantwortungsvolle Unternehmensführung in Theorie und Praxis. Springer, Berlin/Heidelberg, S 259-270

Schneider D (1990) Unternehmensethik und Gewinnprinzip in der Betriebswirtschaftslehre. Zeitschrift für betriebswirtschaftliche Forschung 42: 869-891

Smith A (1999) Der Wohlstand der Nationen. Eine Untersuchung seiner Natur und seiner Ursachen. Deutscher Taschenbuch Verlag, München

Steinmann H (2004) Begründungsprobleme einer Unternehmensethik, insbesondere das „Anfangsproblem". Die Unternehmung 58: 105-122

Steinmann H (2008) Betriebswirtschaftslehre und Unternehmensethik: Ein Ausblick. In: Scherer A G, Patzer M (Hrsg) Betriebswirtschaftslehre und Unternehmensethik. Gabler, Wiesbaden, S 339-353

Suchanek A (2007) Ökonomische Ethik. Mohr Siebeck, Stuttgart

Ulrich P (1977) Die Großunternehmung als quasi-öffentliche Institution. Eine politische Theorie der Unternehmung. Haupt, Stuttgart

Ulrich P (1986) Transformation der ökonomischen Vernunft. Haupt, Bern/Stuttgart

Ulrich P (1994) Integrative Wirtschafts- und Unternehmensethik – ein Rahmenkonzept. In: Forum für Philosophie Bad Homburg (Hrsg) Markt und Moral. Die Diskussion um die Unternehmensethik. Haupt, Bern/Stuttgart/Wien, S 75-107

Ulrich P (1996) Unternehmensethik und „Gewinnprinzip". In: Nutzinger HG (Hrsg) Wirtschaftsethische Perspektiven III – Unternehmensethik, Verteilungsprobleme, methodische Ansätze. Dunckler & Humblot, Berlin, S 137-171

Ulrich P (1997) Integrative Wirtschaftsethik. Grundlagen einer lebensdienlichen Ökonomie. Haupt, Bern/Stuttgart/Wien

Ulrich P (2000) Integrative Wirtschaftsethik: Grundlagenreflexion der ökonomischen Vernunft. Ethik und Sozialwissenschaft 11: 555-566

Wieland J (1996) Ökonomische Organisation, Allokation und Status. Mohr, Tübingen

Wieland J (1999): Die Ethik der Governance. Metropolis, Marburg

Gesellschaftliche Verantwortung von Unternehmen in Deutschland
Politikwissenschaftliche Perspektive

Rudolf Speth

Abstract

In Germany, companies are in many ways incorporated into the society and the political system. From a political science viewpoint, the formalized relationship between companies, society and politics are important. This chapter portrays the main theories and terms of corporatism, the coordinated and liberal market economy, governance and the research about associations. From a political science viewpoint, it will show that the discussion primarily from the Anglo-American region concerning the companies' voluntary assumption of responsibility cannot be directly applied to the situation in Germany.

***

Unternehmen sind in Deutschland in vielfältiger Art und Weise in die Gesellschaft und in das politische System eingebunden. Aus politikwissenschaftlicher Sicht sind dabei besonders die formalisierten Beziehungen zwischen Unternehmen, Gesellschaft und Politik relevant. Der Beitrag führt dabei in die zentralen Theorien und Begriffe des Korporatismus, der koordinierten und liberalen Marktökonomie, der Governance sowie der Verbändeforschung ein. Es wird deutlich, dass die Diskussion um eine freiwillige Verantwortungsübernahme von Unternehmen, die vor allem aus dem anglo-amerikanischen Raum stammt, aus politikwissenschaftlicher Perspektive nicht einfach auf die Situation in Deutschland übertragbar ist.

11.1 Einleitung: Unternehmen aus politikwissenschaftlicher Perspektive

In einer politikwissenschaftlichen Perspektive sind Unternehmen wichtige, aber keine zentralen Akteure. Sie sind in der Regel nicht direkter Gegenstand der politikwissenschaftlichen Forschung, obwohl ihre Bedeutung für die Stabilität des politischen Systems, für den Reichtum der Gesellschaft, für Wirtschaftswachstum, Arbeitsplätze und viele andere Aspekte unbestritten ist. Gleichwohl sind die Unternehmen und ist die Ökonomie aus dem Blickfeld der politikwissenschaftlichen Forschung nicht ausgeblendet. Dieses gilt insbesondere deshalb, weil die Wirtschaft – und damit die Unternehmen – einer der zentralen Regelungsgegenstände der politischen Akteure ist. Wirtschaftswachstum, Steueraufkommen, Arbeitsplätze, Lohnniveau, Innovationstempo, Wettbewerbsfähigkeit, Finanzmarktstabilität, Kreditvergabe, Export und viele andere Parameter sind zentrale Bezugsgrößen politischen Handelns.

In den letzten Jahren hat die Diskussion auch in der Politikwissenschaft an Gewicht gewonnen, die eine stärkere Fokussierung des Faches und der Forschung auf Unternehmen anmahnt, weil Unternehmen – vor allem größere, transnational tätige Konzerne – verstärkt als politische Akteure wahrgenommen werden. In einer historischen Perspektive ist dies nicht ganz neu, denn viele größere Unternehmen in Deutschland hatten immer schon besondere Beziehungen zum politischen Entscheidungszentrum. Allerdings ist auch wichtig zu beachten, dass die mehr als drei Millionen Unternehmen in Deutschland zu 99 Prozent dem Mittelstand zuzurechnen sind.[1] Nur ein verschwindend geringer Teil zählt zu den Großunternehmen und zu den börsennotierten Unternehmen.[2] Nur eine kleine Zahl von Vorstandsvorsitzenden von Konzernen wurden in jüngster Zeit immer wieder ins Kanzleramt eingeladen, um mit ihnen politische Entscheidungen zu besprechen (siehe die Meldung des Stern vom 15. Dez. 2008)[3]. Diese können daher fraglos als politische Akteure angesehen werden, die von den politischen Institutionen anerkannt werden. Der

---

1 Im Jahr 2010 gab es nach der Umsatzsteuerstatistik mehr als 3,1 Mio. Unternehmen (www.dai.de/files/dai_usercontent/dokumente/Statistiken/MAR%202013_Factbook_01_Zahl%20der%20AGs.pdf. Zugegriffen: 14.03.2017). Der Anteil der Klein- und mittelständischen Unternehmen beträgt dabei 99,6 Prozent.

2 Es gab nach Berechnungen des Deutschen Aktieninstituts 2012 in Deutschland knapp 12.000 Aktiengesellschaften (www.dai.de/files/dai_usercontent/dokumente/Statistiken/MAR%202013_Factbook_01_Zahl%20der%20AGs.pdf. Zugegriffen: 14.03.2017). Nur wenige davon sind börsennotiert.

3 www.stern.de/wirtschaft/news/gipfel-im-kanzleramt-konzerne-wollen-auf-kuendigungen-verzichten-649128.html. Zugegriffen: 14.03. 2017.

11 Unternehmensverantwortung aus politikwissenschaftlicher Perspektive

weit überwiegende Teil der Unternehmen wird von der Politik – und auch von der Politikwissenschaft – nur als Gegenstand der politischen Steuerung betrachtet: es geht darum, das Verhalten von Unternehmen so zu beeinflussen, dass die durch Politik gesetzten Ziele erreicht werden.

Nicht zuständig fühlt sich die Politikwissenschaft bei wirtschaftsethischen Fragen, beim Thema Corporate Citizenship und der Frage nach der freiwilligen gesellschaftlichen Verantwortung von Unternehmen. Auch Themen der Ethik und des moralischen und freiwilligen Verhaltens von Unternehmen werden anderen Disziplinen überlassen.[4]

In diesem Beitrag wird zunächst die politikwissenschaftliche Perspektive vorgestellt, aus der erklärt werden kann, warum das Handeln von Unternehmen nicht im Fokus der Aufmerksamkeit der Politikwissenschaft steht. Im nächsten Schritt werden dann Dimensionen politikwissenschaftlicher Forschung vorgestellt, in denen Unternehmen Gegenstand sind. Dieses beginnt schon damit, dass sich der Begriff Corporate Citizenship an das Konzept von Staatsbürgerschaft (Citizenship), das sich in den letzten 150 Jahren im Rahmen der Nationalstaatsbildung entwickelt hat, anlehnt. Unternehmen sind aber auch wichtige Akteure in den Politikfeldern der Tarif- und Sozialpolitik, der dualen Ausbildung, der Wirtschaftspolitik und des Steuerrechts und der Arbeitsmarktpolitik. Hier könnten noch viele andere Bereiche, wie etwa lokale Wirtschaftspolitik, mit in den Blick genommen werden. Im folgenden Abschnitt geht es um die sich gegenüberstehenden wirtschaftspolitischen Konzepte der koordinierten Marktökonomie und der liberalen Marktökonomie. Beide spielen für die Bewertung unternehmerischen Handelns in der Politikwissenschaft eine zentrale Rolle. Aus dieser theoretischen Perspektive kann auch eine Bewertung unternehmerischer Verantwortung für die Gesellschaft erfolgen. Im Sinne einer koordinierten Marktökonomie sind es gerade die Verbände der Wirtschaft als Kollektivakteure, die Koordinationsleistungen erbringen. In diesem Abschnitt geht es daher um die Frage, wie Verbände in Deutschland – es sind in der Regel die Spitzenverbände, der Bundesverband der Deutschen Industrie (BDI) und die Bundesvereinigung der Deutschen Arbeitgeber (BDA) sowie der Zentralverband des Deutschen Handwerks (ZDH) und der Deutsche Industrie- und Handelskammertag (DIHK) – das Thema der gesellschaftlichen Verantwortung von Unternehmen behandeln. Zudem ist die Verbändeforschung ein wichtiger Teilbereich der Politikwissenschaft. Charakteristisch für die verbandliche Interessenvertretung

---

4 Gleichwohl ist anzumerken, dass in jüngerer Zeit die Politik verstärkt „weiche" Steuerungsformen einsetzt, mit denen Handeln beeinflusst werden soll. In der Regel basieren die Steuerungsziele auf freiwilligen Handlungsänderungen und nicht auf Sanktionen (Braun und Giraud 2009).

ist die Abwehr weitergehender politischer Regulierung. Die Verbände werben für das gesellschaftliche Engagement der Unternehmen, überlassen es aber diesen, wie sie damit umgehen. Im Fazit wird noch einmal auf die wachsende Bedeutung freiwilliger Handlungskoordination angesichts der zunehmenden Probleme hierarchischer staatlicher Steuerung eingegangen.

11.2 Worum geht es in der Politikwissenschaft?

Unternehmen sind für die Politikwissenschaft kein direkter Gegenstand, mit denen sich das Fach beschäftigt. Sie sind es nur mittelbar. Doch in den letzten Jahren werden sie immer häufiger thematisiert, weil einige Unternehmen (meist sind es transnational tätige Konzerne) auch unmittelbar zu politischen Akteuren geworden sind.[5]

Der zentrale Gegenstand der Politikwissenschaft ist die Produktion und Durchsetzung kollektiv bindender Entscheidungen. Sie untersucht auf der einen Seite die Strukturen, mit und in denen solche Entscheidungen zustande kommen und auf der anderen Seite die Inhalte dieser Entscheidungen. Im letztgenannten Fall ergibt sich dann z. B. Wirtschaftspolitik oder Finanzmarktpolitik als Inhalt, wodurch Unternehmen zum Gegenstand der wissenschaftlichen Forschung werden können. Diese Policy-Orientierung ist zu einem wichtigen Teil der Politikwissenschaft geworden.

Ein wesentlicher Bereich der Politikwissenschaft sind die Strukturen und die damit verbundenen Organisationen in und mit denen Entscheidungen gefällt werden. In der Moderne sind dieses in der Regel staatliche Gebilde. Es kommen aber zunehmend auch nicht-staatliche Strukturen in den Blick, mit denen verbindliche Entscheidungen getroffen werden. Dieses betrifft sowohl die Ebene der Europäischen Union wie auch transnationale Organisationen. In beiden Formen der Entscheidungsgenerierung – der staatlichen und der nicht-staatlichen – kommt es häufig zu einem Verhandlungsstil, bei dem eine Vielzahl von Akteuren mit einbezogen wird und Entscheidungen im Konsens und nicht autoritativ gefällt werden. In diese Formen von Governance (Benz et al. 2007) sind häufig auch Unternehmen anzutreffen, die an der Regelsetzung mitwirken.

Politische Entscheidungen haben in der Regel verbindlichen Charakter. Ihre Durch- und Umsetzung ist immer mit einem Set von konkretisierenden Normen,

---

5 Historisch war dieses schon lange so. Viele Unternehmen entwickelten sich im 19. Jahrhundert wie Standard Oil von Rockefeller oder die British-American Tobacco Corporation (BAT) zu weltweit tätigen Unternehmen (Osterhammel 2009, S. 925).

mit dem das Verwaltungshandeln strukturiert wird, und mit Sanktionen im Falle der Nichtbefolgung verbunden. Dagegen setzt das Konzept von Corporate Citizenship und der gesellschaftlichen Verantwortung von Unternehmen auf Freiwilligkeit.[6] Dadurch ergibt sich eine klare Trennung und begrenzte politische Zuständigkeit.

Allerdings gibt es auch klare begriffliche Instrumente, mit denen das Handeln von Unternehmen zum Gegenstand politikwissenschaftlicher Analysen gemacht werden kann. Macht und Konflikt sind zentrale politikwissenschaftliche Begriffe, weil mit ihnen die Gegensätzlichkeit von Interessen und die unterschiedlichen Arten und Verteilungen von Ressourcen bei der Interessendurchsetzung beschrieben werden können. In der Parteien- und Interessengruppenforschung hat sich mit der Konfliktdimension von Kapital versus Arbeit eine Beschreibung des politischen Handelns und Entscheidens etabliert, die heute noch hilfreich ist (Lipset und Rokkan 1967). Unternehmen befinden sich in diesem für westliche Gesellschaften zentralen Konflikt auf der Seite des Kapitals. Diese Konzeptionalisierung macht bereits deutlich, dass dieser Konflikt nicht im Modus freiwilliger Vereinbarungen, sondern nur mit politisch verbindlichen Entscheidungen bearbeitet werden kann. Die Geschichte der Bearbeitung dieser zentralen Konfliktlinie hat eine Fülle von regulatorischen Strukturen hervorgebracht, die bis heute zum Bestand des kontinentalen Modells des Kapitalismus gehören (siehe Abschnitt 4).

11.3 Dimensionen der Beziehung zwischen Unternehmen und Politik

In der politikwissenschaftlichen Perspektive gibt es eine Reihe von konkreten Bereichen, in denen die Beziehung zwischen Unternehmen und Gesellschaft geregelt bzw. als politisch zu bearbeitendes Problem anerkannt ist. Dieses ist aufgrund der historischen Entwicklung in jeder Gesellschaft anders dimensioniert. So hat sich in der Bundesrepublik Deutschland ein spezifischer Entwicklungspfad herausgebildet (zur Pfadabhängigkeit: Pierson 2004). Im Folgenden werden die zentralen Bereiche genannt, in denen Unternehmen mit Politik verflochten sind. Es sind zum überwiegenden Teil auch Bereiche von regulatorischer Relevanz, in denen jenseits von Freiwilligkeit verbindliche Ordnungsstrukturen geschaffen wurden.

---

6 Freiwilligkeit wird zunehmend wichtig für die politische Steuerung, weil die Kooperation in vielen politischen Arenen nicht erzwungen werden kann. Allerdings kommen viele kooperativ gefundene Lösungen häufig im „Schatten der Hierarchie" zustande (Scharpf 1991; Börzel 2008).

Die gesellschaftliche Verantwortung von Unternehmen, die in der Regel freiwillig erfolgt, hat mit diesen Bereichen zu tun. Diese sind im spezifischen bundesrepublikanischen Kontext zumeist rechtlich normiert. Vieles, was in anderen politischen Systemen als freiwillige Leistung bzw. als Ausdruck gesellschaftlicher Verantwortung von Unternehmen erscheint, hat im politischen und ökonomischen System der Bundesrepublik Deutschland den Rang einer Pflichtleistung. Diese ist dann Ausdruck eines institutionell geregelten Konfliktes zwischen Kapital und Arbeit.

Auf der rhetorischen Ebene hat die Diskussion um Corporate Citizenship und gesellschaftliche Verantwortung von Unternehmen Anleihen beim zentralen Diskurs über Bürger- und Staatsbürgerrechte gemacht (Marshall 1950). Die Idee des Staatsbürgers ist Teil der Entwicklung des Rechts- und Verfassungsstaates der vergangenen 200 Jahre. Sie ist verbunden mit konkreten Teilnahmerechten am politischen Prozess (Wahlrecht) und garantierten Möglichkeiten der Artikulation von Interessen. Mit dem Status der Staatsbürgerschaft sind konkrete individuelle Teilhabeansprüche innerhalb nationalstaatlicher politischer Gebilde verbunden. Charakteristisch ist auch die sukzessive Ausweitung der Teilhabeansprüche über das Politische hinaus (soziale und kulturelle Teilhabeansprüche).

Dem gegenüber hat die Diskussion um Corporate Citizenship (CC) bislang nur metaphorische Anleihen im Diskurs über Bürger- und Staatsbürgerrechte gemacht (Wieland 2010). Während das Konzept Citizenship sich auf individuelle Personen bezieht, die Teil einer politischen Gemeinschaft sind, wird im CC-Ansatz versucht, dieses auf juristische Personen zu übertragen. Bislang hat dieses noch zu keinen theoretisch begründbaren Positionen geführt. Hinzu kommt, dass das Konzept Citizenship vom Gedanken einer sich ausweitenden Inklusion[7] geprägt ist und mit Teilhabeansprüchen arbeitet. Demgegenüber stellt das Konzept des Corporate Citizenship den Aspekt der Verantwortung in den Mittelpunkt, der eher mit republikanischen Vorstellungen von Bürgerschaft einhergeht. Das Insistieren der Öffentlichkeit auf ein verantwortliches Verhalten der Gesellschaft gegenüber hat oftmals zur Folge, dass sich Unternehmen gegenüber gesellschaftlichen Wünschen und Anforderungen eher reserviert verhalten.

11.3.1 Tarif- und Sozialpolitik

Bei der Gestaltung der Arbeitsbedingungen zählen Unternehmen zu den wichtigsten Akteuren. In der Regel geschieht dieses mittels Tarifpolitik, bei der nicht die Unternehmen selbst, sondern ihre Kollektivorganisationen, die Arbeitgeber-

---

7 Siehe dazu die Diskussion zum Gegenbegriff Exklusion (Bude und Willisch 2008).

verbände, mit den Gewerkschaften Tarifverträge abschließen. In diesen Verträgen werden neben den Entgelten auch die weiteren Arbeitsbedingungen geregelt, so dass Unternehmen auch wichtige Akteure bei der Ausgestaltung des Wohlfahrtsstaates sind (Streeck 1989; Weitbrecht 1969). Die Tarifpolitik ist eine deutsche Besonderheit und hat – auf der Grundlage der verfassungsrechtlich normierten Tarifautonomie – zum Gegenstand, dass mit Tarifverträgen Politik gemacht wird. Unternehmen übernehmen damit über ihre Verbände und zusammen mit Gewerkschaften eine gesellschaftliche Ordnungsfunktion.

Das tarifpolitische System in Deutschland ist als „kooperatives Aushandlungssystem" (Kädtler 2014, S. 428) gestaltet, in dem die Arbeitsbedingungen umfassend und weitgehend ohne Arbeitskämpfe geregelt werden. In jüngster Zeit geht die Gestaltungskompetenz zunehmend an Unternehmen über. Mit dem Pforzheimer Abkommen von 2004 haben die Unternehmen die Möglichkeit, den Flächentarifvertrag an die jeweilige Situation des Unternehmens anzupassen. Hinzu kommen Haus- und Firmentarifverträge, die vor allem von kleinen und mittelständischen Unternehmen genutzt werden.

In den letzten Jahren ist eine deutliche Erosion in der Tarifpolitik festzustellen und es gibt immer mehr Bereiche, in denen die Arbeitsbedingungen nicht mehr kollektivvertraglich geregelt werden. Dieses bedeutet, dass die einzelnen Unternehmen mehr Gestaltungsmacht gewinnen. Ob sie diese auch für die Weiterentwicklung der gesamten Ökonomie nutzen, bleibt fraglich.[8] Historisch ist auch die Regelung von Einkommen und Arbeitsbedingungen keine Angelegenheit einer nur moralisch einzuklagenden gesellschaftlichen Verantwortung einzelner Unternehmen.

11.3.2 Ausbildung

Unternehmen in der Bundesrepublik Deutschland sind in das duale Ausbildungssystem eingebunden. Die berufliche Ausbildung ist ein zentraler Bereich des ökonomischen Modells der diversifizierten Qualitätsproduktion in der Bundesrepublik Deutschland (Streeck 1991). Unternehmen haben hier spezifische Eigeninteressen, sie übernehmen aber auch Verantwortung für das Gesamtsystem. Charakteristischerweise ist auch dieser Bereich nicht auf freiwilliger Basis organisiert, sondern beruht auf einer institutionellen Struktur. Weitergehende, freiwillige Maßnahmen wie Mentoring für Jugendliche mit schwachen schulischen Leistungen oder für Migranten, die in der Regel zum Bereich von Corporate Citizenship zählen, knüpfen

---

8 Die Einführung des Mindestlohns durch die Politik legt jedenfalls den Schluss nahe, dass Unternehmen als Einzelakteure dazu nicht in der Lage oder gewillt sind.

an die institutionalisierten Pflichtstrukturen an. Das Berufsbildungsgesetz (BBiG) von 1969 war ein wichtiger Meilenstein in der Institutionalisierung des Systems der beruflichen Ausbildung und der unternehmerischen Verantwortungsübernahme für die berufliche Bildung (Pahl 2012; Baethge et al. 2007). Das System der dualen Berufsausbildung hat bereits seit Langem Bestand, weil spezifische Voraussetzungen gegeben waren. Es gibt niemand, der die Abschaffung fordert, vielmehr wird versucht, es im Zuge der Reformen im Zusammenhang mit der Euro-Krise zu exportieren. Zu den spezifischen Voraussetzungen gehören, dass das System bei den Interessen der beteiligten Akteure (Unternehmen und Gewerkschaften) ansetzt, es Marktnähe aufweist und auf stabilen institutionellen Steuerungsmechanismen beruht. Zu letzteren zählen der Hauptausschuss des Bundesinstituts für Berufsbildung (BBiB) und die Organisationsfähigkeit von Arbeitgebern und Gewerkschaften. Mit dem Hauptausschuss und den Kammern (Handwerkskammern, Industrie- und Handelskammern) als Foren der funktionalen Repräsentation wird eine Meinungs- und Konsensbildung auf nicht-staatlicher Ebene und damit eine verlässliche und dauerhafte Koordinationsleistung möglich, die weit über die Möglichkeiten freiwilliger Vereinbarungen hinausgeht. Ohne eine Verbindlichkeit, die durch die institutionellen Strukturen garantiert wird, wäre dieses System auf Dauer nicht lebensfähig. Es beruht aber auch auf dem Willen der beteiligten Akteure, der nicht einklagbar ist.

11.3.3 Wirtschaftspolitik und Steuerrecht

Mit der Wirtschaftspolitik ist ein eigenständiges Politikfeld gegeben (Zohlnhöfer 2006). Mit einem Set von Institutionen und Maßnahmen versucht der Staat ordnend in den Wirtschaftsprozess einzugreifen. Dazu nutzt er ordnungspolitische Instrumente (Eigentumsrechte, Mitgliedschaften in internationalen Organisationen, wie OECD, WTO), haushalts- und finanzpolitische und geld- und kreditpolitische Instrumente. Das Thema der gesellschaftlichen Verantwortung von Unternehmen ist kein Gegenstand der spärlichen politikwissenschaftlichen Literatur. Eine Fülle von Publikationen findet sich dagegen bei den Wirtschafts- und Rechtswissenschaften.

Für die Politikwissenschaft wird dieser Bereich interessant, wenn sich hier Machtbeziehungen zeigen und wenn es um Vorhaben gesetzlicher Regulierung geht. Anders ausgedrückt: der Bereich des Unternehmenssteuerrechts ist vor allem aus der polity- und politics-Perspektive von Bedeutung. Dieses zeigt sich jüngst am Vorwurf des US-Präsidenten Barack Obama, der Unternehmen als „steuerliche Deserteure" (FAZ, 26. Juli 2014, S. 18 „Obama greift „Steuerdeserteure" an) angegriffen hat, weil sie ihren Firmensitz ins Ausland verlagern würden, um damit die

Steuerschuld in der „Heimat" zu vermindern. Die Reaktion des Präsidenten ist eine weitere Klage über den mangelnden Wirtschaftspatriotismus von Unternehmen. Der „Wirtschaftsfaktor Patriotismus" (Müller 2006, S. 200) wurde in Deutschland eher mit Bezug auf die Bevölkerung thematisiert (Speth 2006), doch heute richtet sich dieses Begehren auch an die Unternehmen. Allerdings bleibt dieses meist eine Angelegenheit der politischen Kommunikation. Insgesamt ist die Unternehmensbesteuerung ein Gegenstandsbereich, in dem sich die unterschiedlichen politischen Strömungen im Konflikt befinden. Der Gegensatz von Verantwortung und Verantwortungslosigkeit wird zunehmend zu einem Thema (Crouch 2011, 2008, 2014).

11.3.4 Arbeitsmarkt

In der Arbeitsmarktpolitik (Bothfeld et al. 2012) stehen die Unternehmen direkt im Fokus.[9] Allerdings geht es auch hier weniger um freiwillige Leistungen als um konkrete Steuerungsziele, die allerdings vielfach nur erreicht werden, wenn Unternehmen auch bereit sind, diese zu unterstützen. Insofern ergibt sich hier eine Schnittmenge zum Thema der gesellschaftlichen Verantwortung von Unternehmen. Arbeitsmarktpolitik kann als die Summe aller Regelungen, Einrichtungen und Aktivitäten verstanden werden, die die generellen Beziehungen zwischen Angebot und Nachfrage auf dem Arbeitsmarkt beeinflussen sollen. Damit ist aber bereits deutlich geworden, dass es auch hier nicht um freiwillige Leistungen und um den metaphorisch gebrauchten Begriff der Verantwortung geht. Ziel der Arbeitsmarktpolitik ist ein möglichst hoher Beschäftigungsstand, so dass die Instrumente häufig auf Problemgruppen angewandt werden, die ein niedriges Beschäftigungsniveau aufweisen. Unter der rot-grünen Bundesregierung hat die Arbeitsmarktpolitik nach der Jahrtausendwende neuen „Schub" bekommen (Mohr 2012; Kontlenga 2008). Charakteristisch für diese Neujustierung ist, dass mit der aktivierenden Arbeitsmarktpolitik neue Instrumente geschaffen worden sind, die nicht so sehr das Verhalten der Unternehmen zu beeinflussen versuchen, sondern vielmehr von Arbeitnehmern als Individuen. Charakteristisch ist hier der Trend staatlicher Steuerung, individuelles Verhalten verstärkt normieren und erzwingen zu wollen. Insofern kann hier von einer neuen Form von Staatlichkeit gesprochen werden (Schmid 2004; Lamping und Schridde 2004). Durch die Veränderung des Politikstils werden aber auch institutionelle Konfigurationen und politische Konstellationen

---

9 Umfassender angelegt ist die Beschäftigungspolitik. Dieser Begriff ist als Oberbegriff zu verstehen, der auch Maßnahmen der Güter- und Geldpolitik (Zinsen, Steuern, Kredite) umfasst.

geschaffen, aufgrund derer z. B. lokale Beschäftigungsinitiativen und -bündnisse verstärkt tätig werden. In diesen sind häufig Unternehmen beteiligt, die freiwillige Beiträge erbringen und so dem politischen Anspruch der Unternehmensverantwortung gerecht werden (Maliszewski und Neumann 2003).

11.4 Wirtschaftsordnung als Rahmenbedingung

Die gesellschaftliche Verantwortung von Unternehmen findet innerhalb eines wirtschafts- und gesellschaftspolitischen Rahmens statt, der nicht in allen Ländern gleich ist. Deshalb ist es auch problematisch, das Konzept von Corporate Citizenship, das in einem angelsächsischen Kontext entwickelt wurde, in einen wirtschaftspolitischen Kontext zu übertragen, in dem die Grundbedingungen unternehmerischen Handelns fundamental anders sind. Mit diesen Differenzen beschäftigt sich der Varieties of Capitalism-Ansatz (Hall und Soskice 2001). In der Politikwissenschaft gilt es inzwischen als Gemeingut, dass das Handeln von Unternehmen – und auch von allen anderen Akteuren – wesentlich durch den institutionellen Kontext bestimmt wird, der sich über einen längeren Zeitraum herausgebildet hat. Gesellschaften und damit auch Ökonomien durchlaufen pfadabhängige Entwicklungen (North 1990), die dazu führen, dass sich Eigenheiten verstärken und die Differenzen zwischen Ökonomien größer werden. Inzwischen ist es in der Politikwissenschaft selbstverständlich, davon auszugehen, dass es mehrere Spielarten des Kapitalismus gibt.[10] In der Reduktion wird von zwei dominanten Formen ausgegangen: der angelsächsischen Form der liberalen Marktökonomie (LME) und den kontinentalen koordinierten Marktökonomien (CME). Entscheidend für die Entwicklung kapitalistischer Typen sind Institutionen, mit denen Märkte gestaltet werden. Die beiden Kapitalismustypen unterscheiden sich vor allem im Hinblick auf das Finanzsystem (a), die Corporate Governance-Strukturen (b), die internen Strukturen von Unternehmen (c), das System der industriellen Beziehungen (d), das System der Berufsausbildung (e) und die Beziehungen zwischen den Unternehmen (f).[11]

Für die Bewertung des Handelns von Unternehmen und den – wenn auch metaphorischen – Konzepten von unternehmerischer Verantwortung ist es also

---

10 Inzwischen wird davon ausgegangen, dass sich mit dem Aufstieg Chinas ein weiterer Typus von Kapitalismus, der autoritäre Staatskapitalismus, herausgebildet hat.
11 Der letztgenannte Aspekt wird im nächsten Abschnitt vertiefend behandelt, indem herausgearbeitet wird, dass sich das Verbandssystem in beiden Kapitalismustypen grundlegend unterscheidet.

bedeutsam zu wissen, in welchen institutionellen Kontexten sich Unternehmen bewegen. Das Freiwilligkeitskonzept entspricht mehr der LME und es scheint beinah, dass mit dem Konzept von Corporate Citizenship das angelsächsische Verständnis von Unternehmen in einer LME durchgesetzt werden soll.

Die Bundesrepublik Deutschland wird zum Typus der koordinierten Marktökonomie gezählt. Andere Begriffe dafür sind „Rheinischer Kapitalismus" oder „Soziale Marktwirtschaft" (Alber 1992; Abelshauser 2009). Ein wesentlicher Erklärungsfaktor für den Bestand dieses Kapitalismusmodells sind Komplementaritäten. Sowohl auf der Seite von Unternehmen wie auf der von Institutionen (Arbeitsmarkt, Berufsausbildung, Tarifpolitik) gibt es sich gegenseitig stützende und verstärkende Strukturen, so dass über eine längere Zeitphase ein Produktionssystem entstanden ist, das eine gewisse Eigendynamik aufweist. So zeigen Hall und Soskice für Deutschland: „Many firms persue production strategies that depend on workers with specific skills and high level of corporate commitment that are securend by offering them long employment tenures, industry based wages, and productiv work councils" (2001, S. 27). Allerdings hängt das System auch von funktionierenden Corporate Governance-Strukturen ab. Eine Kategorie wie Freiwilligkeit und der aus der personalen Moral stammende Begriff der Verantwortung sind unterkomplex gegenüber diesen höchst artifiziellen und interessenbasierten institutionellen Strukturen.

Die CME oder der Rheinische Kapitalismus beruht auf einem Set von voraussetzungsvollen Koordinationsmechanismen, die sich im Laufe der Geschichte der Bundesrepublik Deutschland herausgebildet haben und die bereits historische Vorläufer hatten. Diese Koordinationsmechanismen werden in der Forschungsliteratur umfänglich beschrieben (Abelshauser 2011). So werden in der Korporatismusforschung (Schmitter 1974; Czada 1994) insbesondere die Beziehungen von Unternehmen zu politischen Steuerungszentren zum Gegenstand gemacht. Korporatistische Koordination beinhaltet, dass die Kollektivorganisationen von Unternehmen in die Formulierung und Umsetzung von Politik einbezogen werden. Diese Koordinationsmechanismen gibt es im Bereich der Arbeitsmarktpolitik, der Wirtschaftspolitik sowie unter anderem in den Politikfeldern duales Ausbildungssystem, Gesundheit und Soziales. In den institutionalisierten Feldern der korporatistischen Politikformulierung übernehmen die Kollektivakteure von Unternehmen Aufgaben in der politischen Steuerung und Selbstverwaltung. Typische Formen solcher korporatistischen Steuerungsgremien sind in der Tarifpolitik zu finden. Im Bereich der Gesundheitspolitik ist es der Gemeinsame Bundesausschuss (G-BA), in der beruflichen Bildung ist es der Hauptausschuss des Bundesinstituts berufliche Bildung. In der Sozialpolitik sind es die Strukturen der sozialen Selbstverwaltung (Bundesagentur für Arbeit, Träger der Rentenversicherung) und die Verschränkung von politischen Eliten der Wohlfahrtsverbände mit legislativen Arenen (Bundesministerium für Arbeit und Soziales, Ausschuss Arbeit und Soziales des Deutschen Bundestags) (Trampusch 2009).

Ein wesentliches Kennzeichen korporatistischer Politiksteuerung ist die Mischung aus Freiwilligkeit und institutionellem Zwang. Allerdings müssen die Eliten der Arbeitgeber und der Gewerkschaften sich auch als gleichwertig anerkennen. Korporatismus gründet unter demokratischen Bedingungen auf Freiwilligkeit und mit korporatistischer Politiksteuerung wird ein Stück unternehmerischer Verantwortung für die Gesellschaft realisiert. Aber Korporatismus ist mehr als Freiwilligkeit und hat mit dem Unternehmensbild, das im Kontext von Corporate Citizenship verwendet wird, nichts zu tun.

Von Korporatismus als Modus der Politiksteuerung ist heute kaum noch die Rede. Viel häufiger wird der Begriff Governance verwendet, mit dem sich Verhandlungssysteme und die darin involvierten Akteure besser beschreiben lassen. Börzel versteht unter Governance „institutionalisierte Modi der sozialen Handlungskoordination, durch die kollektiv verbindliche Regelungen (policies) verabschiedet und implementiert werden" (2006, S. 2). Freiwillige Beiträge von Unternehmen in unterschiedlichen Kontexten können mit dem Governancebegriff analytisch besser beschrieben werden. Der Governancebegriff ist weiter und umfasst auch Formen der Handlungskoordination, bei denen die Mitglieder freiwillig teilnehmen und Beiträge für gemeinsam festgelegte Ziele erbringen. Solche Mechanismen der Koordination finden sich inzwischen in vielen Bereichen, z. B. im lokalen Raum. Dort werden dann Runde Tische zur Wirtschaftsförderung, zur Ausbildung, zu mehr Frauen in Führungspositionen der Wirtschaft, zur Integration von Flüchtlingen etc. gebildet.

11.5 Zentrale Kollektivakteure

In koordinierten Marktökonomien schließen sich Unternehmen stärker als in liberalen Marktökonomien zu Verbänden zusammen. Unternehmen kommen in der Politikwissenschaft in der Regel nur als Kollektivakteure in das Blickfeld der Forschung. Es gibt eine Vielzahl von Wirtschafts- und Arbeitgeberverbänden in Deutschland. Diese bilden Zusammenschlüsse in Form von Dach- oder Spitzenverbänden, weil damit eine bessere Koordinationsleistung erbracht werden kann. Es sind vor allem die Spitzenorganisationen – der Bundesverband der deutschen Industrie (BDI) und die Bundesvereinigung der deutschen Arbeitgeberverbände (BDA), Deutscher Industrie- und Handelskammertag (DIHK), Zentralverband des Deutschen Handwerks (ZDH) – die im korporatistischen System der Bundesrepublik die Interessen von Unternehmen gegenüber der Politik vertreten (Speth 2010a, 2010b, 2013).

Die Diskussion um das freiwillige Engagement von Unternehmen in den letzten zwei Jahrzehnten hat gezeigt, dass die Verbände nicht zu den Verfechtern und Propagandisten weiterer freiwilliger Beiträge von Unternehmen für die Gesellschaft oder den lokalen Raum, in dem Unternehmen agieren, gehören (Backhaus-Maul et al. 2010; Habisch 2003). Dieses liegt an der Konstruktion der Verbände im politischen System und ihren Aufgaben, die sie von ihren Mitgliedern, den Unternehmen, übertragen bekommen haben.

Neben diesen für die korporatistische Struktur der Politikvermittlung notwendigen Spitzenorganisationen gab es in jeder Branche Verbände, die das spezifische Interesse wirtschaftspolitisch und sozialpolitisch zur Geltung brachten und gegenüber den Gewerkschaften als den Interessenorganisationen der Arbeitnehmer vertraten.

Die vier Spitzenverbände der deutschen Wirtschaft – BDI, BDA, DIHK, ZDH – haben die Initiative „CSR Germany. Unternehmen tragen gesellschaftliche Verantwortung" ins Leben gerufen. Allerdings ist diese Plattform bislang nicht zum Gegenstand politikwissenschaftlicher Untersuchungen geworden. Diese mangelnde Aufmerksamkeit lässt sich mit der geringen Relevanz dieser Plattform für das Handeln der Unternehmensmitglieder der Wirtschaftsverbände begründen. Darüber hinaus zeigt sich hier eine altbekannte Schwäche der Wirtschaftsverbände: ihre Fähigkeit, die eigenen Mitglieder zu einem bestimmten Handeln zu verpflichten, ist begrenzt.

Dieses reiht sich in die sehr überschaubare Forschung zu Wirtschafts- und Arbeitgeberverbänden ein (Schroeder 2010). Diese lassen sich nur ungern beforschen. Zudem ist es nicht die Aufgabe der Verbände, ihre Mitgliedsunternehmen zu mehr freiwilligem Engagement zu drängen. Die Plattform und die anderen Aktivitäten der Verbände richten sich vielmehr an Politik und Gesellschaft und haben das Ziel, zu zeigen, dass Unternehmen aktiv sind. Insgesamt fallen die Positionen der Verbände zu diesem Thema eher in den Bereich der politischen Kommunikation. Die Verbände haben zwei vordringliche Ziele, was bei ihren Stellungnahmen zum Thema gesellschaftliche Verantwortung von Unternehmen auch deutlich wird: Sie wollen der Politik und der Gesellschaft zeigen, dass Unternehmen verantwortungsvoll handeln und für das Gemeinwohl tätig sind und sie versuchen politische Regulierungen so zu beeinflussen, dass die unternehmerische Handlungsfreiheit und die ökonomische Rationalität möglichst wenig beeinträchtigt werden. So geben sie in einer Stellungnahme zur CSR-Strategie der EU-Kommission Folgendes zu bedenken: „Die Wahrnehmung von am Gemeinwohl orientierten Aufgaben ist aber eine freiwillige und zusätzliche Leistung der Unternehmen, die über die

Einhaltung der Gesetze hinausgeht. Unternehmen können staatliches Handeln ergänzen, aber nicht ersetzen"[12].

Verbände sehen es als ihre Aufgabe, die staatliche Regulierung so zu beeinflussen, dass sie nicht zu Lasten von Unternehmen erfolgt. Deshalb ist Freiwilligkeit in diesem Zusammenhang ein zentraler Begriff. In der politikwissenschaftlichen Verbändeforschung (Sebaldt und Straßner 2004) steht daher die Interessenvertretung bzw. das Lobbying neben der Dienstleistungsfunktion im Mittelpunkt verbandlichen Handelns (siehe den Beitrag von Baur in diesem Band). Der Begriff Freiwilligkeit kann daher als Abwehrbegriff verstanden werden. Denn die freiwilligen Leistungen der Unternehmen werden nicht gegenüber dem politischen System, sondern gegenüber den unmittelbaren, teilweise lokalen Stakeholdern erbracht.

11.6 Fazit

Unternehmen sind in Deutschland in vielfältiger Art und Weise in die Gesellschaft und in das politische System eingebunden. Aus diesen Verflechtungen resultieren Verantwortungsbeziehungen, die für die Unternehmen relevant sind. Die Politikwissenschaft hat für diese Formen der Einbettung die Begriffe der koordinierten Marktökonomie und des Korporatismus geschaffen. Die Formen der Einbettung sind historisch gewachsen und verbunden mit komplementären institutionellen Strukturen, die sich nicht schnell und nicht grundlegend ändern. Mit diesen beiden Begriffen wird eine Abgrenzung gegenüber liberalen Marktökonomien vorgenommen. Das Konzept der gesellschaftlichen Verantwortung von Unternehmen stammt aber genau aus diesem ökonomischen Bereich. Es wäre daher verfehlt, es einfach zu übertragen.

Allerdings lassen sich beide Formen – LME und CME – nicht mehr so einfach voneinander abgrenzen. Es gibt Anzeichen dafür, dass sich koordinierte Marktökonomien liberalisieren und Unternehmen sich der alten Bindungen und Verpflichtungen entledigen (Höpner 2007). Aus dieser Perspektive gewinnt die Frage nach den freiwilligen Beiträgen von Unternehmen für die Gesellschaft neue Dringlichkeit.

Regelkonformes Verhalten von Unternehmen, freiwillige Leistungen und damit auch gesellschaftliche Verantwortung von Unternehmen werden im politischen System der Bundesrepublik Deutschland immer wichtiger. Die Politikwissenschaft will mit dem Begriff Governance eine Situation beschreiben, in der politische

---

12 www.bdi.eu/download_content/Pos_Spitzenverb_CSR_EU_2011_deu.pdf. Zugegriffen: 14.03.2017.

Entscheidungen zunehmend ausgehandelt werden und politische Steuerung mit freiwilligem und regelkonformem Verhalten rechnet. Der Bestand an Normen und die Beziehungsstrukturen haben inzwischen ein sehr hohes Komplexitätsniveau erreicht, so dass eine einfache sanktionsbewährte Regeldurchsetzung nicht mehr zielführend ist. Die Politik ist auf kooperatives Verhalten angewiesen. Damit gewinnt Freiwilligkeit eine neue Dimension in der Beziehung zwischen Unternehmen und Politik.[13]

Es wird in der politikwissenschaftlichen Diskussion auch deutlich, dass die Unternehmenslandschaft mittelständisch geprägt ist und der weitaus überwiegende Teil der Unternehmen klein und in lokale Strukturen eingebunden ist. Freiwilligkeit gewinnt damit noch eine ganz andere Bedeutungsdimension. Hier sind es eher soziologische Analysen über soziales Kapital, mit denen die soziale Relevanz derartiger Beziehungsstrukturen herausgearbeitet werden kann.

Die Politikwissenschaft nimmt allerdings nicht konkret die freiwilligen Beiträge von Unternehmen, die sich meist im sozialen Nahbereich ereignen, in den Blick. Dazu ist der Blick des Faches bisher viel zu sehr auf Ordnungsstrukturen und kollektive Entscheidungen gerichtet.

Empfehlenswerte Literatur

Berghahn V (1985) Unternehmer und Politik in der Bundesrepublik. Suhrkamp, Frankfurt
Crouch C (2011) Das befremdliche Überleben des Neoliberalismus. Suhrkamp, Frankfurt, S 69-108

Empfehlenswerte Internetquellen

www.corporateeurope.org/
www.bpb.de

---

13 Allerdings bleibt dieses auch unscharf, da die Grenze zwischen Zwang und Freiwilligkeit nicht präzise markiert werden kann.

Literatur

Abelshauser W (2009) Des Kaisers neue Kleider? Wandlungen der Sozialen Marktwirtschaft. Roman Herzog Institut, München

Abelshauser W (2011) Deutsche Wirtschaftsgeschichte. Von 1945 bis zu Gegenwart. 2. Auflage. C.H. Beck, München

Albert M (1992): Kapitalismus contra Kapitalismus. Campus, Frankfurt/New York

Backhaus-Maul H, Biedermann C, Nährlich S, Polterauer J (Hrsg) (2010) Corporate Citizenship in Deutschland. Gesellschaftliches Engagement von Unternehmen. Bilanz und Perspektiven. VS Verlag für Sozialwissenschaften, Wiesbaden

Baethge M, Solga H, Wieck M (2007) Berufsbildung im Umbruch. Signale eines überfälligen Aufbruchs. Friedrich-Ebert-Stiftung, Berlin

Bothfeld S, Sesselmeier W, Bogedan C (Hrsg) (2012) Arbeitsmarktpolitik in der sozialen Marktwirtschaft. VS Verlag für Sozialwissenschaften, Wiesbaden

Börzel T (2006) Was ist Governance? www.polsoz.fu-berlin.de/polwiss/forschung/international/europa/team/boerzel/Was_ist_Governance.pdf. Zugegriffen: 14.03.2017

Börzel T (2008) Der „Schatten der Hierarchie" – ein Governance-paradox? In: Schuppert GF, Zürn M (Hrsg) Governance in einer sich wandelnden Welt. Politische Vierteljahresschrift. Sonderheft 41. VS Verlag für Sozialwissenschaften, Wiesbaden, S 118-131

Braun D, Giraud O (2009) Politikinstrumente im Kontext von Staat, Markt und Governance. In: Schubert K, Bandelow NC (Hrsg) Lehrbuch der Politikfeldanalyse 2.0. Oldenburg, München, S 159-187

Bude H, Willisch A (Hrsg) (2008) Exklusion. Die Debatte über die „Überflüssigen". Suhrkamp, Frankfurt

Crouch C (2008) Postdemokratie. Suhrkamp, Frankfurt

Crouch C (2011) Das befremdliche Überleben des Neoliberalismus. Suhrkamp, Frankfurt

Crouch C (2014) Markt und Moral. Im Gespräch mit Peter Engelmann. Passagen, Wien

Czada R (1994) Konjunkturen des Korporatismus. Zur Geschichte eines Paradigmenwechsels in der Verbändeforschung In: Streeck W (Hrsg) Staat und Verbände. Leske und Budrich, Opladen

Habisch A (2003) Corporate Citizenship. Gesellschaftliches Engagement von Unternehmen. Springer, Berlin

Hall P, Soskice D (2001) Varieties of Capitalism. The institutional Foundations of Comparative Advantage. Oxford University Press, New York

Höpner M (2007) Ist Politik gegen die Verbände möglich? Mancur Olsons „the Rise and the Decline of Nations". Leviathan 35: 310-347

Kädtler J (2014) Tarifpolitik und tarifpolitisches System. In: Schroeder W (Hrsg) Handbuch Gewerkschaften in Deutschland. VS Verlag für Sozialwissenschaften, Wiesbaden, S 425-464

Klenk T, Weyrauch P, Haarmann A, Nullmeier F (2012) Abkehr vom Korporatismus? Der Wandel der Sozialversicherung im europäischen Vergleich. Campus, Frankfurt/New York

Kotlenga S (2008) Auswirkungen der Hartz-Reformen auf den Dritten Sektor. In: Klute J, Kotlenga S (Hrsg) Sozial- und Arbeitsmarktpolitik nach Hartz. Fünf Jahre Hartzreformen: Bestandsaufnahme – Analyse – Perspektiven. Universitätsdrucke Göttingen, Göttingen, S 100-121

Lamping W, Schridde H (2004) Der „Aktivierende Sozialstaat" – ordnungs- und steuerungstheoretische Dimension. In: Lütz S, Czada R (Hrsg) Wohlfahrtsstaat – Transformation und Perspektiven. VS-Verlag für Sozialwissenschaften, Wiesbaden, S 39-65

Lipset SM, Rokkan S (1967) Cleavage Structures, Party Systems and Voter Alignments. An Introduction. In: Lipset SM, Rokkan S (Hrsg) Party Systems and Voter Alignments. Cross-National Perspectives. Free Press, New York, S 1-64

Maliszewski B, Neumann G (2003) Bündnisse für Arbeit. Best Practice aus Ländern und Regionen. Hans-Böckler-Stiftung, Düsseldorf

Mohr K (2012) Von „Welfare to Workfare"? Der radikale Wandel der deutschen Arbeitsmarktpolitik. In: Bothfeld S, Sesselmeier W, Bogedan C (Hrsg) Arbeitsmarktpolitik in der sozialen Marktwirtschaft. VS Verlag, für Sozialwissenschaften, Wiesbaden, S 57-69

Müller H (2006) Wirtschaftsfaktor Patriotismus. Vaterlandsliebe in Zeiten der Globalisierung. Eichborn, Frankfurt

North DC (1990) Institutions, Institutional Change and Economic Performance. Cambridge University Press, Cambridge

Oschmiansky F, Ebach M (2012) Vom AFG 1969 zur Instrumentenreform 2009: Der Wandel des arbeitsmarktpolitischen Instrumentariums. In: Bothfeld S, Sesselmeier W, Bogedan C (Hrsg) Arbeitsmarktpolitik in der sozialen Marktwirtschaft. VS Verlag für Sozialwissenschaften, Wiesbaden, S 91-105

Osterhammel J (2009) Die Verwandlung der Welt. Eine Geschichte des 19. Jahrhunderts. C.H. Beck, München

Pahl JP (2012) Berufsbildung und Berufsbildungssystem: Darstellung und Untersuchung nicht-akademischer und akademischer Lernbereiche. W. Bertelsmann, Bielefeld

Pierson P (2004) Politics in time. History, Institutions and Social Analysis. Princeton University Press, Princeton u. a

Scharpf FW (1991) Die Handlungsfähigkeit des Staates am Ende des zwanzigsten Jahrhunderts. Politische Vierteljahresschrift, 32: 621-634

Schmid G (2004) Gewährleistungsverantwortung und Arbeitsmarkt. In: Schuppert GF (Hrsg) Der Gewährleistungsstaat – Ein Leitbild auf dem Prüfstand. Nomos, Baden-Baden, S 145-165

Schmitter P (1974) Still the Century of Corporatism? The Review of Politics XXVI: 85-131

Schroeten J (2011) Service-Learning in Deutschland. Ein Überblick. In: Aktive Bürgerschaft (Hrsg) Diskurs Service Learning. Unterricht und Bürgerengagement verbinden. Aktive Bürgerschaft, Berlin, S 13-24

Sebaldt M, Straßner A (2004) Verbände in der Bundesrepublik Deutschland. Eine Einführung. VS Verlag für Sozialwissenschaften, Wiesbaden

Speth R (2006) Die zweite Welle der Wirtschaftskampagnen. Von „Du bist Deutschland" bis zur „Stiftung Marktwirtschaft". Hans-Böckler-Stiftung, Düsseldorf

Speth R (2010a) Arbeitgeber- und Wirtschaftsverbände in Politik und Gesellschaft. In: Schroeder W, Weßels B (Hrsg) Handbuch Arbeitgeber- und Wirtschaftsverbände in Deutschland. VS Verlag für Sozialwissenschaften, Wiesbaden, S 260-279

Speth R (2010b) Grenzen der politischen Kommunikation von Unternehmensverbänden. In: Schroeder W, Weßels B (Hrsg) Handbuch Arbeitgeber- und Wirtschaftsverbände in Deutschland. VS Verlag für Sozialwissenschaften, Wiesbaden, S 220-233

Speth R (2013): Arbeitgeberverbände: Interessenvertretung und Lobbying. WSI Mitteilungen 7: 519-525

Streeck W (1989) Interest Heterogeneity and Organizing Capacity. Two Class Logics of Collective Action? WZB/Wissenschaftszentrum Berlin für Sozialforschung Discussion Paper FS1/89-4. Wissenschaftszentrum Berlin für Sozialforschung, Berlin

Streeck W (1991) On the Institutional Conditions for Diversified Quality Production. In: Matzner E, Streeck W (Hrsg) Beyond Keynesianism. Elgar, Cheltenham, S 21-61

Trampusch C (2009) Der erschöpfte Sozialstaat. Transformation eines Politikfeldes. Campus, Frankfurt/New York

Weitbrecht H (1969) Effektivität und Legitimität der Tarifautonomie. Duncker & Humblot, Berlin

Wieland J (2010) Corporate Citizens sind kollektive Bürger. In: Backhaus-Maul H, Biedermann C, Nährlich S, Polterauer J (Hrsg) Corporate Citizenship in Deutschland. Gesellschaftliches Engagement von Unternehmen. Bilanz und Perspektiven. VS Verlag für Sozialwissenschaften, Wiesbaden, S 131-137

Zohlnhöfer R (2006) Vom Wirtschaftswunder zum kranken Mann Europas?. In: Schmidt MG, Zohlnhöfer R (Hrsg) Regieren in der Bundesrepublik Deutschland. VS Verlag für Sozialwissenschaften, Wiesbaden, S 285-313

Gesellschaftliche Verantwortung von Unternehmen

Rechtswissenschaftliche Zugänge und Betrachtungsebenen

12

Karsten Nowrot

Abstract

The jurisprudential approach and discussion of the phenomenon and the concept of Corporate Social Responsibility will be analyzed through three systematic steps. Firstly, the term corporate responsibility will be defined from a jurisprudential perspective. Secondly, based on jurisprudential scientific research the reach of civic legal responsibility of companies will be analyzed. Lastly, it will be discussed if and to what extent the social behavioral expectations towards companies play a role in the field of law.

***

Der rechtswissenschaftlichen Auseinandersetzung mit dem Phänomen und der Ordnungsidee gesellschaftlicher Unternehmensverantwortung wird sich in drei systematisierenden Schritten genähert: Zunächst werden die rechtswissenschaftlichen Zugänge zum Begriff der Verantwortung bzw. Unternehmensverantwortung selbst in den Blick genommen. Hierauf aufbauend wird sodann die Reichweite der gesellschaftlichen Rechtsverantwortung von Unternehmen als spezifisch rechtswissenschaftliche Fragestellung eingehender beleuchtet. Abschließend wird der Frage nachgegangen, ob und gegebenenfalls auf welche Weise weitere, nicht im engeren Sinne positivrechtlich verankerte Verantwortungsdimensionen sowie die hiermit einhergehenden gesellschaftlichen Verhaltenserwartungen an Unternehmen im Blickpunkt der Rechtswissenschaft liegen.

12.1 Einführung

Die vielfältigen und facettenreichen Fragestellungen, welche sich im Zusammenhang mit der prinzipiellen Anerkennung einer gesellschaftlichen Verantwortung von Unternehmen ergeben, erfreuen sich gegenwärtig disziplinenübergreifend einer besonderen Beliebtheit. Ihre empirische Unterstützung findet diese Wahrnehmung in dem Umstand, dass neben zahlreichen weiteren Wissenschaftsbereichen auch bzw. selbst die Jurisprudenz – und damit ein Wissenschaftszweig, dem gelegentlich auch von Seiten einiger seiner Repräsentanten ein vergleichsweise hohes Maß an Trägheit in Bezug auf die Berücksichtigung aktueller Themenbereiche vorgehalten worden ist (Kelsen 1960, S. iv) – der gesellschaftlichen Unternehmensverantwortung in wachsendem Umfang Beachtung schenkt. Dies gilt im Übrigen nicht allein für die rechtswissenschaftlichen Diskurse der Gegenwart. Vielmehr lässt sich eine Auseinandersetzung mit dieser Thematik und der ihr zugrundeliegenden Ordnungsansätze im Grundsatz bereits seit einigen Jahrzehnten in den Publikationen dieser Disziplin nachweisen (Ruder 1965; Engel 1979; sowie die bis in die 1930er Jahre zurückreichenden Überblicke bei Empt 2004, S. 41 ff.; Wells 2002).

Aus übergreifender Perspektive erschließen sich der disziplinspezifische Zugang und damit auch der Analysefokus der Rechtswissenschaft zu den Fragen einer gesellschaftlichen Verantwortung von Unternehmen zunächst in eingängiger Weise, wenn man sich die weitgehend konsentierten Charakteristika dieses Wissenschaftszweigs vergegenwärtigt. Gerade angesichts der nicht ganz zu Unrecht verschiedentlich anzutreffenden Qualifizierung der gesellschaftlichen Unternehmensverantwortung als einer von ihren inhaltlichen Aussagegehalten her eher schwach konturierten Ordnungsidee, deren wissenschaftlicher Durchdringung auch gegenwärtig noch kein gemeinsames begriffliches Vorverständnis zugrunde liegt (vgl. hierzu aus juristischer Perspektive z. B. Muchlinski 2003, S. 34; Genasci und Pray 2008, S. 40; Nowrot 2011, S. 419f.; Besmer 2006, S. 289; Spießhofer 2009, S. 94; Kyte 2008, S. 563), ist hier zunächst die Stellung der Jurisprudenz als eine normative Wissenschaft hervorzuheben (vgl. statt vieler Jestaedt 2009, S. 27f.; Lepsius 1999, S. 33; sowie allgemein zur diesbezüglichen Einteilung der Wissenschaften Weingartner 1978, S. 130ff.). Innerhalb des Kreises der normativen Wissenschaften zeichnet sich die Rechtswissenschaft wiederum durch den Umstand aus, dass es sich bei ihrem Untersuchungsgegenstand primär um – im Regelfall von einem Hoheitsträger gesetzte – Rechtsnormen handelt (Ehlers 2013, S. 470). Aufgrund ihres aus diesem Selbstverständnis abgeleiteten Anspruchs, gerade auch eine Steuerungswissenschaft zu sein (Schmidt-Aßmann 2013, S. 18f.), ist sie „auf Klarheit, Berechenbarkeit und Verbindlichkeit ihrer Aussagen angewiesen" und kann es daher nicht „bei der Feststellung diffuser, ja disparater Begriffsverständnisse […] bewenden lassen" (Huber

2005, S. 494). Im Lichte ihrer prinzipiellen Rückbindung an in Geltung befindliche Rechtsordnungen sowie – mit dem Vorgenannten eng verbunden – ihrer dezidierten Anwendungsbezogenheit im Sinne einer zumindest im Vergleich mit vielen anderen wissenschaftlichen Disziplinen höheren Praxisorientierung, namentlich in Gestalt der Aufgabe einer Weiterentwicklung der Rechtsdogmatik (Voßkuhle 2010, S. 340; Kriele 1976, S. 313; Jestaedt 2014, S. 3ff.; relativierend allerdings beispielsweise Möllers 2008, S. 168f.), wird es vielmehr richtigerweise als disziplinprägende und spezifische Bestimmung der heutigen Jurisprudenz als Normwissenschaft (Larenz 1991, S. 195ff.) angesehen, in begrifflicher sowie inhaltlicher Hinsicht als unscharf wahrgenommene Ordnungsideen und Steuerungsansätze insbesondere durch Herausarbeitung ihrer positivrechtlichen Bedeutungsgehalte und Verhaltensvorgaben zu konkretisieren und auf diese Weise für die Rechtspraxis zu operationalisieren (Huber 2005, S. 494).

Vor diesem Hintergrund soll im Folgenden der Versuch unternommen werden, sich der rechtswissenschaftlichen Auseinandersetzung mit dem Phänomen und der Ordnungsidee gesellschaftlicher Unternehmensverantwortung in drei systematisierenden Schritten anzunähern, um einen Einblick in die spezifischen Analyseansätze juristischer Forschung auf diesem Themenfeld zu ermöglichen. In einem ersten Schritt gilt es zunächst, einen näheren Blick auf die rechtswissenschaftlichen Zugänge zum Begriff der Verantwortung bzw. Unternehmensverantwortung selbst zu werfen, da sich bereits aus dieser übergreifenden Betrachtung wesentliche Erkenntnisse für die disziplinäre Behandlung der vorliegenden Thematik aus der Perspektive der Jurisprudenz ableiten lassen. Hierauf aufbauend soll sodann die Reichweite der gesellschaftlichen Rechtsverantwortung von Unternehmen als spezifisch rechtswissenschaftliche Fragestellung eingehender beleuchtet werden. Schließlich werden in einem dritten Schritt Antworten auf die Frage zu geben sein, ob und gegebenenfalls auf welche Weise auch noch weitere, nicht im engeren Sinne positivrechtlich verankerte Verantwortungsdimensionen sowie die hiermit einhergehenden gesellschaftlichen Verhaltenserwartungen an Unternehmen im Analysefokus der Rechtswissenschaft liegen.

12.2 Der Begriff der Unternehmensverantwortung aus rechtswissenschaftlicher Perspektive

Verantwortung gehört zweifelsohne zu den diskursprägenden Begriffen unserer Zeit. Unabhängig davon, ob im Einzelnen Unternehmen oder beispielsweise der Staat, die internationale Gemeinschaft sowie Individuen als Subjekte bzw. Adressaten von

Verantwortung angesprochen werden, erweist sich dieser Terminus nicht allein in der Alltagssprache und in politischen Reden, sondern nicht zuletzt auch in den Publikationen einer Vielzahl an Wissenschaftsdisziplinen als zumindest beinahe omnipräsent (zu diesem Befund statt vieler Klement 2006, S. 1 ff.; Dreier 2000, S. 9 ff.). Die Jurisprudenz bildet hier keineswegs eine Ausnahme. Ein Blick in das rechtswissenschaftliche Schrifttum bestätigt vielmehr in deutlicher Weise die Ubiquität der Verantwortung als Begriff und Ordnungsidee (Klement 2006, S. 3: „Wer die Texte des juristischen Diskurses empirisch auswerten und ‚Verantwortung' zählen wollte, fände die Allgegenwart des Ausdrucks eindrucksvoll belegt."). Angesichts einer vor diesem Hintergrund gelegentlich konstatierten „Verantwortungsinflation" (Merten 1996, S. 15; Dreier 2000, S. 9) sind dieser Begriff und seine Verwendung in der wissenschaftlichen Literatur denn auch bereits seit längerem verschiedentlich als ambivalent, unbestimmt, schillernd oder gar als parasitär charakterisiert worden, um nur einige der wenig schmeichelhaften Beschreibungsansätze zu nennen (hierzu mit entsprechenden Nachweisen Klement 2006, S. 1ff.).

Zwar ist zuzugestehen, dass die Vielfalt der Verwendungszusammenhänge und Funktionen des Wortes prinzipiell die Gefahr mit sich bringen, dass Verantwortung als Begriff konturenlos wird. Dies sollte jedoch nicht vorschnell zu der Schlussfolgerung Anlass geben, eine solche Gefahr hätte sich vorliegend auch bereits realisiert. Zumindest auf einer vergleichsweise abstrakten Ebene lässt sich der Bedeutungsgehalt dieses Terminus wohl gegenwärtig in der Weise zusammenfassen, dass Verantwortung regelmäßig die Frage des Eingestehenmüssens für das Erreichen bzw. Nichterreichen von Sollensanforderungen zum Gegenstand hat (Ehlers 2013, S. 468; Zippelius 1989, S. 257; Dreier 2000, S. 10f.).

Obgleich damit entgegen einer auch in der Rechtswissenschaft gelegentlich vertretenen Auffassung (exemplarisch Kämmerer 2001, S. 434) im Grundsatz ein gemeinsames, sprachebenen- und disziplinenübergreifendes Verständnis von Verantwortung zu konstatieren ist (Merten 1996, S. 13; Ehlers 2013, S. 468), soll nicht verkannt werden, dass der Begriff im Übrigen in erheblichem Umfang kontextabhängig bleibt (Voßkuhle 2003, S. 270 Fn. 9). Dies gilt nicht zuletzt für seine Verwendung in den einzelnen Wissenschaftsbereichen. Für die Jurisprudenz kommt vor dem Hintergrund ihrer bereits dargelegten Charakteristika als Wissenschaftsdisziplin hierbei der binären Differenzierung zwischen „Recht" und „Nicht-Recht" (zu dieser Unterscheidung gerade auch im Kontext gesellschaftlicher Unternehmensverantwortung Nowrot 2007, S. 6ff., m. w. N.) eine zentrale Bedeutung für die weitergehende Konkretisierung des Konzepts der Verantwortung zu. Aus rechtswissenschaftlicher Perspektive existieren also zunächst einmal zwei unterschiedliche Verantwortungsdimensionen, die als Rechtsverantwortung einerseits sowie als außerrechtliche, gegebenenfalls beispielsweise auf moralischen oder religiösen Erwägungen basierende Verantwortungsbeziehungen andererseits beschrieben werden können. Von diesen beiden Verantwortungsdimensionen ist es dabei naturgemäß in erster Linie die Rechtsverantwortung, welche im Analysefokus der Jurisprudenz steht. Die Grundlage einer solchen rechtlichen Verantwortung bilden diejenigen Verhaltenserwartungen und weiteren Sollensanforderungen, welche „von den zur Rechtsetzung berufenen Organen vorgegeben werden und deren Einhaltung zumeist einer Kontrolle insbesondere durch die Gerichtsbarkeit unterliegt" (Ehlers 2013, S. 472).

Unter Rekurs auf das dargelegte allgemeine Begriffsverständnis stellt sich die rechtswissenschaftliche Auseinandersetzung mit der gesellschaftlichen Verantwortung von Unternehmen somit in der Weise dar, dass sie zunächst einmal im Wesentlichen Fragestellungen im Zusammenhang mit dem *rechtlichen* Eingestehenmüssen von entsprechenden Wirtschaftsakteuren für *rechtlich gesetzte* Sollensanforderungen zum Gegenstand hat (allgemein zu diesem Beschreibungsansatz auch z. B. Merten 1996, S. 13f.; Ehlers 2013, S. 468). Vor diesem Hintergrund sind aus der Perspektive der Jurisprudenz vor allem zwei übergreifende Betrachtungsebenen von Interesse. Die erste bezieht sich auf die Reichweite der gesellschaftlichen Rechtsverantwortung von Unternehmen: Welche Verhaltens- und weiteren Sollensanforderungen sind vom Anwendungsbereich der rechtlichen Unternehmensverantwortung umfasst? Welche gesellschaftlichen Verhaltenserwartungen sind demgegenüber im Wesentlichen einer außerrechtlichen Verantwortungsdimension zuzuordnen? Der zweite übergreifende Gesichtspunkt nimmt die juristische Relevanz dieser außerrechtlichen Verantwortungsbeziehungen in den Blickpunkt der Analyse. Diese sekundäre Betrachtungsebene hat insbesondere die rechtswissenschaftliche Identifizierung und Untersuchung möglicher Verbindungslinien zwischen Rechtsnormen und außerrechtlichen gesellschaftlichen Verhaltenserwartungen an Unternehmen zum Gegenstand. In den nachfolgenden Abschnitten sollen diese beiden für die rechtswissenschaftliche Auseinandersetzung mit der vorliegenden Thematik charakteristischen Analysedimensionen etwas näher beleuchtet werden.

12.3 Primäre Betrachtungsebene: Reichweite der gesellschaftlichen Rechtsverantwortung von Unternehmen

Hinsichtlich der Reichweite unternehmensbezogener Rechtsverantwortung gilt es zunächst daran zu erinnern, dass diese wirtschaftlich tätigen Akteure zumindest auf innerstaatlicher Ebene regelmäßig einer Vielzahl an rechtlich gesetzten

Sollensanforderungen unterliegen. Exemplarisch seien hier die gerade auch an Unternehmen adressierten Vorgaben in den Bereichen des Arbeits-, Gesellschafts-, Sozial-, Wettbewerbs-, Steuer- und Verwaltungsrechts genannt. Hierbei ist weiterhin zu berücksichtigen, dass den Unternehmen im Lichte ihrer Eigenschaft als Träger von verfassungsrechtlichen Grundrechten und völkerrechtlichen Individualschutzgarantien (vgl. für die Rechtslage in Deutschland statt vieler Dreier 2013, S. 1735ff; aus internationalrechtlicher Perspektive Nowrot 2006, S. 531ff.) solche spezifischen einfachgesetzlichen Verpflichtungen grundsätzlich nur unter der Bedingung auferlegt werden können, dass auf diese Weise eine anerkennenswürdige, dem Gemeinwohl dienende Zwecksetzung verfolgt wird (allgemein hierzu Engel 2002; Merten 2009, S. 547ff.). Vor diesem Hintergrund lässt sich durchaus argumentieren, dass auch bereits in diesen zahlreichen Einzelregelungen aus verschiedenen Rechtsbereichen, angesichts ihrer notwendigen Gemeinwohl- und damit auch Gesellschafts- sowie Gemeinschaftsorientierung, die gesellschaftliche Rechtsverantwortung von Unternehmen – jedenfalls unter Zugrundelegung eines weiteren Verständnisses derselben – ihren deutlichen Ausdruck findet.

Gleichwohl wird auch in den rechtswissenschaftlichen Diskussionsbeiträgen im Allgemeinen nicht verkannt, dass sich die Ordnungsidee gesellschaftlicher Unternehmensverantwortung selbst, zumindest in ihrem engeren und die gegenwärtigen Wissenschaftsdiskurse dominierenden Sinne, keineswegs primär auf die Existenz und zukünftige Statuierung einfachgesetzlicher Sollensanforderungen in den genannten und weiteren Rechtsbereichen bezieht. Vielmehr zeichnet sie sich in ihrem Kern bekanntermaßen durch eine übergreifende Perspektive aus, welche die Erforderlichkeit einer allgemeinen „öffentlichen" Verpflichtung der Unternehmen zu einem der Verwirklichung des Gemeinwohls dienenden Verhalten in denjenigen politischen Gemeinwesen zum Gegenstand hat, in denen diese Wirtschaftsakteure tätig sind (allgemein zu dieser Differenzierung zwischen „privaten" und „öffentlichen" Unternehmenspflichten aus juristischer Perspektive bereits Ruder 1965; zur Idee „öffentlicher Unternehmensverantwortung" z. B. Pernthaler 1996, S. 107f.). Diese charakteristische Betonung einer gesamtgesellschaftlichen Verantwortung von Unternehmen lässt im Lichte des rechtswissenschaftlichen Analysefokus die Frage aufkommen, ob auch ein solches Ansinnen bzw. eine solche Erwartung, sein gesamtes Verhalten an der Realisierung des Gemeinwohls auszurichten, vom Anwendungsbereich der rechtlichen Unternehmensverantwortung umfasst ist.

Und in der Tat wird in der Jurisprudenz bezogen auf die innerstaatliche Ebene im Grundsatz bereits seit langem über die Existenz und rechtliche Relevanz von mit den Grundrechten des Individuums (und anderer Privatrechtssubjekte wie namentlich Unternehmen) korrelierenden so genannten Grundpflichten durchaus intensiv und kontrovers diskutiert (Randelzhofer 2006; Hofmann 2011; Saladin 1984, S. 67ff.);

eine Vorstellung „korrespondierende[r] Statusverhältnisse" bzw. „spiegelbildliche[r] Grundrechte der politischen Gemeinschaft gegenüber den Individuen" und Unternehmen (Hofmann 2011, S. 718), wie sie sich gerade in jüngerer Zeit zumindest in Ansätzen, aber auch im Bereich des völkerrechtlichen Menschenrechtsschutzes nachweisen lässt (Tomuschat 1983; Knox 2008). Zwar ist die rechtswissenschaftliche Auseinandersetzung mit dieser Thematik noch keineswegs in dem Sinne als abgeschlossen zu betrachten, dass man zu einem allgemein konsentieren Ergebnis gelangt wäre. Auch finden sich in der Rechtsprechung gelegentlich Aussagen, welche durchaus im Sinne der Anerkennung einer übergreifenden gesellschaftlichen Unternehmensverantwortung interpretiert werden können. So erwähnte das deutsche Bundesverfassungsgericht beispielsweise in einem Urteil vom 16. Dezember 1997 die „gemeinsame [...] Umweltverantwortung von Staat, Wirtschaft und Gesellschaft" und konstatierte in diesem Zusammenhang mit zugegebenermaßen aus juristischer Perspektive etwas vagen Worten: „Das Zusammenwirken von öffentlicher und privater Hand betont die gemeinsame Verantwortung für die Erfüllung einer öffentlichen Aufgabe, die von Wirtschaft und Gesellschaft nicht nur die Beachtung des Rechts fordert [...]" (BVerfGE 98, 106, 121).

Die wohl ganz überwiegende Auffassung in der juristischen Literatur geht namentlich auch in Deutschland jedoch im Ergebnis zu Recht davon aus, dass – abgesehen von dem hier nicht weiter behandelten Rechtsstatus so genannter öffentlicher bzw. staatlich beherrschter Unternehmen (allgemein hierzu z. B. Suerbaum 2012, S. 341 ff., m. w. N.) – weder Individuen noch andere private Wirkungseinheiten wie Unternehmen ungeschriebenen übergreifenden rechtlichen Sollensanforderungen hinsichtlich der Verwirklichung öffentlicher und gesamtgesellschaftlicher Interessen unterliegen; die positivrechtliche Verbindlichkeit entsprechender gemeinwohlorientierter Bürger- und Unternehmenspflichten also grundsätzlich nicht aus der Zugehörigkeit zu einem politischen Gemeinwesen selbst erwächst, sondern einer – bei Vorliegen überwiegender öffentlicher Zwecksetzungen natürlich prinzipiell zulässigen – „Konkretisierung und Sanktionierung durch die einfache Gesetzgebung" bedarf (Hofmann 2011, S. 724; Badura 1982, S. 868; Isensee 1982, S. 612 f.; Ehlers 2013, S. 486 ff.). Hieraus folgt, dass das zentrale Anliegen des Konzepts gesellschaftlicher Unternehmensverantwortung, nämlich die Forderung nach einem allgemein solidarischen und gemeinwohlorientierten Verhalten dieser Wirtschaftsakteure, sich auf innerstaatlicher Ebene jedenfalls nicht in einem übergreifenden und umfassenden Sinne als rechtlich gesetzte Sollensanforderung darstellt und somit allenfalls punktuell einen Bestandteil der gesellschaftlichen Rechtsverantwortung von Unternehmen bildet.

In ähnlicher Weise stellt sich die Situation dar, wenn man die überstaatlichen Regelungsbereiche als Gegenstand des rechtswissenschaftlichen Forschungsinteresses in den Blickpunkt der Analyse nimmt. Es besteht heute auch in der Jurisprudenz weitgehende Einigkeit darüber, dass die erhebliche Bedeutung von namentlich großen Wirtschaftsunternehmen als ökonomische und politische Akteure im internationalen System sowohl Chancen als auch Risiken für die Verwirklichung von Staatengemeinschaftsinteressen mit sich bringt, welche zunehmend als Kernbestandteil und zentrale Legitimationsgrundlage der heutigen Völkerrechtsordnung angesehen werden. Einerseits sind diese privaten Wirkungseinheiten aufgrund ihrer vielfältigen Einflussmöglichkeiten in der Lage, einen wirksamen Beitrag zur Durchsetzung von Gemeinwohlbelangen zu leisten. Andererseits haben sie aber auch das Potenzial, unmittelbar durch eigenes Handeln beziehungsweise mittelbar durch die Unterstützung anderer staatlicher und nichtstaatlicher Akteure die universelle Verwirklichung von Menschenrechten, Arbeitsschutz- und Sozialbestimmungen sowie Umweltstandards zu verhindern oder zumindest zu erschweren (Krajewski 2011; Nowrot 2006, S. 510ff., m. w. N.).

Angesichts dieser also zunächst einmal gleichsam janusköpfigen Wirkungsfähigkeit von Unternehmen (Reinisch 2001, S. 287; Lu 2000, S. 604) lässt sich bereits seit einiger Zeit in der rechtswissenschaftlichen Literatur eine eingehende Beschäftigung mit der Frage nachweisen, ob Privatunternehmen über ihre faktische Bedeutung im internationalen System hinaus auch – im Sinne einer Art von „transnationalen Sozialpflichtigkeit" (Wildhaber 1978, S. 42) – rechtsnormativ in der Weise in die Völkerrechtsgemeinschaft eingebunden sind, dass sie als unmittelbare internationale Regelungsadressaten völkerrechtlich verbindlichen Verhaltenserwartungen in Bezug auf die Verwirklichung von globalen öffentlichen Interessen wie beispielsweise dem Schutz der Menschenrechte sowie der Beachtung von Umwelt- und Sozialstandards unterliegen; sich also mit anderen Worten eine übergreifende gesellschaftliche Rechtsverantwortung von Unternehmen in den Ordnungsstrukturen der internationalen Rechtsordnung nachweisen lässt (Karavias 2013; Gatto 2011; Morgera 2009). In diesem Zusammenhang finden sich auch durchaus zahlreiche konzeptionelle Überlegungen, welche auf die Existenz bzw. – aus rechtspolitischer Perspektive – die Etablierung einer mehr oder weniger umfassenden gesellschaftlichen Rechtsverantwortung von Unternehmen auf der Ebene des Völkerrechts abzielen (Geldermann 2009; Schutter 2010; Köster 2010; Nowrot 2012). Auf der Basis der noch ganz überwiegend vertretenen Sichtweise in Bezug auf die konstitutiven Voraussetzungen von Völkerrechtssubjektivität, welche hinsichtlich der Erlangung und des Umfangs einer internationalen Rechts- und Pflichtenstellung einer Akteurskategorie auf die ausdrückliche normative Anerkennung durch die Staaten im Sinne einer Übertragung von konkreten völkerrechtlichen Rechten und Pflichten abstellen, wird jedoch in der juristischen Literatur regelmäßig konstatiert, dass Privatunternehmen – abgesehen von wenigen spezifischen Einzelregelungen – mangels ausdrücklicher Übertragung entsprechender internationaler Sollensanforderungen im Wege des Völkervertragsrechts und des ungeschriebenen Völkergewohnheitsrechts gegenwärtig nicht zur Verwirklichung globaler Gemeinwohlbelange wie unter anderem dem Menschenrechts- und Umweltschutz sowie internationalen Sozial- und Arbeitsstandards verpflichtet sind (Tomuschat 2014, S. 131ff.; Schmalenbach 2001, S. 65ff.; Nowrot 2006, S. 534ff.). Auch auf völkerrechtlicher Ebene erstreckt sich die Reichweite der gesellschaftlichen Rechtsverantwortung von Unternehmen also grundsätzlich nicht in umfassender Weise auf die von der Ordnungsidee gesellschaftlicher Unternehmensverantwortung intendierten Sollensanforderungen hinsichtlich eines gemeinwohlbezogenen Verhaltens.

12.4 Sekundäre Betrachtungsebene: Außerrechtliche Verantwortungsdimensionen im Spiegel der Rechtswissenschaft

Zwar bezieht sich die rechtswissenschaftliche Auseinandersetzung mit der gesellschaftlichen Verantwortung von Unternehmen in erster Linie – und im Ergebnis wenig überraschend – zunächst einmal auf die Reichweite und inhaltliche Ausgestaltung der entsprechenden Rechtsverantwortungsstrukturen. Dieser Umstand sollte jedoch nicht vorschnell zu der Annahme veranlassen, dass die vielfältigen nicht rechtlich gesetzten Sollensanforderungen an Unternehmen, wie sie beispielsweise in Verhaltenskodizes und weiteren zunächst einmal unverbindlichen Steuerungsregimen wie dem United Nations Global Compact ihren Ausdruck finden, gänzlich außerhalb des Analysefokus der Jurisprudenz liegen. Vielmehr bildet gerade die mögliche juristische Relevanz dieser außerrechtlichen Sollensanforderungen einen zunehmend bedeutsamen Untersuchungsgegenstand der rechtswissenschaftlichen Forschung.

Über die Identifikation und Analyse übereinstimmender Merkmale von Rechtsnormen einerseits sowie nicht rechtsverbindlichen Steuerungsinstrumenten zur Förderung gesellschaftlicher Unternehmensverantwortung andererseits hinaus (Nowrot 2007, S. 7ff. m. w. N.), ist es dabei namentlich das Phänomen sich herausbildender Verbindungslinien zwischen rechtlichen und außerrechtlichen Verhaltenserwartungen, welches vor allem in jüngerer Zeit in wachsendem Umfang Beachtung findet. Hinsichtlich entsprechender Forschungsansätze und -befunde sei hier zunächst exemplarisch auf die wechselseitigen Einwirkungen von unverbindlichen Steuerungsinstrumenten im Bereich der gesellschaftlichen Unternehmensverantwortung und positivrechtlichen Ordnungsvorgaben aufeinander in Bezug auf die Realisierung von

Gemeinwohlbelangen verwiesen. In diesem Zusammenhang stellen auf der einen Seite die Regelungen des nationalen und internationalen Rechts, die regelmäßig nur einen begrenzten personellen und territorialen Anwendungsbereich aufweisen, sowie insbesondere die in ihnen positivrechtlich statuierten Wertsetzungen häufig auch die Basis der von außerrechtlichen Verwirklichungsregimen verfolgten Zwecksetzungen dar. Vielfach ist es sogar primär die zugrundeliegende Motivation dieser unverbindlichen Steuerungsinstrumente, den insoweit eingeschränkten Anwendungsbereich entsprechender Rechtsnormen zumindest auf einer außerrechtlichen Ebene auszudehnen (Buhmann 2006, S. 189ff.; Nowrot 2007, S. 9). Ein bereits seit längerem intensiv diskutiertes Beispiel bildet hierbei der Steuerungsansatz vieler Verhaltenskodizes und anderer nicht rechtlich gesetzter Regime, die inhaltlichen Wertsetzungen der internationalen normativen Ordnungsstrukturen zum Schutz der Menschenrechte, welche von ihrem Anwendungsbereich her bislang noch in erster Linie an Staaten adressiert sind, auf einer zumindest teilweise formalisierten Ebene in die gesellschaftlichen Verhaltens- und Verantwortungserwartungen an Unternehmen zu inkorporieren.

Auf der anderen Seite finden sich aber durchaus auch – und dies illustriert die Wechselseitigkeit der Einwirkungspotenziale – solche Entwicklungsprozesse, in denen die Sichtbarmachung und Durchsetzung von einzelnen öffentlichen Interessen in einem ersten Schritt so gut wie ausschließlich auf der Basis rechtlich unverbindlicher Steuerungsinstrumente erfolgen und erst nachfolgend auch in innerstaatlichen und internationalen Rechtsregimen ihren positivrechtlichen Niederschlag finden. Charakteristisch für diese Konstellationen ist also nicht die Erweiterung des Anwendungsbereichs von Rechtsnormen, sondern vielmehr eine Transformation der zugrundeliegenden gesellschaftlichen Verhaltenserwartungen an Unternehmen vom zunächst außerrechtlichen in den positivrechtlichen Bereich. Ein anschauliches Beispiel hierfür bildet die Entwicklung des Themas „Korruption im Ausland". Die entsprechende Kampagne gegen diesen Typus unternehmerischer Korruption wurde zumindest in Europa zunächst so gut wie ausschließlich von zivilgesellschaftlichen Organisationen wie Transparency International auf der Basis außerrechtlicher Steuerungsinstrumente getragen und mündete erst einige Jahre später in die Ausarbeitung und Unterzeichnung von völkerrechtlichen Abkommen sowie die Verabschiedung gesetzlicher Regelungen im innerstaatlichen Bereich (Reinhardt-Salcinovic 2006). Vielfach eng mit diesen letztgenannten Entwicklungsprozessen – häufig in Gestalt eines Durchgangsstadiums – verbunden ist überdies das in der Rechtswissenschaft bereits verschiedentlich analysierte Phänomen der so genannten „normersetzenden" oder „normvermeidenden" Absprachen zwischen staatlichen Akteuren und privaten Unternehmen oder Wirtschaftsverbänden. Kennzeichnend für diese in der Bundesrepublik spätestens seit den 1960er Jahren bekannte Vorgehensweise ist eine Selbstverpflichtung von Wirtschaftsakteuren zur Durchsetzung bestimmter Gemeinwohlbelange, welche zwar für sich genommen rechtlich unverbindlich ist, gleichwohl aber regelmäßig vor dem Hintergrund der Inaussichtstellung einer hoheitlichen Regulierung als Steuerungsalternative erfolgt (Michael 2002, S. 17ff.; Köpp 2001, S. 21ff.; Frenz 2001, S. 10ff.).

Abgesehen von diesen wechselseitigen Einwirkungsprozessen lassen sich in der Praxis aber auch in wachsendem Umfang noch engere Verbindungsphänomene in Gestalt von Verzahnungsstrukturen zwischen rechtsverbindlichen Sollensanforderungen und außerrechtlichen Verhaltenserwartungen an Unternehmen nachweisen. Aus dem Kreise der im Einzelnen vielgestaltigen Ausprägungen dieser Art von „strukturellen Koppelungen" in der Rechtspraxis seien hier nur zwei Beispiele angeführt, welche in der rechtswissenschaftlichen Literatur bereits einige Aufmerksamkeit auf sich gezogen haben. Zum einen handelt es sich um die gegenwärtig zu beobachtende Praxis von Unternehmen mit Hauptsitz in westlichen Industriestaaten, ihre Zulieferbetriebe aus Entwicklungs- und Schwellenländern auf vertraglicher Basis zur Beachtung ihrer unternehmenseigenen – und zunächst für sich genommen eigentlich rechtlich unverbindlichen – Verhaltenskodizes zivilrechtlich zu verpflichten, um entsprechende negative Konsequenzen für ihre Reputation so weit wie möglich zu vermeiden (McBarnet und Kurkchiyan 2007). Zum anderen ist hier die bereits in einer Reihe von Staaten – hierunter auf der Grundlage von § 5 Abs. 1 Nr. 6 des Gesetzes gegen den unlauteren Wettbewerb auch in Deutschland – grundsätzlich für Konsumenten und Konkurrenten eröffnete Möglichkeit zu nennen, einen Verstoß gegen rechtlich zunächst einmal unverbindliche unternehmenseigenen Verhaltenskodizes mit den Mitteln des Wettbewerbsrechts nach den Grundsätzen des so genannten „false or misleading advertising" vor innerstaatlichen Gerichten geltend zu machen (Kocher 2005; Schutter 2008, S. 232ff.; Glinski 2007, S. 126ff.).

Schließlich – und das letztgenannte Beispiel mag bereits als ein Indiz hierfür gewertet werden – wird in der rechtswissenschaftlichen Forschung aus übergreifender Perspektive im Zusammenhang mit dem Phänomen einer wachsenden Verzahnung von außerrechtlichen Instrumenten im Bereich gesellschaftlicher Unternehmensverantwortung und Rechtsnormen aber auch zunehmend intensiver der Frage nachgegangen, ob und mit welchen Mitteln staatliche Organe berechtigt bzw. sogar verpflichtet sind, die Wahrnehmung gesamtgesellschaftlicher Verantwortung von Unternehmen zu fördern. Zwar unterliegen, wie bereits dargelegt, weder Individuen noch beispielsweise Privatunternehmen in umfassender Weise ungeschriebenen rechtlichen Sollensanforderungen hinsichtlich der Verwirklichung öffentlicher Interessen. Hieraus folgt jedoch nicht notwendigerweise, dass das Verantwortungsbewusstsein dieser privatwirtschaftlichen Akteure für die Realisierung des Gemeinwohls vollständig aus der Sphäre des Rechts ausgeblendet ist. Vielmehr ist schon im Lichte der allgemein anerkannten und zentralen Bedeutung einer möglichst breiten Schicht verantwortungsbewusster Bürger und Unternehmen für den Bestand eines politischen Gemeinwesens zu konstatieren (Berka 1996, S. 59f.; Schröder 2010), dass dem Staat die Aufgabe zukommt, diese ideellen und ethischen „Verfassungsvoraussetzungen" bzw. „Verfassungserwartungen" (grundlegend hierzu bereits Krüger 1973; siehe überdies z. B. Isensee 2011, S. 358ff.) unter Achtung der Freiheit des Privatrechtssubjekts zu pflegen und zu unterstützen (Kirchhof 1998, S. 61f.; Volkmann 2012, S. 24ff.; Papier 2011, S. 275f.; Fleming und McClain 2013, S. 112ff., m. w. N.).

Und in der Tat lassen sich in der Praxis vieler Staaten zahlreiche Ansätze nachweisen, unter Rückgriff auf ökonomische Steuerungsmechanismen bzw. einer indirekten Steuerung durch Anreizstrukturen die Wahrnehmung gesellschaftlicher Verantwortung durch Privatunternehmen über die rechtsverbindlichen Verhaltensvorgaben hinaus zu fördern. Ein prägnantes Beispiel hierfür bildet zunächst die Einbeziehung sogenannter „beschaffungsfremder Kriterien" bzw. Sekundärzwecke wie unter anderem die Bekämpfung von Kinderarbeit oder die Unterstützung von Belangen des Umweltschutzes in entsprechende Verfahren der öffentlichen Auftragsvergabe (McCrudden 2007; Pünder 2012, S. 534ff., m. w. N.). Weiterhin ist hier der Blick insbesondere auch auf das Steuerrecht zu lenken. Mit Hilfe der diesem Rechtsbereich zuzuordnenden Steuerungsinstrumente wird dem Staat ermöglicht, insbesondere auf der Basis des Konzepts der Gemeinnützigkeit, wie es beispielsweise in Deutschland über die entsprechenden Normierungen in zahlreichen Einzelsteuergesetzen hinaus grundlegend in dem durch die §§ 51 ff. der Abgabenordnung ausgestalteten Gemeinnützigkeitsstatus privater Körperschaften seinen Ausdruck findet, vielfältige Anreize für ein gemeinwohlorientiertes Handeln von Bürgern und Unternehmen zu schaffen (Isensee 1990; Droege 2010), eine Zielsetzung, die durch die umfangreiche Reform des Spenden- und Gemeinnützigkeitsrecht im Zuge des Gesetzes zur weiteren Förderung des bürgerschaftlichen Engagements aus dem Jahre 2007 noch einmal eine besonders deutliche Akzentuierung erfahren hat (Fritz 2007).

Dass es sich bei dieser Förderungsaufgabe des Staates in Bezug auf die gesellschaftliche Verantwortung von Unternehmen überdies nicht lediglich um eine Kompetenz desselben handelt, sondern aus dieser staatlichen Einwirkungsverantwortung auch entsprechende rechtliche Impulsgebungspflichten erwachsen können, verdeutlichen gerade in jüngerer Zeit einige Prozesse auf der überstaatlichen Ebene des internationalen Rechts (Nowrot 2014, S. 440ff., 587ff.). Zwar enthalten internationale Verhaltenskodizes weiterhin für die entsprechenden Unternehmen lediglich unverbindliche Verhaltensempfehlungen. Hinsichtlich der an diesen Steuerungsinstrumenten beteiligten bzw. von ihnen adressierten Staaten selbst zeichnet sich jedoch im Völkerrecht zumindest bereits eine Entwicklung ab, welche durchaus die Herausbildung und Anerkennung verbindlicher Impulsgebungspflichten indiziert (Hepburn und Kuuya 2011, S. 601: „imposing an obligation to encourage the adoption of voluntary CSR measures").

So findet sich beispielsweise im einleitenden Abschnitt der im Jahre 2011 grundlegend überarbeiteten OECD Guidelines for Multinational Enterprises nunmehr an prominenter Stelle folgende Aussage: „The Guidelines provide voluntary principles and standards for responsible business conduct [...]. However, the countries adhering to the Guidelines make a binding commitment to implement them in accordance with the Decision of the OECD Council on the OECD Guidelines for Multinational Enterprises" (OECD 2011). Die Wahrnehmung, dass Staaten grundsätzlich auch einer völkerrechtlichen Verpflichtung unterliegen, das Verantwortungsbewusstsein bestimmter privater Akteure wie Unternehmen für die Realisierung von Gemeinwohlbelangen mittels Anreizen und weiteren Impulsansätzen zu entwickeln und zu fördern, findet – aus primär menschenrechtlicher Perspektive – weiterhin in den im Juni 2011 vom Menschenrechtsrat der Vereinten Nationen verabschiedeten United Nations Guiding Principles on Business and Human Rights ihren Niederschlag. So enthält dieses Dokument unter anderem in seinem dritten Prinzip die Vorgabe, dass „[i]n meeting their duty to protect [human rights], States should: [...] Provide effective guidance to business enterprises on how to respect human rights throughout their operations".

Weiterhin lassen sich entsprechende staatliche Impulsgebungspflichten bzw. -erwartungen in den letzten Jahren aber gerade auch vermehrt auf dem Gebiet des Völkervertragsrechts selbst nachweisen. Exemplarisch sei hier zunächst auf Art. 816 des am 15. August 2011 in Kraft getretenen Freihandelsabkommens zwischen Kanada und Kolumbien verwiesen, welcher unter dem Titel „Corporate Social Responsibility" folgende Regelung enthält: „Each Party should encourage enterprises operating within its territory or subject to its jurisdiction to voluntarily incorporate internationally recognized standards of corporate social responsibility in their internal policies, such as statements of principle that have been endorsed or are supported by the Parties. These principles address issues such as labour, the environment, human rights, community relations and anti-corruption. The Parties remind those enterprises of the importance of incorporating such corporate social responsibility standards in their internal policies." Vergleichbare Vorgaben finden sich unter anderem in Art. 810 des am 1. August 2009 in Kraft getretenen kanadischen Freihandelsabkommens mit Peru, in Art. 9.17 des entsprechenden, am 1. April 2013 in Kraft getretenen völkerrechtlichen Vertrages zwischen Kanada und Panama, in der Präambel des bilateralen Investitionsabkommens zwischen Österreich und der Republik Kosovo vom 22. Januar 2010, in der Präambel des bilateralen Investitionsabkommens zwischen der Schweiz und der Republik Kosovo vom 27. Oktober 2011 sowie in Art. 16 des bilateralen Investitionsabkommens zwischen Benin und Kanada vom 8. Januar 2013. Zusammenfassend bestätigen diese und weitere positivrechtliche Statuierungen einmal mehr den Befund, dass auch die außerrechtlichen Dimensionen gesellschaftlicher Unternehmensverantwortung schon angesichts ihrer zunehmend nachweisbaren Verbindungslinien mit Rechtsnormen auch in wachsendem Umfang im Analysefokus der Rechtswissenschaft stehen.

12.5 Ausblick

Die vorangegangenen Ausführungen haben deutlich werden lassen, dass die rechtswissenschaftliche Auseinandersetzung mit der Ordnungsidee gesellschaftlicher Unternehmensverantwortung – wie allgemein, so auch in Bezug auf die vorliegende Thematik – in zentraler Weise durch die Unterscheidung zwischen „Recht" und „Nicht-Recht" geprägt ist. Dabei ist es vor dem Hintergrund der Charakteristika dieser Wissenschaftsdiszipin zunächst einmal in erster Linie die Reichweite sowie inhaltliche Ausgestaltung der rechtlichen Verantwortung von Unternehmen, welche im Zentrum juristischer Betrachtungen steht.

Gleichwohl haben die im Rahmen dieses Beitrags angestellten Betrachtungen auch gezeigt, dass die zahlreichen nicht bzw. noch nicht positivrechtlich normierten Verhaltenserwartungen an Unternehmen zur Erfüllung ihrer gesellschaftlichen Verantwortung keineswegs außerhalb des Analysefokus der Jurisprudenz liegen. Ganz im Gegenteil ist vielmehr zu konstatieren, dass die mögliche rechtliche Bedeutung solcher außerrechtlichen Sollensanforderungen in Gestalt von Verhaltenskodizes und weiteren unverbindlichen Steuerungsmechanismen vor allem in jüngerer Zeit in wachsendem Umfang einen wichtigen Untersuchungsgegenstand rechtswissenschaftlicher Forschung darstellt. Diese Entwicklung ist zu begrüßen; sind es doch gerade auch diese letztgenannten – und hier als sekundäre Betrachtungsebene bezeichneten – Fragestellungen im Zusammenhang mit zunehmend nachweisbaren Verbindungslinien zwischen rechtlichen und außerrechtlichen Verhaltenserwartungen, welche sich für die gegenwärtige soziale Realität gesellschaftlicher Unternehmensverantwortung als prägend erweisen und daher Anspruch darauf haben, auch von der Rechtswissenschaft als einer Wirklichkeitswissenschaft (Huber 2005, S. 494) wahrgenommen und systematisch durchdrungen zu werden.

Empfehlenswerte Literatur

Köster C (2010) Die völkerrechtliche Verantwortlichkeit privater (multinationaler) Unternehmen für Menschenrechtsverletzungen. Duncker & Humblot, Berlin

Nowrot K (2006) Normative Ordnungsstruktur und private Wirkungsmacht. Berliner Wissenschafts-Verlag, Berlin

Weidmann, K (2014) Der Beitrag der OECD-Leitsätze für multinationale Unternehmen zum Schutz der Menschenrechte. Duncker & Humblot, Berlin

Literatur

Badura P (1982) Grundpflichten als verfassungsrechtliche Dimension. Deutsches Verwaltungsblatt 97: 861-872

Berka W (1996) Bürgerverantwortung im demokratischen Verfassungsstaat. Veröffentlichungen der Vereinigung der Deutschen Staatsrechtslehrer 55: 48-89

Besmer V (2006) The Legal Character of Private Codes of Conduct: More than just a Pseudo-Formal Gloss on Corporate Social Responsibility. Hastings Business Law Journal 2: 279-306

Buhmann K (2006) Corporate Social Responsibility: What Role for Law? Some Aspects of Law and CSR. Corporate Governance 6: 188-202

De Schutter O (2010) Sovereignty-plus in the Era of Interdependence: Toward an International Convention on Combating Human Rights Violations by Transnational Corporations. In: Bekker P, Dolzer R & Waibel M (Hrsg) Making Transnational Law Work in the Global Economy – Essays in Honour of Detlev Vagts. Cambridge University Press, Cambridge, S 245-284

Dreier H (2013) Artikel 19 Abs. 3 GG. In: Dreier H (Hrsg) Grundgesetz-Kommentar. Bd. I. 3. Auflage. Mohr Siebeck, Tübingen, S 1735-1788

Dreier H (2000) Verantwortung im demokratischen Verfassungsstaat. In: Neumann U, Schulz L (Hrsg) Verantwortung in Recht und Moral. Franz Steiner, Stuttgart, S 9-38

Droege M (2010) Gemeinnützigkeit im offenen Steuerstaat. Mohr Siebeck, Tübingen

Ehlers D (2013) Verantwortung im öffentlichen Recht. Die Verwaltung 46: 467-491

Empt M (2004) Corporate Social Responsibility – Das Ermessen des Managements zur Berücksichtigung von Nichtaktionärsinteressen im US-amerikanischen und deutschen Aktienrecht. Duncker & Humblot, Berlin

Engel C (2002) Das legitime Ziel als Element des Übermaßverbots. In: Brugger W, Kirste S, Anderheiden Michael (Hrsg) Gemeinwohl in Deutschland, Europa und der Welt. Nomos, Baden-Baden, S 103-172

Engel DL (1979) An Approach to Corporate Social Responsibility. Stanford Law Review 32: 1-38

Fleming JE, McClain LC (2013) Ordered Liberty – Rights, Responsibilities and Virtues. Harvard University Press, Cambridge/London

Frenz W (2001) Selbstverpflichtungen der Wirtschaft. Mohr Siebeck, Tübingen

Fritz T (2007) Gesetz zur weiteren Stärkung des bürgerschaftlichen Engagements. Betriebs-Berater 62: 2546-2551

Gatto A (2011) Multinational Enterprises and Human Rights. Elgar, Cheltenham

Geldermann H (2009) Völkerrechtliche Pflichten multinationaler Unternehmen. Nomos, Baden-Baden

Genasci M, Pray S (2008) Extracting Accountability: The Implications of the Resource Curse for CSR Theory and Practice. Yale Human Rights & Development Law Journal 11: 37-58

Glinski C (2007) Corporate Codes of Conduct: Moral or Legal Obligation? In: McBarnet A, Voiculescu A, Campell T (Hrsg) The New Corporate Accountability. Cambridge University Press, Cambridge, S 119-147

Hepburn J, Kuuya V (2011) Corporate Social Responsibility and Investment Treaties. In: Cordonier Segger M-C, Gehring MW, Newcombe A (Hrsg) Sustainable Development in World Investment Law. Kluwer Law International, Alphen aan den Rijn u. a., S 589-609

Hofmann H (2011) Grundpflichten und Grundrechte. In: Isensee J, Kirchhof P (Hrsg) Handbuch des Staatsrechts der Bundesrepublik Deutschland. Bd. IX. 3. Auflage. C.F. Müller, Heidelberg, S 699-730

Huber PM (2005) Demokratie in Europa – Zusammenfassung und Ausblick. In: Bauer H, Huber PM, Sommermann K-P (Hrsg) Demokratie in Europa. Mohr Siebeck, Tübingen, S 491-512

Isensee J (2011) Grundrechtsvoraussetzungen und Verfassungserwartungen an die Grundrechtsausübung. In: Isensee J, Kirchhof P (Hrsg) Handbuch des Staatsrechts der Bundesrepublik Deutschland. Bd. IX. 3. Auflage. C.F. Müller, Heidelberg, S 265-411

Isensee J (1990) Gemeinwohl und Bürgersinn im Steuerstaat des Grundgesetzes. In: Maurer H (Hrsg) Das akzeptierte Grundgesetz – Festschrift für Günter Dürig zum 70. Geburtstag. C.H. Beck, München, S 33-65

Isensee J (1982) Die verdrängten Grundpflichten des Bürgers. Die Öffentliche Verwaltung 35: 609-618

Jestaedt M (2014) Wissenschaft im Recht. Juristen-Zeitung 69: 1-12

Jestaedt M (2009) Braucht die Wissenschaft vom Öffentlichen Recht eine fachspezifische Wissenschaftstheorie? In: Funke A, Lüdemann J (Hrsg) Öffentliches Recht und Wissenschaftstheorie. Mohr Siebeck, Tübingen, S 17-43

Kämmerer JA (2001) Privatisierung. Mohr Siebeck, Tübingen

Karavias M (2013) Corporate Obligations under International Law. Oxford University Press, Oxford

Kelsen H (1960) Reine Rechtslehre. 2. Auflage. Deuticke, Wien

Kirchhof P (1998) Die Einheit des Staates in seinen Verfassungsvoraussetzungen. In: Depenheuer O, Heintzen M, Jestaedt M (Hrsg) Die Einheit des Staates. C.F. Müller, Heidelberg, S 51-69

Klement JH (2006) Verantwortung – Funktion und Legitimation eines Begriffs im Öffentlichen Recht. Mohr Siebeck, Tübingen

Knox JH (2008) Horizontal Human Rights Law. American Journal of International Law 102: 1-47

Kocher E (2005) Unternehmerische Selbstverpflichtungen im Wettbewerb: Die Transformation von „soft law" in „hard law" durch das Wettbewerbsrecht. Gewerblicher Rechtsschutz und Urheberrecht 107: 647-652

Köpp, T (2001) Normvermeidende Absprachen zwischen Staat und Wirtschaft. Duncker & Humblot, Berlin

Köster C (2010) Die völkerrechtliche Verantwortlichkeit privater (multinationaler) Unternehmen für Menschenrechtsverletzungen. Duncker & Humblot, Berlin

Krajewski M (2011) Rechtliche Steuerung transnationaler Unternehmen. In: Giegerich T (Hrsg) Internationales Wirtschafts- und Finanzrecht in der Krise. Duncker & Humblot, Berlin, S 35-70

Kriele M (1976) Theorie der Rechtsgewinnung. 2. Auflage. Duncker & Humblot, Berlin

Krüger H (1973) Verfassungsvoraussetzungen und Verfassungserwartungen. In: Ehmke H, Kaiser JH, Kewenig WA, Meessen KM, Rüfner W (Hrsg) Festschrift für Ulrich Scheuner zum 70. Geburtstag. Duncker & Humblot, Berlin, S 285-306

Kyte R (2008) Balancing Rights with Responsibilities: Looking for the Global Drivers of Materiality in Corporate Social Responsibility and the Voluntary Initiatives that Develop and Support them. American University International Law Review 23: 559-576

Larenz K (1991) Methodenlehre der Rechtswissenschaft. 6. Auflage. Springer, Berlin

Lepsius O (1999) Steuerungsdiskussion, Systemtheorie und Parlamentarismuskritik. Mohr Siebeck, Tübingen

Lu SP (2000) Corporate Codes of Conduct and the FTC: Advancing Human Rights through Deceptive Advertising Law. Columbia Journal of Transnational Law 38: 603-629

McBarnet D, Kurkchiyan M (2007) Corporate Social Responsibility through Contractual Control? Global Supply Chains and 'Other Regulation'. In: McBarnet A, Voiculescu A, Campell T (Hrsg) The New Corporate Accountability. Cambridge University Press, Cambridge, S 59-92

McCrudden C (2007) Corporate Social Responsibility and Public Procurement. In: McBarnet A, Voiculescu A, Campell T (Hrsg) The New Corporate Accountability. Cambridge University Press, Cambridge, S 93-118

Merten D (2009) Verhältnismäßigkeitsgrundsatz. In: Merten D, Papier, HJ (Hrsg) Handbuch der Grundrechte in Deutschland und Europa. Bd. III. C.F. Müller, Heidelberg, S 517-567

Merten D (1996) Bürgerverantwortung im demokratischen Verfassungsstaat. Veröffentlichungen der Vereinigung der Deutschen Staatsrechtslehrer 55: 7-47

Michael L (2002) Rechtsetzende Gewalt im kooperierenden Verfassungsstaat – Normprägende und normersetzende Absprachen zwischen Staat und Wirtschaft. Duncker & Humblot, Berlin

Möllers C (2008) Vorüberlegungen zu einer Wissenschaftstheorie des öffentlichen Rechts. In: Jestaedt M, Lepsius O (Hrsg) Rechtswissenschaftstheorie. Mohr Siebeck, Tübingen, S 151-174

Morgera E (2009) Corporate Accountability in International Environmental Law. Oxford University Press, Oxford

Muchlinski P (2003) The Development of Human Rights Responsibilities for Multinational Enterprises. In: Sullivan R (Hrsg) Business and Human Rights – Dilemmas and Solutions. Greenleaf, Sheffield, S 33-51

Nowrot K (2014) Das Republikprinzip in der Rechtsordnungengemeinschaft – Methodische Annäherungen an die Normalität eines Verfassungsprinzips. Mohr Siebeck, Tübingen

Nowrot K (2012) „Wer Rechte hat, hat auch Pflichten!"? Zum Zusammenhang zwischen völkerrechtlichen Rechten und Pflichten transnationaler Unternehmen. Martin-Luther-Universität Halle-Wittenberg/Institut für Wirtschaftsrecht, Halle/Saale

Nowrot K (2011) Corporate Social Responsibility aus rechtswissenschaftlicher Perspektive. In: Raupp J, Jarolimek S, Schultz F (Hrsg) Handbuch Corporate Social Responsibility. VS Verlag für Sozialwissenschaften, Wiesbaden, S 419-434

Nowrot K (2007) The Relationship between National Legal Regulations and CSR Instruments: Complementary or Exclusionary Approaches to Good Corporate Citizenship? Institut für Wirtschaftsrecht, Halle/Saale

Nowrot K (2006) Normative Ordnungsstruktur und private Wirkungsmacht. Berliner Wissenschafts-Verlag, Berlin

OECD/Organisation for Economic Co-operation and Development (2011), OECD-Guidelines for Multinational Enterprises. OECD Publishing, Paris. www.dx.doi.org/10.1787/9789264115415-en. Zugriff: 14.03.2017

Papier HJ (2011) Das Spannungsverhältnis von Freiheit und Sicherheit aus verfassungsrechtlicher Sicht. In: Baumeister P, Roth W, Ruthig J (Hrsg) Staat, Verwaltung und Rechtsschutz – Festschrift für Wolf-Rüdiger Schenke zum 70. Geburtstag. Duncker & Humblot, Berlin, S 263-276

Pernthaler P (1996) Allgemeine Staatslehre und Verfassungslehre. 2. Auflage. Springer, Wien/New York

Pünder H (2012) Vergaberecht. In: Ehlers D, Fehling M, Pünder H (Hrsg) Besonderes Verwaltungsrecht. Bd. I. 3. Auflage. C.F. Müller, Heidelberg, S 489-569

Randelzhofer A (2006) Grundrechte und Grundpflichten. In: Merten D, Papier, J (Hrsg) Handbuch der Grundrechte in Deutschland und Europa. Bd. II. C.F. Müller, Heidelberg, S 595-624

Reinhardt-Salcinovic A (2006) Informelle Strategien zur Korruptionsbekämpfung – Der Einfluss von Nichtregierungsorganisationen am Beispiel von Transparency International. Martin-Luther-Universität Halle-Wittenberg/Institut für Wirtschaftsrecht, Halle

Reinisch A (2001) Governance Without Accountability? German Yearbook of International Law 44: 270-306

Ruder DS (1965) Public Obligations of Private Corporations. University of Pennsylvania Law Review 114: 209-229

Saladin P (1984) Verantwortung als Staatsprinzip. Haupt, Bern/Stuttgart

Schmalenbach K (2001) Multinationale Unternehmen und Menschenrechte. Archiv des Völkerrechts 39: 57-81

Schmidt-Aßmann E (2013) Verwaltungsrechtliche Dogmatik. Mohr Siebeck, Tübingen

Schröder UJ (2010) Wovon der Staat lebt. Juristen-Zeitung 65: 869-875

Spießhofer B (2009) Corporate (Social) Responsibility – auch ein Thema für Anwälte? Anwaltsblatt 59: 94-95

Suerbaum J (2012) Kommunale und sonstige öffentliche Unternehmen. In: Ehlers D, Fehling M, Pünder H (Hrsg) Besonderes Verwaltungsrecht. Bd. I. 3. Auflage. C.F. Müller, Heidelberg, S 338-387

Tomuschat C (2014) Human Rights – Between Idealism and Realism. 3. Auflage. Oxford University Press, Oxford

Tomuschat C (1983) Grundpflichten des Individuums nach Völkerrecht. Archiv des Völkerrechts 21: 289-315

Volkmann U (2012) Darf der Staat seine Bürger erziehen? Nomos, Baden-Baden

Voßkuhle A (2010) Das Leitbild des „europäischen Juristen" – Gedanken zur Juristenausbildung und zur Rechtskultur in Deutschland. Rechtswissenschaft 1: 326-346

Voßkuhle A (2003) Beteiligung Privater an der Wahrnehmung öffentlicher Aufgaben und staatliche Verantwortung. Veröffentlichungen der Vereinigung der Deutschen Staatsrechtslehrer 62: 266-335

Weingartner P (1978) Wissenschaftstheorie I – Einführung in die Hauptprobleme. 2. Auflage. Frommann-Holzboog, Stuttgart/Bad Cannstatt

Wells CAH (2002) The Cycles of Corporate Social Responsibility: An Historical Retrospective for the Twenty-First Century. Kansas Law Review 51: 77-140

Wildhaber L (1978) Multinationale Unternehmen und Völkerrecht. Berichte der Deutschen Gesellschaft für Völkerrecht 18: 7-71

Zippelius R (1989) Varianten und Gründe rechtlicher Verantwortlichkeit. In: Lampe EJ (Hrsg) Verantwortlichkeit im Recht. Westdeutscher Verlag, Opladen, S 257-266

Nur Kommunikation macht Verantwortung sichtbar

Zur kommunikativen Grundlegung gesellschaftlicher Verantwortung von Unternehmen aus Perspektive der Kommunikationswissenschaft

Klaus-Dieter Altmeppen und Isabel Bracker

Abstract

Communication plays an important role in the debate concerning companies and their social responsibility. It helps comprehend the stakeholders' expectations towards the company and at the same time it is an essential mean to reach legitimation. Social responsibility becomes a topic in the communication studies when the public communication takes place through Corporate Social Responsibility (CSR). This happens when either a company reports their activities or if journalists do so. Journalists oftentimes report when companies act irresponsible and Corporate Social Irresponsibility (CSI) is the case. CSI however does not play an important role in the scientific approaches which narrows the view. This chapter however captures the social responsibility of companies in its entirety, discusses the important role of communication for social responsibility and suggests a theoretical perspective which makes CSR empirically manageable.

***

Kommunikation kommt in der Debatte um die gesellschaftliche Verantwortung von Unternehmen eine zentrale Rolle zu. Sie dient beispielsweise der Verständigung über Erwartungen, die Stakeholder an Unternehmen richten und ist gleichsam ein zentrales Mittel, um Legitimation zu erreichen. Spätestens in dem Moment, in dem öffentliche Kommunikation über Corporate Social Responsibility (CSR) stattfindet – heißt, wenn Unternehmen über ihre Aktivitäten berichten, aber auch, wenn Journalisten diese Aktivitäten thematisieren – wird gesellschaftliche Verantwortung zu einem Thema der Kommunikationswissenschaft. Gerade in der journalistischen Berichterstattung steht oftmals unverantwortliches Handeln von Unternehmen – Corporate Social Irresponsibility (CSI) – im Mittelpunkt. In der Wissenschaft hingegen wird CSI bislang nicht viel Bedeutung beigemessen, was den Blick verengt. Dieser Beitrag hingegen erfasst die gesellschaftliche Verantwortung von Unternehmen in ihrer Gesamtheit, diskutiert die bedeutende Rolle der Kommunikation für gesellschaftliche Verantwortung auf ihren unterschiedlichen Ebenen und zeigt eine strukturationstheoretische Perspektive auf, die es ermöglicht, CSR empirisch handhabbar zu machen.

13.1 Kommunikationswissenschaft und gesellschaftliche Verantwortung

Zu den Möglichkeiten, Gesellschaftsformationen zu konzipieren, gehört auch die Metapher der Mediengesellschaft. Die Kommunikationswissenschaft untersucht die Ursachen und Folgen der Mediengesellschaft, sie „beschäftigt sich mit den sozialen Bedingungen, Folgen und Bedeutungen von medialer, öffentlicher und interpersonaler Kommunikation"[1]. Zentraler Gegenstand ist die öffentliche Kommunikation, sie bezeichnet „Kommunikationsprozesse und -strukturen, die öffentlich stattfinden und häufig – aber nicht zwingend – durch Massenmedien vermittelt sind" (Bentele et al. 2003, S. 7). Die gesellschaftliche Verantwortung von Unternehmen wird somit spätestens in dem Augenblick zu einem Thema der Kommunikationswissenschaft, in dem öffentliche Kommunikation darüber stattfindet. Dann fragt die Kommunikationswissenschaft nach den Voraussetzungen und Prämissen, nach den Strukturen und Mechanismen, nach den Folgen und Wirkungen öffentlicher Kommunikation über gesellschaftliche Verantwortung, und umgekehrt auch nach den Einflüssen von Verantwortung auf öffentliche Kommunikation.

Versteht man Gesellschaften als grundsätzlich durch Kommunikation geschaffen und den Kommunikationsprozess als eine Abfolge von Information, Mitteilung und Verstehen (Luhmann 1987, S. 227ff.), dann kann Verantwortung überhaupt erst durch Kommunikation sichtbar werden, denn eine Gesellschaft kann sich nur kommunikativ darüber verständigen, wer für was wem gegenüber verantwortlich ist.

Die Kommunikationsarenen dafür gehen über öffentliche Kommunikation weit hinaus. In erster Linie ist es natürlich die Individualkommunikation: Auf der Mikroebene sprechen die Individuen über verantwortliches (oder unverantwortliches) Handeln. Neben der Makroebene (repräsentiert beispielsweise durch

---

[1] www.dgpuk.de/uber-die-dgpuk/selbstverstandnis/. Zugegriffen: 14.03.2017.

Systemverantwortung) spielt Verantwortung auf der Mesoebene eine entscheidende Rolle. Auf dieser Ebene sind Unternehmen ein maßgeblicher Akteur; ihre eigene Kommunikation (durch PR) sowie die mediale Kommunikation über unternehmerische Verantwortung sind Bestandteil der Verantwortungskommunikation.

Schaut man auf die vier Felder, die Gegenstand öffentlicher Kommunikation sind (s. 1), so geht es mit Blick auf verantwortliches Handeln beispielsweise um das Zusammenspiel von Journalismus und Public Relations (PR) bei der CSR-Kommunikation in Wirtschaft, Politik oder Kultur; im Bereich Systeme und Strukturen werden Fragen danach gestellt, welche Wirkkräfte die Entstehung von Corporate Social Responsibility (CSR) und Corporate Citizenship (CC), ihrer Kommunikation und Institutionalisierung vorantreiben oder hemmen; mit der Analyse von Produkten und Inhalten wird der Umfang und die Qualität der Berichterstattung zum Thema gesellschaftliche Verantwortung von Unternehmen ermittelt; die Nutzungs- und Wirkungsforschung untersucht die Zuwendung zu diesen Inhalten und ihre Wirkungen.

Abb. 1 Gegenstand öffentlicher Kommunikation
Quelle: Bonfadelli et al. 2005, S. 10

Verantwortung, CSR, CC, aber auch Corporate Governance (CG) und Compliance tauchen als Begriffe in den öffentlichen Debatten über die gesellschaftliche Verantwortung von Unternehmen auf. Daher sollen zumindest die im engeren Sinne das Thema prägenden Begriffe Verantwortung, CSR und CC sowie ihr Verhältnis zueinander zuerst geklärt werden, bevor die Theorien, Methoden und Ergebnisse der Kommunikationswissenschaft zu diesem Thema dargestellt und erläutert werden.

13.2 Verantwortung und Verantwortungskommunikation: Skizzen zu ihrem Verhältnis

13.2.1 Zum Begriff Verantwortung

Die gesellschaftliche Verantwortung von Managern und Unternehmen hat in den vergangenen Jahren sowohl in der Öffentlichkeit als auch in der Wissenschaft größere Aufmerksamkeit gefunden (Schmidpeter 2012, S. 1; Palazzo 2009, S. 2). Dabei geht es im Kern um die Bereitschaft und den Umfang gesellschaftlicher Verantwortung, die Unternehmen bereit sind wahrzunehmen (also: verantwortlich zu handeln) oder auch abzulehnen. Die Bereitschaft und den Umfang unternehmerischer Verantwortung zu analysieren, einzuschätzen und zu bewerten, setzt eine Definition des Verständnisses von Verantwortung sowie ihrer unterschiedlichen Stufen voraus (Schicha 2011). Erst auf dieser Grundlage kann eine minimalistische Wahrnehmung von Verantwortung (in der Regel für den ökonomischen Erfolg) von weiter reichenden Verantwortlichkeiten unterschieden werden. Dieses Problem zu lösen, ist umso virulenter, je mehr Unternehmer und Manager Entscheidungen von gesamtgesellschaftlicher Reichweite treffen. Es ist eine Frage von grundlegender Bedeutung, ob die daraus entstehende Verantwortung – gerade auch im Fall von Medienunternehmen – über betriebswirtschaftliche Kalküle eindeutig hinauszugehen hat oder nicht. Da sich derartige Urteile in Mediengesellschaften in großem Maße auf die journalistische Berichterstattung stützen, erscheint es ebenso angebracht, auch die dortigen Strukturen und Prozesse zu erläutern.

Verantwortung zeichnet sich, so Bühl (1998, S. 13), grundsätzlich dadurch aus, dass sie nur als ein Sozialverhältnis konstituiert werden kann, für das je nach Verantwortungsbereich spezifische Bedingungen und Rechtsverhältnisse vorliegen. Damit Verantwortung wahrgenommen und sanktioniert werden kann, ist es notwendig, dass innerhalb der jeweils gültigen Verantwortungsbereiche oder Subsysteme der Gesellschaft „institutionell geprägte und normativ […] gesicherte Wahrnehmungsmuster und Zurechnungskonstrukte zur Verfügung" gestellt werden, die es ermöglichen, „eine verantwortliche Person oder ein zuständiges Kollektivum ausfindig zu machen" (Bühl 1998, S. 16).

In ihrer allgemeinsten Form konkretisiert sich Verantwortung durch eine Reihe von W-Fragen, die spezifische Relationen beschreiben: wer, was, wofür, wem gegenüber? Demnach lässt sich für Verantwortung formulieren:

> „Jemand (Subjekt) ist für etwas (Gegenstand) vor oder gegenüber jemandem (Instanz) aufgrund bestimmter normativer Standards (Normhintergrund) – prospektiv – verantwortlich. Bzw.: Jemand (Subjekt) verantwortet sich – retrospektiv – für etwas (Gegenstand) vor oder gegenüber jemandem (Instanz) unter Berufung auf bestimmte normative Standards (Normhintergrund)" (Werner 2006, S. 543; siehe auch Karmasin und Litschka 2008, S. 141).

Durch diese Relationen werden Fragen nach der Wahrnehmung und der Kommunikation von Verantwortung durch Medienunternehmen systematisch und empirisch handhabbar (Maring 2001, S. 13f.).

Dies zeigt sich bei den verschiedenen Ebenen von Verantwortung, die derzeit besonders im öffentlichen Fokus stehen. Immer öfter wird über Compliance-Regeln berichtet, Corporate Governance (CG) ist ein praktisches wie wissenschaftliches Thema und CSR und CC emergieren zu gesellschaftlich relevanten Operationen (s. Tabelle 1). Insbesondere CSR und CC hinterlassen auch in der kommunikationswissenschaftlichen Forschung deutlich wahrnehmbare Spuren.

Dabei besteht bislang kein Konsens über die Definition dieser Begriffe (Schaltegger 2011, S. 188; Schneider 2012, S. 17ff.; Ihlen et al. 2011b, S. 7; zu einer Analyse von Definitionen siehe Dahlsrud 2006). Jedoch wird zumindest häufig als Grundstein der Diskussion auf die Arbeit von Howard R. Bowen (1953; Carroll 1999, S. 269f.) verwiesen. Doch geht es auch gar nicht so sehr darum, „eine abschließende und allumfassende Definition" zu liefern als vielmehr einen „Arbeitsbegriff", der auch als Rahmen „zum Zweck empirischer Analysen" (Galonska 2012, S. 289) dienen kann. Darüber hinaus ist auch die Unverantwortlichkeit, die Corporate Social Irresponsibility (CSI oder CSIR), ein wesentliches Kriterium (Tench et al. 2012b, S. 8), ohne das die gesellschaftliche Verantwortung von Unternehmen nicht richtig erfasst werden kann. Im Rahmen der Verantwortungs- und CSI-Forschung wurden verschiedene „Klassifikationsschema" (Galonska et al. 2007, S. 20) empirisch ermittelt (Galonska et al. 2007, S. 18ff.; Tench et al. 2012b, S. 8ff.; Clark und Grantham 2012), so etwa bis zu acht Stufen von der „kategorischen Verweigerung bzw. Verletzung von Verantwortlichkeit" bis hin zu Formen des „sehr engagierten gesellschaftlich verantwortlichen Handelns" (Galonska et al. 2007, S. 17f.) oder von illegalen Aktivitäten über hochgradig unnachhaltiges/unethisches Handeln, über geringfügig unnachhaltiges/unethisches Handeln bis hin zu nachhaltigem/ethischem Handeln, das als gesellschaftlich akzeptabel eingestuft werden kann (Tench et al. 2012b, S. 8f.; Clark und Grantham 2012). Davon ausgehend, handelt es sich bei CSR und CC nicht „um zwei Seiten derselben Medaille" (Backhaus-Maul et al. 2010, S. 24), sondern mit CSR/CC um die eine und mit CSI um die andere Seite.

Zur Verantwortung gehört es, verantwortlich zu handeln, beispielsweise durch nachhaltige Maßnahmen und durch die Förderung gesellschaftlicher Initiativen. Derartige Initiativen werden geplant, besprochen, modifiziert, verworfen, darüber wird entschieden, kurz: sie werden durch Kommunikation konstituiert. Corporate Social Responsibility und Corporate Citizenship können vor diesem Hintergrund als im gesellschaftlichen Diskurs eingerichtete Institutionen festgelegt werden, als institutionelle Regelwerke, die Strukturen und Praxen verantwortlichen Handelns von Unternehmen darstellen (Verantwortungswahrnehmung).

Über die Strukturen und Praxen, über die Verantwortungswahrnehmung wird kommuniziert, was in dem Begriff der Verantwortungskommunikation zusammengefasst werden kann. Verantwortungskommunikation kann unterschieden werden in die strategische Kommunikation von Unternehmen oder Agenturen, dann handelt es sich um interessengeleitete, organisationsbezogene PR oder Organisationskommunikation, und in die gemeinwohlorientierte journalistische Berichterstattung.

Verantwortung			
Ebenen der Verantwortung			
CSR	CC	CG	Compliance

Verantwortungskommunikation	
Strategische Kommunikation	**Journalistische Berichterstattung**
PR/Organisationskommunikation	gemeinwohlorientiert
interessengeleitet/organisationsbezogen	

Abb. 2 Differenzierungen von Verantwortung und Verantwortungskommunikation
Quelle: eigene Darstellung

Wenn Bühl (1998) von Wahrnehmungsmustern spricht, dann bezieht sich dies in modernen Gesellschaften in erster Linie auf diejenigen Wahrnehmungspraxen, die durch mediale Kommunikation hergestellt werden. Ohne journalistische Berichterstattung sind Prozesse und Strukturen der Verantwortung und Unverantwortlichkeiten in der Regel nicht wahrnehmbar. Verantwortung und Kommunikation gehören untrennbar zusammen. Dies unterscheidet sie von Corporate Governance

(CG) und Compliance, die sich nicht ausschließlich auf Verantwortung beziehen und weniger im öffentlichen Fokus stehen. CG und Compliance sind zudem nicht derart unmittelbar Gegenstände der strategischen Kommunikation von Unternehmen, unter anderem auch, weil der öffentliche Druck zur Legitimation nicht so hoch ist (Benz et al. 2007).

13.2.2 Zum Begriff Verantwortungskommunikation

Verantwortungskommunikation kann dementsprechend verstanden werden als der Bereich kommunikativen Handelns, der die Kommunikation von Verantwortung wie die Kommunikation über Verantwortung beschreibt und analysiert. Verantwortungskommunikation findet auf vielen Feldern öffentlicher Kommunikation statt, in der strategischen Kommunikation (Public Relations) der Organisationen, die sich – interessengeleitet – zu Verantwortung äußern wie in der medialen Kommunikation, in der journalistischen Berichterstattung über verantwortliches oder unverantwortliches Handeln von Unternehmen etwa und, was seltener thematisiert wird, in der Werbung (Schmidt und Donsbach 2012).

Schließlich gehört auch die Metakommunikation über Verantwortung, also etwa die wissenschaftliche Reflexion, zur Verantwortungskommunikation, so dass die Kommunikation selbst an Maßstäben verantwortlichen Handelns gemessen werden kann, und zwar in allen Formen öffentlicher Kommunikation, wie Journalismus, PR, Unterhaltung oder Werbung. Im Sinne der Reflexivität und Rekursivität von Kommunikation kann dabei Verantwortung gleichsam doppelt geprüft werden: Erstens kann nur durch Kommunikation geprüft werden, ob hinsichtlich des zugrundeliegenden Ereignisses oder der zugrundeliegenden Operationen ein verantwortliches Handeln zu beobachten ist (Dimension der sogenannten Verantwortungswahrnehmung). Zweitens kann geprüft werden, ob die Kommunikation selbst als verantwortliche Kommunikation eingestuft werden kann, ob sie also beispielsweise ethischen Kriterien entspricht. Kommunikation entlarvt sich somit selbst als glaubwürdig und verantwortungsvoll oder als Lippenbekenntnis oder gar als Täuschung (Thummes 2013).

Gegenstand kommunikationswissenschaftlicher Forschung sind vorrangig die Begriffe CSR und CC, die entsprechende CSR-Forschung wird „zumeist im Rahmen der PR-Forschung betrieben" (Wehmeier und Röttger 2011, S. 195; Mast und Stehle 2009; Karmasin und Weder 2008; Altmeppen und Greck 2012). Daher geht der folgende Blick auf den Stand der kommunikationswissenschaftlichen Forschung von diesen beiden Konzepten aus, weniger vom Begriff Verantwortung.

Im gleichen Maße behandeln wir vorrangig die CSR-Kommunikation und weniger die Verantwortungskommunikation.

13.3 Forschungsstand der Kommunikationswissenschaft über die gesellschaftliche Verantwortung von Unternehmen und die Kommunikation darüber

13.3.1 Begriffe, Theorien und Modelle

Zwar wird der Kommunikationswissenschaft eine „Schlüsselstellung" für „die Etablierung des Themenfeldes Corporate Social Responsibility" zugeschrieben, da sie bereits „früh das mediale und kommunikative Potenzial" des Themas erkannte (Backhaus-Maul 2009, S. 11; Karmasin und Weder 2008; Raupp et al. 2011a), in deutschsprachigen Kommunikationswissenschaft-Lehrbüchern findet sich jedoch häufig noch nichts zum Thema gesellschaftliche Verantwortung von Unternehmen (Beck 2013; Schmidt und Zurstiege 2007), was auch auf die „relativ kurze[.] Beschäftigungsdauer der (deutschsprachigen) Kommunikationswissenschaft mit dem Thema" (Raupp et al. 2011b, S. 9) zurückzuführen sein dürfte.

Mittlerweile sind aber einige Werke erschienen, die wichtige Beiträge zum Thema CSR(-Kommunikation) liefern (Schmidt und Tropp 2009; Raupp et al. 2011a; Ihlen et al. 2011a; May 2011; Morsing und Beckmann 2006; May et al. 2007). Oft wird allerdings auf Definitionen von CSR verwiesen, die der Wirtschaftswissenschaft entstammen und dort prägend sind. Ein vielzitiertes Beispiel ist die „Pyramide of Corporate Social Responsibility" von Archie B. Carroll (1991). Zwar wurde sie weiter überarbeitet (Schwartz und Carroll 2003), doch hat sich das Pyramiden-Modell und auch seine Differenzierung der Verantwortung von Unternehmen in die vier Ebenen der „Economic Responsibilities", der „Legal Responsibilities", der „Ethical Responsibilities" und der „Discretionary Responsibilities" (später „Philanthropic Responsibilities") als wichtige Diskussionsgrundlage gehalten (Carroll 1979, 1991).

Unter anderem der Rückbezug auf unterschiedliche Definitionen führt dazu, dass es der kommunikationswissenschaftlichen CSR-Diskussion, wie Jarolimek und Raupp (2011a, S. 21) attestieren, „generell an einer theoretischen Basis als Zugangsvoraussetzung" mangelt und dass auch bei der empirischen kommunikationswissenschaftlichen CSR-Forschung nicht von einem „konsistenten, empirisch erschlossenen Forschungszweig" gesprochen werden kann, was an „uneinheitlichen Begriffsverständnissen, unterschiedlichen methodischen Zugängen und entsprechend breitgefächerten Befunden" liegt. „[M]anagement books" hingegen, so halten

13 Nur Kommunikation macht Verantwortung sichtbar

Ihlen et al. (2011b, S. 4) fest, sind „largely silent on the topic of CSR communication. [...] When communication is actually mentioned in this literature, the communication ideal that is implied is often ill-defined and vague". Damit stehen der großen Menge an Literatur über CSR und CC wenige Publikationen zum Thema CSR-/CC-Kommunikation gegenüber (Ihlen et al. 2011b, S. 3).

Raupp et al. (2011b, S. 11) liefern ein hilfreiches Spektrum, um die bestehenden Auffassungen zu systematisieren. Sie fassen Carrolls Verständnis als ein Beispiel für ein „sehr weit gefasstes Verständnis von CSR" auf, „das es Unternehmen erlaubt, eine Vielzahl von Handlungen als CSR zu ‚labeln'", da auch „die Gewinnmaximierung oder die Einhaltung gültigen Rechts (,Compliance')" als Beiträge zur CSR gefasst werden. Ein ähnliches Verständnis findet sich auch bei Hiß (2007, S. 8), die Unternehmen dem Verantwortungsbereich „Markt und Gesetz" zuordnet, wenn sie „die Gesetze respektieren und im Rahmen ihrer wirtschaftlichen Möglichkeiten Arbeitsplätze schaffen". Zwar wird das Einhalten von Gesetzen als selbstverständlich angesehen und sollte nicht als Ausweis verantwortlichen Handelns deklariert werden (Hiß 2007, S. 8f.), aber, dies hält Hiß (2007, S. 9) fest, weise Transparency International immer wieder darauf hin, dass gesetzeskonformes Handeln „in vielen Ländern zur Disposition gestellt" wird und dass „das stillschweigende Unterlaufen bindender Vorschriften eine weit verbreitete und geduldete Praxis ist".

Dem weiten Verständnis stellen Raupp et al. (2011b, S. 11) enge CSR-Definitionen gegenüber, die „die Übernahme gesellschaftlicher Verantwortung dann als erfüllt" ansieht, „wenn die CSR-Maßnahme erstens mit dem Kerngeschäft des Unternehmens in Verbindung steht, zweitens auf freiwilliger Basis geschieht und drittens meist implizit auf die Nachhaltigkeit von Ressourcen abzielt". Zudem sieht diese Definition die ökonomische Verantwortung eines Unternehmens „nicht bereits durch eine reine Gewinnerzielung erreicht, sondern erst dann, wenn die Gewinne ökonomisch verantwortlich für nachhaltige, d. h. zukunftssichernde Maßnahmen eingesetzt werden" (Raupp et al. 2011b, S. 12). Um sozial verantwortlich zu handeln, reicht es nicht aus, „rechtliche[.] und moralische[.] Grundsätze" einzuhalten, sondern es erfordert „freiwillige Maßnahmen" (Raupp et al. 2011b, S. 12).

Ein grundlegendes Problem in der Beschäftigung mit CSR ist die Unterscheidung zwischen „verantwortlich handeln" und „verantwortlich kommunizieren". Auf diese Problematik zielen auch alle Vorwürfe des white washing als ein Versuch, kommunikativ mehr Verantwortung zu demonstrieren als im Handeln praktiziert wird. Stärker auf die Kommunikationsebene machen Ihlen et al. (2011b, S. 8) aufmerksam, wenn sie einerseits CSR definieren „as (...) the corporate attempt to negotiate its relationship to stakeholders and the public at large" und andererseits CSR-Kommunikation bezeichnen als „the ways that corporations communicate in and about this process; it is the corporate use of symbols and language regarding these matters".

Weitaus größere Bedeutung messen Karmasin und Weder (2008, S. 89f.) der Kommunikation bei: Sie erweiterten die Triple-Bottom-Line um „eine vierte, die kommunikative Dimension" („Quartiple-Bottom-Line"). Die kommunikative Verantwortung umfasst für sie „nicht nur die Kommunikation von sozialer, ökologischer und/oder ökonomischer Verantwortungsübernahme; auf Effektivität- und Effizienzebene [...] geht es ebenso um die Verantwortungsübernahme über Kommunikation, d. h. die Integration von Stakeholdern in das organisationale Feld und damit von Teilöffentlichkeiten in die Organisationsöffentlichkeit" (Karmasin und Weder 2008, S. 128). Ihr Verständnis von CSR weitete sich demnach auf die „Kommunikation über Verantwortungsmanagement" sowie „Kommunikations- als Verantwortungsmanagement" aus (Karmasin und Weder 2008, S. 151).

Ohne Frage ist die Erweiterung hin zur Verantwortung auch für die kommunikativen Prozesse und Strukturen wichtig und notwendig, was in einem ersten Schritt nichts anderes bedeutet als die Anwendung medienethischer und PR-ethischer Kriterien auf die Verantwortungskommunikation. Natürlich umfasst dieses Feld der Verantwortung vorrangig die Meta-Ebene der Kommunikation, denn die kommunikative Verantwortung ist „als ethische Komponente jeder (sozial, ökonomisch oder ökologisch fokussierter) CSR-Kommunikation inhärent" (Jarolimek und Raupp 2011a, S. 23).

Die Arbeiten zur gesellschaftlichen Verantwortung von Unternehmen und ihrer Kommunikation machen auf wichtige Unterscheidungen aufmerksam, die insbesondere auch dann Fragen provozieren, wenn Verantwortung und ihre Kommunikation empirisch untersucht werden. Dann muss zwischen (1) verantwortlichem CSR-Handeln (was bislang als Wahrnehmung von Verantwortung bezeichnet wird) und (2) der CSR-Kommunikation (oder Verantwortungskommunikation) unterschieden werden. Wahrnehmung von Verantwortung (oder CSR) ist semantisch unscharf, üblicherweise wird darunter verantwortliches Handeln verstanden. Empirisch zu prüfen wäre im ersten Schritt also, ob überhaupt verantwortliches Handeln nachgewiesen werden kann, bevor im Weiteren die Verantwortungskommunikation gemessen werden kann, die sich in unternehmensseitige, strategische CSR-Kommunikation und medienseitige CSR-Kommunikation unterteilen lässt. Unternehmensseitige Kommunikation wird von Unternehmen über CSR getätigt, medienseitige Kommunikation ist die Berichterstattung des Journalismus über CSR.

13.3.2 Methoden und Ergebnisse

Im Mittelpunkt der CSR-Forschung in der Kommunikationswissenschaft stehen die Maßnahmen der PR der Unternehmen und die journalistische Berichterstattung. Methodisch werden in der empirischen CSR-Forschung, nicht nur in der Kommunikationswissenschaft, sondern über alle Fächer hinweg, vor allem Dokumentenanalysen, Inhaltsanalysen und Befragungen eingesetzt. Gegenstand der Studien sind zumeist „CSR-Berichte, Selbstdarstellungen von Unternehmen auf ihren Internetseiten sowie die mediale Berichterstattung über CSR und CSR-bezogene Themen" (Jarolimek und Raupp 2011b, S. 499). Befragt werden zumeist Konsumenten, Unternehmensmanager oder Investoren/Analysten (Jarolimek und Raupp 2011a, S. 20 f.).

Die Inhaltsanalyse ist schon deshalb die zentrale Methode, weil damit das kommunikative Material, das heißt journalistische Texte und PR-Material, adäquat untersucht werden kann. Das gilt auch für Unternehmenswebsites und die Kommunikation über Social Media. Unter den gut zwei Dutzend weltweiten inhaltsanalytischen Studien finden sich solche, bei denen ein Medium (Buhr und Grafström 2007) und solche, bei denen mehr als 60 Medien untersucht wurden (Altmeppen und Habisch 2008; Lee und Kim 2010). Auch die Zahl der analysierten Texte streut von unter 100 (Zhang und Swanson 2006) bis zu mehr als 13.000 (Hamilton 2003). Seit 2003 können Inhaltsanalysen zur journalistischen Berichterstattung über CSR verzeichnet werden, bislang liegt der zeitliche Schwerpunkt auf den Jahren 2003 bis 2009 (Loza Adaui et al. 2013).

Zunehmend finden Kombinationen von Methoden der empirischen Sozialforschung Anwendung. Die sogenannte Methodentriangulation erscheint als ein adäquates Mittel, um verantwortliches Handeln und die Kommunikation darüber nicht nur in der Bandbreite ihres Erscheinens zu erfassen, sondern auch um deren Interdependenzen in den Blick zu bekommen (Schuhknecht et al. 2013). Dabei dient die Dokumentenanalyse der Ermittlung erster Antworten zum tatsächlichen verantwortlichen Handeln und der strategischen Kommunikation (z. B. Reporting), die Befragung dient der Eruierung der Ziele der strategischen Kommunikation und des Stellenwerts von Verantwortung im Unternehmen und die Inhaltsanalyse erschließt Umfang und Intensität der PR-Maßnahmen und der journalistischen Berichterstattung (Bracker 2017).

In den letzten Jahren ist die Zahl der Untersuchungen, die sich speziell mit CSR und Medienunternehmen beschäftigen, signifikant gestiegen (Holly und Stark 2006; Chaudhri 2007; Gulyás 2009, 2011; Weder und Karmasin 2009; Hülsewiesche 2010; Trommershausen 2011; Hou und Reber 2011; Winkler 2014; Bracker 2017).

Die Auswertung der Studien, die sich bislang mit CSR in der Medienberichterstattung auseinandergesetzt haben, liefert wichtige Erkenntnisse für weitere Untersuchungen (Loza Adaui et al. 2013). Es fällt auf, dass viele Studien den Grundtenor und die Haltung der analysierten Artikel zu CSR ermittelt haben, der sich mehrheitlich positiv darstellt (Altmeppen und Habisch 2008; Zhang und Swanson 2006; Buhr und Grafström 2007). Problematisch erscheint, dass selbst die Aufgreifkriterien, also die Merkmale, nach denen Artikel ausgesucht werden, kaum problematisiert wurden (anders bei Weder 2012). Da positiv-konnotierte Begriffe genutzt wurden, spiegelt sich dies auch in den untersuchten Artikeln wider. Dabei ist es dann auch unerheblich, ob lediglich 60 (Zhang und Swanson 2006) oder fast 9.000 verwendet wurden (Lee und Carroll 2011), denn die Nichtberücksichtigung negativ-konnotierter Begriffe ist ein systematischer Fehler, denn nach unverantwortlichem unternehmerischen Verhalten oder Zuwiderhandlungen gegen CSR-Kriterien wurde nicht konkret gesucht. Dieser Ansatz, die Corporate Social Irresponsibility, sollte jedoch berücksichtigt werden, denn die Verantwortung einer bestimmten Branche oder einzelner Unternehmen kann nur auf diese Weise vollständig untersucht werden. Zur Bewertung von Inhaltsanalysen von CSR in der journalistischen Berichterstattung sollte außerdem miteinbezogen werden, warum CSR „ein schwieriges Thema" in den Medien darstellt (Schultheis 2008; z. B. im Hinblick auf die Nachrichtenwerttheorie erste Ansätze von Hecht 2012).

13.4 Probleme (kommunikativer) Verantwortung von (Medien-)Unternehmen

Insgesamt ist die gesellschaftliche Verantwortung von Unternehmen ein Thema mit sehr widersprüchlichen Seiten. Institutionentheoretisch ist erkennbar, dass die Ausbreitung verantwortlichen Handelns weniger auf intrinsische Motivation als vielmehr auf Zwangsverhalten zurückzuführen ist (Wehmeier und Röttger 2011). Sobald es Vorreiter gibt, sehen sich andere Unternehmen der jeweiligen Branchen oder auch anderer Branchen herausgefordert, nachzuziehen.

Es gibt daher erhebliche Bedenken, ob die CSR-Bewegung wirklich zu mehr verantwortlichem Handeln führt oder nicht eher ein Mantel ist, unter dem frühere Selbstverständlichkeiten nun kommunikativ überhöht werden zu verantwortlichem Handeln von Unternehmen. Sowohl die drei Bereiche der Verantwortung, der innere, (Markt und Gesetz), der mittlere (freiwillige CSR in der Wertschöpfungskette) und der äußere Verantwortungsbereich (freiwillige CSR außerhalb der Wertschöpfungskette) (Hiß 2007) als auch die Unterscheidung nach CSR und

CC deuten merklich daraufhin, dass CSR unter bestimmten Umständen auch als eine strategische Täuschung betrachtet werden kann (Thummes 2013), mit der Unternehmen öffentlich Legitimation gewinnen wollen.

Die Ebenen, Formen und Mechanismen der CSR und ihrer öffentlichen Zurschaustellung offenbaren deutliche Unterschiede:

- Im inneren Verantwortungsbereich, dem Kern des Business, ist der Maßstab für CSR-gerechtes Verhalten die Einhaltung bestehender Pflichten und gesetzlicher Auflagen. Die Einhaltung von Umweltgesetzen und Arbeitnehmerschutzrechten, die Verhinderung von Kinderarbeit und Produktmängeln werden nun plötzlich als verantwortliches unternehmerisches Handeln kommuniziert, während in früheren Zeiten nur über Verstöße gegen Gesetze und Verordnungen debattiert wurde.
- Freiwillige CSR in der Wertschöpfungskette markiert den Graubereich zwischen Profit und Mäzenatentum. Unternehmen, die freiwillig über die gesetzlich geforderten Standards hinausgehende Umweltanforderungen erfüllen, geraten gegenüber den Eigentümern oder Kapitalgebern in Legitimationsdefizite, da dies die Profitrate senken kann. Die Öffentlichkeit aber kann solcherart Engagement gar nicht erkennen, sofern es nicht publiziert wird. Wenn es publiziert wird, kann die öffentliche und die veröffentlichte Meinung ein Gegengewicht bilden zu den Erwartungen der Investoren. Verantwortungskommunikation wird in diesem Zusammenhang zu einem Mechanismus des Interessenausgleichs, der Legitimation nicht nur schaffen, sondern auch zum Austarieren der Legitimation zwischen verschiedenen Anspruchsgruppen beitragen kann. Die Kehrseite allerdings: öffentliche Zurschaustellung proaktiver Übernahme von Verantwortung kann vom Publikum negativ im Sinne eines Weißwaschens ausgelegt werden.
- Gleiche Wahrnehmungsstrukturen der Öffentlichkeit gelten für Verantwortungskommunikation im äußeren Bereich der CSR. Wenn Mäzenatentum, Charity-Projekte und Stiftungsgründungen, also proaktives, von Profiterzielung freies Unternehmerhandeln öffentlich thematisiert werden, kann dies zur Legitimation beitragen.

Die öffentliche Zurschaustellung gemeinnütziger Aktionen ist immer auch ein Akt der Legitimation und Reputationsgewinnung, vor allem, wenn sie im Zusammenhang mit den Gütern und Dienstleistungen von Unternehmen stehen. Dies lässt sich am Beispiel von Medienunternehmen zeigen. Sie verbuchen gern die journalistische Berichterstattung und ihren Einsatz für Qualitätsjournalismus als Wahrnehmung ihrer Sozialverantwortung (Altmeppen 2011; Winkler 2014).

Das allerdings ist höchst kritikwürdig, denn gerade mit einer solchen Verknüpfung kann Verantwortung von Medienunternehmen nur schwer vereinbart werden. Dass Medienunternehmen (Wer?) Verantwortung für den Journalismus übernehmen (müssen) (Für wen?), dürfte eingängig sein. Medien betreiben das Geschäft der Distribution, für die sie Inhalte benötigen und deren Finanzierung sie betreiben. Das beinhaltet die Verpflichtung, dem Journalismus die notwendigen Ressourcen für seine Arbeit zu beschaffen. Allerdings muss die Frage gestellt werden, ob dies nicht eine moralisch zwingende Verantwortung ist (Galonska et al. 2007, S. 12), denn dies ist die Erwartung an die Distributionsleistung der Medienunternehmen, die dementsprechend mit Freiheitsrechten (Presserecht, Lizenzierung) ausgestattet sind.

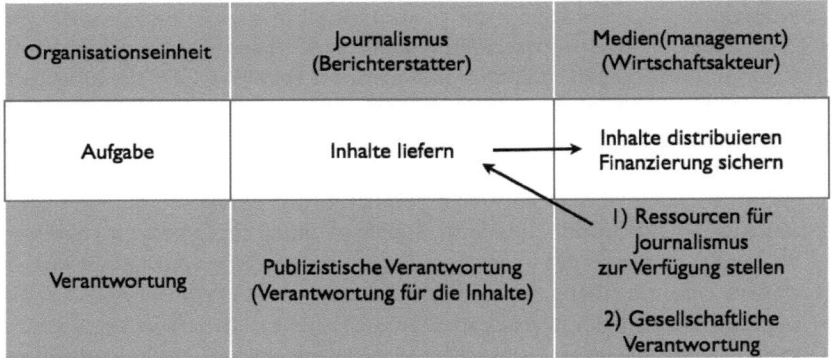

Abb. 3 Unterschiedliche Organisationen, unterschiedliche Verantwortlichkeiten
Quelle: eigene Darstellung in Anlehnung an Altmeppen 2011, S. 248

Medienunternehmen haben darüber hinaus aber noch weitere Verantwortlichkeiten, die sich aus ihrem Status als Wirtschaftsakteure ergeben. Moralisch zwingend ist die Einhaltung von Arbeitsnormen, sozial erwünscht ist gesellschaftliches Engagement. Doch zeigt sich dabei, wie im Weiteren dann vor allem bei verantwortungsüberschreitendem, also ohne sozialen Druck aus völlig „freien Stücken" erfolgendem Handeln, das übliche Phänomen: Je grösser der soziale und lebensweltliche Abstand zwischen Verantwortungsakteur und Verantwortungsadressat wird, umso geringer wird der Druck, verantwortlich zu handeln (Galonska et al. 2007, S. 12).

Dies wirft die Frage auf, ob nicht nur dann von gesellschaftlich verantwortlichem Handeln die Rede sein kann, „wenn Handelnde, in diesem Fall vor allem Angehörige der Wirtschaftselite, über ihre genuin ökonomischen Verpflichtungen hinausgehend, helfend, fördernd oder verbessernd auf Gesellschaft im Ganzen, gesellschaftliche Teilbereiche oder einzelne Gruppen einzuwirken versuchen" (Galonska et al. 2007, S. 14).

Über diese Überlegungen ist auch der Begriff der Corporate Social Irresponsibility (CSI) in die Diskussion eingeflossen (Tench et al. 2012a). Der Blick soll auf einen Bereich gelenkt werden, der zwar von Journalisten viel beachtet, der in der wissenschaftlichen Diskussion jedoch noch wenig berücksichtigt wird. Dabei ist CSR nur durch CSI greif- und definierbar (Tench et al. 2012b, S. 5). Die Schwierigkeiten, die in Zusammenhang mit CSR bestehen, „undefinable, confusing, non-operational and ineffective" (Tench et al. 2012b, S. 19), resultieren maßgeblich aus einer „incomplete conceptualisation of CSR, due to the lack of sufficient research on CSI and the neglect of CSI as a subject matter" (Tench et al. 2012b, S. 8). Nach Tench et al. (2012, S. 8) wurde verpasst, von Anfang an nicht nur zu fragen, was CSR ist, sondern auch, was es nicht ist: „Without an opposite concept as a frame of reference, CSR is indefinable and confusing". Sie (2012b, S. 8) konzeptualisieren CSR und CSI ebenfalls als Kontinuum, bei dem CSI einen klaren Endpunkt markiert und ab dem CSR „infinitely scalable" wird (Clark und Grantham 2012). Zwei Arten von Verhaltensweisen können demnach als CSI verstanden werden: Erstens illegales (unternehmerisches) Verhalten. Legalität jedoch kennzeichnet nicht automatisch verantwortliches Verhalten. Viele Handlungen sind auch als CSI zu verstehen, daher gehört zweitens auch legales, aber nicht-nachhaltiges und/oder unethisches und gesellschaftlich nicht akzeptierbares Verhalten dazu (Tench et al. 2012b, S. 8f.).

Die Kernidee ist, dass CSI dem Kontinuum einen klaren Anfang gibt. In der Mitte des Kontinuums besteht eine „Grauzone", in der CSI und CSR sich überlagern (Tench et al. 2012b, S. 9). Das Ende des Kontinuums ist „an open field without an end" und darum alleine schwer greifbar (Tench et al. 2012b, S. 10). Rucht et al. (2007, S. 330) konstatieren daher auch, dass „eine aus eigenem Antrieb und aus eigener Einsicht erfolgende Übernahme gesellschaftlicher Verantwortung eher selten" ist.

Wenn selbst die Vermeidung von Niedriglöhnen, die umweltgerechte Produktion oder die Ächtung von Kinderarbeit von Unternehmen nicht als moralisch zwingend empfunden wird, oder wenn – im Umkehrschluss – derartige selbstverständliche humanitäre Regeln als Corporate Social Responsibility-Aktionen unternehmerischen Handelns öffentlich kommuniziert werden, ist die Glaubwürdigkeit dieses Handelns höchst strittig.

Die Widersprüche können nur durch öffentliche Berichterstattung aufgedeckt werden, die wiederum abhängig ist vom Vertrauen des Publikums und von der Glaubwürdigkeit der Kommunikatoren. Dies bezieht sich in erster Linie auf die Journalist_innen, es weitet sich aber auf die Medienunternehmen aus. Sie müssen für die für den Journalismus notwendigen Rahmenbedingungen sorgen, anstatt ihre CSR aufgrund von Leistungen des Journalismus zu kommunizieren.

13.5 Fazit und Ausblick

Forschung zu CSR in der Kommunikationswissenschaft befasst sich mit den verschiedenen Formen öffentlicher Kommunikation über CSR. Im Vordergrund stehen dabei die Instrumente und Maßnahmen der PR als Bestandteil strategischer Kommunikation der Unternehmen einerseits und den Inhalten der journalistischen Berichterstattung über CSR andererseits. Die Kommunikationswissenschaft kann dabei an bestehende Forschungen, Theorien und Modelle zu PR und Journalismus anschließen. Zudem kann sie die vorhandenen Methoden (Dokumentenanalyse, Befragung, Inhaltsanalyse) umstandslos anwenden.

Gleichzeitig sieht sich die kommunikationswissenschaftliche CSR-Forschung mit dem Problem konfrontiert, dass die bestehenden Begriffe, Theorien und Modelle angepasst werden müssen und dass es durchaus angebracht ist, neue Modelle zu entwickeln, die den Fragestellungen und Problemlagen mehr entsprechen. Dies gilt für die Begriffe Verantwortung, CSR und CC, die, auch aufgrund ihrer Mehrdeutigkeit, nicht umstandslos in bestehende Kommunikationsmodelle „montiert" werden können. Beispielsweise ist das Verhältnis von Verantwortung und Kommunikation noch nicht eindeutig geklärt, wie sich am Begriff Wahrnehmung zeigt: Verantwortungswahrnehmung wird verstanden als verantwortliches Handeln, die öffentliche Wahrnehmung bezeichnet die Aufmerksamkeit, die einem Komplex wie unternehmerischer Verantwortung gewidmet wird. Dies belegt die Mehrdeutigkeit.

Ob Organisationen verantwortlich oder unverantwortlich handeln, was dieses Handeln auslöst und motiviert, wird erst durch Kommunikation sichtbar. Angesichts zunehmender gesellschaftlicher Debatten über die Verantwortungswahrnehmung von Unternehmen und über die strukturierte Verantwortungslosigkeit werden kommunikationswissenschaftlich induzierte Forschungen zur CSR künftig drei Fragekomplexe verstärkt behandeln müssen. Erstens Fragen nach dem Warum von CSR und ihrer Kommunikation, um damit dem Sinn, der Signifikation, nachzugehen; zweitens Fragen nach dem Zweck von CSR, um deren Legitimation zu erkunden und drittens Fragen nach den Mechanismen von CSR, um die dahinterstehenden Interessen und ihre Durchsetzung, die Herrschaft oder Domination also, zu hinterfragen.

Mit Signifikation, Domination und Legitimation sind Kriterien aus einer strukturationstheoretischen Perspektive (Giddens 1997) auf CSR benannt. Sie beschreiben Strukturebenen des Institutionalisierungsprozesses von CSR, auf denen Unternehmen ihre CSR-Aktivitäten mit Sinn versehen, um sie gegenüber internen und externen Stakeholdern zu legitimieren und sie müssen Entscheidungen für oder gegen CSR-Maßnahmen treffen. Bei diesen Entscheidungen wird über die Allokation von Ressourcen entschieden, um im gleichen Atemzug CSR-Aktivitäten als reputative Maßnahmen für das Unternehmen zu nutzen. Mit zunehmender Bedeutung von CSR steigt zudem die Dichte der Regeln für unternehmerische Verantwortung, etwa indem Codizes entwickelt werden für die Bewertung von CSR-Aktivitäten. Derartige Strukturen ermöglichen oder verhindern erst das verantwortliche Handeln selbst wie auch die Kommunikation darüber (Schuhknecht et al. 2013).

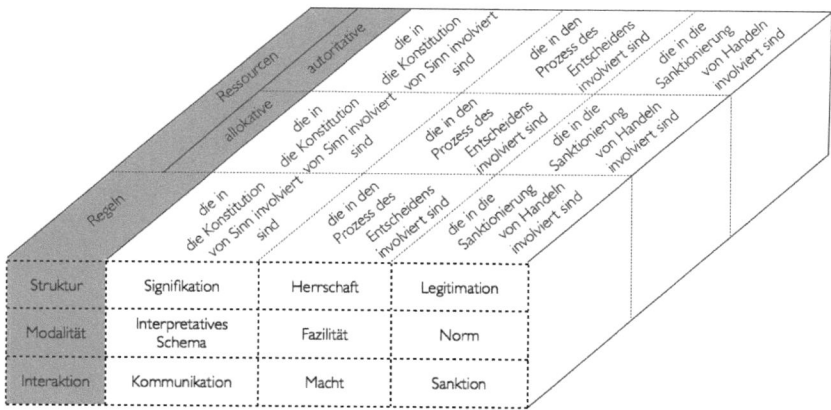

Abb. 4 Giddens Cube
Quelle: Schuhknecht et al. 2013, S. 9; Giddens 1997, S.81

Der Giddensche Cube und dessen praktische Anwendung ermöglichen es, einen Rahmen zu entwerfen, der weitere Indikatoren für empirische Studien zur Verfügung stellt. Insbesondere eine Analyse des „tatsächlichen" verantwortlichen Handelns und der Abgleich damit, was PR und Journalismus darüber kommunizieren, kann die zugrundeliegenden Strukturen, die Modalitäten ihrer gesellschaftlichen Durchsetzung und die prägenden Interaktionsmuster rekonstruieren helfen (Bracker 2017). Dies ist dann wiederum ein deutlicher Beleg dafür, dass alles Reden über Verantwortung eben dies ist: Kommunikation.

Empfehlenswerte Literatur

Raupp J, Jarolimek S, Schultz F (2011) (Hrsg) Handbuch CSR. Kommunikationswissenschaftliche Grundlagen, disziplinäre Zugänge und methodische Herausforderungen. VS Verlag für Sozialwissenschaften, Wiesbaden

Ihlen Ø, Bartlett JL, May S (2011) (Hrsg) The Handbook of Communication and Corporate Social Responsibility. John Wiley & Sons, Inc, Chichester

Schmidt SJ, Tropp J (2009) (Hrsg) Die Moral der Unternehmenskommunikation: Lohnt es sich, gut zu sein? Herbert von Halem Verlag, Köln

Literatur

Altmeppen KD, Greck R (2012) Tue Gutes und rede darüber. In: Altmeppen KD, Greck R (Hrsg) Facetten des Journalismus. Theoretische Analysen und empirische Studien. VS Verlag für Sozialwissenschaften, Wiesbaden, S 419-426

Altmeppen KD, Habisch A (2008) CSR in den Medien. Eine Inhaltsanalyse deutscher Printmedien und Experteninterviews. Unveröffentlichter Forschungsbericht. Katholische Universität Eichstädt-Ingolstadt, Eichstätt

Altmeppen KD (2011) Journalistische Berichterstattung und Media Social Responsibility: Über die doppelte Verantwortung von Medienunternehmen. In: Raupp J, Jarolimek S, Schultz F (Hrsg) Handbuch CSR. Kommunikationswissenschaftliche Grundlagen, disziplinäre Zugänge und methodische Herausforderungen. VS Verlag für Sozialwissenschaften, Wiesbaden, S 247-268

Backhaus-Maul H (2009) Zum Stand der sozialwissenschaftlichen Diskussion über „Corporate Social Responsibility" in Deutschland. Expertise im Auftrag des Bundesministeriums für Arbeit und Soziales. Bundesministeriums für Arbeit und Soziales, Berlin

Backhaus-Maul H, Biedermann C, Nährlich S, Polterauer J (2010) Corporate Citizenship in Deutschland. Die überraschende Konjunktur einer verspäteten Debatte. In: Backhaus-Maul H, Biedermann C, Nährlich S, Polterauer J (Hrsg) Corporate Citizenship in Deutschland. Gesellschaftliches Engagement von Unternehmen. Bilanz und Perspektiven. VS Verlag für Sozialwissenschaften, Wiesbaden, S 15-49

Beck K (2013) Kommunikationswissenschaft. UVK Verlagsgesellschaft, Konstanz/München

Bentele G, Brosius HB, Jarren O (Hrsg) (2003) Öffentliche Kommunikation. Handbuch Kommunikations- und Medienwissenschaft. Westdeutscher Verlag, Wiesbaden

Benz A, Lütz S, Schimank U, Simonis G (2007) Einleitung. In: Benz A, Lütz S, Schimank U, Simonis G (Hrsg) Handbuch Governance. Theoretische Grundlagen und empirische Anwendungsfelder. VS Verlag für Sozialwissenschaften, Wiesbaden, S 9-25

Bonfadelli H, Jarren O, Siegert G (2005) Publizistik- und Kommunikationswissenschaft – ein transdisziplinäres Fach. In: Bonfadelli H, Jarren O, Siegert G (Hrsg) Einführung in die Publizistikwissenschaft. Haupt, Bern, S 3-16

Bowen, H R (1953) Social Responsibilities of the Businessman. Harper & Brothers, New York

Bracker, I (2017) Verantwortung von Medienunternehmen. Selbstbild und Fremdwahrnehmung in der öffentlichen Kommunikation. Nomos, Baden-Baden.

Bühl WL (1998) Verantwortung für soziale Systeme. Klett-Cotta, Stuttgart

Buhr H, Grafström M (2007) The Making of Meaning in the Media. The Case of Corporate Social Responsibility in the Financial Times. In: Hond, F den, Bakker, FGA d, Neergaard P (Hrsg) Managing corporate social responsibility in action: taking, doing and measuring. Ashgate Publishing, Farnham, S 15-31

Carroll AB (1979) A Three-Dimensional Conceptual Model of Corporate Performance. The Academy of Management Review 4: 497-505

Carroll AB (1991) The Pyramid of Corporate Social Responsibility: Toward the Moral Management of Organizational Stakeholders. Business Horizons 34: 39-48

Carroll AB (1999) Corporate Social Responsibility. Evolution of a Definitional Construct. Business & Society 38: 268-295

Chaudhri V (2007) Corporate Social Responsibility and the Media: What the Big Five media corporations are communicating about their social responsibilities. Conference Papers. National Communication Association, Chicago

Clark TS, Grantham KN (2012) What CSR is not: Corporate Social Irresponsibility. In: Tench R, Sun W, Jones B (Hrsg) Corporate Social Irresponsibility: A Challenging Concept. Emerald Group Publishing Limited, Bingley u. a., S 23-41

Dahlsrud A (2006) How corporate social responsibility is defined: an analysis of 37 definitions. Corporate social responsibility and environmental management 15: 1-13

Galonska C (2012) Die Wirtschaftselite im gesellschaftlichen Abseits. Von der Klasse an sich zur Klasse für sich? Springer VS, Wiesbaden

Galonska C, Imbusch P, Rucht D (2007) Einleitung: Die gesellschaftliche Verantwortung der Wirtschaft. In. Imbusch P, Rucht D (Hrsg) Profit oder Gemeinwohl? Fallstudien zur gesellschaftlichen Verantwortung von Wirtschaftseliten. VS Verlag für Sozialwissenschaften, Wiesbaden, S 9-30

Giddens A (1997) Die Konstitution der Gesellschaft: Grundzüge einer Theorie der Strukturierung. Campus, Frankfurt/New York

Gulyás Á (2009) Corporate social responsibility in the British media industries – preliminary findings. Media, Culture & Society 31: 657-668

Gulyás Á (2011) Demons into Angels? Corporate Social Responsibility and Media Organisations. Critical Survey 23: 56-74

Hamilton JT (2003) Media Coverage of Corporate Social Responsibility. Cambridge. MA: The Joan Shorenstein Center on the Press, Politics and Public Policy Working Paper Series. www.shorensteincenter.org/wp-content/uploads/2012/03/2003_03_hamilton. pdf. Zugegriffen: 14.03.2017

Hecht AC (2012) Nachrichtenfaktoren, redaktionelle Linie und Organisationsmerkmale in der in der Berichterstattung über Corporate Social Responsibility. Magisterarbeit, Universität Wien, Wien

Hiß S (2007) Corporate Social Responsibility. Über die Durchsetzung von Stakeholder-Interessen im Shareholder-Kapitalismus. Berliner Debatte Initial 18: 6-15

Hou J, Reber BH (2011) Dimensions of disclosures: Corporate social responsibility (CSR) reporting by media companies. Public Relations Review 37: 166-168

Hülsewiesche VM (2010) Corporate Social Responsibility. Unter besonderer Berücksichtigung der Verantwortung von Medienunternehmen am Beispiel der WAZ Mediengruppe. Masterarbeit, Fakultät für Sozialwissenschaft, Ruhr-Universität Bochum, Bochum

Ihlen Ø, Bartlett JL, May S (2011a) (Hrsg) The Handbook of Communication and Corporate Social Responsibility. John Wiley & Sons, Chichester

Ihlen Ø, Bartlett JL, May S (2011b) Corporate Social Responsibility and Communication. In: Ihlen Ø, Bartlett JL, May S (Hrsg) The Handbook of Communication and Corporate Social Responsibility. John Wiley & Sons, Chichester, S 3-22

Jarolimek S, Raupp J (2011a) Verantwortung und Nachhaltigkeit in Theorie und Empirie. Eine Synopse des Forschungsstands und Anschlussmöglichkeiten für die Kommunikationswissenschaft. Medien Journal 35: 16-29

Jarolimek S, Raupp J (2011b) Zur Inhaltsanalyse von CSR-Kommunikation. Materialobjekte, methodische Herausforderungen und Perspektiven. In: Jarolimek S, Raupp J, Schultz F (Hrsg) Handbuch CSR. Kommunikationswissenschaftliche Grundlage, disziplinäre Zugänge und methodische Herausforderungen. VS Verlag für Sozialwissenschaften, Wiesbaden, S 499-516

Karmasin M, Litschka M (2008) Wirtschaftsethik – Theorien, Strategien, Trends. Lit, Münster

Karmasin M, Weder F (2008) Organisationskommunikation und CSR: Neue Herausforderungen an Kommunikationsmanagement und PR. Lit, Münster u. a.

Lee SY, Carroll CE (2011) The Emergence, Variation, and Evolution of Corporate Social Responsibility in the Public Sphere, 1980–2004: The Exposure of Firms to Public Debate. Journal of business ethics 104: 115-131

Lee YJ, Kim S (2010) Media Framing in Corporate Social Responsibility: A Korea-U.S. Comparative Study. International Journal of Communication 4: 283-301

Loza Adaui CR, Winkler I, Habisch A, Altmeppen KD (2013) Research Synthesis of Twelve Years of Press Coverage on CSR. Vortrag auf der EBEN Research Conference 2013. University of Navarra, Pamplona

Luhmann N (1987) Soziale Systeme. Grundriß einer allgemeinen Theorie. Suhrkamp, Frankfurt

Maring M (2001) Kollektive und korporative Verantwortung. Begriffs- und Fallstudien aus Wirtschaft, Technik und Alltag. Lit, Münster

Mast C, Stehle H (2009) Corporate Social Responsibility – Modeerscheinung oder mehr? In: Schmidt SJ, Tropp J (Hrsg) Die Moral der Unternehmenskommunikation. Lohnt es sich, gut zu sein?. Herbert von Halem Verlag, Köln, S 170-186

May SK (2011) Corporate social responsibility: Vice or virtue? Polity Press, Cambridge, UK

May SK, Cheney G, Roper J (Hrsg) (2007) The debate over corporate social responsibility. Oxford Univ. Press, New York u. a.

Morsing M, Beckmann SC (Hrsg) (2006) Strategic CSR communication. DJØF Publishing, Copenhagen

Palazzo G (2009) Der aktuelle Stand der internationalen wissenschaftlichen Forschung zur Corporate Social Responsibility (CSR). Gutachten für das Bundesministerium für Arbeit und Soziales. Universität Lausanne, Lausanne

Raupp J, Jarolimek S, Schultz F (Hrsg) (2011a) Handbuch CSR: Kommunikationswissenschaftliche Grundlagen, Disziplinäre Zugänge und Methodische Herausforderungen. VS Verlag für Sozialwissenschaften, Wiesbaden

Raupp J, Jarolimek S, Schultz F (2011b) Corporate Social Responsibility als Gegenstand der Kommunikationsforschung. Einleitende Anmerkungen, Definitionen und disziplinäre Perspektiven. In: Raupp J, Jarolimek S, Schultz F (Hrsg) Handbuch CSR. Kommunikationswissenschaftliche Grundlagen, disziplinäre Zugänge und methodische Herausforderungen. VS Verlag für Sozialwissenschaften, Wiesbaden, S 9-18

Rucht D, Imbusch P, Alemann A v. (2007) Zwischen Profitmaximierung und Gemeinwohlinteressen: eine Bilanz der Fallstudien. In: Imbusch P, Rucht D (Hrsg) Profit oder Gemeinwohl? VS Verlag für Sozialwissenschaften, Wiesbaden, S 305-332

Schaltegger S (2011) Von CSR zu Corporate Sustainability. In: Sandberg B, Lederer K (Hrsg) Corporate Social Responsibility in kommunalen Unternehmen. VS Verlag für Sozialwissenschaften, Wiesbaden, S 187-199

Schicha C (2011) Ethische Grundlagen der Verantwortungskommunikation. In: Raupp J, Jarolimek S, Schultz F (Hrsg) Handbuch CSR. Kommunikationswissenschaftliche Grundlagen, disziplinäre Zugänge und methodische Herausforderungen. VS Verlag für Sozialwissenschaften, Wiesbaden, S 115-127

Schmidpeter R (2012) Unternehmerische Verantwortung – Hinführung und Überblick über das Buch. In: Schneider A, Schmidpeter R (Hrsg) Corporate Social Responsibility. Unternehmensführung in Theorie und Praxis. Springer, Berlin/Heidelberg, S 1-13

Schmidt A, Donsbach W (2012) „Grüne" Werbung als Instrument für „schwarze" Zahlen. Eine Inhaltsanalyse ökologischer Anzeigen aus deutschen und britischen Zeitschriften 1993 bis 2009. Publizistik 57: 75-93

Schmidt SJ, Tropp J (Hrsg) (2009) Die Moral der Unternehmenskommunikation: Lohnt es sich, gut zu sein? Herbert von Halem Verlag, Köln

Schmidt SJ, Zurstiege G (2007) Kommunikationswissenschaft: Systematik und Ziele. Rowohlt, Reinbek

Schneider A (2012) Reifegradmodell CSR – eine Begriffsklärung und -abgrenzung. In: Schneider A, Schmidpeter R (Hrsg) Corporate Social Responsibility. Unternehmensführung in Theorie und Praxis. Springer, Berlin/Heidelberg, S 17-38

Schuhknecht S, Winkler I, Altmeppen KD (2013) CSR communication from a structuration theory perspective. Internal and external aspects. Paper for the 2nd International CSR Communication Conference. University of Aarhus, Aarhus

Schultheis J (2008) CSR und CC – ein schwieriges und unterschätztes Thema in den Medien. In: Backhaus-Maul H, Biedermann C, Nährlich S, Polterauer J (Hrsg) Corporate Citizenship in Deutschland. VS Verlag für Sozialwissenschaften, Wiesbaden, S 399-410

Schwartz MS, Carroll AB (2003) Corporate Social Responsibility: A Three-Domain Approach. Business Ethics Quarterly 13: 503-530

Tench R, Sun W, Jones B (Hrsg) (2012a) Corporate Social Irresponsibility: A Challenging Concept. Emerald Group Publishing, Bingley u. a.

Tench R, Sun W, Jones B (2012b) The Challenging Concept of Corporate Social Irresponsibility: An Introduction. In: Tench R, Sun W, Jones B (Hrsg) Corporate Social Irresponsibility: A Challenging Concept. Emerald Group Publishing, Bingley u. a., S 3-20

Thummes, K (2013) Täuschung in der strategischen Kommunikation. Eine kommunikationswissenschaftliche Analyse. VS Verlag für Sozialwissenschaften, Wiesbaden

Trommershausen, A (2011) Corporate Responsibility in Medienunternehmen. Herbert von Halem Verlag, Köln

Holly I v, Stark B (2006) Gesellschaftliches Engagement deutscher Medienverlage. CSR-Strategien auf dem Prüfstand. prmagazin 12: 61-68

Weder F, Karmasin M (2009) Österreichische Medienunternehmen in der Verantwortung: Selbstregulierung als Antwort auf die Frage nach der gesellschaftlichen Verantwortung (CSR) von Medienunternehmen. In: Stark B, Magin M (Hrsg) Die österreichische Medienlandschaft im Umbruch. Bd. 3. Österreichische Akademie der Wissenschaften, Wien, S 321-346

Weder F (2012) CSR-Debatte in den Printmedien. facultas.wuv, Wien

Wehmeier S, Röttger U (2011) Zur Institutionalisierung gesellschaftlicher Erwartungshaltungen am Beispiel von CSR. Eine kommunikationswissenschaftliche Skizze. In: Quandt T, Scheufele B (Hrsg) Ebenen der Kommunikation. Mikro-Meso-Makro-Links in der Kommunikationswissenschaft. VS Verlag für Sozialwissenschaften, Wiesbaden, S 195-216

Werner MH (2006) Verantwortung. In: Düwell M, Hübenthal C, Werner MH (Hrsg) Handbuch Ethik. Metzler, Stuttgart u. a., S 541-548

Winkler I (2014) Medien und Nachhaltigkeit – Ein theoretischer und empirischer Ansatz. In: Müller MM, Hemmer I, Trappe M (Hrsg) Nachhaltigkeit neu denken. Rio+X: Impulse für Bildung und Wissenschaft. Oekom, München

Zhang J, Swanson D (2006) Analysis of news media's representation of corporate social responsibility (CSR). Public Relations Quarterly 51: 13-17

Gesellschaftliche Verantwortung von Unternehmen aus neoinstitutionalistischer Perspektive

14

Stephan Bohn

Abstract

In light of the question "What makes organizations so similar?" a theoretical explanation based on the (sociological) neo institutionalism will be proposed to explain why the topic Corporate Social Responsibility (CSR) or social responsibility cannot be ignored by any company. The introduction on the fundamental argument of the neo institutional organizational theory assumes that companies tend to adapt to (partly contradictory) societal expectations. The chapter focusses especially on the tension between social responsibility and economic interests.

***

Unter der Fragestellung „What makes organizations so similar?" wird auf der Grundlage des (soziologischen) Neoinstitutionalismus eine theoretische Erklärung zur Frage geleistet, warum das Thema Corporate Social Responsibility (CSR) bzw. gesellschaftliche Verantwortung von keinem Unternehmen ignoriert werden kann. Ausgehend von der Annahme, dass sich Unternehmen an (teils widersprüchliche) gesellschaftliche Erwartungen anpassen, erfolgt eine Einführung in die grundlegende Argumentation der neoinstitutionalistischen Organisationstheorie. Dabei fokussiert der Aufsatz insbesondere auf die Spannungen zwischen gesellschaftlicher Verantwortung und ökonomischen Interessen.

14.1 Einführung

In pluralen Gesellschaften sind Unternehmen ebenso in plurale Erwartungsstrukturen eingebettet. Kunden verlangen qualitativ hochwertige Produkte zu einem angemessenen Preis, Mitarbeiter streben nach einer guten Bezahlung und die Aktionäre nach einer adäquaten Rendite. Dazu existieren vielfältige rechtliche Regelungen zu Produktionsbedingungen, Verbraucherrechten und Umweltauflagen. Nicht nur staatliche Organe überwachen deren Einhaltung, sondern auch Nichtregierungsorganisationen (NGO) wie Greenpeace, Attac, FoodWatch oder Transparency International. Diese hinterfragen unternehmerische Produktionsprozesse und legen dabei oft höhere Maßstäbe zugrunde als die gesetzlich geregelten. Weiterhin definieren Banken spezifische ökonomische Kennzahlen, die sie als Grundlage für die Kreditvergabe nutzen. Und nicht zuletzt gibt es eine öffentliche Diskussion, die von Unternehmen die Übernahme einer gesellschaftlichen Verantwortung fordert, die auch unter dem Begriff Corporate Social Responsibility (CSR) bekannt ist. Alle diese Anspruchs- beziehungsweise Stakeholdergruppen tragen Erwartungen an Unternehmen heran und sie besitzen Sanktionsmöglichkeiten, falls diesen nicht entsprochen wird. Beispielsweise zeigen die Debatten über Lidl (Kritik an Arbeitsbedingungen), BP oder Shell (Verletzung von Umweltstandards bspw. im Kontext zu Brent Spar 1995 und Deepwater Horizon 2010), dass NGO in der Lage sind, die Öffentlichkeit zu sensibilisieren und Unternehmen an den „medialen Pranger" zu stellen, was wiederum negative Auswirkungen auf die Kundenzufriedenheit hat und zu Boykotten führen kann (Schlandt 2010) (siehe die Beiträge von Baur sowie Malets und Böhling in diesem Band).

Dies ist das Spannungsfeld, in dem sich der vorliegende Aufsatz bewegt. Die einführende Argumentation weist zugleich auf das Fundament der neoinstitutionalistischen Organisationstheorie hin, die im deutschsprachigen Raum auch als soziologischer Neoinstitutionalismus oder kurz Neoinstitutionalismus bezeichnet wird. Dieses Fundament besteht aus dem Argument, dass Organisationen und damit auch Unternehmen sich den Erwartungen ihrer Umwelt anpassen. Die Umwelt von Organisationen besteht – wie bereits gezeigt wurde – aus vielfältigen institutionalisierten, d. h. als selbstverständlich angesehenen Erwartungen, wobei je nach Anspruchsgruppe oft unterschiedliche, teilweise auch widersprüchliche Vorstellungen des „richtigen" Handelns und der „richtigen" Gestaltung von Organisationen existieren (Kraatz und Block 2008; Friedland und Alford 1991; Meyer und Rowan 1977). Insbesondere diesen Widersprüchen widmet sich der Aufsatz. Dabei wird argumentiert, dass das Konzept der gesellschaftlichen Verantwortung im Konflikt mit anderen insbesondere ökonomischen Erwartungen steht und sich infolgedessen im besonderen Maße eignet, mit Hilfe neoinstitutionalistisch geprägter Fragestellungen erforscht zu werden (Bohn 2014).

Entsprechend werden in den vier folgenden Kapiteln die Grundzüge der neoinstitutionalistischen Organisationstheorie vorgestellt und mit Fragestellungen zur gesellschaftlichen Verantwortung von Unternehmen verbunden. Kapitel 2 charakterisiert das Konzept der gesellschaftlichen Verantwortung vor dem Hintergrund ökonomischer Interessen und legt dabei einen besonderen Schwerpunkt auf die damit verbundenen Spannungen. Kapitel 3, 4 und 5 widmen sich der neoinstitutionalistischen Organisationstheorie, wobei Kapitel 3 auf die Grundlagen eingeht. Kapitel 4 fokussiert die Makroperspektive neoinstitutionalistischer Forschung und insbesondere die Frage, warum und wie sich bestimmte Erwartungen beziehungsweise die damit verbundenen Konzepte verbreiten. Kapitel 5 setzt sich mit der Mikroperspektive auseinander, also beispielsweise mit der Frage, wie genau Konzepte wie das der gesellschaftlichen Verantwortung in Unternehmen interpretiert werden und daraus folgend wie Unternehmen diese nutzen und in ihre täglichen Routinen integrieren. Der Leser soll sowohl einen Einblick in die Argumentation der Theorie erhalten als auch motiviert werden, sich intensiver mit ihr auseinanderzusetzen, um auf dieser Grundlage eigene theoriegestützte Forschungsfragen entwickeln zu können.

14.2 Gesellschaftliche Verantwortung und ökonomische Interessen

Das Konzept der gesellschaftlichen Verantwortung macht darauf aufmerksam, dass Unternehmen über ökonomische Belange hinaus Verantwortung tragen. Sie sind insofern verpflichtet, nachhaltig, ökologisch sinnvoll sowie sozial beziehungsweise ethisch zu handeln (Van Marrewijk 2003; Moon 2007; McWilliams und Siegel 2001). Die Implementierung des Konzepts soll dazu führen, dass mit zunehmender Integration „in die Unternehmensstrategie und Unternehmensroutine [...] sich Manager und Arbeitnehmer vor der Notwendigkeit [sehen], Unternehmensentscheidungen auch nach Kriterien zu treffen, die von der ihnen bekannten herkömmlichen Norm abweichen" (Kommission der Europäischen Gemeinschaft 2001, S. 18). Diese Norm, so postuliert die Europäische Kommission ebenso wie der Nobelpreisträger für Wirtschaftswissenschaften Milton Friedman: „The Responsibility of Business is to increase its Profits" (Friedman 1970, S. 122). In unserem von Wettbewerb bestimmten Wirtschaftssystem ist die Gewinnorientierung beziehungsweise Gewinnmaximierungsabsicht das prägende Merkmal von Unternehmen – oder, um es mit den Worten von Erich Gutenberg, einem der Gründungsväter der modernen deutschen Betriebswirtschaftslehre, zu sagen:

> „Gewinnerzielung stellt den Primäreffekt betrieblicher Betätigung dar, die Leistungserstellung dagegen den Sekundäreffekt, insofern Leistungserstellung Mittel zum Zweck maximaler Gewinnerzielung ist" (Gutenberg 1983, S. 465).

Im Streben nach Gewinnmaximierung unterscheiden sich Unternehmen in der Regel von anderen Organisationen wie Universitäten, die beispielsweise als erstes Ziel wissenschaftliche Erkenntnisse erzielen wollen, oder Vereinen, die einen bestimmten Zweck verfolgen und per Gesetz im Gewinnstreben deutlich eingeschränkt sind.

Insgesamt ist es für Unternehmen eine Herausforderung, das Konzept einer gesellschaftlichen Verantwortungsübernahme und die Profit- beziehungsweise Gewinnmaximierungsprämisse gleichzeitig als handlungsleitende Grundsätze zu implementieren. Schließlich zielt die Idee der Gewinnmaximierung explizit auf das Konzept der Nutzenmaximierung individueller Akteure und Organisationen ab, das infolgedessen, so wird argumentiert, auch dem Gemeinwohl dient (vgl. hierzu die Argumentation des Utilitarismus; siehe den Beitrag von Schank und Beschorner in diesem Band). Dagegen lenkt das Konzept der gesellschaftlichen Verantwortung die Aufmerksamkeit darauf, dass eine alleinige Orientierung von Unternehmen an Gewinn- und Nutzenmaximierungsidealen nicht ausreicht, um zum Gemeinwohl beizutragen. Auf der Unternehmensebene lässt sich das Spannungsverhältnis zwischen dem Konzept der gesellschaftlichen Verantwortung und dem Streben nach Gewinnmaximierung an einem einfachen Beispiel illustrieren. Ein gewinnorientiertes Unternehmen, das sich offensiv im Bereich gesellschaftliche Verantwortung einsetzt, kann beispielsweise vor der Entscheidung stehen, ob, nachdem alle gesetzlichen Bestimmungen erfüllt sind, in teurere, aber noch umweltverträglichere, Technik investiert werden soll oder nicht. Im Fall der Investition würde das Unternehmen den Umwelt- beziehungsweise CSR-Effekt erhöhen, allerdings mehr finanzielle Mittel aufwenden. Im gegenteiligen Fall würde zwar weniger investiert, der CSR-Effekt allerdings auch geringer ausfallen. Die gleichzeitige Beachtung beziehungsweise Maximierung beider Ziele ist für Unternehmen offensichtlich nicht einfach (Margolis und Walsh 2003; Aguilera et al. 2007; Hahn et al. 2014).

14.3 Die Ausgangsfrage des Neoinstitutionalismus

Die Ausgangsfrage der neoinstitutionalistischen Organisationstheorie lautet: „What makes organizations so similar?" (DiMaggio und Powell 1983, S. 147). Bezogen auf das Thema gesellschaftliche Verantwortung stellt sich beispielsweise die Frage, warum sich immer mehr Unternehmen auf ihren Homepages und in ihren Geschäftsberichten unter Headlines wie Corporate Social Responsibility, soziale Verantwortung oder Nachhaltigkeit als „gute Bürger" und verantwortungsvolle Unternehmen darstellen, die die Umwelt freiwillig und über die gesetzlichen Regelungen hinaus schützen oder für Hilfebedürftige spenden (Hiß 2006; Curbach 2009). Die Beobachtung von Ähnlichkeiten und generell Homogenisierungstendenzen finden sich auf vielen Ebenen von Unternehmen und reichen von der reinen Übernahme spezifischer Konzeptlabels wie Corporate Social Responsibility als Synonym für gesellschaftliche Verantwortung bis tief in die Struktur und tägliche Arbeitsabläufe hinein (Walgenbach 2000; DiMaggio und Powell 1983). Ökonomisch orientierte Erklärungsansätze würden nun argumentieren, dass solche Konzepte insbesondere deshalb übernommen werden, weil sie einen Nutzen für das Unternehmen haben, beispielsweise zu einer steigenden Performance beitragen oder zu Wettbewerbsvorteilen führen (McWilliams und Siegel 2000; Lieberman und Asaba 2006). Im Gegensatz dazu argumentieren Vertreter der neoinstitutionalistischen Organisationstheorie, dass Organisationen und damit natürlich auch Unternehmen unabhängig vom konkret messbaren Nutzen neue Konzepte und Praktiken insbesondere deshalb übernehmen, weil jene Legitimität gegenüber der Unternehmensumwelt erzeugen. Legitimität zeigt, dass die Gestaltung einer Organisation und ihr Handeln als erwünscht, angebracht oder angemessen wahrgenommen wird (Suchman 1995). Was legitim beziehungsweise angemessen ist, bestimmt die Umwelt von Organisationen und damit verbunden die Erwartungen der Stakeholdergruppen (z. B. Kunden, Lieferanten, Banken, Shareholder, Staat, Gesellschaft, NGO usw.). Solche Erwartungen gelten, wenn sie nicht mehr hinterfragt werden, als institutionalisiert beziehungsweise selbstverständlich – oder, um im Sprachgebrauch der neoinstitutionalistischen Organisationstheorie zu bleiben, als „taken-for-granted". Die Folge der Übernahme von als selbstverständlich erachteten Konzepten und den dazugehörigen Praktiken ist eine immer größer werdende Ähnlichkeit von Organisationen. Bildlich gesprochen wird argumentiert, dass Organisationen nicht sind, wie wir sie kennen, weil dies effizient oder rational im Sinne einer Nutzenabwägung ist, sondern weil die Umwelt von Organisationen – und damit auch wir – spezifische Vorstellungen darüber hat, wie eine Universität funktionieren soll, was ein Sportverein ist und was uns erwartet, wenn wir eine Bank betreten. Dabei wird innerhalb der Theorie keinesfalls die Möglichkeit von ökonomischen

Vorteilen durch die Übernahme bestimmter Konzepte oder Praktiken bestritten. Der Verdienst des Neoinstitutionalismus ist es vielmehr, darauf aufmerksam zu machen, dass solche Faktoren allein das Phänomen der zunehmenden Ähnlichkeit von Organisationen und die Verbreitung von Konzepten wie CSR nicht erklären können.

Mit der neoinstitutionalistischen Organisationstheorie kann also erklärt werden, warum sich auch solche Konzepte verbreiten, denen kein direkter Einfluss auf die Performance oder die Wettbewerbsfähigkeit zugerechnet werden kann, wie beispielsweise die „Erstaunen auslösende Adoption" der ISO 9000 Normenreihe in deutschen Unternehmen (Walgenbach 2000, S. 1). Ähnliches gilt für das Konzept der gesellschaftlichen Verantwortung. Zwar ist es eine weit verbreitete Annahme, dass CSR-Aktivitäten einen positiven Effekt (z. B. durch eine höhere Reputation) auf die Performance generieren (Basu und Palazzo 2008; Aguinis und Glavas 2012; Aguilera et al. 2007). Allerdings konnte der zugeschriebene Effekt bisher empirisch nicht nachgewiesen werden. Je nach methodischer Vorgehensweise finden sich Studien, die einen positiven, negativen oder neutralen Effekt von CSR auf die Performance feststellen (Margolis und Walsh 2003; McWilliams und Siegel 2001) (siehe die Beiträge von Polterauer und Schaltegger in diesem Band).

14.4 Neoinstitutionalistische Forschung und gesellschaftliche Verantwortung aus der Makroperspektive – Isomorphie und Diffusion

Die Frage, warum sich Konzepte wie das der gesellschaftlichen Verantwortung verbreiten, kann also unter Verwendung der neoinstitutionalistischen Organisationstheorie untersucht werden. Besonders häufig sind Studien, die die Verbreitung (Diffusion) von Konzepten auf der Makroebene betrachten. Beispielsweise erforscht Fligstein (1985) die Diffusion der divisionalen Struktur in den größten amerikanischen Unternehmen. Sanders und Tuschke (2007)B zeichnen die Verbreitung von Aktienoptionsplänen im Feld großer deutscher Aktiengesellschaften nach und Guler, Guillen und MacPherson (2002) untersuchen die Verbreitung der ISO 9000 Normenreihe in 85 Ländern. Dabei wird zumeist mithilfe von quantitativen Methoden untersucht, welche Variablen die Diffusion von Konzepten beeinflussen oder welche Unternehmenscharakteristika (z. B. Größe, Börsennotation, Struktur, Unternehmenskultur, regionaler Schwerpunkt usw.) Unternehmen besitzen, die Konzepte und Praktiken (als erste) implementieren (Strang und Soule 1998). Als Grundlage für solche Studien dient das Modell der Isomorphie.

"The concept that best captures the process of homogenization is isomorphism. [...] isomorphism is a constraining process that forces one unit in a population to resemble other units that face the same set of environmental conditions" (DiMaggio und Powell 1983, S. 149).

Wobei die Angleichung von Organisationen über drei Mechanismen erfolgt: (1) Isomorphie durch Zwang, beispielsweise über gesetzliche Regelungen; (2) Isomorphie durch mimetische Prozesse, also das Kopieren von als erfolgreich wahrgenommenen Organisationen und (3) Isomorphie durch normativen Druck, beispielsweise hervorgerufen durch Professionalisierungs- beziehungsweise Standardisierungstendenzen (DiMaggio und Powell 1983). Zusätzlich zu den drei Isomorphie-Varianten haben DiMaggio und Powell (1983) den Begriff des organisationalen Feldes geprägt. Isomorphie gilt demnach für Organisationen, die im selben organisationalen Feld, im selben „area of institutional life: key suppliers, resource and product consumers, regulatory agencies, and other organizations that produce similar services or products" (DiMaggio und Powell 1983, S. 148) operieren. In der empirischen Umsetzung finden sich häufig Studien, die das organisationale Feld als nationales Feld mit ähnlichen Umweltbedingungen (z. B. gleiche Gesetzgebung und ähnliche kulturelle Faktoren) definieren. Möglich sind aber auch andere Definitionen, beispielsweise das Feld der DAX-30 Unternehmen, Unternehmen einer Branche oder auch das Feld der deutschen Universitäten. Je kleiner und spezifischer ein organisationales Feld gefasst wird, desto wahrscheinlicher sind ähnliche Umweltbedingungen. Wobei die zunehmende Angleichung von Organisationen in einem organisationalen Feld über den Prozess der Übernahme von als selbstverständlich wahrgenommenen Konzepten und Praktiken erfolgt. DiMaggio und Powell (1983) argumentieren weiterführend, dass Organisationen solche Konzepte weitgehend unreflektiert übernehmen, weil sie nur schwer beurteilen können, welche technischen Vorteile aus einer Übernahme resultieren.

Im Rahmen der neoinstitutionalistisch geprägten Diffusionsforschung konnte das Argument der zunehmenden Ähnlichkeit von Organisationen, die vergleichbaren Umwelterwartungen ausgesetzt sind, weitgehend bestätigt werden (Strang und Soule 1998; Walgenbach und Meyer 2008; Scott 2008). Allerdings gibt es auch scharfe Kritik, die sich insbesondere mit der empirischen Forschung auseinandersetzt. Das berühmt gewordene Zitat von Arthur Stinchcombe von den fehlenden „guts of institutions" (1997, S. 17) verdeutlicht, dass in vielen Diffusionsstudien die Übernahme oder Nichtübernahme eines Konzepts lediglich aus einer Makroperspektive dichotom und auf der Ebene der Nennung eines generellen Labels erfasst wird. Durch diese Art der Messung kann die Adoption nur auf einer relativ „oberflächlichen" Ebene betrachtet werden. Danach wird vernachlässigt, was genau in welchem Umfang übernommen wird, welchen Effekt die Übernahme auf die täglichen Arbeitsroutinen hat und wie Erwartungen und damit verbundene Konzepte generell auf der organisationalen Ebene interpretiert werden. Trotz gemessener und statistisch signifikanter Homogenisierung können die untersuchten Unternehmen also eine große Heterogenität aufweisen (Lounsbury 2001; Westphal et al. 1997). Infolgedessen könnte in empirischen Studien gefragt werden, welche (verschiedenen) Interpretationen von CSR in Unternehmen existieren (bspw. explizites [stark kommuniziertes und strategisch eingesetztes] oder implizites [eher wenig kommuniziertes und stärker philanthropisch orientiertes] CSR, Matten und Moon 2008; Hiß 2009; Höllerer 2013) oder ob es Unterschiede zwischen der Kommunikation von gesellschaftlicher Verantwortung und ihrer Anwendung gibt (Bohn 2014). Um solche Fragen zu beantworten, ist es allerdings nötig, die Untersuchungsebene zu wechseln und sich stärker auf die Unternehmen und die dort stattfindenden Übernahmeprozesse zu fokussieren.

14.5 Neoinstitutionalistische Forschung und gesellschaftliche Verantwortung aus der Mikroperspektive – Entkopplung, Übersetzung und hybride Organisationen

Der Wechsel von der Makro- zur Mikroebene führt zu dem für die Theorie zentralen Aufsatz von John Meyer und Brian Rowan (1977): „Institutionalized Organizations: Formal Structure as Myth and Ceremony". Die beiden Autoren argumentieren im Gegensatz zu DiMaggio und Powell (1983), dass Organisationen institutionelle Erwartungen hinterfragen und so Widersprüche zwischen Erwartungen erkennen können. Infolgedessen tendieren sie bei widersprüchlichen Erwartungen dazu, diese nur „oberflächig" auf der Ebene der Kommunikation zu übernehmen, aber die täglichen Arbeitsroutinen nicht zwingend zu ändern.

> "To maintain ceremonial conformity, organizations that reflect institutional rules tend to buffer their formal structures from the uncertainties of technical activities by becoming loosely coupled, building gaps between their formal structures and actual work activities" (Meyer/Rowan 1977, S. 340f.).

Sie entkoppelt quasi die Kommunikationsebene von der Ebene der täglichen Arbeitsroutinen (vgl. zum Entkopplungsmodell ebenfalls Bromley und Powell 2012; Boxenbaum und Jonsson 2008). Eine Entkopplung würde beispielsweise bedeuten, dass Unternehmen zwar auf ihren Homepages und in ihren Geschäftsberichten über ihre gesellschaftliche Verantwortung berichten, jedoch in der täglichen Arbeitsroutine dem Konzept kaum Bedeutung zukommt.

Eine Entkopplung birgt aber auch Gefahren, und zwar eben dann, wenn jene sozusagen „enttarnt" wird. Im Bereich gesellschaftlicher Verantwortung wird beispielsweise der Begriff „Greenwashing" verwendet, um Unternehmen zu charakterisieren, die sich zwar nach außen als auf die Umwelt achtendes und ethisch handelndes Unternehmen darstellen, tatsächlich aber durch gegenteilige Aktivitäten auffallen. Beispielsweise stellt sich die Hoffmann-La Roche AG in ihren Geschäftsberichten und auf der Homepage als verantwortungsbewusstes und ethisches Unternehmen dar, erhält aber gleichzeitig für den Vorwurf des Handels mit Organen von hingerichteten chinesischen Dissidenten den weltweit vergebenen Public Eye Awards als eines der unverantwortlichsten Unternehmen weltweit (NZZ-online 2010). Darüber hinaus ist es mindestens streitbar, wenn der größte britische Waffenproduzent – die BAE Systems plc – einen CSR-Bericht veröffentlicht und darin seine ethische Verantwortung preist. Da das Resultat einer aufgedeckten Entkopplung der Entzug von Legitimität ist (MacLean und Behnam 2010), könnte es aufschlussreich sein, CSR insbesondere in kritischen Branchen (Rüstungsindustrie oder auch Chemische Industrie) zu untersuchen und zu analysieren, welchen Effekt eine aufgedeckte Entkopplung für Unternehmen hat. Darüber hinaus ist bisher selten empirisch erforscht worden, wie entkoppelte Unternehmen langfristig Vertrauen gegenüber der Umwelt aufbauen und sich vor kritischen Nachfragen schützen (logic of confidence).

Mit dem Translationmodell existiert ein weiteres alternatives Modell zum Umgang mit Widersprüchen und Konflikten auf der Mikroebene. Es weist ebenso wie das Entkopplungsmodell darauf hin, dass institutionelle Erwartungen von Unternehmen hinterfragt werden. Allerdings argumentieren Czarniawska und Joerges (1996), dass institutionelle Erwartungen und damit in Verbindung stehende Konzepte und Praktiken oft interpretationsoffen gestaltet sind und daraus folgend für jeden Kontext spezifisch angepasst werden können (und müssen) (Boxenbaum 2006; Morris und Lancaster 2006). Organisationen nutzen diesen Gestaltungsspielraum, um Konflikte zu lösen oder von vornherein zu vermeiden.

Die Mikroperspektive der neoinstitutionalistischen Organisationstheorie macht insgesamt darauf aufmerksam, dass Organisationen zwar „von außen" betrachtet immer ähnlicher werden, aber durch den Blick ins „Innere" sich deutliche Variationen zeigen. Möglicherweise interpretieren Unternehmen je nach Branche und Ausrichtung das Konzept der gesellschaftlichen Verantwortung unterschiedlich. Manche Unternehmen implementieren Konzepte vollständig, während andere nur bestimmte Teile übernehmen, andere entkoppeln oder so anpassen, dass sie zum Unternehmen passen (Walgenbach 2001). Hier stellt sich natürlich die Frage nach den Gründen. Es ist beispielsweise lohnend zu fragen, wie das Konzept der gesellschaftlichen Verantwortung auf der Unternehmensebene interpretiert wird (Hahn et al. 2014; Höllerer 2013) und wie Unternehmen während der Implementierung mit Konflikten umgehen (Bohn et al. 2015). So beschäftigen sich neuere Arbeiten mit hybriden Organisationen, die danach streben, gegensätzliche Erwartungen gleichberechtigt zu integrieren (Battilana und Dorado 2010; Pache und Santos 2013). Allerdings lässt sich der hybride Charakter nur schwer über lange Zeiträume aufrechterhalten, weil oft ein Bereich dominierend wird (Scott und Meyer 1991). Battilana und Dorado (2010) zeigen in ihrer Studie zu ethischen Banken, wie sich mithilfe von Sozialisierungsmaßnahmen und der Einstellungspolitik dieses Problem lösen lässt. Sie argumentieren, dass durch eine geschickte Personalplanung eine fortwährende Gleichberechtigung beziehungsweise Balance zwischen den beiden Polen (Gewinnorientierung und eine gesellschaftlich verantwortliche Handlungsweise) möglich ist. Ebenfalls lohnend ist die Beschäftigung mit CSR im Rahmen der institutional complexity-Diskussion, die explizit den Umgang von Organisationen mit divergierenden institutionalisierten Erwartungen fokussiert und sich ebenfalls mit hybriden Organisationen beschäftigt (Greenwood et al. 2011; Kodeih und Greenwood 2014; McPherson und Sauder 2013). Alle diese Ansätze und Fragestellungen sind dazu geeignet, besser zu verstehen, wie gesellschaftliche Verantwortung in Unternehmen funktioniert und – um eine etwas kritischere Perspektive einzunehmen – ob die Anwendung des Konzepts in Unternehmen mit der Ausgangsidee vereinbar ist.

14.6 Schlussbetrachtung

„What makes organizations so similar?" (DiMaggio und Powell 1983, S. 147) und warum berichten so viele Unternehmen über ihre gesellschaftliche Verantwortung? Im vorliegenden Aufsatz wird argumentiert, dass solche Fragen mit Hilfe einer neoinstitutionalistisch geprägten Perspektive bearbeitet werden können. Die erste Frage wird in Kapitel 3 und 4 adressiert. Hier wird dargelegt, dass sich Organisationen ihrer Umwelt beziehungsweise den Erwartungen ihrer Umwelt anpassen. Kapitel 2 zeigt jedoch auch, dass Spannungen oder Konflikte zwischen der Konzeption von gewinnorientierten Unternehmen und der Idee der gesellschaftlichen Verantwortung existieren. Infolgedessen widmet sich Kapitel 5 der konkreten organisationalen Interpretation und Umsetzung von institutionellen Erwartungen und zeigt, wie durch Entkopplung, Translation oder hybride Organisationsformen, Konflikten entgangen, diese gelöst oder gemildert werden können. Daraus ergeben sich spannende Forschungsfragen und das vornehmliche Anliegen des Aufsatzes ist es, dafür die Grundlagen zu bereiten.

Empfehlenswerte Literatur

Hasse R, Krücken G (1999) Neo-Institutionalismus. Transcript-Verlag, Bielefeld
Walgenbach P, Meyer RE (2008) Neoinstitutionalistische Organisationstheorie. Kohlhammer, Stuttgart

Empfehlenswerte Internetquelle

www.newinstitutionalism.org

Literatur

Aguilera RV, Rupp DE, Williams CA, Ganapathi I (2007) Putting the S back in corporate social responsibility: A multilevel theory of social change in organizations. Acad Manage Rev 32: 836-863
Aguinis H, Glavas A (2012) What We Know and Don't Know About Corporate Social Responsibility: A Review and Research Agenda. Journal of Management 38: 932-968
Basu K, Palazzo G (2008) Corporate social responsibility: A process model of sensemaking. Acad Manage Rev 33:122-136
Battilana J, Dorado S (2010) Building Sustainable Hybrid Organizations: The Case of Commercial Microfinance Organizations. Acad Manage J 53: 1419-1440
Bohn S (2014) Die Implementierung von CSR in High-Tech Unternehmen: Zum organisationalen Umgang mit divergierenden institutionalisierten Erwartungen. Springer Gabler, Berlin
Bohn S, Galander A, Walgenbach P (2015) The creativity of organizations in the taking of Corporate Social Responsibility: Handling conflicting institutional demands. In: Ortenblad A (Hrsg) Handbook of Research on Management Ideas and Panaceas: Adaptation and Context. Elgar, Cheltenham, S 259-284
Boxenbaum E (2006) Lost in Translation: The Making of Danish Diversity Management. American Behavioral Scientist 49: 939-948
Boxenbaum E, Jonsson S (2008) Isomorphism, diffusion and decoupling. In: Greenwood R, Oliver C, Suddaby R, Sahlin K (Hrsg) The Sage Handbook of Organizational Institutionalism. Sage, Los Angeles, S 78-98

Bromley P, Powell WW (2012) From Smoke and Mirrors to Walking the Talk: Decoupling in the Contemporary World. The Academy of Management Annals 6: 483-530

Curbach J (2009) Die Corporate-Social-Responsibility-Bewegung. VS Verlag für Sozialwissenschaften, Wiesbaden

Czarniawska B, Joerges B (1996) Travel of ideas. In: Czarniawska B, Sevon G (Hrsg) Translating Organizational Change. De Gruyter, Berlin, S 13-48

DiMaggio PJ, Powell WW (1983) The Iron Cage Revisited – Institutional Isomorphism and Collective Rationality in Organizational Fields. Am Sociol Rev 48: 147-160

Fligstein N (1985) The Spread of the Multidivisional Form among Large Firms, 1919-1979. Am Sociol Rev 50: 377-391

Friedland R, Alford RR (1991) Bringing society back in: Symbols, practices, and institutional contradictions. In: Powell WW, DiMaggio PJ (Hrsg) The New Institutionalism in Organizational Analysis. University of Chicago Press, Chicago, S 232-266

Friedman M (1970) The social responsibility of business is to increase its profits. The New York Times Magazine vom 13.09.1979, S. 32-33, 122-124

Greenwood R, Raynard M, Kodeih F, Micelotta ER, Lounsbury M (2011) Institutional Complexity and Organizational Responses. The Academy of Management Annals 5: 317-371

Guler I, Guillen MF, MacPherson JM (2002) Global competition, institutions, and the diffusion of organizational practices: The international spread of ISO 9000 quality certificates. Admin Sci Quart 47: 207-232

Gutenberg E (1983) Die Produktion. Grundlagen der Betriebswirtschaftslehre. 24. Auflage. Springer, Berlin/Heidelberg/New York

Hahn T, Preuss L, Pinkse J, Figge F (2014) Cognitive Frames in Corporate Sustainability: Managerial Sensemaking with Paradoxical and Business Case Frames. Acad Manage Rev 39: 463-487

Hasse R, Krücken G (1999) Neo-Institutionalismus. Transcript-Verlag, Bielefeld

Hiß S (2006) Warum übernehmen Unternehmen gesellschaftliche Verantwortung? Ein soziologischer Erklärungsversuch. Campus, Frankfurt/New York

Hiß S (2009) Corporate Social Responsibility – Innovation oder Tradition? Zum Wandel der gesellschaftlichen Verantwortung von Unternehmen in Deutschland. Zeitschrift für Wirtschafts- und Unternehmensethik 10: 287-303

Höllerer MA (2013) From Taken-for-Granted to Explicit Commitment: The Rise of CSR in a Corporatist Country. J Manage Stud 50: 573-606

Kodeih F, Greenwood R (2014) Responding to Institutional Complexity: The Role of Identity. Organization Studies 35: 7-39

Kommission der Europäischen Gemeinschaft (2001) Europäische Rahmenbedingungen für die soziale Verantwortung der Unternehmen. Kommission der Europäischen Gemeinschaft, Brüssel

Kraatz MS, Block ES (2008) Organizational implications of institutional pluralism. In: Greenwood R, Oliver C, Suddaby R, Sahlin-Andersson K (Hrsg) The Sage Handbook of Organizational Institutionalism. Sage, London, S 243-275

Lieberman MB, Asaba S (2006) Why do firms imitate each other? Acad Manage Rev 31: 366-385

Lounsbury M (2001) Institutional sources of practice variation: Staffing college and university recycling programs. Admin Sci Quart 46: 29-56

MacLean TL, Behnam M (2010) The Dangers of Decoupling: The Relationship between Compliance Programs, Legitimacy Perceptions, and Institutionalized Misconduct. Acad Manage J 53: 1499-1520

Margolis JD, Walsh JP (2003) Misery loves companies: Rethinking social initiatives by business. Admin Sci Quart 48: 268-305

Matten D, Moon J (2008) "Implicit" and "explicit" CSR: A conceptual framework for a comparative understanding of corporate social responsibility. Acad Manage Rev 33: 404-424

McPherson CM, Sauder M (2013) Logics in Action: Managing Institutional Complexity in a Drug Court. Admin Sci Quart 58: 165-196

McWilliams A, Siegel D (2000) Corporate social responsibility and financial performance: Correlation or misspecification? Strategic Manage J 21: 603-609

McWilliams A, Siegel D (2001) Corporate social responsibility: A theory of the firm perspective. Acad Manage Rev 26: 117-127

Meyer JW, Rowan B (1977) Institutionalized Organizations – Formal-Structure as Myth and Ceremony. Am J Sociol 83: 340-363

Moon J (2007) The contribution of corporate social responsibility to sustainable development. Sustain Dev 15: 296-306

Morris T, Lancaster Z (2006) Translating Management Ideas. Organization Studies 27: 207-233

NZZ/Neue Zürcher Zeitung-online (2010) Roche erhält peinliche Auszeichnung. Neue Zürcher Zeitung. www.nzz.ch/nachrichten/wirtschaft/aktuell/roche_erhaelt_peinliche_auszeichnung_1.4658150.html. Zugegriffen: 14.03.2017

Pache AC, Santos F (2013) Inside the Hybrid Organization: Selective Coupling as a Response to Competing Institutional Logics. Acad Manage J 56: 972-1001

Sanders WG, Tuschke A (2007) The adoption of institutionally contested organizational practices: The emergence of stock option pay in Germany. Acad Manage J 50: 33-56

Schlandt J (2010) US-Amerikaner tanken bei Konkurrenz. Frankfurter Rundschau. www.fr-online.de/panorama/bp-boykott-funktioniert-us-amerikaner-tanken-bei-konkurrenz,1472782,4463020.html. Zugegriffen: 14.03.2017

Scott WR (2008) Institutions and Organizations: Interests and Ideas. 3. Auflage. Sage, Thousand Oaks

Scott WR, Meyer JW (1991) The organization of societal sectors: Propositions and early evidence. In: DiMaggio PJ, Powell W (Hrsg) The New Institutionalism in Organizational Analysis. University of Chicago Press, Chicago, S 108-142

Stinchcombe AL (1997) On the virtues of the old institutionalism. Annual Review of Sociology 23: 1-18

Strang D, Soule SA (1998) Diffusion in organizations and social movements: From hybrid corn to poison pills. Annual Review of Sociology 24: 265-290

Suchman MC (1995) Managing Legitimacy: Strategic and Institutional Approaches. Acad Manage Rev 20: 571-610

Van Marrewijk M (2003) Concepts and definitions of CSR and corporate sustainability: Between agency and communion. Journal of Business Ethics 44: 95-105

Walgenbach P (2000) Die normgerechte Organisation: Eine Studie über die Entstehung, Verbreitung und Nutzung der DIN EN ISO 9000er Normenreihe. Schäffer-Poeschel, Stuttgart

Walgenbach P (2001) The Production of Distrust by Means of Producing Trust. Organization Studies 22: 693-714

Walgenbach P, Meyer RE (2008) Neoinstitutionalistische Organisationstheorie. Kohlhammer, Stuttgart

Westphal JD, Gulati R, Shortell SM (1997) Customization or conformity? An institutional and network perspective on the content and consequences of TQM adoption. Admin Sci Quart 42: 366-394

IV
Gesellschafts- und unternehmensbezogene Handlungsfelder

Unternehmen und Sozialpolitik

15

Holger Backhaus-Maul und Martin Kunze

Abstract

In Germany, social policy is primarily considered the state's area of responsibility. This chapter however discusses social policy from an extended sociopolitical perspective while considering the changing role of companies and their increasing meaning in sociopolitical matters. Firstly, the historical development of the relationship between companies and social policy in Germany will be portrayed. Then the current significance of companies as stakeholders in sociopolitical matters will be analyzed.

***

Sozialpolitik wird in Deutschland in der Regel dem Verantwortungsbereich des Staates zugerechnet. Im vorliegenden Beitrag hingegen wird Sozialpolitik in einer erweiterten gesellschaftspolitischen Perspektive unter besonderer Berücksichtigung der sich wandelnden Rolle und zunehmenden Bedeutung von Unternehmen in sozialpolitischen Angelegenheiten diskutiert. Dazu wird zunächst eine kurze Rekonstruktion der historischen Entwicklung des Verhältnisses von Unternehmen und Sozialpolitik in Deutschland vorgenommen, um dann den aktuellen Stellenwert von Unternehmen als Akteuren in sozialpolitischen Belangen herauszuarbeiten.

15.1 Einleitung

Sozialpolitik wird in Deutschland zumeist als staatlich verantwortete soziale Sicherung gedeutet. Dabei wird leicht übersehen, dass Sozialpolitik das Ergebnis von Auseinandersetzungen und Aushandlungen (Kaufmann 1997; Leibfried und Wagschal 2000; Schmidt 2005) zwischen verschiedenen gesellschaftlichen Akteuren ist, wie etwa Arbeitgeber- und Arbeitnehmer- sowie Interessen- und Wohlfahrtsverbänden (Winter und Willems 2007). In dieser erweiterten Perspektive von Sozialpolitik als Gesellschaftspolitik soll im Folgenden die sich wandelnde Rolle und steigende Bedeutung von Unternehmen in der deutschen Sozialpolitik herausgearbeitet werden (Evers und Heinze 2008, Klenk u. a. 2011).

Unter den Bedingungen des korporatistischen deutschen Sozialstaates werden Unternehmensverbände in den politischen Entscheidungs- und Gesetzgebungsprozess einbezogen und Unternehmen werden als Beitrags- und Steuerzahler an der Finanzierung von Sozialleistungen beteiligt. Seit einigen Jahren aber beobachten Politikwissenschaft (vgl. die Beiträge von Speth sowie Baur in diesem Band) und Soziologie, allen voran die wieder erstarkende Wirtschaftssoziologie (vgl. die Beiträge von Maurer und Hiß et al. in diesem Band), eine über diese korporatistische Rolle von Unternehmensverbänden weit hinausgehende gesellschaftliche Bedeutungszunahme von Wirtschaft und Unternehmen mit erheblichen gesellschaftspolitischen Folgen.

Im vorliegenden Beitrag wird zunächst in einem kurzen Rückblick die historische Entwicklung des Verhältnisses von Unternehmen und Sozialpolitik in Deutschland skizziert, um dann den aktuellen Stellenwert von Unternehmen als Akteure in (sozial-)politischen Belangen herauszuarbeiten.

15.2 Historische Entwicklungslinien

Im Folgenden werden drei voneinander abgrenzbare Phasen in der Entwicklung des Verhältnisses von Unternehmen und Sozialpolitik aufgezeigt.

15.2.1 Unternehmen und betriebliche Sozialpolitik (von Mitte des 19. Jahrhunderts bis Ende der 1950er Jahre)

Beginnend mit der Industrialisierung änderten sich soziale Lebenslagen und Lebensumstände grundlegend. Im Begriff der „sozialen Frage" werden die massive „Landflucht" und die prekäre soziale Lage von Arbeitern und ihrer Familien in den

15 Unternehmen und Sozialpolitik

Städten in der Frühphase der Industrialisierung zum Ausdruck gebracht (Castell 2000; Frambach 2006; Heclo 1995; Sachße und Tennstedt 1988; Senn 2006). So wurden im Deutschen Reich neu entstehende soziale Probleme bereits zu einem Zeitpunkt thematisiert, als – mangels Sozialstaat und sozialer Sicherung – noch nicht einmal absehbar war, in welcher Art und Weise sie zukünftig in welchen Institutionen von welchen Organisationen bearbeitet werden würden. In dieser Phase tiefgreifender gesellschaftlicher Veränderungen führten insbesondere die schlechten Arbeitsbedingungen sowie die fehlende Absicherung in Fällen von Krankheit und Unfall bei geringer Entlohnung zu einer weitreichenden Prekarisierung der vom Land in die Städte ziehenden Arbeiter/innen sowie ihrer Familien. Die Behebung derart prekärer Lebenslagen oblag in dieser Zeit insbesondere privaten karitativen kirchlichen Einrichtungen, ohne dass damit für die Betroffenen mangels Sozialstaat ein Rechtsanspruch auf Hilfen und Leistungen verbunden gewesen wäre. Gleichzeitig begannen einige wenige Einzelunternehmen damit, eigene Sozialprogramme zu initiierten und zu entwickeln. Ein typisches Beispiel für ein derartiges soziales Unternehmerengagement ist etwa die von Ernst Abbe 1889 gegründete Carl-Zeiss-Stiftung in Jena, in deren Satzung der Stifter das „Wohlergehen seiner Mitarbeiter" explizit zum Stiftungszweck erklärt hat (Gehrt und Wimmer 2005). Seit der Weimarer Republik werden derartige einzelunternehmerische Aktivitäten als betriebliche Sozialpolitik bezeichnet, die darauf abzielt, über Lohnzahlungen hinaus die Lebenslage „ihrer" Arbeiter/innen zu verbessern (Hax 1977, S. 77). Die betriebliche Sozialpolitik bezog sowohl die Arbeiter/innen und teilweise auch deren Familienangehörige in die finanzielle Absicherung und soziale Dienstleistungserbringung mit ein. Kennzeichnend für diese Phase sind Maßnahmen und Programme einer betrieblichen Sozialpolitik auf Seiten einzelner, besonders engagierter Unternehmerpersönlichkeiten und Unternehmen. Die engagierten Unternehmen erbrachten in dieser Phase einen aktiven sozialpolitischen Beitrag zur Bewältigung elementarer sozialer Risiken ihrer Belegschaft und deren Familien, wie Krankheit, Unfall und Altersabsicherung. Zugleich wurde die betriebliche Sozialpolitik in dieser Zeit von den Unternehmen auch als ein probates Mittel angesehen, um die unternehmerische Autonomie gegenüber weitergehenden gewerkschaftlichen und sozialstaatlichen Versuchen der Einflussnahme aufrecht zu erhalten (Hax 1977). Insgesamt blieb die betriebliche Sozialpolitik aber in ihrem Wirkungsradius auf die jeweiligen Einzelunternehmen beschränkt.

Parallel dazu entwickelte sich in Deutschland mit der Einführung gesetzlicher Sozialversicherungen in den 1880er Jahren, d. h. zunächst der Kranken-, Renten- und Unfallversicherung, 1927 gefolgt von der Arbeitslosenversicherung, ein programmatisch für die Bewältigung sozialer Risiken sowie die Erfüllung gesellschaftspolitischer Förder- und Hilfebedarfe umfassend zuständiger Sozialstaat

(Schmidt 2005). Die soziale Frage des 19. Jahrhunderts wurde zum Gegenstand staatlicher und kommunaler Sozialpolitik und im zunehmend ausdifferenzierten System sozialer Sicherung bearbeitet. Trotz dieser Entwicklung von Sozialstaat und öffentlicher Sozialleistungen setzten Unternehmen ihre betriebliche Sozialpolitik als ergänzende Leistungen fort und erschlossen sich nach dem Zweiten Weltkrieg neue und bisweilen innovative sozialpolitische Handlungsfelder, wie etwa den betrieblichen Wohnungsbau, die betriebliche Kulturarbeit und das weite Feld familienpolitischer Leistungen (exemplarisch dazu Nuhn 2013, S. 121-155).

Zusammenfassend betrachtet haben in dieser Phase einzelne und zumeist namhafte Unternehmen eigeninitiativ und -verantwortlich betriebliche Maßnahmen und Programme entwickelt, um zumindest für ihre Belegschaft und eventuell deren Familien soziale Probleme der kapitalistischen Industrialisierung „abzumildern". Diese einzelunternehmerischen Aktivitäten können als Reaktion auf die soziale Frage in der Frühphase der Industrialisierung verstanden werden, die durch die gerade entstehende sozialstaatliche Absicherung nicht ausreichend bearbeitet wurde, und markieren einen politischen Pfad, der wohlgemerkt von der Mehrheit der Unternehmen nicht beschritten wurde. Diese Form eines eigeninitiativen und freiwilligen sozialpolitischen Unternehmensengagements verlor nach dem Zweiten Weltkrieg und spätestens mit dem Wachstum des deutschen Sozialstaates ab Ende der 1960er Jahre sukzessiv an Bedeutung (Hax 1977).

15.2.2 Unternehmen als korporative Akteure im Sozialstaat (Ende der 1950er Jahre bis Mitte der 1980er Jahre)

Ende der 1950er Jahre begann insbesondere mit der Rentenreform der Ausbau des deutschen Sozialstaates, der ab Ende der 1960er Jahre einen erheblichen Wachstumsschub erfuhr. Sozialversicherungen, Entschädigungen, Förderungen und Hilfen wurden als Strukturmerkmale der deutschen Variante von Sozialstaatlichkeit sukzessiv institutionalisiert und ausdifferenziert (Schmidt 2005, S. 73-98). Soziale Aufgaben und Probleme wurden dem öffentlichen sozialen Sicherungssystem zur Bearbeitung und wenn möglich zur Lösung überantwortet (Dobner 2007; Heclo 1995; Sachße und Tennstedt 1988; Townsend 1962). Die „Befriedung" des für kapitalistische Gesellschaften konstitutiven Konfliktes zwischen Kapital und Arbeit in Form der Inkorporierung von Arbeitgeberverbänden und Gewerkschaften in die einschlägigen politischen Entscheidungs- und Gesetzgebungsprozesse kann als wesentliches Strukturmerkmal der deutschen Gesellschaft angesehen werden (Streeck 1982, 1999). Im Feld der Sozialpolitik weist dieses korporatistische Arrangement Besonderheiten auf, da der konstitutive gesellschaftliche Konflikt zwischen

Kapital und Arbeit in diesem Politikfeld allenfalls nur indirekt wirksam ist und Wohlfahrtsverbände und ihre Mitgliedsorganisationen nicht nur als Akteure im Politik- und Gesetzgebungsprozess, sondern zugleich auch subsidiär und kooperativ als Träger von sozialen Diensten und Einrichtungen an der Wohlfahrtsproduktion beteiligt sind (Backhaus-Maul und Olk 1994; Heinze und Olk 1981, 1984; Heinze et al. 1997).

In der korporatistischen Phase der Sozialpolitik erfuhren Sozialstaat und soziale Sicherung einen merklichen Wachstumsschub. Der Sozialstaat wurde zum Gewährleistungsträger von Sozialpolitik und freigemeinnützige Wohlfahrtsverbände wurden verbindlich und dauerhaft in den Politik- und Gesetzgebungsprozess einbezogen und dem ordnungspolitischen Subsidiaritätsprinzip gemäß mit der Leistungserbringung „beauftragt" (Backhaus-Maul und Olk 1994; Castel 2000; Kaufmann 2003; Offe 1998; Streeck 1999). Entsprechend den korporatistischen Verhandlungs- und Entscheidungsprozessen waren Unternehmen außerhalb ihrer verbandlichen Repräsentationsstrukturen sozialpolitisch weitgehend bedeutungslos. Betriebliche Sozialpolitik in Unternehmen fand als unternehmensbezogenes Handeln dementsprechend in der Öffentlichkeit und in der Politik kaum Aufmerksamkeit. In der Sozialpolitik beschränkte sich die Rolle von Unternehmen auf die von Steuer- und Beitragszahlern, deren gesellschaftspolitische Interessen im Allgemeinen und deren sozialpolitischen Interessen im Besonderen vorrangig durch Arbeitgeber- und Unternehmensverbände wahrgenommen wurden.

15.2.3 Unternehmen als Akteure in sozialpolitischen Belangen (seit Ende der 1980er Jahre)

Beginnend mit der sogenannten Öl- beziehungsweise Wirtschaftskrise in den Jahren 1973/1974 und verstärkt in den 1980er Jahren werden Aufgaben und Finanzierung des Sozialstaates in Frage gestellt. Es wurde von einer „Krise des Sozialstaates" (Kaufmann 1997) und von den Grenzen einer korporatistischen Governance gesprochen. Die Vermarktlichung sozialer Dienste und Leistungen sowie die Liberalisierung von Märkten wurden als notwendige Reformen im internationalen Kontext propagiert (Nullmeier 2002; Bode 2005). In Begriffen wie „Ökonomisierung von Gesellschaft" (Schimank und Volkmann 2008) kommt diese internationale Entwicklung zum Ausdruck, die in der Sozialpolitik mit der Einführung (betriebs-)wirtschaftlicher Kriterien und Verfahren, wie etwa Effizienz und Wirkung sowie Leistungsverträgen und Budgets, unterlegt und administriert wird (exemplarisch dazu Backhaus-Maul und Groß 2008). Für das Verhältnis von Unternehmen und Sozialpolitik kommt es in dieser Zeit zu Änderungen, die im

Folgenden kurz skizziert werden. Erstens fordern Wirtschaft und Unternehmen unter den Bedingungen einer forcierten Globalisierung in den 1990er Jahren die Sicherung ihrer Wettbewerbsfähigkeit durch Absenkung von Unternehmenssteuern und Sozialabgaben. Diese Forderung zielte auf einen Kernbestandteil der sozialen Marktwirtschaft, das heißt die paritätische Finanzierung von Sozialversicherungen durch Arbeitgeber und Arbeitnehmer. Letztlich erwies sich die Argumentation von Wirtschaft und Unternehmen in Teilbereichen als durchsetzungsmächtig: In der gesetzlichen Krankenversicherung wurden die Arbeitgeberbeiträge im Jahr 2003 nominell festgeschrieben, so dass Beitragssteigerungen allein durch entsprechend steigende Arbeitnehmerbeiträge finanziert werden (Ebsen 2012, S. 735). Zweitens hat die Ökonomisierung der Gesellschaft weitreichende gesellschaftliche Folgen aufgrund der Öffnung vormals nationalstaatlich geschützter Bereiche der öffentlichen Grundversorgung und öffentlicher sozialer Dienstleistungen für private Unternehmen (Höpner und Schäfer 2008; Höpner et al. 2011; Krautscheid 2009; Schneider und Tenbücken 2004). Konkret handelt es sich dabei etwa um soziale Dienstleistungen (Ernst et al. 2014; Golbeck 2012), den sozialen Wohnungsbau (Klenk und Lieberherr 2014) und die öffentliche Stromversorgung (Backhaus-Maul et al. 2012; Scheele 2007). Auf diesen politisch geschaffenen Märkten der öffentlichen Daseinsvorsorge treffen private Unternehmen unvermittelt auf Bürger/innen bzw. Kundschaft mit dezidierten sozialen Anliegen und Problemen. Drittens werden mit der Krise des Sozialstaates zunehmend auch Erwartungen einer verstärkten freiwilligen Verantwortungsübernahme durch Unternehmen als Corporate Citizen in sozialen Angelegenheiten formuliert (Backhaus-Maul et al. 2012). Viertens prägen „Unternehmergeist" und „unternehmerischer Handlungsstil" infolge der Einführung wettbewerblicher und marktlicher Instrumente und Verfahren freigemeinnützige soziale Dienste und Einrichtungen in Trägerschaft der Freien Wohlfahrtspflege und ihrer Non-Profit-Organisationen. In Begriffen wie „Sozialwirtschaft", „Social Entrepreneurship" und „Non-Profit-Management" kommt dieser Wandel anschaulich zum Ausdruck.

Damit werden Unternehmen selbst Akteure und Adressaten in sozialen Anliegen und Problemen, andererseits erschließen sie sich im Zuge der Privatisierung und Liberalisierung der öffentlichen Daseinsvorsorge neue Märkte mit erheblichen und zugleich relativ krisensicheren Renditemöglichkeiten. Darüber hinaus durchziehen – im Sinne einer „Ökonomisierung von Gesellschaft" – Vorstellungen von „Unternehmertum" mittlerweile alle Bereiche der öffentlichen sozialen Daseinsvorsorge und der daran beteiligten freigemeinnützigen Wohlfahrtsverbände und öffentlichen Verwaltungen.

15.3 Ökonomisierung von Gesellschaft – Resozialisierung von Unternehmen?

Rückblickend betrachtet haben sich der deutsche Sozialstaat und die soziale Sicherung seit der Zeit des Deutschen Kaiserreiches institutionalisiert und dabei Unternehmen sukzessiv von der Notwendigkeit zum unmittelbaren sozialen Handeln entbunden, wobei namhafte Einzelunternehmen für ihre Belegschaft und deren Familienangehörige in Eigenregie kontinuierlich betriebliche Sozialpolitik, etwa in Form von Sozial- und Familienberatungen, Gesundheitsleistungen sowie Einrichtungen zur Kindererziehung und -betreuung, betrieben haben.

Mit der Expansion des deutschen Sozialstaates und der sozialen Sicherung seit Ende der 1960er Jahre wurden einerseits die – systembedingt – begrenzte Leistungs- und Problemlösungsfähigkeiten des deutschen Sozialstaates und andererseits die Potenziale der gesellschaftlichen Wohlfahrtsproduktion im Welfare Mix von Staat, Wirtschaft, Zivilgesellschaft und nicht zuletzt Familien sichtbar (Evers und Olk 1996). Im Zuge dieser Entwicklungen hat sich auch die gesellschaftliche Rolle und Bedeutung von Unternehmen verändert. Der korporatistische Sozialstaat und dessen geregelte Rollenzuweisung an Unternehmen als Beitrags- und Steuerzahler sowie ihre Verbände als Interessenvertreter sieht nach wie vor Sozialpolitik als staatliche Aufgabe an, die durch Formen betrieblicher Sozialpolitik auf Unternehmensebene günstigstenfalls komplettiert wird.

Im Hinblick auf die Veränderung der Rolle von Unternehmen geht es – wirtschaftswissenschaftlich formuliert – um überbetriebliche Stakeholderinteressen und in einem sozialwissenschaftlichen Verständnis um die gesellschaftliche Einbettung von Unternehmen. In soziologischer Perspektive kann von gesellschaftlicher Entgrenzung gesprochen werden, der zufolge Unternehmen nicht mehr nur Organisationen im Wirtschaftssystem sind, sondern über diese Systemgrenze hinaus als gesellschaftliche Akteure agieren. So haben Unternehmen mittlerweile auch im Sozialsystem eine bedeutende Rolle: Die betriebliche Alterssicherung wird zu einer wichtigen Ergänzung der gesetzlichen Rentenversicherung (Berner 2008), Studierende werden in Form des dualen Studiums von ihren entsendenden Unternehmen gefördert und in der öffentlichen Grundversorgung tätige Unternehmen werden bei sozialen Problemen sozialarbeiterisch tätig (Backhaus-Maul et al. 2012), um nur einige wenige Beispiele zu nennen. Und auch im politischen System üben Unternehmen, Unternehmensverbände und nicht zuletzt Unternehmensstiftungen zusehends Einfluss aus: So ist etwa das Unternehmen McKinsey einer der vermutlich einflussreichsten Berater von Politik und Verwaltung in Deutschland, der Verband der Metallarbeitgeber hat mit der „Initiative Neue Soziale Marktwirtschaft" eine der gesellschafts- und sozialpolitisch aktivsten Lobbyorganisationen geschaffen (Kinderman 2014), die Bertelsmann Stiftung – um nur eine namhafte Unternehmensstiftung beispielhaft zu nennen – berät mit ihrem fachlichen und personellen Know-how Politik und Verwaltung auf Kommunal-, Landes- und Bundesebene und Unternehmensvertreter sind maßgeblich und namensgebend an einer der wichtigsten Sozialreformen der jüngsten Zeit („Hartz-Gesetze") beteiligt (grundlegend Crouch 2011, siehe den Beitrag von Speth in diesem Band). Die skizzierte Bedeutungszunahme von Unternehmen in Deutschland geht einher mit einem globalen Trend, dem zufolge Unternehmen sukzessiv in der politischen Regulierung und Steuerung von Gesellschaften beteiligt werden.

In diesem Sinne sind Unternehmen in Deutschland zu gesellschaftspolitischen Akteuren geworden, die unmittelbar in sozialpolitische Anliegen und Probleme involviert sind und im politischen System Einfluss ausüben. Dabei geraten demokratisch legitimiertes staatliches Handeln und universalistische Programme zusehends in Konkurrenz und Auseinandersetzung mit Formen unternehmerischen Handelns, die immer auch selektiv und unternehmensbezogen sind.

Empfehlenswerte Literatur

Braun S, Backhaus-Maul H (2010) Gesellschaftliches Engagement von Unternehmen in Deutschland. Eine sozialwissenschaftliche Sekundäranalyse. VS Verlag für Sozialwissenschaften, Wiesbaden

Klenk T, Lange J, Nullmeier F (2011) Unternehmen als sozialpolitische Akteure und die Auffangverantwortung des Staates In: Schüttemeyer SS (Hrsg) Politik im Klimawandel. Keine Macht für gerechte Lösungen?. Nomos, Baden-Baden, S 321-340

Literatur

Backhaus-Maul H, Biedermann C, Nährlich S, Polterauer J (2010) (Hrsg) Corporate Citizenship in Deutschland. Gesellschaftliches Engagement von Unternehmen. Bilanz und Perspektiven. VS Verlag für Sozialwissenschaften, Wiesbaden

Backhaus-Maul H, Kunze M, Speck K (2012) Unternehmenskooperation in der sozialen Arbeit. Neue Praxis 42: 444-454

Backhaus-Maul H, Olk T (1994) Vom Korporatismus zum ‚outcontracting'. Zum Wandel der Beziehung zwischen Staat und Wohlfahrtsverbänden in der Sozialpolitik. In: Streeck W (Hrsg) Staat und Verbände. Westdeutscher Verlag, Opladen, S 100-135

Backhaus-Maul H, Groß T (2008) Treuhandverträge in der Freien Wohlfahrtspflege des Landes Berlin. Martin-Luther-Universität Halle-Wittenberg/Philosophische Fakultät III/Fachgebiet Recht, Verwaltung und Organisation, Halle,

Berner F (2008) Steuerungsprobleme im regulierenden Wohlfahrtsstaat. Die Vermarktlichung und Individualisierung der betrieblichen Altersversorgung. Zeitschrift für Sozialreform 54: 391-417

Bode I (2005) Einbettung und Kontingenz. Wohlfahrtsmärkte und ihre Effekte im Spiegel der neueren Wirtschaftssoziologie. Zeitschrift für Soziologie 34: 250-269

Castell R (2000) Die Metamorphosen der sozialen Frage: eine Chronik der Lohnarbeit. UVK Verlagsgesellschaft, Konstanz/München

Crouch C (2011) The Strange Non-Death of Neoliberalism. Polity Press, Cambridge

Dobner P (2007) Neue Soziale Frage und Sozialpolitik. VS Verlag für Sozialwissenschaften, Wiesbaden

Ebsen I (2012) Krankenversicherungsrecht. In: Maydell B, Ruland F, Becker U (Hrsg) Sozialrechtshandbuch. Nomos, Baden-Baden, S 723-801

Ernst T, Mader M, Mierendorff J (2014) Gewerbliche Anbieter von Kindertagesbetreuung – eine Systematisierung der Trägerlandschaft. In: Zeitschrift für Soziologie der Erziehung und Sozialisation, 34: 373-388

Evers A (2005) Mixed Welfare Systems and Hybrid Organizations: Changes in the Governance and Provision of Social Services. International Journal of Public Administration 28: 737-748

Evers A, Heinze RG (Hrsg) (2008) Sozialpolitik. Ökonomisierung und Entgrenzung. VS Verlag für Sozialwissenschaften, Wiesbaden

Frambach H (2006) The social question and fundamental principles of modern market economics. There is more agreement than contradiction – the case of Schmoller's labour. Journal of economic studies 33: 224-236

Gerth K, Wimmer W (2005) Ernst Abbe: Wissenschaftler, Unternehmer, Sozialreformer. Bussert und Stadeler, Jena

Golbeck C (2012) Soziale Dienste in Europa zwischen Kooperation und Konkurrenz: Deutsche und englische NPOs als Governance-Akteure. Lambertus, Freiburg

Hax H (1977) Sozialpolitik – betriebliche. In: Albers W (Hrsg) Handwörterbuch der Wirtschaftswissenschaft. G. Fischer, Stuttgart/New York, S 76-85

Heclo H (1995) The Social Question. In: McFate K, Lawson R, Wilson WJ (Hrsg) Poverty, Inequality, and the Future of the Social Policy. Russell Sage Foundation, New York, S 665-691

Heinze RG, Olk T (1981) Die Wohlfahrtsverbände im System sozialer Dienstleistungsproduktion. Zur Entstehung und Struktur der bundesrepublikanischen Verbändewohlfahrt. Kölner Zeitschrift für Soziologie und Sozialpsychologie 33: 94-114

Heinze RG, Olk T (1984) Sozialpolitische Steuerung. Von der Subsidiarität zum Korporatismus. In: Glagow M (Hrsg) Gesellschaftssteuerung zwischen Korporatismus und Subsidiarität. AJZ-Verlag, Bielefeld, S 162-194

Heinze RG, Schmid J, Strünck, C (1997) Zur politischen Ökonomie der sozialen Dienstleistungsproduktion. Der Wandel der Wohlfahrtsverbände und die Konjunkturen der Theoriebildung. Kölner Zeitschrift für Soziologie und Sozialpsychologie 49: 241-271

Hellmann B (2013) Die Bürgerstiftung als Partner für Unternehmen. In: Aktive Bürgerschaft (Hrsg) Diskurs Bürgerstiftungen. Aktive Bürgerschaft, Berlin, S 213-215

Höpner M, Schäfer A (2008) Die politische Ökonomie der europäischen Integration. Campus, Frankfurt/New York

Kaufmann FX (1997) Herausforderungen des Sozialstaats. Suhrkamp, Frankfurt

Kaufmann FX (2003) Varianten des Wohlfahrtsstaats. Der deutsche Sozialstaat im internationalen Vergleich. Suhrkamp, Frankfurt

Kinderman D (2014) Challenging Varieties of Capitalism's Account of Business Interests: The New Social Market Initiative and German Employers' Quest for Liberalization, 2000-2014. Max-Planck-Institut für Gesellschaftsforschung Discussion Paper 14/16. Max-Planck-Institut für Gesellschaftsforschung, Köln

Klenk T, Lange J, Nullmeier F (2011) Unternehmen als sozialpolitische Akteure und die Auffangverantwortung des Staates In: Schüttemeyer SS (Hrsg) Politik im Klimawandel. Keine Macht für gerechte Lösungen?, Nomos, Baden-Baden, S 321-340

Klenk T, Lieberherr E (2014) Autonomy in Public Service Provision and the Challenge of Accountability: Insights from German Policy Fields. Jerusalem Papers in Regulation and Governance, Working Paper 66. The Hebrew University/Jerusalem Forum on Regulation and Governance, Jerusalem

Krautscheid A (Hrsg) (2009) Die Daseinsvorsorge im Spannungsfeld von europäischem Wettbewerb und Gemeinwohl. Eine sektorspezifische Betrachtung. VS Verlag für Sozialwissenschaften, Wiesbaden

Leibfried S, Wagschal U (Hrsg) (2000) Der deutsche Sozialstaat. Bilanz – Reformen – Perspektiven. Campus, Frankfurt/New York

Nuhn I (2013) Entwicklungslinien betrieblicher Nachhaltigkeit nach 1945. Ein deutsch-niederländischer Unternehmensvergleich. Waxmann, Münster u. a.

Nullmeier F (2002) Auf dem Weg zu Wohlfahrtsmärkten? In: Süß W (Hrsg) Deutschland in den neunziger Jahren. Politik und Gesellschaft zwischen Wiedervereinigung und Globalisierung. Leske und Budrich, Opladen, S 269-281

Offe C (1998) Der deutsche Wohlfahrtsstaat: Prinzipien, Leistungen, Zukunftsaussichten. In: Berliner Journal für Soziologie 5: 359-380

Sachße C, Tennstedt F (1988) Geschichte der Armenfürsorge in Deutschland. Fürsorge und Wohlfahrtspflege 1871 bis 1929. Kohlhammer, Stuttgart u. a.

Scheele U (2007) Privatisierung, Liberalisierung und Deregulierung in netzgebundenen Infrastruktursektoren. In: Gust D (Hrsg) Wandel der Stromversorgung und räumliche Politik. Forschungs- und Sitzungsberichte der Akademie für Raumforschung und Landesplanung. Eigenverlag, Hannover, S 35-67

Schimank U, Volkmann U (2008) Ökonomisierung der Gesellschaft. In: Maurer A (Hrsg) Handbuch der Wirtschaftssoziologie. VS Verlag für Sozialwissenschaften, Wiesbaden, S 282-393

Schmidt MG (2005) Sozialpolitik in Deutschland. Historische Entwicklung und internationaler Vergleich. VS Verlag für Sozialwissenschaften, Wiesbaden

Schneider V, Tenbrücken M (Hrsg) (2004) Der Staat auf dem Rückzug. Die Privatisierung öffentlicher Infrastrukturen. Campus, Frankfurt/New York

Senn PR (2006) Economists and the social question. A study of the periodical literature in English. In: Journal of economic studies 33: 240-268

Streeck W (1982) Organizational Consequences of Neo-Corporatist Cooperation in West German Labor Unions. In: Lehmbruch G, Schmitter PC (Hrsg) Patterns of Corporatist Policy-Making. Sage, Beverly-Hills, S 29-81

Streeck W (Hrsg) (1999) Korporatismus in Deutschland. Zwischen Nationalstaat und Europäischer Union. Campus, Frankfurt/New York

Townsend P (1962) The Meaning of Poverty. British Journal of Sociology 13: 210-227

Winter T, Willems U (Hrsg) (2007) Interessenverbände in Deutschland. VS Verlag für Sozialwissenschaften, Wiesbaden

Verbraucherschutz
Genese und Herausforderungen eines schwierigen Politikfeldes

16

Jörn Lamla und Stefan Laser

Abstract

Consumer protection is not an independent part of the company policy but moreover it had to prevail against it in the beginning. To date no stable model from the representation of interests has been developed which can be confirmed when viewing the historical development of consumer protection. Oftentimes consumer policy is equated with state interventionism. However, the development over the last centuries shows that depending on the different historical constellation of the consumer society they oftentimes introduced their own manifestation. Companies and consumers often altered their manifestation multiple times, while the state mostly only filled one of many roles. Consumer policy followed the path of societal differentiation and got engaged in a game with players of different strengths and it is only to a certain extent able to democratically reflect and enforce complex consumer issues.

***

Verbraucherschutz ist kein selbstständiger Teil von Unternehmenspolitik, sondern musste erst gegen diese durchgesetzt werden. Bis heute hat sich für diese Aufgabe aber noch kein stabiles Modell der Interessenvertretung herausgebildet, wie ein idealtypischer Rückblick auf die historische Entwicklung des Verbraucherschutzes verdeutlicht. Oftmals wird Verbraucherpolitik mit staatlichem Interventionismus gleichgesetzt. Im Zeitverlauf, vom 19. über das 20. bis ins 21. Jahrhundert, zeigt sich hingegen, dass sie in Abhängigkeit von wechselnden historischen Konstellationen der Konsumgesellschaft jeweils eigene Formen hervorgebracht hat. Der Staat füllte dabei nur eine von vielen Rollen aus, und auch Unternehmen und Verbraucher wandelten mehrmals ihre Erscheinungsformen.

Die Verbraucherpolitik ist dem Pfad gesellschaftlicher Ausdifferenzierung gefolgt und hat sich damit auf ein Spiel unterschiedlich starker „Player" eingelassen, in dem sie nur bedingt Fuß fassen kann, um komplexe Verbraucheranliegen demokratisch reflektieren und durchsetzen zu können.

16.1 Einleitung

Mit dem Handlungsfeld des Verbraucherschutzes wird in erster Linie eine staatliche Politik assoziiert, die zum Wohle der Verbraucherinnen und Verbraucher Maßnahmen ergreift, um strukturelle Verantwortungsdefizite von Unternehmen in diesem Bereich zu kompensieren. Bis in die Gegenwart hinein wird mit unterschiedlichen Zuschnitten für dieses Politikfeld experimentiert, dass nach der Bundestagswahl im Jahre 2013 in den Zuständigkeitsbereich des Bundesjustizministeriums verschoben worden ist. Diese historische Unterbestimmtheit und institutionelle Unschärfe der Verbraucherpolitik wirft die Frage auf, wie eine Wirtschaft, die dem (näher zu bestimmenden) Verbraucherwohl dient (Smith 1910, S. 679), politisch verfasst sein könnte und ob die Verantwortlichkeiten für den Verbraucherschutz darin auf andere Weise als bisher zwischen den Akteuren des Staates, Unternehmen, Non-Profit-Organisationen und Verbänden, Verbrauchern selbst usw. verteilt werden müssten. Wie der Verbraucherschutz in einer komplexen, von transnationalen Wertschöpfungsketten und zahllosen sozialen und ökologischen Folgeproblemen ihrer Interdependenzen und Dynamiken bestimmten Konsumgesellschaft zu organisieren ist, gehört zu den unabgeschlossenen Such-, Diskussions- und Aushandlungsprozessen der „Verbraucherdemokratie" (Lamla 2013).

Der Text rekonstruiert diese Prozesse im nachfolgenden Teil anhand von historischen Meilensteinen – von der frühen Industrialisierung über den BSE- bis hin zum NSA-Skandal – und versucht in idealtypisierender Abstraktion die Kontinuitäten und Brüche zwischen diesen Episoden aufzuzeigen. Dabei wird ersichtlich, dass es in diesem Handlungsfeld vielfältige Verbindungen zwischen Politik, Wirtschaft, Zivilgesellschaft, Kultur, Ökologie und Technik gibt, die im Zeitverlauf mehrfach verschoben und erweitert worden sind. Bis heute scheint noch kein stabiles Szenario der Verbraucherpolitik mit klaren Handlungsanweisungen für die involvierten Akteure gefunden zu sein. Abschließend soll daher die theoretische Perspektive erweitert und mit Blick auf die experimentelle Offenheit des Verbraucherschutzes gefragt werden, wie das differenzierte Feld zukünftig neu integriert werden könnte und welche Sichtweisen auf die gesellschaftliche Verantwortung von Unternehmen damit einhergehen.

16.2 Historische Etappen des Verbraucherschutzes

Die folgende Darstellung der wechselvollen Geschichte des Verbraucherschutzes dient weniger dazu, ein exaktes und detailliertes Bild von den historischen Prozessen zu vermitteln. Vielmehr soll durch idealtypische Verdichtung von fünf Phasen der Entwicklung dieses Handlungsfeldes dargelegt werden, wie breit das Spektrum verbraucherpolitischer Modelle streut und welche Faktoren in eine Analyse ihres Wandels – d. h. auch: ihres Scheiterns oder ihrer nur partiellen Bewährung – einbezogen werden müssen. Der Verbraucherschutz entwickelt sich in Abhängigkeit von historisch wechselnden Bezugsproblemen der Konsumgesellschaft, von jeweils geltenden Konventionen, Mythen und Diskursformationen, von verfügbaren Medien und Ressourcen der Gemeinwohl- und Interessenartikulation, von institutionellen Ausdifferenzierungsprozessen, Interdependenzverhältnissen und Wiedereinbettungen sowie von sozialstrukturellen Positions- und Rollengefügen beteiligter Akteure (Tabelle 1).

Tab. 1 Etappen der Entwicklung des Verbraucherschutzes

Kontext	Problem	Diskurs	Medium	Institutionen	Akteure
Herausbildung des liberalen Kapitalismus	Armut und Knappheit	Kapitalismus vs. Sozialismus	Protest und ökonomische Gegenmacht	entbetteter Markt vs. Genossenschaft	Klassen; neues Frauenbild
Wirtschaftlicher Aufschwung der Nachkriegszeit	Sicherheit; Wohlstand	Vollbeschäftigung; Massenkonsum	Testmagazine; Verbraucherrechte	Repräsentative Demokratie; Wohlfahrtsstaat	Verbände und Organisationen
Neue Soziale Bewegungen	Autonomie, Authentizität, Ungleichheiten	Kritik der Kulturindustrie	Gegenöffentlichkeit und Basisdemokratie	Alternative Milieus/Wirtschaftsformen (neue Märkte)	Intellektuelle; mündige Verbraucher
Neoliberalismus, globale Risikogesellschaft	Nebenfolgen von Konsum und Kapitalismus	CSR, Nachhaltigkeit und globale Gerechtigkeit	Markenboykott; Konzernkritik; moralische Appelle	Governance-Modelle; Label	NGO, Publizisten, Corporate und Consumer Citizen
Dynamik des Informationszeitalters	Informationskontrolle und Systemstabilität	Krisen digitaler Privatheit und der Finanzökonomie	Nudging, Web 2.0, digitale Assistenz	Digitale Plattformen, technisch-rechtliche Vermittlungsagenten	Prosumenten, digitale Datenkraken und Datenschützer

Quelle: eigene Darstellung

16.2.1 Gewerkschaften und Genossenschaften gegen die Macht des Kapitals

In der frühen Phase der industriellen Entwicklung, in der sich der liberale Kapitalismus auszuformen begann, dominierten Klassenkämpfe und damit verbundene ideologische Entwürfe für die Gestaltung der „Politischen Ökonomie" die Vorstellungen von Verbraucherschutz. Eine Steigerung von Armut in Arbeitervierteln und eine Unübersichtlichkeit über vorhandene, sichere und zugleich günstige Produkte führten zuerst in England, dem Mutterland der Industrialisierung, zu wegweisenden sozialen Innovationen. Zunächst nur teilweise organisierte Proteste gegen kapitalistische Ausbeutung der Lohnarbeiterschaft sowie spontan assoziierte Hilfskassen für Bedürftige entwickelten sich im ausgehenden 18. sowie im Laufe des 19. Jahrhunderts zu Gewerkschaften und Genossenschaften. Dabei gerieten mit solchen *sozialistischen* Mobilisierungen auch die bestehenden Rollenmuster durcheinander: Abweichend vom Privatheitsideal des liberalen Bürgertums, das noch auf eine strikte Trennung des *weiblich* konnotierten Konsums von der *männlichen* Domäne öffentlicher Angelegenheiten abzielte, waren es vor allem Frauen, die z. B. mit Fleischboykotts in den USA gegen überhöhte Preise und Ausbeutungszustände protestierten und Verbraucheranliegen politisierten (de Grazia 1996; Kroen 2003).

Mit der Gründung von „Konsumgenossenschaften" suchten die Verbraucher nach einem gemeinschaftlich organisierten Modell des Konsums und stellten dazu das kapitalistische Gewinnstreben zugunsten der Verteilungssicherheit hinten an. Durch die Überbrückung von Zwischenhändlern wurde sogar effizienter als im normalen Handel gearbeitet. Während und unmittelbar nach dem Ersten Weltkrieg erfuhr die Organisationsform ihre Blütezeit: Von mehreren Millionen Mitgliedern zu einem fairen Preis-Leistungs-Verhältnis nachgefragte Waren führten in der Weimarer Republik dazu, dass Konsumgenossenschaften und -vereine eine ernsthafte Konkurrenz zum marktwirtschaftlich organisierten Modell darstellten. Die *Politisierung des Konsums* erreichte ihren ersten Höhepunkt (Torp 2011).[1] Denn zugleich entwickelten sich mit Institutionen, wie dem Wettbewerbsrecht, dem Markenschutz, dem Bürgerlichen Gesetzbuch (BGB) usw., Strukturen einer eigenständigen liberalen Marktordnung, die in weiten Bereichen vor direkter staatlicher Intervention geschützt war (Polanyi 1978). Dass sich diese Differenzierungspro-

---

1 Im Nationalsozialismus ging dieses Modell sukzessive unter und endete im Verbot. Auch die von der Sowjetzone neu belebten sowie in der Deutschen Demokratischen Republik weitergeführten „Konsum"-Läden erfuhren keine derartige Freiheit. Und im Westen konnte das Modell statischer, d. h. sich nur langsam wandelnder und gemeinsam geteilter Bedürfnisse im *dynamischen und individualisierenden Konsumzeitalter* der zweiten Hälfte des 20. Jahrhunderts nicht überleben (Torp 2011, S. 100).

zesse gegen die integrativen sozialistischen Modelle von Produktion, Konsum und Politik historisch durchgesetzt haben, hing auch mit einem Organisationsdefizit zusammen: Zielten die ersten Verbraucheroppositionen auf die Etablierung einer *Gegenmacht* zur unternehmerischen und staatlichen Politik ab (Lang und Gabriel 2005), lässt sich bereits an frühen Diskursen über alltägliche Verbrauchsgüter wie Brot oder Milch feststellen, wie sich das kollektive Interesse der Verbraucher zu fragmentieren beginnt (Trentmann 2001). Dem Wunsch nach erschwinglichen Gütern *für alle* steht zunehmend das Interesse an *verlässlichen, gesundheitlich unbedenklichen* Konsumgütern gegenüber, für das auch höhere Preise und damit in der Konsequenz auch soziale Ausschlüsse in Kauf genommen werden.

16.2.2 Verbraucherrechte, -organisationen und Testmagazine

Die 1950er und 1960er Jahre stehen im Zeichen des wirtschaftlichen Aufschwungs und einer liberalen Wirtschaftsordnung, die staatlich u. a. durch Verbraucherrechte flankiert und eingehegt werden sollten. John F. Kennedy formulierte 1962 vier Grundrechte des Verbrauchers – als „größtes Wirtschaftssubjekt der Volkswirtschaft" –, die auch international einflussreich wurden (das Recht auf Sicherheit, Information, Wahlfreiheit und Gehör zu finden). In der repräsentativen Demokratie traten neue Verbraucherorganisationen auf die politische Bühne, um solchen Rechten Nachdruck zu verleihen. Ein zentrales Anliegen jener Organisationen war es, den Verbrauchern über öffentliche Testzeitschriften kompetente und objektive Ratschläge zu Produkten geben zu können. In den Vereinigten Staaten experimentierten Mitglieder der Organisation *Consumers' Research* (bzw. dann: *Consumers Union*) bereits während der 1930er und 1940er Jahre erfolgreich mit Interventionen in die Marktgesellschaft über Bewertungen von Produkten in der hauseigenen Testzeitschrift. Europäische Nachahmer folgten in den 1950er Jahren, und mit der Gründung einer *International Organization of Consumers Unions* im Jahre 1960 (ab 1995 dann *Consumers International*) entwickelte sich sukzessive auch eine globale Verbrauchervertretung, die bereits 1963 bei den Vereinten Nationen einen Beobachterstatus erhielt und seit 1977 als Konsultativpartner (*General Consultative Status*) die für NGO höchstmögliche Verhandlungsposition einnimmt (Hilton 2005).

Im Jahr 1953 gründete sich in der Bundesrepublik mit Unterstützung der Bundesregierung die Arbeitsgemeinschaft der Verbraucherverbände (AgV), die besondere Relevanz für die weitere Verbraucherpolitik erlangte. Die AgV fungierte als „Verband der Verbände", also lediglich als Sprachrohr der Mitgliederorganisationen (darunter Gewerkschaften, Genossenschaften, länderspezifische Verbraucherzentralen, Mieterschutz, Hausfrauen-Bund und Verkehrsklub). Mit dieser *Fremdorganisation* (Janning 2011, S. 172) ging eine gewisse Abhängigkeit von den politischen Verhältnissen einher, auf die sich das Lobbying ausrichten musste – nicht zuletzt, weil über die Politik ein Großteil der eigenen Finanzierung gesichert wurde. Aus dieser Verschränkung von Verbraucherorganisation und staatlicher Politik erklärt sich auch das mehrmalige Scheitern der Etablierung einer eigenen deutschen Testzeitschrift. Erst 1966 gelang dieser Schritt mit der Zeitschrift *Der Test* dauerhaft, nachdem mit der Gründung der *Stiftung Warentest* 1964 eine Brücke gebaut wurde, um die konservativ-liberalen Wirtschaftswerte mit sicherheitspolitischen Einwänden von Verbraucherseite in Einklang zu bringen (zum Vergleich: Englands *Which?* feierte sein Debüt bereits 1957, Frankreichs *Que Choisir* 1961). Die neutrale, auf technische Kriterien fokussierende Zeitschrift ging den Weg eines progressiven marktkonformen Verbraucherschutzes (Janning 2011, S. 130): Verbraucherinteressen zielten auf *optimale Bedürfnisbefriedigung*, womit die Forderung nach Transparenz und Objektivität in das Modell des Wirtschaftswachstums Einzug erhalten konnte. Zuvor hatten erste deutsche Produkttests in der Zeitschrift „DM – Die deutsche Mark", die seit 1961 vierzehntäglich erschien, öffentlichen und juristischen Einspruch von Unternehmensseite erfahren, weil dort die Grundpfeiler des Wirtschaftswunders in Gefahr gesehen wurden.[2] Der wirtschaftliche Aufschwung hatte die Deutschen in eine komfortable Lage gebracht: Steigende Realeinkommen, geringe Arbeitslosigkeit und Massenkonsum stützten die Vision eines „Wohlstands für alle" (Zahn 1964; Schrage 2003).

16.2.3 Marktkritik: Vom „mündigen Verbraucher" bis zum Konsumverzicht

Doch gegen Ende der 1960er Jahre wurde diese Verbraucherpolitik durch kreativ formulierte und medial inszenierte Bürgerproteste erschüttert. Zunächst steckte der amerikanische Verbraucheranwalt Ralph Nader entscheidende Claims ab. Berühmt geworden ist seine 1965 veröffentlichte Studie über die Autoindustrie („Unsafe at any Speed"), wo die schwachen Sicherheitsvorkehrungen amerikanischer Mittelklassewagen problematisiert werden. Damit zwang Nader Unternehmen wie GM zum Einlenken, mobilisierte aber auch den Staat (schließlich folgte die Anschnall-

---

2 Die Unternehmen haben teilweise Unterlassungsklagen eingereicht und der Bundesverband der Deutschen Industrie (BDI) bekämpfte die Gründung eines Testinstituts mit dem Hinweis, die „Konsumgüter-Industrie […] prüfe ihre Erzeugnisse schon selbst" wohingegen die unabhängigen Tests die Informationslage der Verbraucher „kaum verbessern" könnten (Der Spiegel 1962, S. 37).

16 Verbraucherschutz

pflicht). Der Unterschied zu den Testzeitschriften lag hier auch im Ton, der mehr auf Angriff und Ausweitung der Entscheidungsfreiheit gegenüber den Anbietern denn auf unparteilicher Objektivität und Konsens lag. Es war der mündige Verbraucher, der so zur neuen Vision der Verbraucherpolitik avancierte, ein Verbraucher, der sich kritisch und vorrausschauend für seine Interessen einsetzt (Scherhorn 1973). Um diesem Akteur zur Geltung zu verhelfen, sollte der Staat Machtungleichheiten aktiv auszugleichen helfen, worin die Umrisse eines *marktkompensatorischen Verbraucherschutzes* zu erkennen sind (Janning 2011, S. 131).

Mit den 1968er Studierendenprotesten kamen diese Anliegen auch nach Deutschland. Auf den Straßen erklang einerseits der Ruf nach *Freiheit, Authentizität* sowie *Autonomie*, der kritisch gegen die kulturindustrielle Standardisierung gerichtet war, die mit dem Massenkonsum einherzugehen schien (z. B. Marcuse 1967). Andererseits thematisierten engagierte Kritiker internationale *Solidarität* und die bedingungslose *Gleichheit* aller Menschen. Beides, „Künstlerkritik" wie „Sozialkritik" (Boltanski und Chiapello 2003, S. 79-84; Lamla 2013, S. 119–181), ließ sich auf die Verbraucherpolitik übertragen. Dabei waren es die alternativen Milieus selbst, die nun jenseits des Staates mit neuen Lebens- und Wirtschaftsformen zu experimentieren begannen. Zum einen fungierte der *Konsumverzicht* hierbei kurz-, für manche wohl auch langfristig, als überzeugendes Lebensmotto. Zum anderen schufen diese Milieus innovative Wachstumsmärkte: Dritte-Welt-Läden, Bio-Lebensmittel und Fair Trade-Waren sind nur die berühmtesten Ableger, die heute mit eigenen Siegeln und Markenzeichen im Supermarkt vertreten sind. Der damals erfolgte Politisierungsschub des Konsums ermöglichte es, die Konsumkonventionen der Verbraucher neu zu reflektieren (Lamla und Neckel 2006).

Auch staatlicherseits wurde auf die veränderte verbraucherpolitische Lage in dieser turbulenten Zeit reagiert: Die sozialliberale Koalition führte in den 1970er Jahren einige *aktiv verbraucherschützende* Maßnahmen ein. Neben Verbraucherrechten (z. B. dem Schutz vor Fehlinformation bzw. Irreführung) gehörten dazu auch institutionelle Reformen, etwa die Stärkung der Mitsprache von Verbraucherorganisationen durch einen Verbraucherbeirat, der zu häufigeren Konsultationen zwischen Regierung und der AgV geführt hat (Janning 2011, S. 154).

Auch die Europäische Union (damals noch: Europäische Gemeinschaft) befasste sich mit dem Verbraucherschutz: 1975 wurde das erste Programm zum „Schutz und zur Unterrichtung der Verbraucher" verabschiedet und 1981 gestärkt, wobei es sich allerdings nur um „soft law" handelte, d. h. um nicht verbindliche Absichtserklärungen in Anlehnung an Kennedys Agenda (Rösler 2009, S. 80). Mit dem Antritt der christlich-liberalen Koalition zu Beginn der 1980er Jahre dominierte in Deutschland dann aber eine strenge Marktorientierung, die mit einer Entstaatlichungsideologie einherging (Neoliberalismus), in der es für die Weiterentwicklung des Verbraucherschutzes keinen Platz gab (Janning 2011, S. 156). Und auch in Europa kam es in dieser Zeit zu wesentlichen Verschiebungen. Das „Weißbuch zur Vollendung des Binnenmarktes" von 1985 und die im Anschluss daran avancierte „Einheitliche Europäische Akte" markieren eine Wende hin zum Abbau von bestehenden Marktschranken. Das darin aufscheinende Dilemma zwischen hohem Verbraucherschutzniveau und wirtschaftlicher Freizügigkeit zieht sich bis zu den aktuellen Verhandlungen über Freihandelsabkommen mit den USA (TTIP) und Kanada (CETA), gegen die sich ein neuer Verbraucherprotest formierte.

16.2.4 Globalisierung und Zukunftsunsicherheit – Wege zum nachhaltigen Konsum

In den 1990er Jahren treten die *Nebenfolgen* des Konsums und der Konsumgesellschaft mehr und mehr in den Vordergrund. In *räumlicher* Hinsicht wurden die globalen *Verteilungswirkungen transnationaler Wertschöpfungsketten* des Konsumzeitalters problematisiert. Die politisch gestärkten multi- oder transnational agierenden Unternehmen verteilen ihre Tätigkeiten effizient im globalen Norden und Süden, um Produktions- und Transaktionskosten zu sparen, Zugang zu Ressourcen zu bekommen oder schlicht auf neue aufstrebende Märkte zu reagieren (Gereffi et al. 2005; Fischer et al. 2010). Globalisierungskritische Proteste und publizistische Sachbücher von medienwirksam agierenden Intellektuellen haben die problematischen Folgewirkungen solcher Unternehmensstrategien – etwa die Ausbeutung in asiatischen „Sweatshops" der Bekleidungsindustrie, Kinderarbeit, den Raubbau an seltenen Erden, Einsatz giftiger Chemikalien in der Produktion usw. – auf die verbraucherpolitische Agenda gesetzt. „No Logo!" von Naomi Klein (2001) wurde zu einem Bestseller und der Boykott bekannter Marken eine neuerlich populäre Form des Protests, die vor allem eine Schuldzuweisung an solche Großkonzerne formulierte: Solche Boykotts richteten sich etwa gegen Nike, da das Unternehmen seine teure Sportbekleidung zu extrem geringen Lohnkosten in Sweatshops produzieren ließ, oder den Shell-Konzern, der seine Ölplattform Brent Spar in der Nordsee versenken wollte und dem eine Verstrickung in die Vertreibung des Ogoni-Volkes in Nigeria vorgeworfen wurde.

In *zeitlicher* Hinsicht gelten als problematische Nebenfolgen vor allem die schwer kalkulierbaren Risiken, die mit der industriellen Produktionsweise der Massenkonsumgesellschaft verwoben sind. Der Schutz der Verbraucher wurde verstärkt mit der Frage konfrontiert, wie die Gefahren der „Risikogesellschaft" reflexiv unter Kontrolle gebracht werden könnten (Beck 1986; Giddens 1996). So war der Rinderwahn der „BSE-Krise" – von manchen als „Ölkrise der Landwirtschaft" bezeichnet (Ehrke 2001) – um die Jahrtausendwende der entscheidende Wendepunkt, um die Verbraucherpolitik in Deutschland institutionell zu festigen. Das mit der Verfütterung von Tiermehl an wiederkäuende Pflanzenfresser verbundene Risiko, durch den Verzehr von Rindfleisch eine für Menschen tödliche Variante des Creutzfeld-Jakob-Syndroms auszulösen, kostete der Gesundheitsministerin und dem Landwirtschaftsminister das Amt. Darauf folgte 2001 die Rochade zwischen den Parteien und die Neuausrichtung des Landwirtschaftsministeriums, das von Renate Künast (Grüne) als Bundesministerium für Verbraucherschutz, Ernährung und Landwirtschaft (BMVEL) weitergeführt wurde.

Gesucht wird seitdem nach einer Strategie für einen *nachhaltigen*, d. h. global und mit Blick auf nachfolgende Generationen gerechten, ökologisch zukunftsfähigen und ökonomisch vernünftigen *Konsum* (Scherhorn und Weber 2002; Belz 2007). Dazu wird ein neuer Weg des kooperativen Regierens (Governance) eingeschlagen, zu dem unterschiedliche Akteure ihren Beitrag leisten sollen. So spielte für das ehrgeizige Ziel einer Agrarwende mit massiver Ausweitung des ökologischen Produktionsanteils neben der Einführung eines neuen Bio-Siegels (dessen sechs Ecken für die Beteiligung von Futter- sowie Lebensmittelindustrie, Landwirtschaft, Handel, Verbraucherverbände und Politik stehen) auch der verantwortungsethische Appell der Ministerin Künast (2001), mit dem Einkaufskorb Politik zu machen, eine wichtige Rolle. Der Bundesverband der Verbraucherzentralen (vzbv, der reformierte Nachfolger des AgV) wurde als professioneller Stichwortgeber und Lobbyorganisation noch intensiver in das administrative Geflecht der Verbraucherpolitik integriert (Janning 2005, S. 33), aber auch anderen Nichtregierungsorganisationen (NGO), etwa der Organisation Foodwatch, wird jetzt mehr „Gehör" verliehen. Und mit der Einführung entsprechender Label gewinnt der sogenannte „Buycott", der zivilgesellschaftlich beworbene Konsum von Waren wie Fair-Trade- und Bio-Lebensmittel (Friedman 1999; Micheletti 2003; Neilson 2010), an Bedeutung. Solche Aktivierungen zielen nicht nur auf einen neuen Typus von Verbraucher, den *Consumer Citizen*, der beim Einkauf Anliegen der Bürgerschaft berücksichtigt, sondern verbunden mit dem Drohpotenzial des Boykotts auch auf Unternehmen, von denen ebenfalls die Übernahme einer erweiterten Verantwortung für das Gemeinwohl erwartet wird (Stichwort: *Corporate Social Responsibility*).

16.2.5 Aktuelle Herausforderungen und die digitale Agenda der Verbraucherpolitik

Jüngste Entwicklungen in der Verbraucherpolitik haben mit *Herausforderungen des Informationszeitalters* zu tun. Die Finanzkrise im Jahr 2008 und der NSA-Skandal des

Jahres 2013 stehen paradigmatisch für die aktuelle Phase des Verbraucherschutzes. Im ersten Fall wird die Schnelllebigkeit, Eigendynamik und Unkontrollierbarkeit von Finanzströmen zum Problem, dem die Verbraucher weitgehend ungeschützt ausgeliefert sind. Dabei ist die Dienstleistungsbranche des Finanzmarktes in Verruf geraten, weil sie den Verbrauchern aus Interesse an Provisionen unsichere Anlageprodukte angeboten und sich gegen die Risiken ihrer Strategien nicht ausreichend abgesichert hat. Angesichts der Unüberschaubarkeit von Systemzusammenhängen in der Finanzökonomie wird die Rolle von Verbraucherinformationen anders bewertet: An die Stelle des mündigen und nachhaltig agierenden Verbrauchers oder gut informierten Bürgers (Strünck et al. 2012; Bala und Müller 2015) rückt zunehmend das Bild eines überforderten Konsumenten, der nicht mehr umfassend aufgeklärt werden kann, sondern durch Verhaltensanreize („Nudging", vgl. Thaler und Sunstein 2011) in die richtige Richtung „geschubst" werden soll. Dies macht eine Vermittlungspraxis erforderlich, deren Umsetzung allerdings viele neue Fragen aufwirft, etwa wie professionelle Standards formuliert werden, wer die Kontrolleure kontrolliert, wie Vertrauen wiederhergestellt werden kann usw.. Dies sind alles Fragen, deren Schwierigkeitsgrad durch die Krisen des Datenmissbrauchs in digitalen Umgebungen offensichtlich geworden ist.

Für die mangelnde Kontrolle und Kontrollierbarkeit persönlicher Daten sowie begründetes Misstrauen in die professionellen Standards von digitalen Diensten und Vermittlungsagenturen haben die von Edward Snowden ins Rollen gebrachten Skandale um den US-amerikanischen Geheimdienst NSA und sein britisches Pendant reichlich Anschauungsmaterial geliefert. In diesem Zusammenhang muss die Ambivalenz, die das sogenannte „Web 2.0" (O'Reiley 2005) für den Verbraucherschutz hat, zur Sprache kommen. Denn die Daten der Verbraucher (oder Nutzer) werden darin zum alles entscheidenden Kapital, um dessen Aneignung harte Kämpfe entbrannt sind. Gewiss bietet das Internet mit der Restrukturierung von Marktbeziehungen, etwa der Ausweitung des Versandhandels, von Preisvergleichsplattformen und vielfältigen Informationsmöglichkeiten, auch neue Chancen für die Verbraucher. Diese können sich nun sehr viel leichter untereinander vernetzen und über Produkte austauschen. Darüber hinaus können sie das neue Medium nutzen, um untereinander Produkte und Dienste zu tauschen oder zu teilen und damit die Vision einer „Sharing-Economy" umzusetzen, die andere Formen des Besitzens und Gebrauchens in der Konsumgesellschaft verankert (Botsman und Rogers 2011). Zugleich zeichnet sich daran eine Rollenverschiebung ab, die den Verbraucher zum Prosumenten werden lässt, der aktiv in die Wertschöpfung einbezogen wird (Toffler 1980; Blättel-Mink und Hellmann 2010). Und dies gilt im digitalen Zeitalter insbesondere auch für die Produktion von Werbung, für die der Verbraucher insbesondere als Datenlieferant gefragt ist, wobei die Betreiber kommerzieller Plattformen viel Kreativität aufbringen, um die Nutzer freiwillig und nahezu unentgeltlich zur Mitarbeit zu bewegen (Lamla 2008; Voß und Rieder 2005).

Dabei bringen sie die Verbraucher auch dazu, auf den Schutz ihrer Privatsphäre und intimen Informationen wenig zu achten, weshalb der Datenschutz in den letzten Jahren zu einem Hauptaufgabenfeld der Verbraucherpolitik avanciert ist. Doch der Kampf gegen mächtige Internetkonzerne stellt sich als schwierig heraus, was durch die Offenlegung ihrer Verstrickungen mit den Geheimdiensten der USA und Großbritanniens noch einmal potenziert worden ist. Durch die Verlagerung des Verbraucherschutzes ins Ministerium der Justiz sieht sich dieser zwar mit einem Initiativrecht ausgestattet und könnte so versuchen, den Schutz der Bürgerrechte in der digitalen Welt grundlegend zu verankern. Ob diese strukturelle (und durch den Wechsel des vzbv-Vorsitzenden Gerd Billen ins Amt des Staatssekretärs auch personelle) Stärkung aber genutzt werden kann, um die Agenda des digitalen Verbraucherschutzes voranzubringen und z. B. die Gestaltungsoffenheit des Netzes für die Ausweitung einer offensiven und kritischen digitalen *Verbraucheröffentlichkeit* zu nutzen (Lamla et al. 2013), bleibt abzuwarten. Der Verbraucherschutz könnte im alten, liberalen Justizministerium – wenn man die Kontinuität des Verwaltungspersonals in Rechnung stellt – auch ein Fremdkörper bleiben.

16.3 Fazit: Vom Verbraucherschutz zur Verbraucherdemokratie

Wie stellt sich die Frage nach der Verantwortung von Unternehmen angesichts dieser Entwicklungsetappen des Verbraucherschutzes dar? Wäre der Verbraucherschutz selbstverständlicher Bestandteil der *Verantwortung von Unternehmen*, müsste er wohl kaum gegen diese durchgesetzt werden. Ebenso naiv wäre es anzunehmen, dass er irgendwann freiwillig von Unternehmen übernommen und umgesetzt werden könnte (Stichwort: Compliance). Vielmehr zeigt sich, dass Forderungen nach mehr „Corporate Social Responsibility" selbst mit Prozessen der Machtverlagerung zusammenhängen, durch die transnational agierende Unternehmen von nationalstaatlichen Regierungen und Gesetzen unabhängiger geworden sind. Es blieb der Verbraucherpolitik in dieser Situation nicht viel mehr übrig, als für deren Einbindung in kooperative Governance-Regime zu werben und diesem Werben durch moralische Appelle Nachdruck zu verleihen. Begründete Skepsis, ob man damit sehr weit kommen wird, resultiert nicht zuletzt aus dem Agieren der mächtigen Akteure der digitalen Welt, die sich nicht gerade als Advokaten legitimer Schutzinteressen der Verbraucher erwiesen haben.

Historisch ist die Verbraucherpolitik mit der Abkehr von Genossenschaftsideen den Weg der gesellschaftlichen *Ausdifferenzierung* (mit)gegangen. Sie hat sich damit auf ein Spiel unterschiedlich starker Player eingelassen, anstatt etwa auf der betrieblichen Ebene von Unternehmen bereits nach einer *integrativen* Form der Interessenverfolgung der unterschiedlichen Funktionsrollen (Unternehmer, Lohnarbeiter, Verbraucher) zu suchen (Offe 1981). Es ist unwahrscheinlich, dass dies angesichts des Fortschreitens von Differenzierungsprozessen – nicht zuletzt zwischen verschiedenen Konsumwelten oder -stilen selbst – heute nachträglich gelingen könnte. Auch der Staat befindet sich unter diesen Bedingungen anhaltend in einem „strukturellen Dilemma" (ebd., S. 122), kann er doch auf die allein durch Wirtschaftswachstum sicherzustellenden Staatseinnahmen kaum verzichten und die Unternehmen daher nur sehr begrenzt mit Forderungen zur Rücksichtnahme auf Verbraucherinteressen belasten.

Daher wird die Verbraucherpolitik weiterhin nach Wegen suchen müssen, wie Unternehmen als zentrale Wirtschaftsakteure dem Wohl der Verbraucher in einem allgemein rechtfertigbaren Sinne dienen können. Angesichts der schlechten Alternative einer unrealistischen, weil historisch verstellten integrativen Wirtschaftspolitik einerseits und eines gegenüber den mächtigen Marktakteuren und ihren Profitinteressen strukturschwachen kompensatorischen Verbraucherschutzes andererseits zeigt sich, dass diese Suche zunächst bei den vielfältigen und verstreuten öffentlichen Arenen und wirtschaftlichen Versammlungsorten wird beginnen müssen. Dabei gilt es, das allgemeine Verbraucherinteresse zu artikulieren, um neue Institutionalisierungspfade mitzugestalten. Deshalb verweist die Frage nach der Zukunft des Verbraucherschutzes auf die Frage einer experimentell sich erneuernden Verbraucherdemokratie (Lamla 2013).

Empfehlenswerte Literatur

Janning, F (2011) Die Spätgeburt eines Politikfeldes; Die Institutionalisierung der Verbraucherschutzpolitik in Deutschland und im internationalen Vergleich. Nomos, Baden-Baden
Lamla J (2013) Verbraucherdemokratie; Politische Soziologie der Konsumgesellschaft. Suhrkamp, Berlin
Lamla J, Neckel S (Hrsg) (2006) Politisierter Konsum – konsumierte Politik. VS Verlag für Sozialwissenschaften, Wiesbaden

Empfehlenswerte Internetquellen

www.netzwerk-verbraucherforschung.de
www.forum-privatheit.de
www.verbraucherzentrale.nrw/verbraucherforschung

Literatur

Bala C, Müller K (Hrsg) (2015) Abschied vom Otto Normalverbraucher: moderne Verbraucherforschung – Leitbilder, Information, Demokratie. Klartext, Essen
Belz F (Hrsg) (2007) Nachhaltiger Konsum und Verbraucherpolitik im 21. Jahrhundert. Metropolis, Marburg
Blättel-Mink B, Hellmann K-U (2010) Prosumer Revisited; Zur Aktualität einer Debatte. VS Verlag für Sozialwissenschaften, Wiesbaden
Botsman R, Rogers R (2011) What's Mine is Yours; The Rise of Collaborative Consumption. Collins, London
Ehrke M (2001) Frisch auf den Tisch … Die BSE-Krise, die europäische Agrarpolitik und der Verbraucherschutz. Internationale Politik und Gesellschaft 3: 276-286
Fischer K, Reiner C, Staritz C (Hrsg) (2010) Globale Güterketten; Weltweite Arbeitsteilung und ungleiche Entwicklung. Promedia & Südwind, Wien
Friedman M (1999) Consumer Boycotts; Effecting Change Through the Marketplace and the Media. Routledge, New York
Gereffi G, Humphrey J, Sturgeon T (2005) The Governance of Global Value Chains. Review of International Political Economy 12:78-104
Giddens A (1996) Leben in einer posttraditionalen Gesellschaft. In: Beck U, Giddens A, Lash S (Hrsg) Reflexive Modernisierung; Eine Kontroverse. Suhrkamp, Frankfurt, S 113-194
Grazia V d (1996) Empowering Women as Citizen-Consumers. In: Grazia V d, Furlough E (Hrsg) The Sex of Things; Gender and Consumption in Historical Perspective. University of California Press, Berkeley, Los Angeles, S 548-550
Hilton M (2005) Die Globalisierung der Verbraucher; Zur Geschichte des Konsumerismus als sozio-politische Bewegung. Forschungsjournal Neue Soziale Bewegungen 18: 18-29
Janning F (2005) Konjunkturen der Konsumentenmacht; Politische Gelegenheitsstrukturen in der deutschen Verbraucherschutzpolitik. Forschungsjournal Neue Soziale Bewegungen 18: 30-40
Janning F (2011) Die Spätgeburt eines Politikfeldes; Die Institutionalisierung der Verbraucherschutzpolitik in Deutschland und im internationalen Vergleich. Nomos, Baden-Baden
Kennedy JF (1962) Special Message to Congress on Protecting Consumer Interest. www.jfklibrary.org/Asset-Viewer/Archives/JFKPOF-037-028.aspx. Zugegriffen: 14.03.2017
Klein N (2001) No Logo!; Der Kampf der Global Players um Marktmacht. Ein Spiel mit vielen Verlierern (und wenigen Gewinnern). Goldmann, München
Kroen S (2003) Der Aufstieg des Kundenbürgers? Eine politische Allegorien für unsere Zeit. In: Prinz M (Hrsg) Der lange Weg in den Überfluss. Schöningh, Paderborn, S 533-564
Künast R (2001) Global Denken, lokal essen; Der Verbraucherschutz muss Aufgabe des Staates und Anliegen der Bürger sein. Frankfurter Allgemeine Zeitung vom 15.03.2001, S 14

Lamla J (2008) Markt-Vergemeinschaftung im Internet; Das Fallbeispiel einer Shopping- und Meinungsplattform. In: Hitzler R (Hrsg) Posttraditionale Gemeinschaften. VS Verlag für Sozialwissenschaften, Wiesbaden, S 170-185

Lamla J (2013) Verbraucherdemokratie; Politische Soziologie der Konsumgesellschaft. Suhrkamp, Berlin

Lamla J, Neckel S (Hrsg) (2006) Politisierter Konsum – konsumierte Politik. VS Verlag für Sozialwissenschaften, Wiesbaden

Lamla J, Kenning P, Liedtke C, Oehler A, Strünck C (2013) Verbraucheröffentlichkeit im Netz – Möglichkeiten und Grenzen politischer Gestaltung. Stellungnahme des Wissenschaftlichen Beirats Verbraucher- und Ernährungspolitik beim Bundesministerium für Ernährung, Landwirtschaft und Verbraucherschutz. www.opus4.kobv.de/opus4-bamberg/frontdoor/index/index/docId/6222. Zugegriffen: 14.03.2017

Lang T, Gabriel Y (2005) A Brief History of Consumer Activism. In: Harrison R, Newholm T, Shaw D (Hrsg) The ethical consumer. Sage, London, S 39-53

Marcuse H (1967) Der eindimensionale Mensch. Luchterhand, Neuwied

Micheletti M (2003) Political Virtue and Shopping; Individuals, Consumerism and Collective Action. Palgrave Macmillan, London

Nader R (1965) Unsafe at Any Speed; The Designed-In Dangers of The American Automobile. Grossman Publishers, New York

Neilson LA (2010) Boycott or Buycott? Understanding Political Consumerism. Journal of Consumer Behaviour 9: 214-227

Offe C (1981) Ausdifferenzierung und Integration; Bemerkungen über strategische Alternativen der Verbraucherpolitik. Zeitschrift für Verbraucherpolitik 5: 119-133

O'Reilly T (2005) What is Web 2.0?; Design Patterns and Business Models for the Next Generation of Software. www.oreilly.com/pub/a/web2/archive/what-is-web-20.html. Zugegriffen: 14.03.2017

Polanyi K (1978) The Great Transformation; Politische und ökonomische Ursprünge von Gesellschaften und Wirtschaftssystemen. Suhrkamp, Frankfurt

Rösler H (2009) Verbraucherbelange während 50 Jahren EG-Vertrag. Zeitschrift für Politik 56: 75-88

Scherhorn G (1973) Gesucht: der mündige Verbraucher; Grundlagen eines verbraucherpolitischen Bildungs- und Informationssystems. Droste, Düsseldorf

Scherhorn G, Weber C (Hrsg) (2002) Nachhaltiger Konsum. Auf dem Weg zur gesellschaftlichen Verankerung. Oekom, München

Smith A (1991) Der Reichtum der Nationen. Kröner, Leipzig

Strünck C, Arens-Azevedo U, Brönneke T, Hagen K, Jaque M, Kenning P, Liedtke C, Oehler A, Schrader U, Tamm M (2012) Ist der „mündige Verbraucher" ein Mythos? Auf dem Weg zu einer realistischen Verbraucherpolitik. Stellungnahme des Wissenschaftlichen Beirats Verbraucher- und Ernährungspolitik beim Bundesministerium für Ernährung, Landwirtschaft und Verbraucherschutz. Berlin: Bundesministerium für Ernährung, Landwirtschaft und Verbraucherschutz. www.bmel.de/SharedDocs/Downloads/Ministerium/Beiraete/Verbraucherpolitik/2012_12_MuendigerVerbraucher.pdf?blob=publicationFile. Zugegriffen: 14.03.2017

Der Spiegel (1962) Warentests. Feind-Aufklärer. In: Der Spiegel vom 23.05.1962, S 37-40

Torp, C (2011) Konsum und Politik in der Weimarer Republik. Vandenhoeck & Ruprecht, Göttingen

Thaler RH, Sunstein CR (2011) Nudge: Wie man kluge Entscheidungen anstößt. Ullstein, Berlin

Trentmann F (2001) Bread, Milk and Democracy; Consumption and Citizenship in Twentieth-Century Britain. In: Daunton MJ, Hilton M (Hrsg) The politics of consumption. Berg, Oxford, S 129-163

Rieder K, Voß GG (2009) Der Arbeitende Kunde; Die Entwicklung eines neuen Typus des Konsumenten. Wirtschaftspsychologie 1: 4-11

Stadtentwicklung als Handlungsfeld für gesellschaftlich engagierte Unternehmen

17

Christiane Kleine-König

Abstract

"Urban development" is discussed as a sphere of activity for Corporate Social Responsibility from the perspective of urban research. Firstly, the central topics, changes and processes (Post-Fordism, competition, fragmentation, warranty, governance) that influence the current urban development and at the same time constitute the context surrounding civic engagement will be analyzed. Secondly, examples for civic engagement of companies in urban development will be introduced.

***

Aus der Perspektive der Stadtforschung wird das Thema „Stadtentwicklung" als ein Handlungsfeld für gesellschaftlich engagierte Unternehmen diskutiert. In einem ersten Schritt werden die zentralen Themen, Veränderungen und Prozesse herausgearbeitet, die die aktuelle Stadtentwicklung prägen (Postfordismus, Städtewettbewerb, sozialräumliche Fragmentierung, Gewährleistungsstaat, Governance) und zugleich den Kontext für das gesellschaftliche Engagement von Unternehmen bilden. In einem zweiten Schritt werden exemplarisch ausgewählte Bezugs- und Anknüpfungspunkte des gesellschaftlichen Engagements von Unternehmen in der Stadtentwicklung aufgezeigt.

17.1 Einleitung

Wenn sich Unternehmen in soziale, ökologische, kulturelle oder stadtplanerische Belange ihres räumlichen Umfeldes einbringen, werden sie zu Ko-Produzenten von Stadt und können dabei explizit zur Gestaltung von Herausforderungen der aktuellen Stadtentwicklung beitragen. Der vorliegende Beitrag adressiert aus Perspektive der Geographie und der Stadtforschung das Thema „Stadtentwicklung" als ein Handlungsfeld für Unternehmen. Aufgrund des jungen Forschungsfeldes zum Engagement von Unternehmen in der Stadtentwicklung liefert der vorliegende Beitrag keine abschließenden Erklärungen und Erkenntnisse. Vielmehr gibt er Anregungen und Anreize für eine weitergehende Auseinandersetzung mit der Thematik.

In einem ersten Schritt werden aktuelle Themen, Veränderungen und Prozesse von Stadtentwicklung dargestellt. Hier spielt die „Entdeckung" und strategische Einbindung privater Akteure in das Handeln von Kommunalpolitik und -verwaltung eine Rolle. In einem zweiten Schritt thematisiert der Beitrag Bezugs- und Anknüpfungspunkte zwischen dem unternehmerischen Engagement und Stadtentwicklung. Er verdeutlicht, welche spezifisch räumlichen Merkmale das unternehmerische Engagement aufzeigt, wie es räumlich wirksam wird und welche Nutzen, Chancen und Risiken sich daraus ergeben können. In einem dritten Schritt folgt ein kurzer Überblick über verschiedene Perspektiven und Aspekte der Stadtforschung, in denen sich weiterer Forschungsbedarf zeigt.

17.2 Ausgewählte Aspekte aktueller Stadtentwicklung

In diesem Kapitel werden zunächst die Bedeutung des Begriffs „Stadtentwicklung" und seine Implikationen dargelegt. Darauf aufbauend werden zentrale Veränderungen in der Entwicklung von Stadt sowie eine Auswahl von daraus resultierenden Rahmenbedingungen, Themen und Aufgaben heutiger Stadtentwicklung beschrieben. Die Auswahl beschränkt sich auf Aspekte und Zusammenhänge, die einerseits einen Erklärungshintergrund für das gesellschaftliche Engagement von Unternehmen liefern und andererseits die dafür notwendigen Voraussetzungen schaffen.

17.2.1 Was ist Stadtentwicklung?

Der Begriff „Stadtentwicklung" ist facettenreich und variiert in seiner Bedeutung. Dieses liegt zum einen in der Mehrdeutigkeit des Begriffs „Stadt" begründet. Nach

Mäding überwiegen in der Stadtforschung drei Auslegungen des Begriffs „Stadt" (2005, S. 1072):

- als Wirtschafts- und Lebensraum (die Gesamtheit von ökonomischen und sozialen Prozessen),
- als bauliches Ensemble (die Gesamtheit aller baulichen Strukturen und ihr räumliches Erscheinungsbild) und
- als politische Gemeinde (die rechtliche Verfasstheit als Gebietskörperschaft im förderativen Staat mit Handlungsrechten und -pflichten).

Damit einhergehen verschiedene Aspekte der immateriellen, materiellen und politisch-administrativen Infrastruktur. Dabei beeinflussen sich die Akteure und die Handlungen in diesen drei Dimensionen von Stadt wechselseitig (Mäding 2005, S. 1072).

In seiner originären Bedeutung ist der Begriff „Stadtentwicklung" ein Sammelbegriff für alle Veränderungen der Stadtstruktur im zeitlichen Verlauf, so z. B. den Wandel im Bevölkerungsaufbau, in der Beschäftigtenstruktur oder in der Flächennutzung. Dieser Wandel lässt sich i. d. R. anhand von fünf Dimensionen beschreiben: demographische, ökonomische, soziale, politische und fiskalische Veränderungen (Friedrichs 2005, S. 1059). Ein erweitertes Begriffsverständnis von „Stadtentwicklung" wurde spätestens zu Beginn der 1960er Jahre deutlich, als sich das Selbstverständnis der Stadtplanung wandelte. Zuvor sah die Stadtplanung ihre Aufgabe darin, „dem Trend der natürlichen Entwicklung eine lenkende Hand zu bieten" (Abercrombie 1943, S. 27), d. h. die „Entwicklungskräfte von Wirtschaft und Gesellschaft" (Albers 2005, S. 1067) wurden als unbeeinflussbar hingenommen. Mit der so genannten „Entwicklungsplanung" änderte sich dieses Verständnis: Stadtplaner sahen ihre Aufgabe darin, „auf eben diese Kräfte selbst einzuwirken und damit auch deren räumliche Auswirkungen zu steuern" (Albers 2005, S. 1067). Der Begriff „Stadtentwicklung" erfuhr damit einen Bedeutungswandel „vom Intransitiven zum Transitiven, von ‚evolution' zu ‚development'" (Albers 2005, S. 1067), von „Die Stadt entwickelt sich" zu „Die Stadt wird entwickelt". Diesem Bedeutungswandel folgend, ist „Stadtentwicklung" als ein Sammelbegriff von mehr oder weniger geplanten Handlungen und Prozessen zur Gestaltung von Stadt und zur Steuerung ihrer Veränderungen zu verstehen.

17.2.2 Neue Anforderungen an die Stadtentwicklung im Postfordismus

Um die Entwicklung von Stadt in ihren thematischen, organisatorischen und politisch-administrativen Facetten verstehen und gestalten zu können, bedarf es gleichzeitig der Betrachtung allgemeiner ökonomischer, sozialer und politischer Rahmenbedingungen der Stadtentwicklung. Diese verzeichnen seit Ende der 1960er Jahre einen Wandel, der als die Transformation von der fordistischen zur postfordistischen Stadt bezeichnet wird und starke Auswirkungen auf die Raumnutzung hat und die Stadtentwicklung spätestens seit Ende des 20. Jahrhunderts vor neue Herausforderungen stellt.

Im Fordismus (Häußermann et al. 2008, S. 135) zeichnete sich die Stadtgesellschaft insgesamt durch eine deutliche zeitliche und räumliche Trennung von Arbeits- und Lebenswelt aus, was sich in funktional gegliederten und wenig durchmischten Stadtstrukturen sowie auf das Auto ausgerichteten Raumnutzungsmustern niederschlug. In diesen Zeiten war es die Aufgabe der Stadtverwaltung, Wachstumspotenziale zu fördern und Unterschiede innerhalb der Stadt anhand sozialer Kriterien auszugleichen. Mit dem Übergang von einer Industrie- hin zu einer Dienstleistungs- und Wissensgesellschaft haben sich grundlegende ökonomische und arbeitsmarktbezogene Prinzipien verändert (Wood 2003 nach Heineberg 2006, S. 360; Häußermann et al. 2008). Kennzeichnend für die postfordistische Stadt ist die „Entgrenzung": Räumliche und zeitliche Grenzen können weitestgehend überwunden werden, die Grenzen zwischen Arbeits- und Lebenswelt verschwimmen (Häußermann et al. 2008, S. 175). Kommunalpolitik und Kommunalverwaltungen sehen sich heute mit eingeschränkten finanziellen Einnahmen bei gleichzeitig steigenden Kosten konfrontiert. Es ist ihre Aufgabe, zugleich Wachstum zu generieren und den veränderten Ansprüchen der Stadtbevölkerung an einen attraktiven Arbeits- und Lebensraum (Vereinbarkeit von Bildung, Arbeit, Wohnen, Familie, Versorgung, Freizeit, Erholung) gerecht zu werden. Als wichtige Handlungsfelder sind u. a. der (inter-)nationale Städtewettbewerb um Unternehmen, Arbeitskräfte, Einwohner und Touristen (Mäding 2005; S. 1074) sowie die sozialräumliche Fragmentierung zu nennen. Um sich in diesem Wettbewerb zu behaupten, sind Städte auf besondere (Alleinstellungs-)Merkmale angewiesen (Häußermann et al. 2008, S. 178). In diesem Zusammenhang gewinnen weiche Standortfaktoren zunehmend an Bedeutung, wie z. B. der Entscheidungs- und Handlungsstil von öffentlicher Verwaltung und politischen Entscheidungsträgern gegenüber Wirtschaft und Unternehmen sowie subjektive Einschätzungen der Lebens- und Arbeitsbedingungen, wie z. B. Freizeit- und Erlebnisqualitäten sowie Bildungs- und Kulturangebote (Grabow et al. 1995, S. 14). Ein weiteres Merkmal der postfordistischen Stadt ist die zunehmende soziökonomische, kulturelle und ethnische Differenzierung der Stadtgesellschaft. Es besteht das Risiko, dass sich diese Ungleichheiten räumlich niederschlagen, verfestigen, reproduzieren und zu einer sozialräumlichen Fragmentierung der Stadt führen (Häußermann et al. 2008, S. 198).

Trotz schwindender finanzieller Möglichkeiten ist es Aufgabe der Stadtpolitik und -verwaltung, diese Entwicklung zu steuern und die Folgen von Ungleichheiten aufzufangen, um die soziale Kohäsion der Stadtgesellschaft zu bewahren. Dieses erfordert integrierte Entwicklungskonzepte, die neben einer Aufwertung des räumlichen Umfeldes vor allem soziale und kulturelle Aspekte umfassen, wie z. B. Unterstützungsmaßnahmen in den Bereichen Bildung und Qualifizierung sowie kulturelle und gesellschaftliche Teilhabe (Häußermann et al. 2008, S. 250).

17.2.3 Die Steuerung der Stadt im Wandel: von Government zu Governance

Im Postfordismus hat sich das Rollenverständnis des Staates vom „Versorgungsstaat" hin zum „Gewährleistungsstaat" oder zum „aktivierenden" und „kooperierenden" Staat" gewandelt (Schuppert 2008, S. 189ff.). Dieses liegt zum einen in den knappen öffentlichen finanziellen Mitteln begründet, zum anderen ist es von Relevanz, dass die Methoden einer staatszentrierten Politik nicht mehr hinreichend sind und dass Probleme zu komplex sind, um sie auf hierarchischem Wege top-down gesteuert zu beheben (Häußermann et al. 2008, S. 20). Dieser Wandel von Staatlichkeit und die damit verbundenen Fragen des Regierens und der Steuerung werden in den Politikwissenschaften unter dem Begriff „Governance" adressiert. Er bezeichnet „das Gesamt aller nebeneinander bestehenden Formen der kollektiven Regelung gesellschaftlicher Sachverhalte: von der institutionalisierten zivilgesellschaftlichen Selbstregelung über verschiedene Formen des Zusammenwirkens staatlicher und privater Akteure bis hin zu hoheitlichem Handeln staatlicher Akteure" (Mayntz 2004: 66).[1]

Mit der Rolle des Staates hat sich auch die Rolle der Stadt beziehungsweise der Stadtverwaltung gewandelt. Dieses drückt sich darin aus, dass Bereiche der öffentlichen Daseinsvorsorge privatisiert werden und dass Stadtverwaltungen vermehrt

---

1 Diese Definition von Governance als eine Beschreibung von (neuen) Organisations- und Steuerungsmustern ist nicht zu verwechseln mit dem Begriff „Good Governance", der normativ zu verstehen ist und eine Reihe von Anleitungen zum „richtigen" oder „guten" Regieren beinhaltet. Nähere Ausführungen zu den unterschiedlichen Lesarten des Governance-Begriffs finden sich in Selle 2012, S. 43-46.

unterschiedliche Formen der Kooperation mit privaten Akteuren eingehen, um den Belangen der Stadtentwicklung nachzukommen. „Zu diesen Kooperationsformen gehören interkommunale Kooperation, Public-Private-Partnership, Bürgerorientierung und Partizipation, Bürgerschaftliches Engagement, Corporate Citizenship, Unternehmensnetzwerke und stadtregionale Partnerschaften als Zusammenarbeit aller drei Akteursgruppen" (Bieker et al. 2004 nach Sinning 2006, S. 406). So befasst sich auch die Stadtforschung mit der Governance-Thematik (Häußermann et al. 2008, S. 276; Hohn et al. 2006, S. 10; Mayntz 2004; Sinning 2006, S. 405). In Abhängigkeit von der räumlichen Betrachtungsebene wird zwischen „Regional Governance" und „Urban bzw. Local Governance" (Benz 2005, S. 404; Selle 2012, S. 40) unterschieden.

Für die Praxis der Stadtplanung geht mit der Pluralität der Akteure und den in ihrem Ausgang wenig vorhersehbaren Aushandlungsprozessen zudem eine Abkehr von langfristigen und komplexen Stadtentwicklungsplänen zugunsten einer kurz- bis mittelfristigen Projektplanung einher (Häußermann et al. 2008, S. 261), wobei informelle Planungsinstrumente, wie z. B. Leitbilder oder Masterpläne, kommunikativen bzw. kooperativen Formaten, wie z. B. Planungswerkstätten oder Mediationsverfahren, weichen (Bieker et al. 2004, S. 38f.).

Die Partizipation – also die Beteiligung von privaten Akteuren an Stadtentwicklungsprozessen – erreicht dann eine andere Dimension, wenn Private nicht nur zu Gesprächspartnern und Mitentscheidern, sondern auch zu Mitgestaltern werden, die an der Produktion von Dienstleistungen und öffentlichen Gütern mitwirken: „Nicht Partizipation, sondern Ko-Produktion nennt sich dieses Konzept" (Häußermann et al. 2008, S. 276; vgl. auch Selle 2012, S. 33). Unternehmen können einen wichtigen Akteur an der Seite der Kommunen darstellen. Im Zuge ihrer gesellschaftlichen Verantwortung sind Maßnahmen und Aktivitäten denkbar, die nicht nur ihnen selbst als Arbeitgeber und als Ausbilder, sondern auch der Gesellschaft zugutekommen. In Zeiten des Wettbewerbs um Marktanteile und qualifizierte Arbeitskräfte kann es ebenso im eigenen Interesse der Unternehmen liegen und für sie von Vorteil sein, einen Beitrag zur Gestaltung des Arbeits- und Wohnumfeldes sowie attraktiver Wirtschafts- und Lebensbedingungen zu leisten. Der Stadtverwaltung und -politik wird die schwierige Aufgabe zuteil, trotz geringer Handlungsressourcen möglichst steuerungsfähig zu bleiben und Kompromisse zwischen Gemeinwohlinteressen und Individualinteressen herbeizuführen.

17.3 Gesellschaftlich engagierte Unternehmen als Ko-Produzenten von Stadt

Jedes Unternehmen ist in verschiedenen Handlungszusammenhängen mit seinem räumlichen Umfeld verwoben und in dieses eingebettet. In seiner Funktion als Hersteller von Produkten oder Anbieter von Dienstleistungen, als Arbeitgeber und Ausbilder, als Eigentümer von Grundstücken und Immobilien, als Auftraggeber für Zulieferer, als Steuerzahler oder als Mitglied in örtlichen Verbänden und Netzwerken trägt jedes Unternehmen durch seine geschäftlichen Tätigkeiten, Entscheidungen und Beziehungen mehr oder weniger stark, direkt oder indirekt zur Stadtentwicklung bei.

Aber nicht ausschließlich aufgrund ihres geschäftsbezogenen Wirkens sollen Unternehmen im vorliegenden Beitrag als Ko-Produzenten von Stadt bezeichnet werden, sondern zusätzlich aufgrund ihres gesellschaftlichen Engagements in sozialen, ökologischen, kulturellen oder stadtplanerischen Belangen. Vor dem Hintergrund der in Kapitel 17.2 angeführten Rahmenbedingungen und Herausforderungen in der aktuellen Stadtentwicklung wie auch in Anbetracht der gesamtgesellschaftlichen Diskussion um verantwortungsbewusste Unternehmensführung (Corporate Social Responsibility) und gesellschaftliches Engagement von Unternehmen (Corporate Citizenship) erhält dieses Thema aktuell eine neue Dynamik und in Teilen eine neue Qualität.[2] Im Folgenden werden ausgewählte Eckdaten zum Raumbezug des gesellschaftlichen Engagements von Unternehmen aufgezeigt. Es folgt eine Betrachtung der Wirkungen und des Nutzens unternehmerischen Engagements.

17.3.1 Raumbezogene Merkmale des Engagements

Wie dem Ersten Engagementbericht der Bundesregierung zu entnehmen ist, engagieren sich rund 64 % der Unternehmen in Deutschland gesellschaftlich, wovon sich 90 % vornehmlich am Unternehmensstandort einbringen (Hüther et al. 2012, S. 821). In Anbetracht der Tatsache, dass Wirtschaftsaktivitäten und -beziehungen zunehmend global verflochten sind, ist die hohe Relevanz der lokalen und regionalen Ebene bemerkenswert, zumal sie sich unabhängig von der Unternehmensgröße zeigt,

---

2 Unternehmen, die sich in Belange der Stadtentwicklung einbringen, sind kein Novum. Es lässt sich in Deutschland eine lange Tradition der gesellschaftlichen Verantwortungsübernahme durch Industrielle, Kaufleute und vermögende Privatpersonen feststellen, in deren Rahmen u. a. auch die städtische Infrastruktur ausgebaut wurde (Kleine-König 2012; Krämer 2012; Fischer 2003).

wie Tabelle 1 verdeutlicht. Braun beschreibt das Engagement als sozialräumlich gebunden (2010, S. 94) und verweist damit auf die Bedeutung persönlicher Beziehungen, Kontakte und Handlungsräume bei der Ausgestaltung des Engagements.

Tab. 1 Regionale Ausrichtung des unternehmerischen Engagements nach Unternehmensgröße in Mitarbeitern

	gesamt	bis 49	50-499	500 und mehr
Regional am Unternehmensstandort	89,9 %	89,8 %	93,9 %	89,6 %
Regional am Unternehmensstandort international	2,1 %	1,9 %	3,3 %	22,5 %
Überregional	9,5 %	9,6 %	7,5 %	19,1 %
International unabhängig von eigenen Standorten	9,3 %	9,4 %	7,2 %	11,8 %

Quelle: eigene Zusammenstellung nach Hüther et al. 2012, S. 821

Für kleine und mittlere Unternehmen (KMU) spielt die lokale und regionale Ebene eine besondere Rolle. Trotz ihrer zunehmenden Einbindung in globale Wertschöpfungsketten treffen sie weiterhin einen Großteil ihrer Anspruchsgruppen in räumlicher Nähe an und können diese mit einem räumlich fokussierten Engagement direkt erreichen. Neben der lokalen Bevölkerung und der Gemeinde liegen nicht selten der Wohnstandort ihrer Beschäftigten, Standorte von Zulieferern und der Absatzmarkt im lokalen und regionalen Unternehmensumfeld. Zwar ist das Engagement von KMU durchaus strategisch ausgerichtet, doch liegt ihre Affinität zu einem an den Standort gebundenen Engagement weniger in der Entsprechung unternehmensinterner Managementstrukturen und -leitlinien, sondern in einem erweiterten Verständnis von Standortpolitik begründet, nach dem das Engagement konsequenterweise ausgerichtet wird (Wieland und Schmiedeknecht 2010, S. 13f.).

Zwar zählt das klassische Spenden und Stiften noch immer zu den gängigen Instrumenten des Engagements (Hüther et al. 2012, S. 545), doch werden der Einsatz von (Fach-)Wissen sowie Arbeitskraft und -zeit vermehrt zu einem strategischen Element des Unternehmensmanagements. Damit fungieren Unternehmen nicht nur als Geldgeber, sondern auch als Mitgestalter gesellschaftlicher Prozesse in ihrem räumlichen Umfeld beziehungsweise als Ko-Produzenten von Stadt (Kleine-König 2011). Sie kooperieren dabei häufig mit Akteuren aus der Zivilgesellschaft oder der Kommunalverwaltung, so dass „Ko-Produktion" nicht nur das Nebeneinander von unabhängig handelnden Akteuren, sondern außerdem das gemeinsame, abgestimmte und koordinierte Handeln dieser Akteure impliziert. Knieling et al. stellen fest, „dass sich das Engagement von Unternehmen und Wirtschaftsverbänden bei Fragen der Stadt- und Regionalentwicklung nicht länger nur auf punktuelle Initiativen zur Umfeldaufwertung oder zur Durchsetzung spezifisch betrieblicher oder sektoral wirtschaftlicher Interessen beschränkt, sondern sich zunehmend auf die Entwicklung der gesamten Stadt oder Stadtregion ausweitet" (2012, S. 459), womit sie nicht nur themenbezogen, sondern auch raumbezogen einen größeren Wirkungsbereich konstatieren.

17.3.2 Raumproduktion durch Engagement

Anhand sehr unterschiedlicher Beispiele lassen sich die räumliche Verantwortungsübernahme durch Unternehmen und die Ko-Produktion von Stadt darstellen. Wenn ein Unternehmer den Bau einer Radwegtrasse mitfinanziert, die Mitarbeiter eine öffentliche Grünanlage in Stand setzen, ein Unternehmen sich in die konzeptionelle Ausarbeitung eines Masterplans einbringt, ein Unternehmer einen Verein zur Aktivierung des bürgerschaftlichen Engagements gründet oder sich mehrere Unternehmen zu einem Netzwerk zusammenschließen, um gemeinsame Projekte umzusetzen, so sind dieses sehr unterschiedliche Aktivitäten mit zum Teil konkreten und zum Teil abstrakten Wirkungsbezügen im städtischen Raum. Ihnen liegen unterschiedliche Konzeptionen von Raum zugrunde: „Raum" ist hier nicht nur im realistischen, sondern auch im konstruktivistischen Sinn zu verstehen ist. Das heißt, dass „Raum" nicht nur die physisch-materielle, von Natur und Mensch geschaffene Umwelt meint, sondern auch die immateriellen, subjektiv wahrgenommenen Vorstellungswelten und die durch soziale Interaktionen, Beziehungen sowie Kommunikation konstruierten Handlungsräume (Wardenga 2002; Freytag 2014).

Knieling et al. bieten einen ersten Ansatz der Systematisierung (vgl. Tabelle 2) und unterscheiden unterschiedliche Formen der Produktion von Raum: 1. ob der Raum über konkrete (bauliche) Maßnahmen gestaltet wird – entweder direkt über das eigene Mitwirken (place making) oder indirekt über die Beeinflussung künftiger Investitionen und Maßnahmen (place framing); 2. ob der Raum über die politische Einflussnahme gestaltet wird – direkt über die aktive Teilnahme an der politischen Entscheidungsfindung (policy making) oder indirekt über die Beeinflussung von Meinungen und politischen Entscheidungen (policy framing) (2012, S. 458).

Tab. 2 Unterschiedliche Formen der Raumproduktion

	Direkte Einflüsse (durch Projekte)	Indirekte Einflüsse (durch Werte, Normen, Regeln)
Raumbezogene Planungen und Maßnahmen	PLACE MAKING Prozess der Raumgestaltung; direkte (ggf. bauliche) Beeinflussung des Raums z. B. Public-Private-Partnerships, Sponsoring	PLACE FRAMING Beeinflussung von Rahmenbedingungen der Wahrnehmung von Raum, ohne den Raum direkt zu beeinflussen; Beeinflussung künftiger Investitionen und Maßnahmen z. B. Positionen von (Wirtschafts-)Verbänden zur Raumentwicklung
Beeinflussung der politischen Entscheidungsfindung	POLICY MAKING Aktive Teilnahme an der politischen Entscheidungsfindung; direkte Beeinflussung von räumlichem Verhalten z. B. Public-Private-Partnership, Entwicklungsstrategien	POLICY FRAMING Beeinflussung der politischen Agenda, ohne direkt an den Entscheidungen beteiligt zu sein; Schaffen von Rahmenbedingungen für politische Entscheidungen über aktive Herausbildung von bestimmten Normen; Wertvorstellungen und Regeln z. B. Medienarbeit, Kampagnen

Quelle: eigene Darstellung nach Knieling et al. 2012, S. 458

17.3.3 Nutzeneffekte, Chancen und Risiken durch Ko-Produktion

Auf die Frage, welchen Beitrag Unternehmensengagement zur Stadtentwicklung leistet, lassen sich in der Fachliteratur bisher nur wenige genaue Erkenntnisse finden, zumal sich direkte kausale Zusammenhänge zwischen einzelnen Aktivitäten und beobachtbaren Entwicklungen nur schwerlich herstellen lassen.

Bisherige Veröffentlichungen verweisen darauf, dass engagierte Unternehmen durch ihr Mitwirken in stadtentwicklungsrelevanten Belangen lokale Qualitäten schaffen, von denen die Allgemeinheit profitiert. Fischer spricht in diesem Kontext von „öffentlichen Gütern" (2007, S. 43). Auch Pechlaner et al. betonen positive externe Effekte des Engagements, die zur „Optimierung der Region als Arbeits-, Wohn- und Lebensraum" (2010, S. 22) beitragen, so dass nicht nur das Unternehmen und die Stadtverwaltung, sondern auch die Menschen vor Ort profitieren. Fischer und auch Gollnick sprechen von einer Win-Win-Win-Situation, die neben dem Unternehmen und dem Kooperationspartner das räumliche Umfeld (Stadt oder Region) als weitere Instanz beinhaltet (Fischer 2007, S. 115; Gollnick 2013, S. 207).

Nach Fischer entstehen dadurch positive Rückkopplungen für Unternehmen, die die Möglichkeit schätzen, weiche Standortfaktoren und damit die Attraktivität und die Wettbewerbsfähigkeit des Standorts beeinflussen zu können (Fischer 2007, S. 111). Diese Ansicht teilen auch die im „Verantwortungspartner-Netzwerk" organisierten Unternehmen, die ihr Engagement vor allem als eine Investition in den Standort verstehen, die sich langfristig und mittelbar rechnet, z. B. im Wettbewerb um qualifizierte Arbeitskräfte (Bertelsmann Stiftung 2010). Zu ähnlichen Ergebnissen kommt der Erste Engagementbericht der Bundesregierung: 45,1 % der engagierten Unternehmen benennen die Erhöhung der Attraktivität des Unternehmens- oder Betriebsstandortes und 33,9 % die Sicherung von für den Unternehmensalltag wesentlicher, lokaler Infrastruktureinrichtungen als Ziel ihres Engagements (Hüther et al. 2012, S. 646).

In Anlehnung an die im Corporate Citizenship-Konzept gängige Terminologie des „business case" und des „social case" könnte die auf die Stadtentwicklung bezogene Nutzendimension als „urban case" oder „public case" bezeichnet werden.

In Tabelle 3 werden erste Überlegungen zu einer Bewertung der Ko-Produktion von Stadtverwaltungen und Unternehmen dargestellt. Einer Reihe von Chancen steht ebenso eine Reihe von Risiken gegenüber, die abhängig vom kommunalen Kontext unterschiedlich stark ins Gewicht fallen können.

Tab. 3 Chancen und Risiken der Ko-Produktion für Stadtverwaltungen und Unternehmen

	Chancen	Risiken
Unternehmen	• Steigerung der Reputation und des Images • „kurzer Draht" in Politik und Verwaltung, mehr Kennenlernen und Vertrauen • Gestaltung des Umfelds nach eigenen Vorstellungen • beschleunigter Zugriff auf Strukturen durch Realisierung mittels Public-Private-Partnership • wechselseitiges Lernen	• Verdacht der Vorteilsnahme • aufwändige und langwierige Entscheidungs- und Abstimmungsprozesse • „Lückenbüßerfunktion" im Bereich öffentlicher Aufgaben • Konflikte durch unterschiedliches Aufgaben- und Rollenverständnis der Beteiligten

	Chancen	Risiken
Stadt-verwaltung	• Erhöhung der Handlungsfähigkeit • „kurzer Draht" in die Wirtschaft, Kennenlernen und Vertrauen • Wechselseitiges Lernen • Bündelung öffentlicher und privater Ressourcen und Expertise • schnellere und u. U. kostengünstigere Umsetzbarkeit von Projekten mittels Public-Private-Partnership • neue Impulse und Entwicklungsmöglichkeiten, Aktivierung endogener Entwicklungspotenziale • Entwicklung einer aktiven und „mündigen" Stadtgesellschaft	• Verlust an Steuerung • Einflussnahme von Privaten in Fragen der Stadtpolitik • fehlende Legitimation der Akteure • mangelnde Transparenz, Vertrauensverlust auf Seiten der Bürger • aufwändige Koordination • Rückzug einzelner Akteure wegen Dominanz anderer Akteure • Abhängigkeit von der Privatwirtschaft • Konflikte durch unterschiedliches Aufgaben- und Rollenverständnis der Beteiligten

Quelle: eigene Zusammenstellung nach Hohn et al. 2014; Knieling et al. 2012

17.4 Forschungsbedarf

Das gesellschaftliche Engagement von Unternehmen im Kontext der Stadtentwicklung hat in der Öffentlichkeit bisher wenig Beachtung gefunden und ist Gegenstand von nur wenigen Studien.[3] Allerdings ist in den vergangenen drei Jahren eine zunehmende Sensibilisierung für das Thema in der Praxis und in der Forschung feststellbar.

Ende 2012 initiierte das Bundesinstitut für Bau-, Stadt- und Raumforschung im Auftrag des Bundesministeriums für Verkehr, Bau und Stadtentwicklung das ExWoSt[4]-Forschungsfeld „Unternehmen und Stiftungen für die soziale Quartiersentwicklung". In acht Modellkommunen wird erprobt, auf welche Weise die Einbindung von Unternehmen und Stiftungen in die Quartiersentwicklung gelingen kann. Im August 2013 startete die nationale Stadtentwicklungspolitik den Projektaufruf „Stadtentwicklung und Wirtschaft". Es werden 20 innovative Projektideen gefördert, die ein breites Spektrum von Projektträgern aus Zivilge-

---

3 Für einen State-of-the-Art siehe Hohn et al. 2014.
4 ExWoSt („Experimenteller Wohnungs- und Städtebau") ist ein Forschungsprogramm zur Erprobung innovativer Handlungsansätze zu Themen der Stadt- und Regionalentwicklung.

sellschaft und Wirtschaft, aus Kommunal- und Regionalverwaltungen einbinden. Anfang 2015 initiierten das Bundesministerium für Familie, Senioren, Frauen und Jugend sowie sechs Unternehmensstiftungen das Programm „Engagierte Stadt". Bis zu 50 Einrichtungen, die das gemeinnützige Engagement in ihrer Stadt stärken, sollen bis 2017 beraten, begleitet und finanziell unterstützt werden.

Auch in der wissenschaftlichen Forschung ist in den vergangenen Jahren ein zunehmendes Interesse erkennbar, das sich nicht zuletzt in einer wachsenden Begriffsvielfalt niederschlägt: Regionales Corporate Citizenship (Fischer 2007), Corporate Regional Responsibility (Kost et al. 2011), Corporate Urban Responsibility (Albers 2011), Corporate Spatial Responsibility (Knieling et al. 2012) und Corporate Local and Regional Responsibility (Hohn et al. 2014). Gleichwohl bedarf es grundlegender weiterer Forschungsaktivitäten, um das unternehmerische Engagement in der Stadtentwicklung besser zu verstehen und die daraus resultierenden Implikationen für die Stadtentwicklung benennen zu können.

17.5 Fazit

Der Wandel von der fordistischen zur postfordistischen Stadt hat erhebliche Implikationen für die Entwicklung der Stadt – sowohl in ihrem Verständnis als Wirtschafts- und Lebensraum als auch als bauliches Ensemble und politische Gemeinde. Insbesondere der (inter-)nationale Städtewettbewerb als auch die sozialräumliche Fragmentierung von Städten stellen zentrale Herausforderungen dar. Die Kommunalverwaltungen gehen vermehrt dazu über, Stadtentwicklung als einen gemeinschaftlichen und kooperativen Gestaltungsprozess zu verstehen und Unternehmen einzubinden. Indem sich Unternehmen in soziale, ökologische, kulturelle oder stadtplanerische Belange ihres räumlichen Umfeldes einbringen, können sie zu Ko-Produzenten von Stadt werden und dabei direkt oder indirekt zur Gestaltung dieser Aufgabe beitragen. Bereits heute weist das unternehmerische Engagement deutlich räumliche Merkmale und Bezugspunkte zu Belangen der Stadtentwicklung auf. Es wurde deutlich, dass sich vor allem in der Verbesserung weicher Standortfaktoren unternehmerische und städtische Interessen verbinden lassen und auf diese Weise eine Win-Win-Situation entstehen kann. Gleichzeitig gilt es, Risiken, wie zum Beispiel fehlender Transparenz, wechselseitigen Abhängigkeiten oder langwierigen Entscheidungs- und Abstimmungsprozessen, vorzubeugen.

Empfehlenswerte Literatur

Glaser R, Schenk W, Vogt J, Wießner R, Zepp H, Wardenga U (Hrsg) (2014) Corporate Local and Regional Responsibility. Sonderheft. Berichte. Geographie und Landeskunde, Band 88, Heft 2

Deutscher Verband für Angewandte Geographie (Hrsg) (2016) CRR – Corporate Regional Responsibility. Sonderheft. STANDORT. Zeitschrift für Angewandte Geographie, Jahrgang 40, Heft 1

Albers HH, Hartenstein F (Hrsg) (2017) CSR und Stadtentwicklung. Unternehmen als Partner für eine nachhaltige Stadtentwicklung. Springer, Berlin

Empfehlenswerte Internetquelle

www.nuernberg.de/internet/sozialreferat/unternehmen.html

Literatur

Albers G (2005) Stadtentwicklungsplanung. In: Akademie für Raumforschung und Landesplanung (Hrsg) Handwörterbuch der Raumordnung. 4., neu bearbeitete Auflage. Akademie für Raumforschung und Landesplanung, Hannover, S 1067-1071

Albers H-H (2011) Corporate Urban Responsibility. Die gesellschaftliche Verantwortung von Unternehmen in der Stadtentwicklung. Campus, Frankfurt/New York

Abercrombie P (1943) Town and Country Planning. Oxford University Press, London

Benz A (2005) Governance. In: Akademie für Raumforschung und Landesplanung (Hrsg) Handwörterbuch der Raumordnung. 4., neu bearbeitete Auflage. Akademie für Raumforschung und Landesplanung, Hannover, S 404-408

Bertelsmann Stiftung (Hrsg) (2010) Verantwortungspartner. Gemeinsam. Erfolgreich. Beispiele des vernetzten Engagements von Unternehmen für die Region. Bertelsmann Stiftung, Gütersloh

Bieker S, Knieling J, Othengrafen F, Sinning H (2004) Kooperative Stadt-Region 2030. Forschungsergebnisse. Zweckverband Großraum Braunschweig/Kommunikative Stadt- und Regionalentwicklung Hannover, Braunschweig

Braun S, Backhaus-Maul H (2010) Gesellschaftliches Engagement von Unternehmen in Deutschland. Eine sozialwissenschaftliche Sekundäranalyse. VS Verlag für Sozialwissenschaften, Wiesbaden

Braun S (2008) Gesellschaftliches Engagement von Unternehmen in Deutschland. Aus Politik und Zeitgeschichte 55: 6-14

Braun S (2010) Zwischen nationalen Traditionen und globalen Herausforderungen: Gesellschaftliches Engagement von Unternehmen in der sozialen Marktwirtschaft der Bundesrepublik Deutschland. In: Braun S (Hrsg) Gesellschaftliches Engagement von

Unternehmen. Der deutsche Weg im internationalen Kontext. VS Verlag für Sozialwissenschaften, Wiesbaden, S 85-105

Fischer R (2007) Regionales Corporate Citizenship. Gesellschaftlich engagierte Unternehmen in der Metropolregion Frankfurt-Rhein-Main. Reihe „Rhein-Mainische Forschung" 127. Institut für Humangeographie/Johann-Wolfgang-Goethe-Universität Frankfurt, Frankfurt

Freytag T (2014) Raum und Gesellschaft. In: Lossau J, Freytag T, Lippuner R (Hrsg) Schlüsselbegriffe der Kultur- und Sozialgeographie. Ulmer, Stuttgart, S 12-24

Friedrichs J (2005) Stadtentwicklung. In: Akademie für Raumforschung und Landesplanung (Hrsg) Handwörterbuch der Raumordnung. 4., neu bearbeitete Auflage. Akademie für Raumforschung und Landesplanung, Hannover, S 1059-1067

Gollnick G (2013) Geben ohne Kalkül. Engagementmotivationen klein- und mittelständischer Unternehmen. Springer Gabler, Wiesbaden

Grabow B, Henckel D, Hollbach-Grömig B (1995) Weiche Standortfaktoren, Schriften des Deutschen Instituts für Urbanistik 89. Kohlhammer/Deutscher Gemeindeverlag, Stuttgart

Haas H-D, Neumair S-M (2007) Wirtschaftsgeographie. Wissenschaftliche Buchgesellschaft, Darmstadt

Häußermann H, Läpple D, Siebel W (2008) Stadtpolitik. Suhrkamp, Frankfurt

Heineberg H (2006) Stadtgeographie. 3., aktualisierte und erweiterte Auflage. Schöningh, Paderborn

Hohn U, Lötscher L, Wiegandt CC (2006) Governance – ein Erklärungsansatz für Stadtentwicklungsprozesse. Berichte zur deutschen Landeskunde 80: 5-15

Hohn U, Kleine-König C, Schiek M (2014) Corporate Local and Regional Responsibility: Gesellschaftliche Verantwortung von Unternehmen für Quartier, Stadt und Region. Berichte. Geographie und Landeskunde 88: 124-152

Hüther M, Braun S, Enste D, Neumann M, Schwalb L et al. (2012) Für eine Kultur der Mitverantwortung. Erster Engagementbericht. Stellungnahme der Bundesregierung, Bericht der Sachverständigenkommission. http://www.bmfsfj.de/RedaktionBMFSFJ/Engagement/Pdf-Anlagen/engagementbericht-langfassung,property=pdf,bereich=bmfsfj,sprache=de,rwb=true.pdf. Zugegriffen: 26. September 2012

Kleine-König C (2011) Vom Geldgeber zum Mitgestalter. Impulse zum gesellschaftlichen Engagement von Unternehmen. www.emscherplayer.de/magazin/ID_74888_vom_geldgeber_zum_mitgestalter_emscherplayer.pdf. Zugegriffen: 14.03.2017

Kleine-König C (2012): Gesellschaftliches Engagement von Unternehmen – Konzeptionelle Bezüge, Ausprägungen und Nutzendimensionen aus Sicht der Stadt- und Regionalentwicklung. In: Scharting J, Mitterdorfer J (Hrsg) 5. Internationales DoktorandInnenkolleg Nachhaltige Raumentwicklung 2011 „Verantwortung für die Region?". Innsbruck University Press, Innsbruck, S 9-23

Kleine-König C, Schmidpeter R (2012) Gesellschaftliches Engagement von Unternehmen als Beitrag zur Regionalentwicklung. In: Schneider A, Schmidpeter R (Hrsg) Corporate Social Responsibility. Verantwortungsvolle Unternehmensführung in Theorie und Praxis. Springer, Berlin, S 681-700

Knieling J, Othengrafen F, Preising T (2012) Privatisierung von Stadt- und Regionalentwicklung: Gesellschaftlicher Nutzen oder Verwirklichung von Unternehmenszielen? „Corporate Spatial Responsibility" oder „Corporate Spatial Strategy"? Raumforschung und Raumordnung 70: 451-464

Kost K, Lötscher L, Weingarten J (2011) Neue und innovative Ansätze zur Regionalentwicklung durch unternehmerische Wirtschaftsförderung. Hans-Böckler-Stiftung, Düsseldorf

Krämer S (2012) Deutsche Unternehmer und ihre Arbeiterkolonien im 19. und frühen 20. Jahrhundert. In: Altrock U, Bertram G (Hrsg) Wer entwickelt die Stadt? Geschichte und Gegenwart lokaler Governance. Akteure – Strategien – Strukturen. Transcript-Verlag, Bielefeld, S 179-197

Mäding H (2005): Stadtforschung. In: Akademie für Raumforschung und Landesplanung (Hrsg) Handwörterbuch der Raumordnung. 4., neu bearbeitete Auflage. Akademie für Raumforschung und Landesplanung, Hannover, S 1071-1079

Mayntz R (2004) Governance Theory als fortentwickelte Steuerungstheorie? Max-Planck-Institut für Gesellschaftsforschung Working Paper 04/1. www.mpi-fg-koeln.mpg.de/pu/workpap/wp04-1/wp04-1.html. Zugegriffen: 14.03.2017

Pechlaner H, Innerhofer E, Bachinger M (2010) Standortmanagement und Lebensqualität. In: Pechlaner H, Bachinger M (Hrsg): Lebensqualität und Standortattraktivität. Kultur, Mobilität und regionale Marken als Erfolgsfaktoren. Erich Schmidt Verlag, Berlin, S 13-34

Schuppert GF (2008) Die neue Verantwortungsteilung zwischen Staat und Gesellschaft – oder: Wessen Wohl ist das Gemeinwohl? Forum Wohnen und Stadtentwicklung 4: 189-193

Selle K (2012) Stadtentwicklung aus der „Governance-Perspektive". Eine veränderte Sicht auf den Beitrag öffentlicher Akteure zur räumlichen Entwicklung – früher und heute. In: Altrock U, Bertram G (Hrsg) Wer entwickelt die Stadt? Geschichte und Gegenwart lokaler Governance. Akteure – Strategien – Strukturen. Transcript-Verlag, Bielefeld, S 28-48

Sinning H (2006) In Zukunft: Stadtmanagement? Neuorientierungen in Stadtplanung und Stadtentwicklung. In: Selle K, Zalas L (Hrsg) Zur räumlichen Entwicklung beitragen. Konzepte. Theorien. Impulse, Planung neu denken – Band 1. edition stadt|entwicklung. Rohn, Dortmund, S 400-414

Wardenga U (2002) Alte und neue Raumkonzepte für den Geographieunterricht. Geographie heute 200: 8-11

Wieland J, Schmiedeknecht M (2010) Corporate Social Responsibility (CSR), Stakeholder Management und Netzwerkgovernance, Konstanz Institut für Wertemanagement Working Paper 31. Konstanz Institut für Wertemanagement, Konstanz

Wood G (2003) Die postmoderne Stadt: Neue Formen der Urbanität im Übergang vom zweiten ins dritte Jahrtausend. In: Gebhardt H, Reuber P, Wolkersdorfer G (Hrsg) Kulturgeographie. Aktuelle Ansätze und Entwicklungen. Spektrum Akademischer Verlag, Heidelberg/Berlin, S 131-147

Gesellschaftliches Engagement von Unternehmen im vereins- und verbandsorganisierten Sport

18

Sebastian Braun

Abstract

To resolve the complex and somewhat tense relationship between sports and economy in this chapter will portray the ambivalence between sports organized by the Deutscher Olympischer Sportbund (German Olympic Sport Confederation) as federal organizations on the one hand and companies on the other hand. On this basis, the new form of cooperation between the German Olympic Sport Confederation as a federal organization and major enterprise will be introduced, which attempts to portray the companies' involvement in sports as Corporate Citizenship. The different projects indicate that in sports Corporate Citizenship has found a middle way between corporate donations for the benefit of sport clubs on the one hand and marketing based sports sponsoring on the other hand.

***

Um das komplexe und nicht spannungsfreie Verhältnis zwischen Sport und Wirtschaft zumindest kursorisch beschreiben zu können, werden im vorliegenden Beitrag zunächst die Ambivalenzen zwischen vereins- und verbandsorganisiertem Sport in Deutschland einerseits und Wirtschaftsunternehmen andererseits knapp und zugespitzt rekonstruiert. Auf dieser Grundlage werden die Ansätze zu neuen Kooperationsformen zwischen dem Deutschen Olympischen Sportbund als Dachverband und Großunternehmen beschrieben, die das Engagement von Unternehmen im Sport als Corporate Citizenship erscheinen lassen. Die entsprechenden Projekte deuten darauf hin, dass Corporate Citizenship im Sport einen „Mittelweg" zwischen unternehmerischen Geldspenden zugunsten eines gemeinnützigen Sportvereins auf der einen Seite und einem marketingbasierten Sportsponsoring auf der anderen Seite markiert.

18.1 Einleitung

Spitzensport und insbesondere der Spitzenfußball sind en vogue. Die Vorstellungen von z. T. fürstlich vergüteten Topathleten konstruieren vielfach das – medial inszenierte – Bild von einer der „schönsten Hauptsachen der Welt". Diese separierte Welt des Spitzensports ist allerdings weitgehend entkoppelt vom Alltagsbetrieb einer der „schönsten Nebensachen der Welt", nämlich des sich spielerischen Erprobens im Sinne eines unernsten, jedoch nicht beliebigen sport- und bewegungsbezogenen Handelns in einem gesellschaftlich „geschützten Raum".

In diesem Raum wird Tag für Tag in rund 91.000 Sportvereinen aufgrund unterschiedlicher individueller Motivlagen freizeit- und breitensportlich oder wettkampforientiert geübt, trainiert und sich bewegt. Neben einer stetig wachsenden Zahl kommerzieller Sport- und Fitnessanbieter spielt in diesem Kontext der Deutsche Olympische Sportbund (DOSB) als Dachorganisation des komplexen Sportverbandswesens, unter dem wiederum das mannigfaltige Sportvereinswesen organisiert ist, eine zentrale Rolle. So werden mittlerweile rund 27.5 Mio. Mitgliedschaften in den Sportvereinen registriert, womit der DOSB die mit Abstand größte Personenvereinigung in Deutschland bildet. Angesichts dieser Zahlen ist der vereins- und verbandsorganisierte Sport längst zu einem zentralen Organisationsfaktor mit lebensweltlicher Einbindung in der deutschen Zivilgesellschaft avanciert.

Die besondere Wertschätzung für den vereins- und verbandsorganisierten Sport als zivilgesellschaftliche Infrastruktur manifestiert sich staatlicherseits im mittlerweile fast schon klassischen Modell der „partnerschaftlichen Zusammenarbeit". Dieses Modell hat sich in den letzten Jahrzehnten als ein komplexes Raster von Leistung und Gegenleistung im Rahmen der – für die Bundesrepublik Deutschland charakteristischen – Struktur (neo-)korporatistischer Interessenvermittlung entwickelt. Im Einklang mit dem föderalen Staatsaufbau und der unterschiedlichen Kompetenzzuschreibungen und den Autonomiegraden von Bund, Ländern und Kommunen ist in diesem Kontext eine flächendeckende und komplexe Sportförderung seitens des Staates mit einem beträchtlichen Umfang direkter und indirekter Leistungen entstanden (Braun 2013b; Breuer und Mutter 2013; Haring 2010).

Diese überwiegend freiwilligen Leistungen legitimiert der Staat vor allem mit den „gesellschaftlichen Funktionen", die er dem vereins- und verbandsorganisierten Sport zuschreibt. Hervorzuheben sind die Integrations-, Sozialisations-, Partizipations-, Demokratie-, Repräsentations- oder Gesundheitsfunktionen, die sich der DOSB und dessen Mitgliedorganisationen in nahezu identischer Form auch selbst zuschreiben. Auf dieser Grundlage gelingt es den Sportverbänden seit Jahrzehnten, mit Hilfe staatlicher Förderung ein breites Spektrum unterschiedlicher Aktivitäten und Maßnahmen umzusetzen, die sich des Mediums Sport und Bewegung bedienen, um auf diese Weise „gesellschaftliche Verantwortung" in unterschiedlichen sozialpolitischen Handlungsfeldern zu signalisieren (Braun 2013a).

Während sich auf staatlicher Seite Förderroutinen zugunsten des vereins- und verbandsorganisierten Sports in Deutschland mit wechselseitigen Verpflichtungen etabliert und ausdifferenziert haben, verläuft die institutionelle Zusammenarbeit zwischen Unternehmen und dem vereins- und verbandsorganisierten Sport in der Geschichte des DSB bzw. DOSB ambivalenter. Stark vereinfacht lassen sich zwei Pole eines Kontinuums markieren, die man als eine historisch bedingte Vorstellung von einer „anti-kommerziellen Gegenwelt des Sports" auf der einen Seite und dem Aufstieg des Sports zum „Sponsoring-König" auf der anderen Seite fassen kann (Braun 2013c). So hat der vereins- und verbandsorganisierte Sport in Deutschland mit seinen lange Zeit charakteristischen und bis heute bedeutsamen Idealen des „Amateurismus", der „Ehrenamtlichkeit", „Solidarität" und mitgliederfinanzierten „Autonomie" seine Wurzeln in einem bewussten Gegenentwurf zur „Welt des Ökonomischen" (Heinemann 1995). Dieser Gegenentwurf prägte auch noch die ersten Jahrzehnte des DSB, der erst nach spannungsvollen innerverbandlichen Auseinandersetzungen in den 1970er Jahren zum privilegierten Sponsoring-Partner von Unternehmen und damit zu einem medial allgegenwärtigen Transporteur von Unternehmensmarken und -produkten aufstieg. Die damit verbundene sukzessive „ökonomische Überformung" ausgewählter Sportverbände und -vereine vollzog sich speziell im Segment des Spitzensports und bei telegenen Sportarten. Seit Jahrzehnten dominiert das Sportsponsoring alle anderen Sponsoring-Felder; allerdings scheinen sich sukzessive anders akzentuierte unternehmerische Sponsoring-Intentionen auch im Sport abzuzeichnen, bei denen Fragen nach der „gesellschaftlichen Verantwortung" von Unternehmen breiteren Raum einnehmen.

Diese sich verändernde Akzentsetzung in der unternehmensbezogenen Sportförderung in Deutschland kann nicht losgelöst betrachtet werden von anglo-amerikanisch inspirierten Debatten über Corporate Social Responsibility (CSR) und Corporate Citizenship (CC). Bislang mangelt es an einem inhaltlichen oder definitorischen Konsens über beide Begriffe. Während sich der CSR-Begriff aber eher – so unser wiederholt formulierter Differenzierungsversuch – auf die (betriebs-) wirtschaftliche Binnenwelt eines Unternehmens konzentriert, betont der CC-Begriff in besonderer Weise die gesellschaftliche Einbettung und insofern die Außenwelt von Unternehmen (Braun und Backhaus-Maul 2010). Im CC-Konzept engagieren sich Unternehmen in der Regel gemeinsam mit Nonprofit-Organisationen wie z. B. Sportvereinen, um gesellschaftliche Aufgaben und Herausforderungen nachhaltig zu bearbeiten und sich auf diese Weise produktiv mit dem Gemeinwesen zu verknüpfen (Habisch 2003). Anders als beim mäzenischen und philanthropischen Engagement geht es beim CC-Engagement aber um die kontinuierlich erbrachte Bereitstellung unternehmerischer Sach-, Zeit- und Wissensressourcen, deren Einsatz in engem Bezug zur Kernkompetenz des Unternehmens steht und sich dabei an längerfristigen Wirkungen und weniger an kurzfristigen Outputs orientiert (Backhaus-Maul und Braun 2007, 2010; Braun 2008, 2010).

Angesichts der noch vergleichsweise jungen gesellschaftspolitischen Debatten in Deutschland über das gesellschaftliche Engagement von Unternehmen im Sinne eines CC-Engagements kann es nicht sonderlich überraschen, dass sich der DOSB und dessen Mitgliedsorganisationen bislang eher in Form von vorsichtigen Suchbewegungen an „neue Verantwortungsrollen" von Unternehmen herantastet und sich zu diesem engagementpolitisch bedeutsamen Thema zu positionieren versucht. Zugleich wird in den wenigen vorliegenden Arbeiten zu diesem Thema betont, dass das gesellschaftliche Engagement von Unternehmen „sowohl indirekt als auch direkt Chancen zur Erhöhung der Vermarktungseinnahmen, insbesondere für Vereine, die Unternehmen keine große mediale Präsenz bieten können" (Heine 2009, S. 138). Dazu sei allerdings ein „Umdenken" bei Sportvereinen und -verbänden erforderlich, insofern als „diese ihre passive Haltung ablegen und kreative Corporate Citizenship Projekte entwickeln und gepaart mit attraktiven Werbeleistungen aktiv auf potentielle Sponsoren zugehen" müssten (Heine 2009, S. 143).

Vor dem skizzierten Hintergrund werden in dem vorliegenden Beitrag zunächst die ambivalenten Konstellationsstrukturen zwischen dem vereins- und verbandsorganisierten Sport in Deutschland einerseits und Wirtschaftsunternehmen andererseits knapp und zugespitzt rekonstruiert. Auf dieser Grundlage werden dann beobachtbare Tendenzen neuerer Kooperationsformen zwischen dem DOSB und Großunternehmen beschrieben, die zunehmend die Züge eines CC-Engagements von Unternehmen im Sport aufzuweisen scheinen. Diese Projekte deuten darauf hin, dass CC-Engagements im Sport einen „Mittelweg" zwischen den bekannten Formaten unternehmerischer Geldspenden zugunsten eines gemeinnützigen Sportvereins auf der einen Seite und eines marketingbasierten Sportsponsorings andererseits darstellen und damit das komplexe Spannungsverhältnis zwischen Sport und Wirtschaft zumindest tendenziell auflösen könnten.

18.2 Ambivalente Traditionen

Anti-ökonomische Grundpositionen

In seiner breit rezipierten „Einführung in die Ökonomie des Sports" bilanzierte Heinemann (1995, S. 245) Mitte der 1990er Jahre pointiert:

"Sport mit seiner Organisation in Sportvereinen verstand sich lange Zeit als Gegenwelt zu Beruf, Markt und Gelderwerb; ökonomische Rationalität, Gesetze des Marktes und der Vermarktung des Sports als Ware lagen außerhalb seines Selbstverständnisses; Solidarität, nicht individuelle Eigeninteressen, Ehrenamt, nicht Beruf, Vergemeinschaftung, nicht Vergesellschaftung waren seine bestimmenden Leitbilder. Ehrenamtlichkeit, Idealismus, Mitgliederfinanzierung und hohe öffentliche Subventionierung machten die Leistungen von Sportvereinen und -verbänden ‚nebenher' beschaffbar. Amateurideale und restriktive Werbeleitlinien der Sportorganisationen begrenzten die ökonomische Verwertbarkeit des Sports."

Diese „Distanzierung" (Heinemann 1995, S. 247) des verbandsorganisierten Sports gegenüber der Wirtschaft, die in der komplexen historischen Entwicklung des modernen Sports mitbegründet ist (Bourdieu 1986; Eisenberg 1999), hatte u. a. zur Folge, dass sich im vereins- und verbandsorganisierten Sport eine quasi „anti-ökonomische" und „anti-kommerzielle Gegenwelt" mit dem Versuch des Zurückdrängens ökonomischer Rationalität und Marktgesetzlichkeiten entfaltete. Das Verhältnis zwischen Sport und Wirtschaft trug insofern lange Zeit eher die Züge eines „wohltätigen Gebens und Nehmens" in Form „wohltätiger" unternehmerischer Spenden zugunsten des „gemeinwohlorientierten" Organisationszwecks eines Sportvereins, ohne dafür explizite Gegenleistungen einzufordern (Böttcher 2010).

Wechselhafte Entwicklungen zwischen „Kolonialisierung" und „Distanzierung"

Mit der Expansion und Pluralisierung der Sportkultur in Westdeutschland seit den 1970er Jahren fanden nicht nur immer breitere Bevölkerungsgruppen den Weg zum aktiven Sporttreiben (Baur und Braun 2001; Nagel 2003). Zugleich expandierte auch die Sportrezeption in den Massenmedien, die – begleitet durch technische Innovationen – sportliche Ereignisse einem immer breiteren Publikum zugänglich machten. Sport wurde damit zu einem immer beliebteren Unterhaltungsmedium und vor diesem Hintergrund auch zu einem interessanteren unternehmerischen Handlungsfeld (z. B. Digel und Burk 1999), bei dem Athleten einen immer relevanteren, medial konstruierten gesellschaftlichen „Prominentenstatus" erlangen (Peters 1996).

Heinemann (1995, S. 247) hat diese Entwicklung unter dem Stichwort eines Wechselspiels von „Kolonialisierung und Distanzierung" gefasst:

„Auf der einen Seite erfolgte eine Kolonialisierung, d. h. eine Ausdehnung des Wirtschaftshorizonts in den Sport, das Vordringen der in einer Marktwirtschaft vorherrschenden ökonomischen Rationalität, so daß die Wirtschaft des Sports zunehmend nach Strukturen gestaltet wurde, die für die Wirtschaft unserer Gesellschaft insgesamt typisch sind – etwa also Markt, bürokratische Verwaltung und Beruf. Auf der anderen Seite hielt man sich gerade davon distanziert; es wurde hinhaltende Gegenwehr geleistet, man blieb lange bemüht, in der Organisation des Sports Amateurideal, Freiwilligkeit, demokratische Entscheidungsstrukturen und Ehrenamtlichkeit gegen die Kräfte des Marktes aufrechtzuerhalten".

Vor diesem Hintergrund reagierten die Vertreter des vereins- und verbandsorganisierten Sports ambivalent auf die zunehmenden Vermarktungsinteressen der Wirtschaft. Während die Befürworter insbesondere auf potenzielle neue Finanzquellen verwiesen, betonten die Gegner mögliche negative Implikationen auf die Sportentwicklung. Angeführt wurde dabei z. B., dass durch den Einfluss von Unternehmen die Vereine und Verbände ihren Gemeinnützigkeitsstatus in Gefahr bringen würden. Zudem unterstellten die „Wirtschaftskritiker" den privaten Förderern ein Interesse an Gegenleistungen für die erbrachte finanzielle Unterstützung (Winkler und Karhausen 1985, S. 198f.; zusammenfassend Böttcher 2010).

Werbetätigkeit im Sport

Besonders sichtbar wurden die opponierenden Grundpositionen im Zuge der Anfang der 1970er Jahre einsetzenden Auseinandersetzungen um die Regelung der Werbetätigkeit im Sport, die von Winkler und Karhausen (1985) differenziert rekonstruiert und auf dieser Grundlage von Böttcher (2010) bilanziert wurden: Während z. B. die Deutsche Sporthilfe (DSH) und das Nationale Olympische Komitee (NOK) in der einsetzenden Werbung eine schleichende Kommerzialisierung des Sports sahen, waren insbesondere Verbandsvertreter populärer und telegener Sportarten (u. a. Fußball, Handball, Leichtathletik) an den Einnahmemöglichkeiten durch privatgewerbliche Sponsoren interessiert. Um einen Kompromiss zwischen den restriktiven Forderungen der DSH und des NOK einerseits und den Liberalisierungsbestrebungen einzelner Spitzenverbände andererseits zu finden, richtete der DSB im Jahr 1974 die Kommission „Sport und Werbung" ein; und noch im gleichen Jahr verabschiedete der DSB Leitlinien, die Werbung in begrenztem Maße zuließen.

Dennoch kam es zu weiteren Konflikten mit einzelnen Spitzenverbänden, die sich nicht an die Empfehlungen des DSB gebunden sahen. Insbesondere die Auseinandersetzung mit dem Deutschen Fußball-Bund (DFB), der schon vor der Verabschiedung der Leitlinien Trikotwerbung zugelassen hatte, spitzte sich zu:

> „Da der DFB weder über den DSB vergebene BMI-Mittel erhält, noch seine Spitzensportler von der Sporthilfe gefördert werden, und ein Konflikt mit dem NOK

hinsichtlich einer Olympia-Teilnahme seiner Amateurmannschaft unwahrscheinlich war, konnte er sich in der Werbedebatte weitgehend zurückhalten und die kurze Zeit später verabschiedeten DSB-Leitlinien in der Folgezeit weitgehend ignorieren" (Winkler und Karhausen 1985, S. 210).

Die scheinbar unversöhnlichen Positionen stellten den DSB als „integrative Instanz" des vereins- und verbandsorganisierten Sports zunehmend in Frage. Schließlich delegierte der DSB-Hauptausschuss die Entscheidungsrechte Ende 1983 an die Fachverbände und gab damit die „Werbung im Sport" bzw. das Sportsponsoring frei (Böttcher 2010; Winkler und Karhausen 1985; Braun 2013c).

Expansion zum größten Sponsoring-Partner der Wirtschaft

Sportsponsoring etablierte sich in den Folgejahren zu einem wichtigen Instrument der Markenkommunikation für Unternehmen und zu einem relevanten Finanzierungsinstrument für ausgewählte Sportvereine und -verbände. So wuchsen die unternehmensbezogenen Investitionen in das Sportsponsoring seit den 1980er Jahren außerordentlich; und im Vergleich zu allen anderen Bereichen des Sponsorings (z. B. Sozio-, Medien-, Öko- oder Kultursponsoring) werden auch die deutlich höchsten Sponsoringausgaben im Sport getätigt (Babin 1995; Bruhn 1998; Hermanns 2006; Polterauer 2007; Preuß 2005). Heine (2009, S. 37) verweist auf ein geschätztes Volumen von 4 Mrd. Euro, das der Sponsoringmarkt im Jahr 2007 aufwies; davon entfiel rund die Hälfte auf Sportsponsoring, während 12 % für Soziosponsoring, knapp 10 % für Bildungs- und Wissenschaftssponsoring und 2,4 % für Ökosponsoring eingesetzt wurden. Am gesamten Sponsoringbudget der großen deutschen Unternehmen fällt dem Sportsponsoring seit Mitte der 1980er Jahre relativ konstant der größte Anteil zu (zwischen 45 % und 60 %).[1]

Für sponsoringbezogene Geschäftsbeziehungen sind in der Regel nur medial erfolgreich inszenierbare Akteure und Sportarten im (Hoch-)Leistungssport interessant, die im Rahmen des „magischen Dreiecks" (Bruhn 1998) von Wirtschaft, Medien und Sport eine „Win-Situation" für die Unternehmen versprechen (z. B. Cachay et al. 2005; Gebauer et al. 1999; Hübenthal und Mieth 2001). Je nach Medienattraktivität steht insofern ein gewinnträchtiger Bereich des (professionell betriebenen) Spitzen- und Hochleistungssports einem für unternehmerische

---

1 Die jährlichen Untersuchungen „Sponsoring-Trends", die von der Universität München und dem Beratungsunternehmen PLEON durchgeführt werden, dokumentieren die Entwicklung des Sponsoring der in Deutschland ansässigen 2.500 umsatzstärksten Unternehmen (z. B. Pleon 2006; zusammenfassend Polterauer 2007).

Sponsoring-Maßnahmen wesentlich uninteressanterer Bereich des vereinsorganisierten Freizeit-, Breiten- und Wettkampfsports gegenüber, der nur sehr begrenzt auf entsprechende Ressourcenzuflüsse zurückgreifen kann (z. B. Cachay und Thiel 1995; Digel 2001, 2005; Hackfort et al. 1997).

In dieser Perspektive „profitieren von dieser Entwicklung nur wenige Sportarten und auch nur wenige Vereine. Zugleich aber entsteht für den Sport eine wachsende Konkurrenz mit anderen Sponsoringfeldern […]. Unternehmen engagieren sich zunehmend auch in den Bereichen Kultur, Umwelt, soziale Dienste, so daß der Sport relativ, u. a. auch absolut langfristig mit eher sinkenden Sponsoringeinnahmen rechnen muß" (Heinemann 1995, S. 211). In diesem Sinne zeigen auch Sponsoring-Studien, dass insbesondere das Soziosponsoring und das Bildungs- und Wissenschaftssponsoring am deutlichsten wachsen werden, während andere Studien darauf aufmerksam machen, dass die „gesellschaftliche Verantwortung" unter den Sponsoringzielen einen erheblichen Bedeutungsgewinn verzeichnen dürfte (Heine 2009, S. 37).

Corporate Citizenship als „Mittelweg"

Das „klassische" Sportsponsoring steht also offenbar in zunehmender Konkurrenz zu alternativen Förderideen und -formaten im Kontext gesellschaftlichen Engagements von Unternehmen. Zugleich könnten – so lässt sich mit Habisch (2003) argumentieren – die vielfältigen Sponsoring-Aktivitäten im Sport auch eine Initialwirkung haben, um nachhaltige Projekte zur Lösung gesellschaftlicher Aufgaben zu entwickeln und dann als CC-Projekte mit einem gesellschaftspolitischen Gehalt implementiert zu werden. Dabei ist allerdings immer auch zu berücksichtigen, dass – so Herrmanns und Marwitz (2008, S. 74) – „speziell das Sponsoring mit professionellen Spitzensportlern […] oder Spitzenmannschaften […] ausschließlich und allein von ökonomischen Gesichtspunkten bestimmt wird, der Fördergedanke spielt hier keine Rolle. Dieser Tatsache sollte sich jeder Sponsor bewusst sein, will er den Sport auch fördern, so muss er eine entsprechende Auswahl treffen."

CC-Projekte im vereins- und verbandsorganisierten Sport, die jenseits des Spitzensports implementiert werden, könnten in diesem Zusammenhang einen „Mittelweg" zwischen einer expliziten unternehmerischen Nutzenperspektive und einer explizit mäzenisch orientierten Gesellschaftsperspektive darstellen. Darauf weisen auch aktuelle Trends in der konkreten Zusammenarbeit zwischen (Groß-)Unternehmen und dem DOSB und dessen Mitgliedsorganisationen hin, wie im Folgenden skizziert wird.

18.3 Aktuelle Trends

So scheint die wachsende Bedeutung des gesellschaftlichen Engagements von Unternehmen dazu beizutragen, dass der DOSB verstärkt die „gesellschaftlichen Funktionen" des vereins- und verbandsorganisierten Sports in Konzepte einzubetten versucht, „die Unternehmen ermöglichen, ihr Engagement als Good Corporate Citizen zu demonstrieren", wie Heine (2009, S. 141) betont. Zwar handelt es sich bei diesen Einschätzungen primär um Beobachtungen mit Plausibilitätsanspruch, die empirisch differenzierter zu prüfen bleiben. Gleichwohl lohnt es sich, die Perspektive differenzierter auf den DOSB zu richten und erste Eindrücke zusammenzutragen, die sich im Hinblick auf neuere Kooperationsprojekte mit (Groß-)Unternehmen abzuzeichnen scheinen (Braun 2013c).

Gesellschaftspolitisch inspirierte Projekte

Insbesondere in den letzten Jahren sind – z. T. auch öffentlichkeitswirksam inszenierte – Projekte initiiert und implementiert worden, bei denen umsatzstarke Großunternehmen gemeinsam mit dem DOSB gesellschaftspolitische Themen mit Hilfe des Mediums Sport und Bewegung zu bearbeiten versuchen. Dabei werden offenbar zunehmend auch solche Aspekte in den Kontext unternehmensbezogener Förderstrategien eingebunden, die unter dem Stichwort „Gemeinwohlorientierung des Sports" (Rittner und Breuer 2004) und speziell des vereins- und verbandsorganisierten Sports thematisiert werden und die bislang eher im Fokus der sportpolitischen Debatten über die subsidiäre staatliche Förderung standen (vgl. Abschnitt 1). In diesem geht es z. B. um Fragen der Gesundheitsförderung, Integrationsarbeit, Kinder- und Jugendarbeit oder auch generationenübergreifenden Interaktionen. Die folgende Tabelle 1 gibt einen Überblick über relevante Projekte (Stand: Mai 2011), die wir im Rahmen einer Studie über den DOSB, insbesondere auf der Basis von Dokumentenanalysen, ermitteln konnten (Braun 2013a, 2013c); sie erhebt keinen Vollständigkeitsanspruch und hat vor allem illustrierenden Charakter.

Exemplarisch für die neu entstandenen Kooperationsformate zwischen dem DOSB und (Groß-)Unternehmen steht das 2008 implementierte CC-Programm „Gut. Das gesellschaftliche Engagement der Sparkassen-Finanzgruppe", mit dem Eliteschulen des Sports ebenso gefördert werden wie der Breitensport („Offizieller Förderer des Deutschen Sportabzeichens"). Für neuere Formen der Zusammenarbeit zwischen Großunternehmen und dem DOSB im Rahmen unternehmerischer CC-Engagements steht aber auch das Projekt „Mission Olympic" von Coca Cola, das mit den beiden Wettbewerben „Deutschlands aktivste Stadt" und „Deutschlands beste Initiativen für Bewegung und Sport" das Ziel verfolgt, Bewegungsförderung und einen aktiven Lebensstil in Deutschlands Städten zu fördern. Im Sinne dieser – durchaus kritisch begleiteten und kommentierten Kooperationsprojekte mit Unternehmen – wird auch im Arbeitsprogramm des DOSB-Präsidiums für den Zeitraum von 2011 bis 2014 darauf hingewiesen, dass „insbesondere durch die stärkere Einbeziehung von weltweiten Partnern, aber auch eine ausgewogene Intensivierung der Breitensportvermarktung zusätzliche Einnahmen für den deutschen Sport" erzielt werden könnten; „unser erfolgreicher Dienstleister hierfür ist die Deutsche Sport-Marketing GmbH (DSM)" (DOSB 2011, S. 18).

Tab. 1 Ausgewählte „breitensportlich" akzentuierte Kooperationsprojekte zwischen Wirtschaftsunternehmen und dem Deutschen Olympischen Sportbund (Stand: Mai 2011)

Initiative	Unternehmen	Zeitraum
„Sterne des Sports"	Volks- und Raiffeisenbanken	seit 2004
Deutsches Sportabzeichen: Förderer	Barmer GEK	seit 2008
Deutsches Sportabzeichen: Förderer	FERRERO	
Deutsches Sportabzeichen: Aktion	Sparkassen Finanzgruppe	seit 2008
Deutsches Sportabzeichen: Aktion „kinder + sport" Sportabzeichen Gewinnspiel	FERRERO	seit 2008
Deutsches Sportabzeichen: Tourpartner (Sportabzeichen-Tour 2010)	Bionade	5-8 2010
„Mission Olympic"	Coca-Cola	seit 2007
Partner „Festival des Sports"	Samsung	seit 2009
„You run. We help."	Samsung	seit 2009
„Lidl Schüler Fitness Cup"	Lidl Dienstleistung GmbH & Co. KG	seit 2007
„Müller bewegt Kinder – 100 Trimmy Kindergärten in Deuschland"	Molkerei Alois Müller GmbH	seit 2009
„Trimm Dich-Initiative" von Müller	Molkerei Alois Müller GmbH	seit 2008
Förderpreis „Generationen bewegen"	Mercure Hotels der Hotelkette Accor	seit 2007
„Sportlerticket"	Mercure Hotels der Hotelkette Accor	seit 2008

Quelle: eigene Darstellung (Braun 2013c; modifiziert und überarbeitet nach Böttcher 2010)

Die Deutsche Sport-Marketing als „Mittlerorganisation"

Die 1986 gegründete Deutsche Sport-Marketing GmbH (DSM) ist eine 100 %ige Wirtschaftstochter der Stiftung Deutscher Sport, die wiederum eine Stiftung des DOSB ist, und hat für die Dachorganisation des vereins- und verbandsorganisierten Sports in Deutschland die „Aufgaben der Vermarktungsagentur" (DSM 2010) übernommen. Während sich die DSM zunächst auf ihre Aufgabe als exklusive Vermarkterin des olympischen Themas in Deutschland fokussierte, ist sie seit der Gründung des DOSB im Jahr 2006 „auch für die strategische Führung in der Breitensportvermarktung zuständig" (DSM 2010). Dabei arbeitet sie mit der Burda Sports Group (BSG) zusammen, die im Breitensport exklusiv über die Vermarktungsrechte des DOSB verfügt. 2007 hat die DSM zudem die Vermarktung des Deutschen Behindertensportverbandes (DBS) übernommen.

In den letzten Jahren scheint sich die DSM zunehmend auch dem Thema CC und CSR zuzuwenden. Die DSM, so heißt es in der Selbstbeschreibung des Unternehmens, „vermarktet den Deutschen Olympischen Sportbund und den Deutschen Behindertensportverband. [...] Die steigende Nachfrage nach integrierten Engagements bedient sie mit übergreifenden Konzepten. Sie verbindet Themen aus dem olympischen und paralympischen Spitzen- mit solchen aus dem Breitensport. Einer Spielfläche, die angesichts der Kraft des Themas Corporate Social Responsibility immer attraktiver wird"[2] und die es erlauben soll, „mit maßgeblich im Sport engagierten Unternehmen in einen offenen Dialog über zukunftsweisende Formen von Partnerschaften zu treten" (Achten 2011, S. 3).

18.4 Fazit und Perspektiven

Unterhalb der Oberfläche des allfälligen (Spitzen-)Sportsponsorings zeichnet sich im vereins- und verbandsorganisierten Sport in Deutschland unter den Dach des DOSB ein zunehmend breiteres Unternehmensengagement im freizeit-, breiten- oder gesundheitsorientierten Vereinssport ab, das die Züge eines am Sponsoring orientierten CC-Engagements aufweist. Dieses Unternehmensengagement nimmt bei seiner inhaltlichen Ausrichtung auf ausgewählte „gesellschaftliche Funktionen" des vereins- und verbandsorganisierten Sports Bezug und versucht, in Kooperationsprojekten mit dem DOSB unternehmerische Nutzenperspektiven mit gesellschaftlichen Bedarfen auf der Basis sport- und bewegungsbezogener Projekte zu

---

2 www.dsm-olympia.de/informieren/agenturportraet.html. Zugegriffen: 14.03.2017.

verbinden. Allerdings scheinen diese Projekte derzeit eher noch nebeneinander zu stehen und nicht in den konzeptionellen Rahmen einer „sportbezogenen Engagementpolitik" (Braun 2013a) mit dem DOSB als „strategischem Kooperationspartner" von nachhaltigen CC-Projekten eingebettet zu sein.

Um sich als Kooperationspartner für CC-Projekte zunehmend zu etablieren, dürfte für den DOSB und insbesondere auch für die DSM – als Gesamt-Vermarktungsagentur des DOSB – eine besondere Herausforderung darin bestehen, das spezifische Expertenwissen über die „gesellschaftlichen Funktionen" des Sports und speziell des vereinsorganisierten Sports an bestehende und potenzielle CC-Programme und -Projekte von Unternehmen inhaltlich „anschlussfähig" zu machen. Zwar lassen die jüngeren Kooperationsprojekte des DOSB mit Unternehmen erste Ansätze solcher inhaltlichen Anschlussofferten erkennen, allerdings dürfte die konzeptionelle Frage noch differenzierter zu beantworten sein, unter welchen spezifischen Konstellationen der DOSB und dessen Mitgliedsorganisationen mit ihren jeweils besonderen Aufgabenfeldern und „Geschäftsmodellen" für Unternehmen interessante Kooperationspartner zur Entwicklung, Implementation und Durchführung von CC-Maßnahmen im vereins- und verbandsorganisierten Sport sein können.

Denn ob solche Kooperationen erfolgreich zustande kommen, hängt nicht zuletzt davon ab, wie sich das Verhältnis von Unternehmen und Sportverbänden und -vereinen entwickelt und inwieweit es gelingt, von der einseitigen finanziellen Unternehmensförderung eines gemeinnützigen Vereinszwecks zur professionellen und lösungsorientierten Zusammenarbeit zu gelangen (Nährlich 2008). Bei dieser Zusammenarbeit – und darin liegt eine zentrale Herausforderung der engagementpolitischen Gestaltung einer CC-Konzeption des DOSB – müssen sehr unterschiedliche Akteure zusammenfinden. Dazu ist ein Management erforderlich, um typische Kooperationsprobleme unterschiedlicher Organisationen mit ihren jeweils eigenen Sachzwängen, Anforderungsprofilen und Zielsetzungen überwinden zu können (Braun 2007).

In diesem Kontext scheint das etablierte Sportsponsoring eine besondere Herausforderung darzustellen, denn in unternehmensbezogenen Kontexten wird das Thema „Sport" vielfach noch explizit dem Unternehmenssponsoring zugeordnet, während CC-Aktivitäten unter Begriffen wie „soziales Engagement", „Nachhaltigkeit" oder „gesellschaftliche Verantwortung" eher Feldern wie der „Ökologie", „Soziales" oder „Bildung" vorbehalten bleiben (Braun und Pillath 2013). Speziell in den unternehmerischen CC-Aktivitäten dürfte aber eine besondere Chance liegen, jenseits des telegenen Spitzensports und ausgewählter Sportarten unterschiedliche sport- und bewegungsbezogene Kontexte mit ihren vielfältigen gesellschaftlichen Funktionen zu diskutieren und zu präsentieren. Insofern könnte eine systematische Evaluation gerade der jüngeren Kooperationsprojekte zwischen Großunternehmen und dem

DOSB, die als CC-Projekte öffentlich präsentiert werden, eine aufschlussreiche Erfahrungsgrundlage darstellen, um Informationen über die gesellschaftspolitische Relevanz von CC-Programmen im „Breitensport" zu gewinnen und auf diese Weise systematischer in CC-Planungen von Unternehmen eingebettet zu werden.

Empfehlenswerte Literatur

Braun S (Hrsg) (2013) Der Deutsche Olympische Sportbund in der Zivilgesellschaft. Eine sozialwissenschaftliche Analyse zur sportbezogenen Engagementpolitik. Springer VS, Wiesbaden

Braun S (2013) Profit und Gemeinwohl? Engagement-Partnerschaften zwischen Wirtschaft und Sport. In: Braun S (Hrsg) Der Deutsche Olympische Sportbund in der Zivilgesellschaft. Eine sozialwissenschaftliche Analyse zur sportbezogenen Engagementpolitik. VS Verlag für Sozialwissenschaften, Wiesbaden, S 120-141

Braun S (Hrsg) (2010) Gesellschaftliches Engagement von Unternehmen. Der deutsche Weg im internationalen Kontext. VS-Verlag für Sozialwissenschaften, Wiesbaden

Literatur

Achten A (2011) Sponsoring wird immer stärker unter einem gesellschaftlichen Blickwinkel betrachtet. Faktor Sport 2: 3

Babin JU (1995) Perspektiven des Sportsponsorings. Lang, Frankfurt

Backhaus-Maul H, Braun S (2007) Gesellschaftliches Engagement von Unternehmen in Deutschland. Konzeptionelle Überlegungen und empirische Befunde. Stiftung & Sponsoring, Rote Seiten 10: 1-15

Backhaus-Maul H, Braun S (2010) Gesellschaftliches Engagement von Unternehmen in Deutschland. Theoretische Überlegungen, empirische Befunde und engagementpolitische Perspektiven. In: Olk T, Klein A, Hartnuß B (Hrsg) Engagementpolitik. Die Entwicklung der Zivilgesellschaft als politische Aufgabe. VS Verlag für Sozialwissenschaften, Wiesbaden, S 303-326

Baur J, Braun S (2001) Der vereinsorganisierte Sport in Ostdeutschland. Sport und Buch Strauß, Köln

Baur J, Braun S (Hrsg) (2003) Integrationsleistungen von Sportvereinen als Freiwilligenorganisationen. Meyer & Meyer, Aachen

Böttcher C (2010) Koproduktion öffentlicher Leistungen mit Unternehmen im Gemeinwesen: Gesellschaftliches Engagement von Unternehmen in Deutschland. Diskussionspapier im Rahmen des Forschungsprojekts „Die Sportvereine im DOSB als zivilgesellschaftliche Akteure". Humboldt-Universität zu Berlin/Forschungszentrum für Bürgerschaftliches Engagement, Berlin

Bourdieu P (1986) Historische und soziale Voraussetzungen des modernen Sports. In: Hortleder G, Gebauer G (Hrsg) Sport – Eros – Tod. Suhrkamp, Frankfurt, S 91-112

Braun S (Hrsg) (2013a) Der Deutsche Olympische Sportbund in der Zivilgesellschaft. Eine sozialwissenschaftliche Analyse zur sportbezogenen Engagementpolitik. Springer VS, Wiesbaden

Braun S (2013b) Gesellschaftlicher Wandel als Gestaltungsoption: Eine „sportbezogene Engagementpolitik" als Zielperspektive? In: Braun S (Hrsg) Der Deutsche Olympische Sportbund in der Zivilgesellschaft. Eine sozialwissenschaftliche Analyse zur sportbezogenen Engagementpolitik. VS-Verlag für Sozialwissenschaften, Wiesbaden, S 18-39

Braun S (2013c) Profit und Gemeinwohl? Engagement-Partnerschaften zwischen Wirtschaft und Sport. In: Braun S (Hrsg) Der Deutsche Olympische Sportbund in der Zivilgesellschaft. Eine sozialwissenschaftliche Analyse zur sportbezogenen Engagementpolitik. VS-Verlag für Sozialwissenschaften, Wiesbaden, S 120-141

Braun S (Hrsg) (2010) Gesellschaftliches Engagement von Unternehmen. Der deutsche Weg im internationalen Kontext. VS-Verlag für Sozialwissenschaften, Wiesbaden

Braun S (2008) Gesellschaftliches Engagement von Unternehmen in Deutschland. Aus Politik und Zeitgeschichte 55: 6-14

Braun S (2007) Corporate Citizenship und Dritter Sektor. Anmerkungen zur Vorstellung: „Alle werden gewinnen…". Forschungsjournal Neue Soziale Bewegungen 20: 186-190

Braun S, Backhaus-Maul H (2010) Gesellschaftliches Engagement von Unternehmen in Deutschland. Eine sozialwissenschaftliche Sekundäranalyse. VS Verlag für Sozialwissenschaften, Wiesbaden

Braun S, Pillath M (2013) Corporate Citizenship im Nachwuchsleistungssport. Perspektiven deutscher Großunternehme. Springer VS, Wiesbaden

Breuer C, Mutter F (2013) Zum Wert des Sports aus ökonomischer Perspektive. Deutsche Sporthochschule Köln, Köln

Bruhn M (1998) Sponsoring. Systematische Planung und integrativer Ansatz. Gabler, Wiesbaden

Cachay K, Thiel A (1995) Soziologie des Sports. Zur Ausdifferenzierung und Entwicklungsdynamik des Sports der modernen Gesellschaft. Juventa, Weinheim

Cachay K, Wagner C, Riedl L, Thiel A (2005) Produkte des Spitzensports. In: Breuer C, Thiel A (Hrsg) Handbuch Sportmanagement. Hofmann, Schorndorf, S 258-273

Digel H, Burk V (1999) Zur Entwicklung des Fernsehsports in Deutschland. Sportwissenschaft 29: 22-41

Digel H (Hrsg) (2001) Spitzensport. Chancen und Probleme. Hofmann, Schorndorf

Digel H (2005) Ressourcen des olympischen Erfolgs – die deutschen Spitzensportstrukturen im internationalen Vergleich. In: Mester J, Knuth S (Hrsg) Sport ist Spitze. Spitzensport im Jahr der Olympischen Sommerspiele 2004. Strukturen und Wissen. Meyer & Meyer, Aachen, S 18-45

Deutscher Olympischer Sportbund (DOSB) (2011) DOSB – Zukunft gewinnen. Arbeitsprogramm des Präsidiums des DOSB für 2011 bis 2014. Deutscher Olympischer Sportbund, Frankfurt

Deutsche Sport-Marketing GmbH (DSM) (2010) Deutsche Sport-Marketing GmbH – Agenturinformation. Presseinformation. Deutsche Sport-Marketing, Frankfurt

Eisenberg C (1999) „English Sports" und deutsche Bürger. Eine Gesellschaftsgeschichte 1800-1939. Ferdinand Schöningh, Paderborn

Gebauer G, Braun S, Suaud C, Faure JM (1999) Die soziale Umwelt von Spitzensportlern – ein Vergleich des Spitzensports in Frankreich und Deutschland. Hofmann, Schorndorf

Habisch A (2003) Corporate Citizenship. Gesellschaftliches Engagement von Unternehmen in Deutschland. Springer, Berlin

Hackfort D, Emrich E, Papathanassiou V (1997) Nachsportliche Karriereverläufe. Hofmann, Schorndorf

Haring M (2010) Sportförderung in Deutschland: eine vergleichende Analyse der Bundesländer. VS Verlag für Sozialwissenschaften, Wiesbaden

Heine C (2009) Gesellschaftliches Engagement im Fußball. Wirtschaftliche Chancen und Strategien für Vereine. Erich Schmidt Verlag, Berlin

Heinemann K (1995) Einführung in die Ökonomie des Sports. Hofmann, Schorndorf

Hermanns A (2006) Sponsoring Trends 2006. Pleon, Bonn

Herrmanns A, Marwitz C (2008) Sponsoring. Grundlagen, Wirkungen, Management, Markenführung. 3., vollständig überarbeitete Auflage. Vahlen, München

Hübenthal C, Mieth D (2001) Sponsoring. In: Gruppe O, Mieth D (Hrsg) Lexikon der Ethik im Sport. Hofmann, Schorndorf, S 474-478

Nährlich S (2008) Euphorie des Aufbruchs und Suche nach gesellschaftlicher Wirkung. Aus Politik und Zeitgeschichte (31):26-31

Nagel M (2003) Soziale Ungleichheiten im Sport. Meyer & Meyer, Aachen

Peters B (1996) Prominenz. Eine soziologische Analyse ihrer Entstehung und Wirkung. Westdeutscher Verlag, Opladen

Polterauer J (2007) Forschungsstand zum gesellschaftlichen Engagement von Unternehmen in Deutschland aus sozialwissenschaftlicher und wirtschaftswissenschaftlicher Perspektive. Expertise im Rahmen des Forschungsprojektes „Gesellschaftliches Engagement von Unternehmen in Deutschland. Eine sozialwissenschaftliche Bestandsaufnahme der Potenziale unternehmerischen bürgerschaftlichen Engagements". Universität Paderborn/ Forschungszentrum für Bürgerschaftliches Engagement, Paderborn

Preuß H (2005) Sponsoring im Spitzensport. In: Breuer C, Thiel A (Hrsg) Handbuch Sportmanagement. Hofmann, Schorndorf, S 274-291

Rittner V, Breuer C (2004) Soziale Bedeutung und Gemeinwohlorientierung des Sports. Sport & Buch Strauß, Köln

Winkler J, Klarhausen RR (1985) Verbände im Sport. Hofmann, Schorndorf

19 Varianten und Formen des gesellschaftlichen Engagements von Unternehmen

Gabriele Bartsch und Christiane Biedermann

> **Abstract**
>
> The societal commitment of companies is diverse and varies, however especially the commitment of employees (Corporate Volunteering) is considered essential for the development of corporate culture and their understanding of Corporate Citizenship.
>
> ***
>
> Das gesellschaftliche Engagement von Unternehmen ist formen- und variantenreich, wobei das hier besonders interessierende Mitarbeiterengagement (Corporate Volunteering) als prägend für die Entwicklung von Unternehmenskulturen und die Ausbildung des unternehmerischen Verständnisses als Corporate Citizen angesehen wird.

19.1 Einleitung

In diesem Beitrag werden Formen und Varianten des gesellschaftlichen Engagements aufgezeigt, mit denen sich Unternehmen zumeist in Zusammenarbeit mit Nonprofit-Organisationen betätigen: Mitarbeiterengagement (Corporate Volunteering), Geld- und Sachspenden, Sponsoring (Corporate Giving), Cause Related Marketing und Stiftungen (Corporate Foundation und Community Foundation). Beispiele hierfür gibt es zahlreich und vielfältig. Im Folgenden wird das Mitarbeiterengagement in den Vordergrund gerückt, da es maßgeblich für die Unternehmenskultur und das Verständnis eines Unternehmens als Corporate Citizen ist.

19.2 Formen und Varianten des gesellschaftlichen Engagements von Unternehmen

Dass mittelständische Betriebe gemeinnützige Vereine und soziale Einrichtungen unterstützen, international agierende Unternehmen Kulturprojekte an ihren Standorten sponsern und Kreditinstitute und Versicherungen gemeinnützige Stiftungen errichten, sind typische Beispiele für das gesellschaftliche Engagement von Unternehmen in Deutschland. Das freiwillige Engagement von Unternehmen in der Gesellschaft wird hier als ein wichtiger Aspekt von Corporate Citizenship verstanden, der Unternehmen in positivem Sinn mit dem Gemeinwesen verbinden soll, in dem es tätig ist (Backhaus-Maul et al. 2010, S. 22f.; Westebbe und Logan 1995, S. 13). Mit der wachsenden Bedeutung von Corporate Citizenship haben sich die Formen und Varianten des gesellschaftlichen Engagements von Unternehmen ausdifferenziert. Seit den 1990er Jahren erweitern Unternehmen ihren Aktionsradius und betreten mit ihrem gesellschaftlichen Engagement in Deutschland jenseits bewährter Pfade zunehmend auch Neuland (Backhaus-Maul et al. 2011, S. 442). Wobei die Ausgestaltung und der Entwicklungsstand im Unternehmensvergleich erheblich variieren.

Wie stark ist das gesellschaftliche Engagement der Unternehmen hier zu Lande ausgeprägt? Welche Formen und Instrumente wählen sie? Nur wenige wissenschaftliche Studien geben darüber bislang Aufschluss (siehe den Beitrag von Polterauer in diesem Band). Eine repräsentative Befragung für den Ersten Engagementbericht der Bundesregierung 2012 kommt zu dem Ergebnis, dass sich Unternehmen freiwillig über gesetzliche Vorgaben hinaus mit mindestens 11,2 Milliarden Euro im Jahr engagieren. Die gängigste Form des Engagements sind finanzielle Zuwendungen in Höhe von 8,5 Milliarden Euro im Jahr. Weitere Formen des gesellschaftlichen Engagements und deren finanzielle Volumen zeigt folgende Abbildung.

Unabhängig davon, welche Formen und Varianten Unternehmen für ihr gesellschaftliches Engagement bevorzugen, spielen die Wechselwirkungen zwischen der Verantwortung eines Unternehmens in seinem Kerngeschäft (Corporate Social Responsibility) und dem darüber hinaus gehenden gesellschaftlichen Engagement eine zentrale Rolle (Corporate Citizenship) (siehe den Beitrag von Polterauer in diesem Band). Die Meinungen von Experten, Medienvertretern und Öffentlichkeit darüber, ob sich Formen des Engagements in das Kerngeschäft einfügen oder

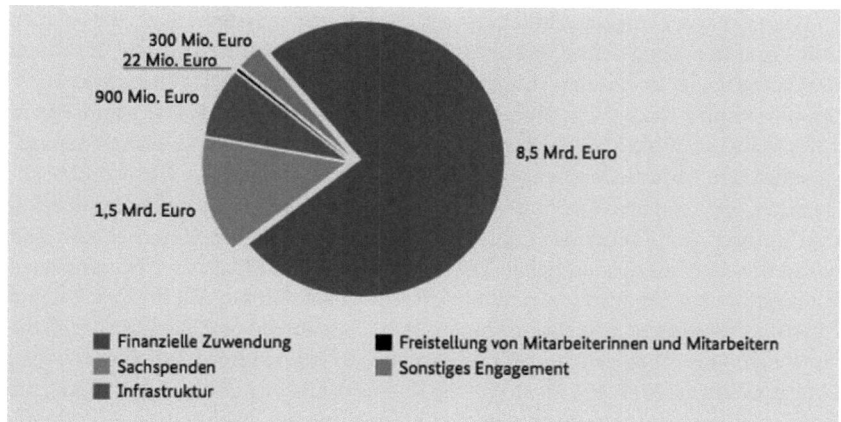

Abb. 1 Finanzielle Aufwendungen für Unternehmensengagement nach Art der bereitgestellten Ressourcen
Quelle: Erster Engagementbericht der Bundesregierung 2012, S. 22

davon unterscheiden sollten, gehen auseinander. Beispiele hierfür sind etwa die Entscheidung eines Finanzdienstleisters, sich für besseres wirtschaftliches Wissen von Schülerinnen und Schülern zu engagieren oder das Engagement eines Tabakherstellers zugunsten von Frauenhäusern. Einigkeit besteht darin, dass gesellschaftliches Unternehmensengagement Fehlverhalten, Missstände oder die Nichteinhaltung von Standards im Kerngeschäft keineswegs kompensieren oder öffentlicher Kritik vorbeugen kann (ausführlich Backhaus-Maul et al. 2010). Ferner ist das gesellschaftliche Engagement von Unternehmen nicht nur nützlich, es ist in vielen Fällen mittlerweile auch substanziell notwendig.

Die Anforderungen an das gesellschaftliche Unternehmensengagement unterliegen erheblichen Veränderungen. Dabei rückt der gesellschaftliche Mehrwert neben dem Mehrwert für Unternehmen stärker in den Vordergrund (vgl. dazu die Diskussion um den ‚social case', exemplarisch Nährlich 2008). Zu den neuen Erkenntnissen dieser Entwicklung zählt, dass es weniger um ein vom Unternehmen ausgehendes einseitiges Engagement handelt. Vielmehr gewinnen Kooperationen zwischen Unternehmen und Nonprofit-Organisationen und öffentlichen Institutionen an Relevanz, um komplexer werdende gesellschaftliche Herausforderungen überhaupt bearbeiten zu können. Im Mittelpunkt stehen dabei die Fragen, zu welchen Lösungen welcher gesellschaftlichen Probleme Unternehmensengagement beiträgt und welche Effekte damit erreicht werden?

Angesichts der Unübersichtlichkeit des Themas bieten Systematiken, die Formen und Varianten des gesellschaftlichen Engagements von Unternehmen einordnen und bewerten, erste Orientierungen (Backhaus-Maul et al. 2011; Dresewski 2004; Dresewski und Koch 2011; Habisch 2003; Habisch et al. 2008; Lang und Sturm 2015; Mecking 2010). Weit verbreitet ist die Unterscheidung des Unternehmensengagements in Mitarbeiterengagement (Corporate Volunteering), Geld- und Sachspenden, Sponsoring (Corporate Giving) und Stiftungen (Corporate Foundation und Community Foundation). Für die Zusammenarbeit von Unternehmen und Nonprofit-Organisationen haben Dresewski und Koch (2011) drei Dimensionen herausgearbeitet: Sie differenzieren 1) in „Partnerschaftsformen", die die Qualität und Intensität von Kooperationen einordnen, 2) in „Ressourcen und Kompetenzen", die Unternehmen einbringen, und 3) in „Instrumente", die sie einsetzen. Ferner haben Lang und Sturm (2015) vier idealtypische Kooperationsformen herausgearbeitet, die den Charakter, die Gestaltung und die Entwicklung der Kooperation einordnen:

- „Charity/Wohltätigkeit", die wohltätige Hilfe zur Unterstützung der Aktivitäten und Projekte von Nonprofit-Organisationen;
- „Zusammenarbeit", die auf die Durchführung einer oder mehrerer Projekte gerichtet ist;
- „Partnerschaften" zwischen Unternehmen und Nonprofit-Organisationen mit dem Ziel, gemeinsam ein Vorhaben umzusetzen, von dem sich die beteiligten Partner einen Nutzen versprechen;
- „Innovation", bei der die Kooperation auf die Entwicklung und Verankerung einer neu- oder andersartigen Aufgaben- oder Problemlösung im Gemeinwesen gerichtet ist.

Im Folgenden werden wichtige ausgewählte Instrumente des Unternehmensengagements – insbesondere das Richtung weisende Corporate Volunteering – dargestellt und diskutiert.

19.2.1 Corporate Volunteering

In den vergangenen Jahren haben sich zahlreiche Varianten von Corporate Volunteering in Unternehmen entwickelt, vom eintägigen Freiwilligeneinsatz bis zu ein- und mehrwöchigen Praktika, von Projekten bis hin zu gegenseitigen Hospitationen scheinen die unterschiedlichen Formen und Möglichkeiten unerschöpflich (Bartsch 2010, S. 389ff.). Je nach Ausgangsmotivation eines Unternehmens wird dann entweder die Marketing-, Personal- oder Human-Resources-Abteilung damit beschäftigt. Und je nach unternehmerischer Interessenslage werden die Einsätze und Ergebnisse offensiv kommuniziert oder mit dem Argument des Wettbewerbsvorteils geradezu „verheimlicht".

In Unternehmen gibt es verschiedene Zugänge, um Corporate Volunteering einzuführen. Obwohl die kurzfristige Freistellung von Mitarbeitenden für einen Einsatz in einer sozialen Organisation Anreiz-Charakter und entsprechend öffentlichkeitswirksam vermarktet werden kann, besteht der besondere Nutzen von Corporate Volunteering in der Kompetenzentwicklung der Beteiligten. Gemeint sind hier im Sinne der Persönlichkeitsentwicklung vor allem die Dimensionen Sozialkompetenz und emotionale Intelligenz. Dieses liegt auf der Hand, da Corporate Volunteering bedeutet, handlungs- und erfahrungsorientiert zu lernen. Damit dieser Lernansatz realisiert werden kann, setzt die Projektentwicklung u. a. Folgendes voraus (Bartsch 2013, S. 15ff.):

- Es gibt einen realen Bedarf an Freiwilligen in der Nonprofit-Organisation. Dadurch wird ein gegenseitiger Nutzen für alle Beteiligten gewährleistet und die Teilnehmenden erleben ihr Handeln als wirksam und sinnhaft.
- Die Teilnehmenden werden vorbereitet und angeleitet sowie aufgefordert, ihre persönlichen Erwartungen und Lernziele zu formulieren. Die gemachten Erfahrungen werden anschließend systematisch reflektiert, so dass die Teilnehmenden in der Lage sind, aus den Erlebnissen neue Erkenntnisse zu ziehen und diese auch auf andere Situationen übertragen zu können.

Im Sinne gesellschaftlicher Entwicklung sind Führungskräfte von Unternehmen im Vergleich mit Unternehmensmitarbeitern im Allgemeinen als „movers and shakers" sowie als Meinungsmacher eine besonders interessanteste Zielgruppe. Aufgrund dessen konzentrieren wir uns im Folgenden auf Praxisbeispiele aus der Führungskräfteentwicklung. Anhand von zwei konkreten Fallbeispielen aus der pädagogischen Arbeit der „Agentur mehrwert" wird im Folgenden dargestellt, wie Corporate Volunteering als innovative handlungs- und erfahrungsbasierte Engagementform das Verständnis und den Blick für zivilgesellschaftliche Belange „schärfen", die Persönlichkeitsentwicklung anregen und gleichzeitig zur Förderung einer werteorientierten Identität beitragen kann.

Selbstgefährdungen in der Führungswelt

Je länger Menschen in einer Führungsrolle sind, umso größer wird die Gefahr, dass sie in einer eng begrenzten Realität leben und nahezu abgeschnitten sind von der Lebensrealität anderer Menschen, die beispielsweise mit Krankheit, Sucht, Armut oder Behinderung zu kämpfen haben. Führungskräfte können ein Berufs- und

Privatleben in ihrer eigenen Lebenswelt führen, ohne durch das Leben anderer gestört oder auch nur irritiert zu werden. Wenn sie nun durch ein Corporate Volunteering-Projekt beispielsweise eine Woche in einer sozialen Einrichtung mitarbeiten, ist dieses oftmals die erste reale Begegnung mit einem Menschen ohne Obdach, mit einer Asylbewerberin oder einem schwerbehinderten Kind. Durch einen solchen unmittelbaren Kontakt, der gewissermaßen „die Augen öffnet", werden Führungskräfte angerührt beziehungsweise berührt und kommen so – vermutlich zum ersten Mal seit langem – wieder in Kontakt mit ihrer eigenen Gefühlswelt und Emotionalität. Dieses steht ziemlich konträr zu den Anforderungen an Führungskräfte, die darauf trainiert sind, schnell einen Überblick zu gewinnen und ad hoc Entscheidungen zu treffen. In dieser Logik scheint es angemessen, alles Emotionale zurückzudrängen. Sachlichkeit scheint Stabilität zu garantieren. So kann für Führungskräfte, die in einer sterilen und formalen Firmenkultur beruflich sozialisiert wurden, der Kontakt mit anderen Lebensrealitäten zur persönlichen Herausforderung werden. Die Berührungsängste sind also nicht zu unterschätzen, wenngleich sie durchaus überwindbar sind. Freiwilligkeit, eine gesunde Neugier und Offenheit für Menschen, die anders sind, sind Voraussetzungen, die Führungskräfte mitbringen oder wieder gewinnen müssen. Ein solcher Blickwechsel lebt geradezu von emotionaler Herausforderung und positiver Irritation, die eintritt, wenn eine Führungskraft zum ersten Mal seit langem wieder die Erfahrung macht, unwichtig zu sein oder sich anstrengen muss, um mit schwierigen Jugendlichen überhaupt in Kontakt zu kommen. Für eine soziale Organisation kann es umgekehrt irritierend sein, professionelle Fragen einer Führungskraft gestellt zu bekommen, die auf Ineffektivität und Ineffizienz verweisen und „blinde Flecken" einer Nonprofit-Organisation offenbaren können. Corporate Volunteering bietet gute Bedingungen für diese Art erfahrungsbasierten individuellen und organisationalen Lernens.

Fallbeispiel I: „Das Glück der eigenen Unversehrtheit" (Herr L.)

Herr L. ist Mitte fünfzig, verheiratet, beide Kinder sind erwachsen und leben nicht mehr im Haus der Eltern. Beruflich ist Herr L. Vertriebsleiter eines großen mittelständischen Maschinenbauunternehmens. Für seinen „Blickwechsel" wählt er eine Rehabilitationseinrichtung für behinderte Menschen, die aufgrund von Unfällen, Drogenmissbrauch, Schlaganfällen oder Tumorbildungen neurologische Störungen aufweisen. Die Einrichtung ist von seinem Wohnort so weit weg, dass er dort übernachten muss. Die räumliche Distanz zu Betrieb und Wohnort war für Herrn L. eine wesentliche Motivation, um sich diese Einrichtung auszusuchen.

Als Lernthema formuliert er bei der Einführung, dass er lernen möchte, sich in andere einfühlen zu können. Das Spektrum des Klientels ist beeindruckend: von der Prostituierten, die von einem Freier zusammengeschlagen wurde bis zum Vorstandsvorsitzenden, der einen Unfall hatte. Im Laufe der Woche arbeitet er sowohl in der Werkstatt als auch im Wohnbereich mit. Bei den Pflegetätigkeiten stellt er seinerseits keine Berührungsängste fest, allerdings schlagen ihm die Schicksale, die er kennen lernt, schwer auf sein Gemüt. Problematisch ist für ihn der Umgang mit psychisch kranken Menschen. „Da sei Zuhören gefragt gewesen", was ihm, „der immer sofort nach Lösungen suchen würde", schwergefallen sei. Zumal er damit konfrontiert wird, dass ein solches Schicksal kein soziales Phänomen ist, sondern „jeden von jetzt auf nachher treffen" kann. Drei Monate später reflektiert er noch einmal seine Erfahrungen. Ihm ist bewusst geworden, dass er auf die Grundsatzdiskussionen und auch Klagen seiner Mitarbeiter sehr viel konsequenter reagiere und diese schneller beende als früher. Natürlich ist ihm klar, dass das Verhandeln ein Spezifikum des Vertriebs ist und seine Leute dieses ihm gegenüber auch versuchen. Bezüglich dessen, was er sich vorgenommen habe, sei er zufrieden, auch darüber, dass die Wirkung so lange anhält.

Ein weiteres Thema taucht noch auf. Das Glück der eigenen Unversehrtheit erscheint ihm nicht mehr selbstverständlich. Vor einem Jahr hatte er einen Unfall, der kurz und heftig war, für ihn aber glimpflich ausgegangen ist. Seither fährt er nicht mehr auf den letzten Drücker los, sondern fährt bewusst langsamer und achtsam. Insgesamt resümiert er, dass der „Blickwechsel" ihm geholfen habe, deutlich mehr Prioritäten zu setzen. Das Team der Einrichtung hat er eingeladen und versucht, in seinem Unternehmen Aufträge für die Werkstatt zu akquirieren.

Fallbeispiel II: „Hilfe zur Selbsthilfe" (Herr S.)

Herr S. ist Mitte vierzig, verheiratet und hat 2 Kinder. Er leitet einen spezifischen Fertigungsbereich eines großen international tätigen Unternehmens der Automobilbranche. Seine Aufgabe besteht darin, die Fertigungsstrukturen innerhalb der nächsten drei Jahre der globalen Marktentwicklung anzupassen, wovon mehrere hundert Arbeitsplätze betroffen sind. Die Problematik ist dabei, dass die besser qualifizierten Mitarbeiter zuerst neue Aufgaben bekommen, so dass er zunehmend mit den weniger qualifizierten Mitarbeitern dennoch die vereinbarten Ziele erreichen muss. Sein persönliches Ziel ist, dass die Mitarbeiter die Veränderungen so gut bewerkstelligen, dass sie sich damit für andere Aufgaben im Unternehmen empfehlen und nicht passiv abwarten, was danach passiert. Dieses nennt er „Hilfe zur Selbsthilfe".

Seinen Blickwechsel verbringt er bei der Mobilen Jugendarbeit, einer Organisation, die sich um schwierige Jugendliche kümmert, Kontakte zu Stadtteilcliquen herstellt, in den sich Jugendliche zusammengeschlossen haben, bei Konflikten vermittelt oder bei der Suche nach Ausbildungsplätzen hilft. Herrn S. wird in der Woche klar, dass er selbst sehr viel bessere Ausgangsbedingungen hatte als diese

Jugendlichen. Dennoch geht es nicht darum, sie zu schonen, sondern sie mit Konsequenz, Verbindlichkeit und Wertschätzung in ihrer Entwicklung zu unterstützen. Er ist erstaunt, wie schnell er in diese Arbeit reingekommen ist und wie schnell er Kontakt zu den Jugendlichen gefunden hat. Motivationsfördernd sei dabei sicherlich gewesen, dass er Interesse gezeigt und viele Fragen gestellt habe, z. B. als es um Bewerbungsgespräche ging. Beeindruckt hat ihn die Haltung der Jugendarbeiter: die Mühe lohnt sich, keiner wird aufgegeben. Ziel der Arbeit ist die Stärkung des Selbstbewusstseins der Jugendlichen. Also auch ein „Hilfe-zur-Selbsthilfe-Ansatz".

An dieser Stelle des Berichts wird ihm deutlich, dass er seine Mitarbeiter über den Umsetzungsstand der geplanten Strukturveränderung viel mehr informieren müsste und es für ihn umgekehrt interessant wäre, mehr ungefilterte Informationen direkt zu bekommen. Seine Idee ist, eine Art Sprechstunde einzurichten, als Rahmen stellt er sich ein „Captain's Dinner" vor, so wie der Kapitän eines Kreuzfahrtschiffes die Gäste persönlich einlädt. Damit verbindet er eine besondere Art der Würdigung.

Drei Monate später kann er über Erfolge berichten. Mit den Gruppenleitern und Meistern hat er ein erstes „Captain's Dinner" veranstaltet, dieses wurde insbesondere von den Gruppenleitern intensiv genutzt und kam gut an. Der Lerneffekt für beide Seiten ist, dass bei diesem – im Grunde genommen paradoxen – Auftrag die Vermittlung von Hintergrundwissen eine große vertrauensbildende Wirkung hat. Bei einem kürzlich durchgeführten Workshop hätten sie „tolle" Ergebnisse erzielt. Seine „Mannschaft" hätte jetzt begriffen, dass eine gut durchgeführte Anpassung der Fertigungsstrukturen die eigenen beruflichen Chancen am hiesigen Standort vergrößern würde. Dieses führt er auf die intensivere Kommunikation zurück, die er selbst pflegt. Die Mitarbeiter der Mobilen Jugendarbeit hat er zu einem Führungsdialog eingeladen, den er mit seinen Abteilungsleitern durchführt. Außerdem sind sie im Rahmen seiner Unterstützung des Bewerbungstrainings für Schüler weiterhin im Kontakt und das erste Praktikum, das er vermitteln konnte, startet in Kürze.

Individuelles und organisationales Lernen

Corporate Volunteering hat sowohl individuelle als auch organisationale Effekte. Zunächst einmal bietet Corporate Volunteering Lern- und Veränderungspotenziale und Chancen zur Selbsterkenntnis und persönlichen Entwicklung. Es ist wie eine „Reise in ein exotisches Land", in dem einem der Spiegel vorgehalten wird und in der Verfremdung das eigene Selbst und das bisher Selbstverständliche in neuem Licht gezeigt wird. Je nach Art der sozialen Einrichtung gibt es darüber hinaus für die Teilnehmenden ganz spezielle Beobachtungs- und Erlebnisdimensionen. Fachkräfte in der Behindertenhilfe etwa versuchen durch konsequente Ressourcenorientierung, d. h. individuelle und kompetenzorientierte Förderpläne, Menschen mit Behinderungen individuell angemessen zu unterstützen. Der Umgang ist durch eine einfache und klare Sprache sowie Konsequenz in der Interaktion geprägt. Herausfordernd ist der Umgang mit einem sehr direkten Kommunikationsverhalten, das nicht durch übliche Konventionen von Nähe und Distanz sowie „Diplomatie" verstellt ist. In der Altenhilfe besteht die Herausforderung für Führungskräfte darin, mit – aus ihrer Sicht – irrationalem Verhalten zurechtzukommen und Langsamkeit auszuhalten. Für Führungskräfte ist es in der Regel schwer nachzuvollziehen, wenn junge Menschen nicht ambitioniert zu sein scheinen und kein Durchhaltevermögen zeigen. Dieses erschließt sich erst aus der Kenntnis der individuellen Lebensgeschichten, die diesem Verhalten zugrunde liegen. Erst aufgrund eines entsprechend tiefgründigen Verständnisses, können wirksame Unterstützungen und Förderungen entwickelt werden.

Corporate Volunteering eröffnet aber auch für die beteiligten Unternehmen und Nonprofit-Organisationen Möglichkeiten organisationalen Lernens. Sei es, dass die eigenen Handlungsroutinen und -strategien hinterfragt und „blinde Flecken" sichtbar werden. Aufgrund der Gewinnorientierung von privatwirtschaftlichen Unternehmen gibt es hier eine hohe Präferenz für eine effiziente Aufgabenerbringung und Zielerreichung, während Nonprofit-Organisationen das Ziel verfolgen, Menschen in ihren jeweiligen Problemlagen zu sehen und sie zu unterstützen. Diese soziale Arbeit ist geprägt durch ein hohes Maß an Interaktion und Beziehungsorientierung. Diese Verschiedenartigkeit von Unternehmen und Nonprofit-Organisationen bietet für beide Seiten Gelegenheiten zum organisationalen Lernen. Die Organisationszwecke – hier die Herstellung eines Produkts oder Erbringung einer Dienstleistung, dort die Förderung der Persönlichkeit oder der Lebensqualität – stehen in einem dialektischen Verhältnis zu Organisations- und Ablaufprozessen und der Organisationskultur. Zugespitzt formuliert, sind in Unternehmen Ergebnisse wichtiger als Prozesse, also beispielsweise auch der Umgang mit Mitarbeitenden. Im Nonprofit-Bereich ist es umgekehrt. Da ist die Frage nach dem Miteinander manchmal wichtiger als die Erstellung eines Protokolls mit To-dos. Durch die Begegnung mit der jeweils „anderen" Welt zeigt sich die jeweils eigene Betriebsblindheit und die eigenen Besonderheiten und Schwächen werden deutlich. Im besten Fall kommt es zu einem Prozess des Verstehens und gegenseitigen Lernens. Im Folgenden werden weitere Instrumente des Unternehmensengagements kurz dargestellt.

19.2.2 Corporate Giving

Die traditionellen Formen des gesellschaftlichen Engagements von Unternehmen sind Spenden und Sponsoring (Corporate Giving) (vgl. Abbildung), die kurz erläutert werden sollen.

Spende

Unternehmen stellen Geld, Sach- und Dienstleistungen, wie etwa ihr Wissen, ihre Kenntnisse und ihre Unternehmensinfrastruktur, für gemeinnützige Zwecke und zugunsten von Nonprofit-Organisationen zur Verfügung (Dresewski 2004). Die Spende als finanzielle oder geldwerte Zuwendung unterscheidet sich vom Sponsoring, mit dem eine Gegenleistung der Nonprofit-Organisation verbunden ist (Mecking 2010, S. 374). Die Vorteile der Spenden liegen für Unternehmen im geringen konzeptionellen und verwaltungstechnischen Aufwand. Als nachteilig kann es sich erweisen, dass Unternehmen mit ihrer Spende eine verhältnismäßig kurzzeitige öffentliche Aufmerksamkeit erzielen, etwa dann, wenn die Spende allein mit der öffentlichen Übergabe eines symbolischen Schecks verbunden wird (ebd.). Um diesem Nachteil zu begegnen, sind verschiedene Spendenkonzepte entstanden: So bündeln Unternehmen häufig ihr traditionell gewachsenes Engagement, indem sie sich auf ausgesuchte Handlungsfelder konzentrieren, wie etwa Wissenschaft, Erziehung und Bildung oder Kultur, oder Förderprogramme für bestimmte gemeinnützige Zwecke auflegen, wie die Unterstützung benachteiligter Jugendlicher. Sie spenden anlassbezogen, wie etwa aufgrund eines Firmenjubiläums oder verbinden die Mittelvergabe mit einem bestimmten Zweck, mit einem Förderwettbewerb oder erheben das freiwillige Engagement ihrer Mitarbeiterinnen und Mitarbeiter zum Referenzpunkt, indem beispielsweise Unternehmensspenden nur an solche gemeinnützigen Organisationen gehen, für die sich auch die Mitarbeitenden des Unternehmens engagieren.

Ein Beispiel gibt der international tätige Photonik-Konzern Jenoptik AG. Er ist Gründungsmitglied des Jenaer Bündnisses für Familien und unterstützt an seinem Hauptsitz in Jena unter anderem den gemeinnützigen Verein Zentrum für Familie und Alleinerziehende mit Geld- und Sachspenden. Gefördert werden soll damit eine flexible Kinderbetreuung, um Vereinbarkeit von Beruf und Familie, das Studium oder den Wiedereinstieg in den Beruf zu ermöglichen. Mit den Spenden werden die Koordinierung der flexiblen Kinderbetreuung und eine verbesserte Ausstattung des Kindergartens finanziert. Darüber hinaus veranstaltet Jenoptik AG während seines Neujahrsempfangs jedes Jahr eine Spendenaktion. Der Erlös kommt jeweils Projekten zugute, die Kinder und Jugendliche fördern – sei es durch die Unterstützung von Familien mit kranken Kindern, das Engagement für geistig und körperlich behinderte Kinder, die Freizeitgestaltung für Kinder mit sozial schwachem Hintergrund oder die künstlerische und kulturelle Bildung und Betätigung junger Menschen.

Als eine besonders wirkungsvolle Variante des Spendens gilt der Matching Funds, dem die Idee der Vervielfachung von Spenden zugrunde liegt. Die ursprüngliche Spendensumme wird verdoppelt oder vervielfacht, indem das Unternehmen einen bestimmten Geldbetrag meist für einen begrenzten Zeitraum bereitstellt und seinerseits jede hinzukommende Spende bis zu einem bestimmten Betrag verdoppelt oder vervielfacht. Wenn es der Nonprofit-Organisation gelingt, weitere Spenderinnen und Spender zu mobilisieren, steht ihr letztlich mindestens der doppelte Geldbetrag zur Verfügung. Mit dem Matching Funds wird nicht nur die Spende des Unternehmens an die Nonprofit-Organisation sichtbar, sondern das konkrete Vorhaben – der eigentliche Anlass des Engagements – findet in der Öffentlichkeit breite Aufmerksamkeit und Unterstützung (Kröselberg 2008, S. 335).

Die Nonprofit-Organisation kann wiederum – neben dem Einsatz der Spende aus dem Matching Funds – ihren Bekanntheitsgrad steigern und sich neue Zielgruppen aus dem Umfeld des Unternehmens erschließen. Schließlich wird Unternehmensspenden – ohne dass es aber entsprechende empirische Untersuchungen darüber gibt – wachsende Bedeutung als Ressource und Kooperationsform zumindest für einen Teil der Nonprofit-Organisationen zugewiesen.

Die Spendenbereitschaft der Kunden verbinden die Stiftung „Deutschland rundet auf" und Einzelhandelsunternehmen mit dem Matching Funds. Beim Bezahlen ihrer Rechnung können Kunden einzelner Einzelhandelsunternehmen auf den nächst höheren 10-Cent-Betrag aufrunden, indem sie an der Kasse unaufgefordert „Aufrunden bitte" sagen; so werden beispielsweise aus 16,64 Euro 16,70 Euro. Die Cent-Beträge überweisen die Unternehmen an die Stiftung „Deutschland rundet auf!", die diese Mittel an gemeinnützige Projekte weitergibt. Mit einem Matching Funds verdoppelten über einen Zeitraum von zwei Monaten die beteiligten Unternehmen die von ihren Kunden aufgerundeten Centbeträge. Die damit erzielten 310.000 Euro gingen an das ehrenamtliche Mentorenprogramm „Balu und Du" für sozial benachteiligte Kinder.

Sponsoring

Als Sponsoring werden finanzielle oder geldwerte Leistungen von Unternehmen an Nonprofit-Organisationen bezeichnet, die mit einer konkreten unternehmensbezogenen Gegenleistung verbunden sind (Backhaus-Maul et al. 2011, S. 442; Mecking 2010, S. 375). Im Unterschied zur Spende handelt es sich beim Sponsoring um ein Geschäft auf Gegenseitigkeit. Die Leistungen des Sponsors und die Gegenleistungen der Nonprofit-Organisation werden in der Regel in einem Sponsoring-Vertrag vereinbart.

Unternehmen nutzen die hohe Glaubwürdigkeit einer Nonprofit-Organisation und zielen auf einen positiven Imagetransfer für das Unternehmen oder seiner Marken, Produkte oder Dienstleistungen ab oder erwarten, dadurch Kunden zu gewinnen oder zu binden. Sponsoring kann auch dazu dienen, eine Werbebotschaft in einem bestimmten emotionalen Umfeld zu platzieren oder spezifische Verbrauchergruppen anzusprechen (Haunert 2008, S. 448). Für Nonprofit-Organisationen ist die Inanspruchnahme von Sponsoringmitteln besonders sinnvoll und zweckmäßig, wenn sie zusätzlich zu den finanziellen oder geldwerten Leistungen darauf abzielen, ihre Anliegen einer größeren Öffentlichkeit zu präsentieren und sich neue Zielgruppen im Umfeld des Unternehmens und seiner Kunden zu erschließen.

Sponsoring kann sich aber auch negativ sowohl für das Unternehmen als auch für die Nonprofit-Organisationen auswirken, wenn das Sponsoring ausschließlich der Verkaufsförderung oder Kundengewinnung des Unternehmens dient und die gesellschaftlichen Dimensionen beziehungsweise Bezüge des Engagements nicht erkennbar sind.

Als Beispiel für ein zweckmäßiges Sponsoring kann die Unterstützung der Aktion „Hamburg steht auf!" gegen Rassismus und rechte Gewalt des Vereins „Laut gegen Nazis e. V." durch den Hauptsponsor Otto Group GmbH & Co KG angesehen werden. Gemeinsam mit weiteren Förderern aus Wirtschaft, Kultur und Sport, darunter die Unternehmen Google und Škoda, sorgte die international agierende Handels- und Dienstleistungsgruppe an ihrem Hauptsitz mit dafür, dass während der Aktionswoche mehr als 60 Konzerte, Lesungen und Workshops in Hamburg stattfanden. Außerdem organisierten Auszubildende der Otto Group gemeinsam mit dem mobilen Beratungsteam an einer Berufsschule eine Podiumsdiskussion mit Aussteigern aus der rechten Szene. Das mobile Beratungsteam ist ein Projekt des gewerkschaftlichen Bildungsträgers „Arbeit und Leben" (Hamburg) und der DGB Jugend Nord und gehört zum Beratungsnetzwerk gegen Rechtsextremismus.

Zweckgebundenes Marketing

Beim zweckgebundenen Marketing (Cause Related Marketing) wird der Kauf eines Produktes oder einer Dienstleistung mit der Förderung oder Unterstützung eines „guten Zweckes" beworben (Dresewski 2004, Huber et al. 2008, S. 1). Das Unternehmen lässt einen Teil des Erlöses diesem Zweck oder einer Nonprofit-Organisation zugutekommen. Ob Cause Related Marketing überhaupt als gesellschaftliches Engagement von Unternehmen verstanden werden kann, ist umstritten, da es ein Marketinginstrument ist, das der Absatzsteigerung eines Produktes oder einer Dienstleistung oder deren Einführung auf dem Markt sowie nicht zuletzt der Gewinnung von Neukunden dient. Verbunden wird damit auch die positive Unterscheidung einer Marke oder bestimmter Produkte und Dienstleistungen im Wettbewerb. Für Nonprofit-Organisationen können Aktionen, die dem Cause Related Marketing zuzuordnen sind, neben den finanziellen Zuwendungen, ähnliche Vorteile wie das Sponsoring haben: Sie können ihr Anliegen einer breiten Öffentlichkeit präsentieren und sich neue Zielgruppen erschließen.

Gleichwohl kann sich Cause Related Marketing sowohl für das Unternehmen als auch für Nonprofit-Organisation negativ auswirken, wenn es von Verbrauchern als „verführerische Werbe-Dreingabe" (Bonstein 2005) bewertet wird, wenn bei der Kampagnengestaltung mangelnde Transparenz am Point of Sale über das Spendenvolumen herrscht oder die tatsächlichen Effekte des gesellschaftlichen Engagements kaum oder nicht erkennbar sind.

Zu den ersten Beispielen von Cause Related Marketing in Deutschland zählt das „Krombacher Regenwald Projekt", das im Jahr 2002 die Krombacher Brauerei Bernhard Schadeberg GmbH & Co. KG zusammen mit dem WWF Deutschland mit dem Slogan „Handeln und genießen" startete. Es wurde von seinem Beginn an kontrovers diskutiert: Die Befürworter stellen die hohen Fördersummen für den WWF Deutschland heraus, während die Kritiker dem Unternehmen Greenwashing vorwerfen. Krombacher warb damit, dass im Aktionszeitraum von Ende April bis Ende Juli 2002 durch den Kauf eines Kastens Krombacher Pils ein Quadratmeter Regenwald in Dzanga Sangha in Zentralafrika geschützt würde. Die Spenden der Kunden gingen an den WWF Deutschland, mit der Zusicherung, dass er alle Maßnahmen zum Schutz des konkreten Projektes einleiten und vor Ort umsetzen würde. Insgesamt erbrachte die Kampagne, die in den Jahren 2003 bis 2008 (außer 2007) stattfand – nach Angaben des WW – rund 4 Millionen Euro. Ein Jahr nach dem Start der Kampagne wurde die Krombacher Regenwald Stiftung gegründet, um den WWF dauerhaft in seiner Arbeit in Zentralafrika zu unterstützen.

Cause Related Marketing wird mittlerweile von einer Reihe von Unternehmen – von international tätigen Lebensmittel- und Kosmetikherstellern bis zur örtlichen Bäckerei – praktiziert. Zum Beispiel unterstützte die Lieferbiobäckerei Märkisches Landbrot GmbH aus Berlin das Projekt „FrostSchutzengel" der Berliner Kältehilfe. Die steigenden Zahlen der Obdachlosen aus Osteuropa machten zusätzliche Betreuerinnen und Betreuer notwendig. Von jedem verkauften „Engelbrot", das von Oktober 2012 bis Juni 2014 angeboten wurde, gingen ganzjährig 30 Cent an das Projekt.

Unternehmensstiftung (Corporate Foundation)

Als eine auf Dauer angelegte Form des gesellschaftlichen Engagements in Form von Corporate Giving gilt die Errichtung einer unternehmenseigenen gemeinnützigen Stiftung (Corporate Foundation; Mecking 1996, S. 197ff.). Im Allgemeinen verknüpfen Unternehmen die Bereitstellung von Stiftungskapital mit der Setzung gemeinnütziger Zwecke (Arbeitskreis Unternehmensstiftungen 2010; Junck 2007; Mecking 2010, S. 377ff; Strachwitz und Reimer 2008, S. 217ff). Unternehmensstiftungen unterscheiden sich in ihrer Funktionsweise, z. B. Stiftungen, die fördernd oder operativ tätig sind oder beides miteinander verbinden, d. h. Projekte fördern und eigene Programme durchführen. Die Höhe des Stiftungsvermögens und die daraus erwirtschafteten Erträge sind ausschlaggebend dafür, in welchem Maße die Stiftung finanziell fördern oder selber tätig werden kann. Dabei ist nicht jede Unternehmensstiftung eine rechtsfähige Stiftung bürgerlichen Rechts. Anzutreffen sind Unternehmensstiftungen, die „Stiftung" im Namen tragen, aber eine andere Rechtform haben, zum Beispiel gGmbH, GmbH & Co. KG, AG und e. V.

Die Vorteile von gemeinnützigen Unternehmensstiftungen liegen in der öffentlichen Reputation und in der Kontinuität und Verlässlichkeit des gesellschaftlichen Engagements (Backhaus-Maul et al. 2011; Mecking 2010; Strachwitz und Reimer 2008) sowie der Möglichkeit, unterschiedliche Handlungsfelder zu kombinieren und das gesellschaftliche Engagement professionell zu managen. Werden Unternehmensstiftungen fördernd tätig, stehen zumeist die Gewinnung neuer Kontakte und der Aufbau von Kooperationen und Netzwerken im Vordergrund. Werden Unternehmensstiftungen operativ tätig, sammeln sie fachspezifisches Know-how, das sich positiv auf die Glaubwürdigkeit des Unternehmens auswirken kann. Aufgrund der strukturellen Trennung von Unternehmen und Stiftung können wiederum „Reibungsverluste" entstehen, die sich durch eine enge Anbindung der jeweiligen Stiftung an die Unternehmensführung und -kommunikation vermindern lassen (Strachwitz und Reimer 2008, S. 222). Nonprofit-Organisationen wiederum stellen Unternehmensstiftungen finanzielle und fachliche Ressourcen in Aussicht, um in der Regel modellhafte und innovative Ansätze zu entwickeln und weiterzuverfolgen.

Ein Beispiel für eine Unternehmensstiftung ist die Allianz Umweltstiftung. Sie wurde 1990 anlässlich des 100-jährigen Jubiläums des internationalen Finanzdienstleisters Allianz SE (damals Allianz AG) als rechtsfähige öffentliche Stiftung des bürgerlichen Rechts mit einem Grundstockvermögen in Höhe von 50 Millionen Euro ausgestattet. Zweck der Stiftung ist es, an einem „lebenswerten Dasein in einer sicheren Zukunft" mitzuwirken, in dem sie Themen wie Klimaschutz, Leben in der Stadt, nachhaltige Regionalentwicklung, Biodiversität und Umweltkommunikation fördert. Konkrete Beispiele hierfür sind der Deutsche Klimapreis der Allianz Umweltstiftung, Maßnahmen zum Schutz, zur Entwicklung und zur Pflege des Biosphärenreservates Spreewald und der Schutz der Wildkatze in der Rhön; außerdem fördert die Stiftung im Rahmen des Programms „Aktion Blauer Adler" Kleinprojekte.

Bürgerstiftung (Community Foundation)

Bürgerstiftungen werden von Privatpersonen, Unternehmen und anderen Organisationen initiiert und aufgebaut, um mit den Zinserträgen aus dem Stiftungsvermögen sowie Spenden gemeinnützige Zwecke in einer Stadt oder Region zu fördern (ausführlich Nährlich/Hellmann 2008). Anders als bei der Unternehmensstiftungen werden Bürgerstiftung weder von einem Unternehmen allein errichtet noch werden ihre Gremien von einem Unternehmen dominiert (Arbeitskreis Bürgerstiftungen 2010 im Bundesverband Deutscher Stiftungen). Nahezu alle Formen und Varianten gesellschaftlichen Engagements kann ein Unternehmen in eine Bürgerstiftung einbringen. Den Schwerpunkt unternehmerischen Handelns bildet aber das unternehmerische Engagement als Stifter: Unternehmen engagieren sich als Gründungsstifter oder auch durch eine Zustiftung, die der Aufstockung des vorhandenen Stiftungsvermögens dient. Unternehmen können zudem einen Stiftungsfonds oder eine Treuhandstiftung unter dem „Dach" der Bürgerstiftung errichten und gemeinsam mit der Bürgerstiftung den Namen und den gemeinnützigen Zweck der so genannten Partnerstiftung bestimmen (Hellmann 2013, S. 215).

Insbesondere mittelständischen Unternehmen bieten Bürgerstiftungen gegenüber Unternehmensstiftungen einen entscheidenden Vorteil. Mit verhältnismäßig geringen Mitteln lässt sich an ihrem Standort etwas erreichen, da Bürgerstiftungen lokale Ressourcen bündeln und weitere Unternehmen und Organisationen als Zustifter mobilisieren und einbeziehen können, um gemeinsam gesellschaftliche Aufgaben zu erbringen.

Die genossenschaftliche FinanzGruppe der Volksbanken Raiffeisenbanken engagiert sich seit 2002 für Bürgerstiftungen in Deutschland. Mit der gemeinnützigen Stiftung Aktive Bürgerschaft ermöglicht sie ein kostenfreies Unterstützungsangebot für die derzeit rund 400 Bürgerstiftungen in Deutschland. Mehr als vier von fünf Bürgerstiftungen nutzen das Engagement ihrer örtlichen Genossenschaftsbank. Das Engagement einer Genossenschaftsbank für die jeweilige Bürgerstiftung hängt von den spezifischen örtlichen Gegebenheiten ab. Von Genossenschaftsbanken ging häufig die Initiative zur Gründung einer Bürgerstiftung mit aus. Oft beteiligen sie sich als Förderer der jeweiligen Bürgerstiftung, beispielsweise in Form von Zustiftungen, Spenden und Matching Funds. Darüber hinaus engagieren sie sich auch zugunsten von Bürgerstiftungen mit Sachspenden, mit der Unterstützung des freiwilligen Engagements ihrer Mitarbeiterinnen und Mitarbeiter sowie durch die Eröffnung von Zugängen zu ihren sozialen und organisationalen Netzwerken von Firmen- und Privatkunden.

19.3 Zusammenfassung

Mit den verschiedenen Formen gesellschaftlichen Engagements, d. h. Corporate Volunteering, Spenden und Sponsoring sowie Unternehmensstiftungen und dem Engagement für Bürgerstiftungen können Unternehmen ihre Vorstellungen von gesellschaftlichem Engagement öffentlich zum Ausdruck bringen. Angesichts komplexer werdender gesellschaftlicher Aufgaben und Probleme gewinnt das gesellschaftliche Engagement von Unternehmen in seinen verschiedenen Varianten und dabei vor allem in der Zusammenarbeit mit Nonprofit-Organisationen nicht nur in Deutschland weiter zunehmende Bedeutung.

Empfehlenswerte Literatur

Backhaus-Maul H, Biedermann C, Nährlich S, Polterauer, J (2010): Corporate Citizenship in Deutschland. Bilanz und Perspektiven. 2., aktualisierte und erweiterte Auflage. VS Verlag für Sozialwissenschaften, Wiesbaden

Literatur

Arbeitskreis Bürgerstiftungen im Bundesverband Deutscher Stiftungen (2010) Zehn Merkmale einer Bürgerstiftung, Berlin
Arbeitskreis Unternehmensstiftungen im Bundesverband Deutscher Stiftungen (2010) Zehn Empfehlungen für gemeinnützige Unternehmensstiftungen, Berlin
Backhaus-Maul H, Biedermann C, Friedrich P, Nährlich S, Polterauer J (2011) Corporate Citizenship. Die zivilgesellschaftliche Ausprägung des gesellschaftlichen Engagements von Unternehmen in Deutschland. In: Raupp J, Jarolimek S, Schultz F (Hrsg) Handbuch Corporate Social Responsibility: Kommunikationswissenschaftliche Grundlagen und methodische Zugänge. VS Verlag für Sozialwissenschaften, Wiesbaden, S 435-449
Backhaus-Maul H, Biedermann C, Nährlich S, Polterauer, J (2010): Corporate Citizenship in Deutschland. Bilanz und Perspektiven. 2., aktualisierte und erweiterte Auflage. VS Verlag für Sozialwissenschaften, Wiesbaden
Bartsch, G (2010) Corporate Volunteering – ein Blickwechsel mit Folgen. In: Backhaus-Maul H, Biedermann C, Nährlich S, Polterauer, J (Hrsg) Corporate Citizenship in Deutschland. Gesellschaftliches Engagement von Unternehmen. Bilanz und Perspektiven. VS Verlag für Sozialwissenschaften, Wiesbaden, S 388-400
Bartsch, G (2012) Emotional learning: managerial development by corporate volunteering. Journal of Management Development 31: 253-262
Bartsch G, Reiss K (2013): Do it! Service Learning für Studierende. Praxisleitfaden. www.agentur-mehrwert.de/fileadmin/storage/pdf/Hochschule/Praxisleitfaden_do_it__online_Version-klein.pdf. Zugegriffen: 14.03.2017
Bonstein, J (2005) Ein Lächeln für Brasilien. Der Spiegel vom 01.08.2005
Dresewski F, Koch S (2011) Zusammenarbeit von Unternehmen und zivilgesellschaftlichen Akteuren – Überblick und Fallbeispiele. In: Raupp J, Jarolimek S, Schultz F (Hrsg) Hand-

buch Corporate Social Responsibility: Kommunikationswissenschaftliche Grundlagen und methodische Zugänge. VS Verlag für Sozialwissenschaften, Wiesbaden, S 450-460

Dresewski F (2004) Corporate Citizenship. Ein Leitfaden für das soziale Engagement mittelständischer Unternehmen. Unternehmen: Partner der Jugend, Berlin

Bundesministerium für Familie, Senioren, Frauen und Jugend (Hrsg) (2012) Erster Engagementbericht. Bürgerschaftliches Engagement in Deutschland, Schwerpunkt: Engagement von Unternehmen. Drucksache 17/10580. Deutscher Bundestag, Berlin

Habisch A, Schmidpeter R, Neureiter M (2008) Handbuch Corporate Citizenship. Corporate Social Responsibility für Manager, Springer, Berlin/Heidelberg

Habisch A (2003) Corporate Citizenship. Gesellschaftliches Engagement von Unternehmen in Deutschland. Springer, Berlin/Heidelberg/New York

Haunert F (2008) Unternehmenskooperationen: Firmenspenden, Corporate Volunteering, Sponsoring. In: Fundraising Akademie (Hrsg) Fundraising. Handbuch für Grundlagen, Strategien und Methoden. 4., aktualisierte Auflage. Gabler, Wiesbaden, S 442-455

Huber F, Regier S, Rinino, M (2008) Cause-Related-Marketing-Kampagnen erfolgreich konzipieren: Eine Empirische Studie. Gabler, Wiesbaden

Hellmann B (2013) Die Bürgerstiftung als Partner für Unternehmen. In: Aktive Bürgerschaft (Hrsg) Diskurs Bürgerstiftungen. Aktive Bürgerschaft, Berlin, S 213-215

Junck S (2007) Unternehmensnahe Stiftungen. Bundesverband Deutscher Stiftungen, Berlin

Kröselberg M (2008) Matching Funds. In: Fundraising Akademie (Hrsg) Fundraising. Handbuch für Grundlagen, Strategien und Methoden. 4., aktualisierte Auflage. Gabler, Wiesbaden, S 335-336

Lang R, Sturm E (2015) Neue Verbindungen schaffen. Unternehmenskooperationen für gemeinnützige Organisationen. Unternehmen: Partner der Jugend, Berlin

Mecking C (2010) Corporate Giving: Unternehmensspende, Sponsoring und insbesondere Unternehmensstiftung. In: Backhaus-Maul H, Biedermann C, Nährlich S, Polterauer J (Hrsg): Corporate Citizenship in Deutschland. Bilanz und Perspektiven. 2., aktualisierte und erweiterte Auflage. Springer VS, Wiesbaden, S 371-387

Nährlich S, Hellmann B (2008) Bürgerstiftungen. In: Habisch A, Schmidpeter R, Neureiter M (Hrsg): Handbuch Corporate Citizenship. Corporate Social Responsibility für Manager. Springer, Berlin/Heidelberg, S 231-239

Nährlich S (2008) Euphorie des Aufbruchs und Suche nach gesellschaftlicher Wirkung. Aus Politik und Zeitgeschichte 55: 26-31

Strachwitz R, Reimer S (2008) Stiftungen. In: Habisch A, Schmidpeter R, Neureiter M (Hrsg) Handbuch Corporate Citizenship. Corporate Social Responsibility für Manager, Springer, Berlin/Heidelberg, S 227-230

Westebbe A, Logan D (1995) Corporate Citizenship: Unternehmen im gesellschaftlichen Dialog. Gabler, Wiesbaden

Unternehmerische Verantwortungsübernahme für gesellschaftlichen Nutzen

Business Case for Sustainability als Mittel nachhaltiger Entwicklung

20

Stefan Schaltegger

Abstract

The relationship between sustainability and business case, i.e. the establishment of economic values, has an important role in the scientific and academic discussion. A business case for sustainability is considered promising when the sustainable managing companies not only optimize their products and production processes but furthermore alter their core activity and role in society. This chapter discusses what defines a sustainable company and portrays the concept of the business case of sustainability.

***

Das Verhältnis von Nachhaltigkeit und Business Case, d. h. der Schaffung ökonomischer Werte, ist Gegenstand fachlicher und fachwissenschaftlicher Diskussion. Ein Business Case for Sustainability verspricht dann erfolgreich zu sein, wenn nachhaltig wirtschaftende Unternehmen nicht nur Produktionsprozesse und Produkte optimieren, sondern ihre Kernaktivitäten und ihre gesellschaftliche Rolle entsprechend ändern. Im Beitrag erfolgt eine Diskussion, was unter einem nachhaltigen Unternehmen verstanden werden könnte und es wird in das Konzept des Business Case for Sustainability eingeführt.

20.1 Einleitung

Das Verhältnis von Business Case und Nachhaltigkeit wird vielfach als kontrovers empfunden. Dabei besteht häufig ein mangelndes Verständnis vom Konzept des „Sustainability for Sustainability" und wie es sich von „einfach nur Geld machen" unterscheidet. Dieser Beitrag betont die Rolle von nachhaltigem Unternehmertum für eine nachhaltige Entwicklung von Wirtschaft und Gesellschaft, diskutiert Eckpunkte, was unter einem nachhaltigen Unternehmen verstanden werden könnte (Abschnitt 2) und erläutert das in diesem Zusammenhang bedeutende Konzept des Business Case for Sustainability (Abschnitt 3). Nur wenn Nachhaltigkeit im Kerngeschäft und der Business Case-Logik des Unternehmens verankert ist und damit ein wesentliches Element des Werteschaffens darstellt, mit dem Geld verdient wird, ist Nachhaltigkeit so im Inneren der Wertschöpfungslogik integriert, dass das Unternehmen zu einer nachhaltigen Entwicklung substanziell beiträgt. Der vierte Abschnitt fasst den Ansatz im Kern zusammen.

20.2 Keine nachhaltige Entwicklung ohne nachhaltige Entwicklung von Unternehmen

Eine nachhaltige Entwicklung von Wirtschaft und Gesellschaft ist nur mit einer nachhaltigen Entwicklung von Unternehmen zu erreichen (Schaltegger und Frey 2001). Unternehmen sind Orte der Arbeitsgestaltung, der Herstellung, der Produkt- und Marktentwicklung sowie Anbieter von Lebensstildesigns. Sie üben damit wesentlichen Einfluss auf Märkte und Gesellschaft aus (Freeman 1984). Unternehmen beeinflussen über die Gestaltung der Arbeitsplätze das Arbeitsleben (Ehnert 2009), über die Produktgestaltung Konsummuster (Belz und Peattie 2010; Meffert und Kirchgeorg 1998), über den Einkauf Lieferketten (Seuring und Müller 2008; Hansen et al. 2011; Harms et al. 2013) und über ihre politische Einflussnahme staatliche und supranationale Rahmenbedingungen (Schneidewind 1998). In diesen Verflechtungen lösen Unternehmen vielzählige unerwünschte und erwünschte Nachhaltigkeitseffekte aus. Neben unerwünschten Wirkungen wie etwa Emissionen, oder gesundheitliche Probleme aufgrund bestimmter Arbeiten stehen erwünschte wie die Schaffung sinnvoller Beschäftigung, die Verbesserung der Hygiene durch entsprechende Produkte oder Beiträge zur Verbesserung der Gesundheit von Menschen. Pointiert kann man in doppelter Verneinung sagen, dass Unternehmen nicht nicht Einfluss auf die Nachhaltigkeit der wirtschaftlichen und gesellschaftlichen Entwicklung ausüben können. Da sich Unternehmen einer

Einflussnahme auf die Nachhaltigkeit (oder mangelnde Nachhaltigkeit) der wirtschaftlichen und gesellschaftlichen Entwicklung nicht entziehen können, sind sie „naturgemäß" wesentliche Akteure für eine nachhaltige Entwicklung.

Jedes Unternehmen verfügt über etliche gesellschaftliche Bezüge. Nicht nur zur Sicherung von Vorlieferungen, Arbeitskräften und Finanzierung sind Interaktionen mit Menschen erforderlich, sondern auch die Akzeptanz unternehmerischen Tuns ist ein Ergebnis aus der Interaktion mit Stakeholdern (Freeman 1984). Da Interaktion immer gegenseitige Einflüsse bedingt, wirken Unternehmen, gewollt oder ungewollt, auf vielfältige Weise in die Gesellschaft (Schneidewind 1998). Unabhängig von ihrer Intention sind Unternehmen damit Hüter des Bestands oder Agenten des Wandels. Entweder sie tragen zur Sicherung des (sich laufend verschlechternden) Zustands bei oder zur Veränderung. Die Wirkungsstärke unternehmerischen Handelns ist selbstverständlich unterschiedlich groß – dennoch verbleibt immer eine Wirkungsrichtung: Unternehmen leisten immer entweder einen Beitrag für eine nachhaltige Entwicklung (die Probleme werden gelöst oder zumindest substanziell reduziert) oder einen Beitrag für eine unnachhaltige Entwicklung (die Probleme verschärfen sich).

Verzichtet die Unternehmensleitung auf eine bewusste Gestaltung ihrer gesellschaftlichen Beziehungen, so unterstützt sie bestehende Rahmenbedingungen und unnachhaltige Zustände, indem sie sie akzeptiert. Unnachhaltige Zustände sind im Wesentlichen dadurch gekennzeichnet, dass substanzielle ökologische und/oder soziale Probleme bestehen bleiben und nicht gelöst werden (zur Frage, was Unnachhaltigkeit kennzeichnet, vgl. WBGU 1993; Grundwald und Kopfmüller 2006). Ein solches Wegschauen vor Wirkungen und Situationen, die der Nachhaltigkeit widersprechen, ist ein Entziehen vor der Verantwortung des eigenen Tuns.

Die Frage, was nachhaltiges, verantwortungsvolles unternehmerisches Tun kennzeichnet, wird sehr unterschiedlich beantwortet. Hier wird die These vertreten, dass ein Entziehen der Verantwortung im Kern der Aktivitäten auch mit philanthropischen Handlungen nicht wirksam kompensiert, sondern nur oberflächlich „übertüncht" werden kann. Gesellschaftliche Verantwortung von Unternehmen kann nur umfassend übernommen werden, wenn die Art der Wertschöpfung nachhaltig ist, d. h. das Kerngeschäft, die Produkte und das Geschäftsmodell nachhaltigkeitsorientiert ausgestaltet sind, und wenn die Art und Weise, wie Geld verdient wird, nachhaltig ist, d. h. sog. Business Cases for Sustainability geschaffen werden.

20.2.1 Von unnachhaltigen zu nachhaltigen Unternehmen

Die Frage, was ein nachhaltiges Unternehmen denn genau sei oder kennzeichne, lässt sich kaum oder nur mit sehr vielen Umschreibungen in unklarer Weise beantworten. Die Annäherung an eine Antwort soll hier mit der Diskussion der Umkehrfrage „Was kennzeichnet unnachhaltige Unternehmen?" versucht werden.

Eng betrachtet würde ein nachhaltiges Unternehmen überhaupt keine Schäden und nur Werte schaffen, während ein unnachhaltiges Unternehmen Schäden verursacht. Beispiele für absolut nachhaltige Unternehmen, Projekte oder Unterfangen sind aber weitgehend unbekannt. Jede menschliche Aktivität kreiert nicht nur Werte, sondern verursacht auch Schäden oder Kosten. Grob ausgedrückt schafft ein nachhaltiges Unternehmen demnach zuerst einmal mehr Werte als es Schäden verursacht. Bei dieser Aussage sind der Werte- und der Schadensbegriff erstens weit gefasst und beinhalten gesellschaftliche, ökologische und ökonomische Werte und Schäden. Zweitens wird das Konzept der starken Nachhaltigkeit unterstützt (zum Konzept der starken Nachhaltigkeit vgl. Grundwald und Kopfmüller 2006), dass eine Minderung von Werten einer Art (z. B. ökologische Werte) nicht durch die Schaffung anderer (z. B. ökonomischer) Werte kompensiert werden kann. Dabei kann Unnachhaltigkeit beispielsweise anhand folgender Punkte diskutiert werden (Schaltegger 2010):

- *direkte Wirkungen* der Unternehmenstätigkeit, wie Emissionen aus der Produktion im Umweltbereich, Kinderarbeit im Sozialen oder Korruption und Überschuldung im Ökonomischen,
- *negative indirekte Wirkungen der in die Welt gesetzten Produkte,* wie beispielsweise gesundheitliche Beeinträchtigungen beim Konsum der Produkte des Unternehmens, persistente Gifte in der Entsorgungsphase oder teure Altlasten verursachende Produktteile,
- *untaugliche Managementsysteme,* die falsche Informationen über die nachhaltigkeitsrelevanten Wirkungen und Nebenwirkungen von Managemententscheidungen liefern oder Umsetzungsdefizite begünstigen sowie
- *ein zu kurz greifendes Geschäftsmodell,* das soziale oder ökologische Innovationen hemmt oder unnachhaltige Produktions- und Konsummuster begünstigt.

Der Anspruch, nachhaltig zu wirtschaften stellt den Gegenentwurf einer fehlenden Nachhaltigkeit dar und fordert materielle Veränderungen zur Verfolgung mitunter als unerreichbar bewerteter Ziele. Überspitzt formuliert muss ein völlig nachhaltiges Unternehmen über folgende Eigenschaften verfügen (Schaltegger 2012):

- Das Unternehmen schafft *gesellschaftliche und ökonomische Werte.*
- Die völlig emissionslose, ausschließlich kompostierbare Produkte erzeugende Firma verursacht keinerlei direkte *negative Wirkungen.*
- Vom Unternehmen gehen *keine indirekten negativen Wirkungen* aus. Die nachhaltigen, nutzenstiftenden Produkte induzieren ausschließlich vorteilhafte Wirkungen in der Lieferkette und nachhaltiges Konsum- und Weiterverwertungsverhalten bei den Nutzern.
- Das Unternehmen handelt als *„kreativer Zerstörer" unnachhaltiger Wirtschafts- und Gesellschaftsstrukturen*, indem unnachhaltige Unternehmen, Konsum- und Lebensstile verdrängt werden.
- Das *Geschäftsmodell* dient als Vorbild für andere und das Unternehmen. Es wirkt über direkte Markteffekte hinaus und schafft Markt- und Gesellschaftsstrukturen, die eine nachhaltige Entwicklung fördern.

Die Darstellung zeigt, dass offensichtlich kein Unternehmen radikal formulierten Nachhaltigkeitsvorstellungen entspricht. Dennoch können bezüglich der Produktion, Produkte, Lieferketten, Managementsysteme und Geschäftsmodelle deutliche Nachhaltigkeitsunterschiede zwischen Unternehmen identifiziert werden (Eurosif 2010; Sustainalytics 2010).

Auch wenn kein Unternehmen vollständig nachhaltig ist (und es vielleicht auch nicht sein kann), und auch wenn die Frage unbeantwortbar bleibt, wann ein Unternehmen als ausreichend nachhaltig bezeichnet werden kann, so liefern die oben genannten Kernthemen dennoch eine Orientierung im Spektrum zwischen Unnachhaltigkeit und Nachhaltigkeit. Dabei befasst sich Nachhaltigkeitsmanagement mit der Ausgestaltung des Pfades, der sich in diesem Spektrum von der Unnachhaltigkeit in Richtung Nachhaltigkeit bewegt.

20.2.2 Nachhaltigkeitsmanagement zwischen freiwilligem Zusatz und grundsätzlich nachhaltigem Geschäftsmodell

Damit Unternehmen sich substantiell in Richtung Nachhaltigkeit „bewegen", ist das Management herausgefordert, die Vision einer nachhaltigen Wirtschaftsweise zu konkretisieren und operationalisieren. Dabei geht es um die anhaltende, weltweite Gewährleistung individueller Chancen zur Sicherung von Grundbedürfnissen sowie zur Verwirklichung hoher Lebensqualität bei gleichzeitigem Erhalt von Natur und menschengerechten Gesellschaftsverhältnissen (BMU et al. 2007; Dyllick und Hockerts 2002; Schaltegger 2010; WCED 1987).

Während die ursprünglichen CSR-Konzepte (Carroll 1979, 1991), die ältere CSR-Definition der EU (Europäische Kommission 2001a) und nach wir vor viele CSR-Verständnisse in der Praxis dadurch gekennzeichnet sind, dass Unternehmen auf freiwilliger Basis mit zusätzlichen Parallelaktivitäten wie Spenden oder Stiftungen auf gesellschaftliche Belange reagieren (Ergebnisse des „Corporate Sustainability Barometers" 2012; Schaltegger et al. 2013), setzt unternehmerische Nachhaltigkeit (corporate sustainability) mit der Reorganisation der Wertschöpfungslogik und der Steuerung ökologischer, sozialer und ökonomischer Wirkungen bei zwei Kernaspekten des Unternehmens an. Einerseits sollen eine nachhaltige Unternehmens- und Geschäftsentwicklung und andererseits ein positiver Beitrag des Unternehmens zur nachhaltigen Entwicklung der gesamten Gesellschaft erreicht werden. Unternehmerisches Nachhaltigkeitsmanagement umfasst damit alle (nicht nur die freiwilligen) systematischen, koordinierten und zielorientierten unternehmerischen Aktivitäten, die der nachhaltigen Entwicklung einer Unternehmung dienen und eine nachhaltige Entwicklung von Wirtschaft und Gesellschaft fördern. Es beinhaltet auch die Weiterentwicklung des Kerngeschäfts und des Geschäftsmodells sowie die Koordination und Integration des Umwelt- und des Sozialmanagements in das konventionelle betriebliche Management (Schaltegger et al. 2003; Schaltegger und Burritt 2005; Schaltegger und Müller 2008).

Damit stellt unternehmerische Nachhaltigkeit einen organisationalen Entwicklungsansatz dar, der das Engagement für den gesellschaftlichen Nutzen nicht als Zusatz oder Korrektur von ansonsten wenig angetasteten bisherigen Unternehmenstätigkeiten bewertet, sondern Nachhaltigkeit so in die unternehmerischen Kernhandlungen integriert, sodass sie zum Bestandteil der betrieblichen Wertschöpfung werden (Schaltegger und Burritt 2005). Damit soll Nachhaltigkeitsmanagement dauerhaft sowohl zu sozialen und ökologischen Verbesserungen als auch zum Unternehmenserfolg beitragen, indem sowohl eine nachhaltige Organisationsentwicklung als auch ein unternehmerischer Beitrag zur nachhaltigen Entwicklung von Wirtschaft und Gesellschaft sichergestellt wird (Schaltegger et al. 2003, 2010).

Konsequentes Nachhaltigkeitsmanagement äußert sich demnach nicht in der Dauerhaftigkeit bisheriger Ansätze und Organisationen, sondern in einem tiefgreifenden Wandel. So wurden z. B. herkömmliche Fotoapparate mit Kunststofffilmen durch Digitalfotoapparate ersetzt. Durch die Ablösung von Fotoentwicklungslaboren, die mit giftigen Chemikalien gearbeitet haben, durch Digitalfotos wurden erhebliche Umweltbelastungen reduziert. Der „Untergang" bzw. die „Zerstörung" von Unternehmen, die veraltete, unnachhaltige Produkte herstellen, dient der nachhaltigen Entwicklung. Dieser Prozess, der auch unter dem Stichwort des nachhaltigen Unternehmertums diskutiert wird, ist Ausdruck des notwendigen Strukturwandels.

Nachhaltiges Unternehmertum (sustainable entrepreneurship) geht über die Optimierung von Produktionsprozessen und Produkten deutlich hinaus und setzt bei den Kernaktivitäten und der gesellschaftlichen Gestaltungsrolle des Unternehmens an (Schaper 2010). Im Schumpeterschen Sinne des „kreativen Zerstörers" nimmt nachhaltiges Unternehmertum unnachhaltige Verhältnisse zum Anlass für die Schaffung neuer nachhaltigerer Produkt- und Dienstleistungsangebote, die Bisheriges unattraktiv und obsolet machen, um sie dadurch zu ersetzen (Schaltegger 2002). Dies kann in und mit einem Unternehmen nur gelingen, wenn die sozialen und ökologischen Themen so bearbeitet werden, dass sie den Unternehmenserfolg stärken (Orlitzky et al. 2003). Ein zentrales Ziel des Nachhaltigkeitsmanagements ist damit die Schaffung von Geschäftsfällen für Nachhaltigkeit (sog. Business Cases for Sustainability).

20.3 Der Business Case for Sustainability als Mittel nachhaltiger Entwicklung

Nachhaltige Entwicklung durch kreative Zerstörung von Unnnachhaltigem durch nachhaltiges Unternehmertum kann nur gelingen, wenn so genannte „Business Cases FOR Sustainability" realisiert werden (Schaltegger und Hasenmüller 2006; Schaltegger und Wagner 2006; für eine breite Diskussion von Business Case und Nachhaltigkeitsaktivitäten vgl. Carroll und Shabana 2010). Diese sind klar von „Business Cases OF Sustainability" zu unterscheiden.

20.3.1 Business Cases und grundsätzliche Zusammenhänge

Der „Business Case for Sustainability" fragt, wie ein Unternehmen durch eine verstärkte, freiwillige Berücksichtigung von Nachhaltigkeitsaspekten den wirtschaftlichen Erfolg stärken kann. Er unterscheidet sich damit klar von einem Handeln, das eine Bedeutungszunahme von Nachhaltigkeitsthemen ausschließlich für finanzielle Ziele „ausnutzt". Im Unterschied zu einem opportunistischen Verhalten, wie es einem Business Case OF Sustainability zugrunde liegt, geht es bei einem Business Case FOR Sustainability nicht darum, einen Trend ohne entsprechende substanzielle Nachhaltigkeitsleistungen ökonomisch auszunutzen, sondern Unternehmenserfolg durch weiterreichende Umwelt- und Sozialaktivitäten zu kreieren. Ausgangspunkt ist also die Lösung bestehender Umwelt- und Sozialprobleme, wobei im ersten Schritt wesentliche, mit dem Geschäft, der Branche, dem Markt oder dem Unternehmensumfeld im Zusammenhang stehende Probleme identifiziert werden. Im zweiten Schritt werden Lösungsmöglichkeiten gesammelt, die dann in einem dritten Schritt bezüglich ihrer wirtschaftlichen Wirkungen beurteilt und weiterentwickelt werden.

Der Unterschied zwischen diesen beiden Formen eines Business Case besteht damit (Schaltegger et al. 2012) erstens im Ausgangspunkt und der Motivation (Ausgangspunkt ist die Lösung von Umwelt- und Sozialproblemen beim Business Case for Sustainability, während beim Business Case of Sustainability der wirtschaftliche Erfolg die Ausgangslage darstellt), zweitens in der Sicherung der Wirkung in allen Nachhaltigkeitsdimensionen (es werden beim Business Case for Sustainability keine Trade-offs in irgendeiner Dimension zugelassen) und drittens im Beitrag zu einem Strukturwandel von Wirtschaft und Gesellschaft (da der Business Case for Sustainability Ausdruck eines nachhaltigen Unternehmertums ist, unterstützt er einen wirtschaftlichen und gesellschaftlichen Strukturwandel).

Ein Business Case for Sustainability ist gegeben, wenn der Ausgangspunkt das feste Ziel darstellt, ein soziales oder ökologisches Problem zu lösen und die positive ökonomische Wirkung das Ergebnis (aber nicht den Ausgangspunkt) von gezielten, wirksamen, freiwilligen Nachhaltigkeitsmaßnahmen darstellt (Schaltegger und Wagner 2006). Für die Ausgestaltung von Business Cases for Sustainability steht das Management vor der Herausforderung, die Zusammenhänge zwischen der Berücksichtigung von Umwelt- und Sozialaspekten und dem Unternehmenserfolg zu erkennen und zu bewerten (Orlitzky et al. 2003).

Die folgende Abbildung zeigt mögliche unternehmensinterne Zusammenhänge zwischen freiwilligen ökologischen und sozialen Aktivitäten (X-Achse) und dem ökonomischen Erfolg (Y-Achse) auf.

20 Verantwortungsübernahme für gesellschaftlichen Nutzen

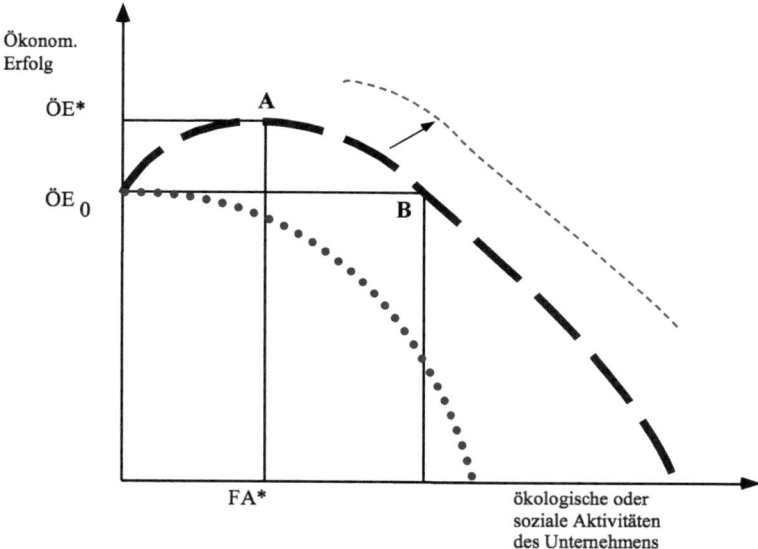

Abb. 1 Business Cases for Sustainability
Quelle: Schaltegger/Synnestvedt 2002, S. 8

Die gepunktete und die gestrichelte Kurve in der Abbildung stellen zwei grundsätzlich unterschiedliche Meinungen zum Zusammenhang zwischen freiwilligen Umwelt- und Sozialmaßnahmen und dem ökonomischen Erfolg des Unternehmens dar. Wenn über die Erfüllung der Gesetze hinausgehende Umwelt- und Sozialaktivitäten nur Kosten verursachen, reduzieren sie den wirtschaftlichen Erfolg (gepunktete Linie). In dieser Perspektive reduziert jede Umwelt- und Sozialmaßnahme (Bewegung nach rechts) den ökonomischen Erfolg (fallender Verlauf der Linie). Typische Beispiele für solche Maßnahmen sind Kläranlagen oder Abluftfilter.

Die Aufwärtskurve der gestrichelten Line zeigt demgegenüber eine Situation, wo durch betriebliche Umwelt- und Sozialmaßnahmen der wirtschaftliche Erfolg verbessert wird. Da nicht unendlich viele Umwelt- und Sozialmaßnahmen den ökonomischen Erfolg immer weiter erhöhen, wird der maximale wirtschaftliche Erfolg (ÖE*) bei Punkt A erreicht. Ab diesem Punkt reduzieren weitere ökologische und soziale Maßnahmen den wirtschaftlichen Erfolg, wobei in Punkt B der wirtschaftliche Erfolg dem Ausgangsniveau (ÖE0) entspricht. Typische Beispiele für einen positiven Zusammenhang zwischen freiwilligen Nachhaltigkeitsmaßnahmen und dem Unternehmenserfolg sind Kostenreduktion durch gesteigerte Energieeffizienz (von Weizsäcker et al. 2009) oder neu erschlossene Kundenkreise durch Fair Trade-Produkte.

Offensichtlich sind für beide Sichtweisen Beispiele zu finden. Welcher Zusammenhang zwischen dem Umwelt- und Sozialengagement und dem ökonomischen Erfolg eines Unternehmens besteht, hängt von der spezifischen Ausgestaltung der Maßnahmen ab, wobei das Spektrum zwischen den beiden Kurven in der Abbildung liegen kann. Business Cases OF Sustainability werden keine oder nur zufällig abfallende ökologische und soziale Fortschritte erzielen, während Business Cases FOR Sustainability öko-soziale Verbesserungen (bzw. eine Rechtsbewegung in Abbildung 1) als Voraussetzung und Ausgangspunkt nehmen. Ob sich freiwillige Umwelt- und Sozialmaßnahmen positiv oder negativ auf den Unternehmenserfolg auswirken und ob Business Cases for Sustainability realisiert werden können, hängt bei gegebenen Rahmenbedingungen insbesondere von der spezifischen Ausgestaltung des Nachhaltigkeitsmanagements ab.

20.3.2 Treiber von Business Cases for Sustainability

Nachhaltigkeitsmanagement bezweckt sowohl eine nachhaltige Organisationsentwicklung als auch einen Beitrag zur nachhaltigen Entwicklung von Wirtschaft und Gesellschaft durch unternehmerische Leistungen (Schneidewind 1998; Schaltegger und Burritt 2005). Dabei sollen die Umwelt- und Sozialmaßnahmen so in die betriebliche Wertschöpfung integriert werden, dass sie nachvollziehbar und dauerhaft sowohl zu sozialen und ökologischen Verbesserungen als auch zum Unternehmenserfolg beitragen (Schaltegger et al. 2012).

Neben direkt marktbezogenen und marktrelevanten Aspekten befasst sich Nachhaltigkeitsmanagement auch mit außermarktlichen Themen, die sich im rechtlichen oder gesellschaftlichen Umfeld entwickeln. So beruhen zum Beispiel die Arbeitsbedingungen bei Vorlieferanten nicht auf vertraglichen Beziehungen, da zumeist weder ein direkter Kontakt mit den Vorlieferanten noch deren Angestellten existiert. Auch besteht kein direkter Kosten- oder Erfolgsbezug. Wenn das außermarktliche Problem schlechter Arbeitsbedingungen bei Vorlieferanten von den Medien jedoch aufgegriffen und entsprechend (negativ) thematisiert wird, so kann dies zu Umsatzeinbußen führen und erfolgsrelevanter werden als viele marktliche Aspekte. Außermarktliche Aspekte können aber auch in Form von politischem Druck, neuen Regulierungen oder gesellschaftlichen Verhaltensänderungen zum Ausdruck kommen und so den Unternehmenserfolg beeinflussen.

Das Nachhaltigkeitsmanagement ist demnach herausgefordert, Ansätze zur Lösung ökologischer und sozialer Probleme so auszugestalten, dass sie den ökonomischen Erfolg stärken. Dies beinhaltet auch eine Beurteilung, ob und wie Business Cases for Sustainability geschaffen werden können.

Diese Beurteilung orientiert sich an den Variablen und Treibern, aus denen sich der wirtschaftliche Erfolgsbeitrag des Unternehmens auch konventionell zusammensetzt (Schaltegger und Hasenmüller 2006; Schaltegger und Wagner 2006). Dies sind vor allem:

- Kosten,
- Risiko,
- Umsatz, Preis und Gewinnmarge,
- Reputation und Markenwert,
- Arbeitszufriedenheit,
- Innovation und
- Geschäftsmodellentwicklung.

Nachhaltigkeitsmaßnahmen können grundsätzlich anhand dieser Kriterien checklistenartig geprüft werden, wobei auch kombinierte Wirkungen und Folgewirkungen möglich sind (bspw. kann eine höhere Reputation den Umsatz steigern). Selbstverständlich können weitere Faktoren für die Schaffung eines Business Case eine Rolle spielen. Eine systematische Prüfung geplanter Umwelt- und Sozialmaßnahmen bezüglich ihrer Wirkungen auf Kosten, Umsatz und Margen, Risiko, Reputation und Markenwert dient der Ausgestaltung der Problemlösungen hinsichtlich positiver und negativer Einflüsse auf den Unternehmenserfolg.

20.4 Fazit: Nachhaltigkeit schaffen durch Business Cases for Sustainability

Mit der Innovationskraft nachhaltigkeitsorientierter Unternehmerpersönlichkeiten und -prozesse kann ein fundamentaler Strukturwandel in Wirtschaft und Gesellschaft in Gang gesetzt werden, der für eine nachhaltige Entwicklung unabdingbar ist. Der gesellschaftliche und wirtschaftliche Wandel setzt auch bei Unternehmen an, die sich dann erfolgreich wandeln und Wirkung erzielen können, wenn sie durch die Lösung von Umwelt- und Sozialproblemen ökonomische Werte schaffen. Dies ist nur möglich, wenn Business Cases for Sustainability erfolgreich gestaltet und umgesetzt werden.

Die Optimierung bestehender Produktionsprozesse und Produkte stellt häufig einen ersten Schritt für einen weiterreichenden Wandel dar. Nachhaltige Entwicklung wird aber nur erreicht, wenn das Kerngeschäft und das Geschäftsmodell des Unternehmens nachhaltig ausgerichtet werden. Im Zentrum stehen die gesellschaftliche Gestaltungsrolle des Unternehmens und die Beantwortung der Frage, welche gesellschaftlichen Entwicklungen von den unternehmerischen Leistungen und Aktivitäten ausgehen. Nachhaltige Entwicklung bedingt einen Wandel, wo unnachhaltige Produkte und Produktionsprozesse aufgegeben und neue geschaffen werden. Dieser Prozess liegt im Kern nachhaltiger Unternehmerinnen und Unternehmer, wobei unnachhaltige Verhältnisse einen Anlass für „kreatives Zerstören" darstellen. Kreatives Zerstören kennzeichnet sich durch die Schaffung attraktiver neuer nachhaltigerer Produkt- und Dienstleistungsangebote, die bisherige Strukturen so unattraktiv und obsolet machen, dass sie durch nachhaltigere ersetzt werden. Dies kann in und mit Unternehmen nur gelingen, wenn die sozialen und ökologischen Themen so bearbeitet werden, dass sie den Unternehmenserfolg stärken. Die Schaffung von Business Cases for Sustainability wird damit zu einem zentralen Ansatzpunkt nachhaltiger Entwicklung.

Empfehlenswerte Literatur

Schaltegger S, Burritt, R (2015) Business cases and corporate engagement with sustainability. Differentiating ethical motivations, Journal of Business Ethics. DOI: 10.1007/s10551-015-2938-0

Schaltegger S, Lüdeke-Freund F, Hansen E (2012) Business cases for sustainability. The role of business model innovation for corporate sustainability. In: International Journal of Innovation and Sustainable Development, 6: 95-119

Schaltegger S (2011) Sustainability as a driver for corporate economic success. Consequences for the development of sustainability management control. In: Society and Economy, 33: 15-28

Empfehlenswerte Internetquellen

www.leuphana.de/csm
www.sustainament.de

Literatur

Belz F, Peattie K (2010) Sustainability Marketing. Chichester, Wiley
BMU/Bundesministerium für Umwelt, Naturschutz und Reaktorsicherheit/BDI/Bundesverband der Deutschen Industrie/CSM/Centre for Sustainability Management (Hrsg) (2007) Nachhaltigkeitsmanagement in Unternehmen. Konzepte und Instrumente zur nachhaltigen Unternehmensentwicklung. Bundesministerium für Umwelt, Naturschutz und Reaktorsicherheit, Berlin.
Carroll AB (1979) A Three-Dimensional Conceptual Model of Corporate Performance. Academy of Management Review 4: 497-505
Carroll AB (1991) The pyramid of corporate social responsibility: Towards the moral management of organizational stakeholders. Business Horizons 34: 39-48
Carroll AB, Shabana KM (2010) The business case for corporate social responsibility: A review of concepts, research and practice. International Journal of Management Reviews 12: 85-105
Dyllick T, Hockerts K (2002) Beyond the Business Case for Corporate Sustainability. Business Strategy and the Environment 11:130-141
Ehnert I (2009) Sustainable Human Resource Management. Springer, Dordrecht
Elkington, J (1998) Cannibals with Forks. The Triple Bottom Lin of 21st Century Business. New Society Publishers, Gabriola Island
Eurosif/European Sustainable and Responsible Investment Forum (2010) European SRI Study 2010. European Sustainable and Responsible Investment Forum, Brussels
Freeman E (1984) Strategic Management. A Stakeholder Approach, Cambridge University Press, Cambridge
Grundwald A, Kopfmüller J (2006) Nachhaltigkeit. Campus, Frankfurt/New York
Hansen E, Harms D, Schaltegger S (2011) Sustainable Supply Chain Management im globalen Kontext. Praxisstand des Lieferantenmanagements in DAX- und MDAX-Unternehmen. Die Unternehmung 65: 87-11
Harms D, Hansen E, Schaltegger S (2013) Strategies in Aligning Supply Chains for Sustainability. An Empirical Investigation of Large German Companies, Corporate Social Responsibility and Environmental Management, 20: 205-218
Holme, R./Watts, P. (2000): Corporate Social Responsibility: Making Good Business Sense. Genf, WBCSD
Meffert H, Kirchgeorg M (1998) Marktorientiertes Umweltmanagement – Grundlagen und Fallstudien. 3. Auflage. Poeschel, Stuttgart
Orlitzky M, Schmidt F, Rynes S (2003) Corporate Social and Financial Performance. A Meta-Analysis. Organization Studies 24: 402-441
Pfeffer J (1992) Managing With Power. Politics and Influence in Organizations. Harvard Business Review Press, Boston
Schaltegger S (2002) A Framework for Ecopreneurship. Leading Bioneers and Environmental Managers to Ecopreneurship. Greener Management International, Theme Issue on Environmental Entrepreneurship, 38: 45-58
Schaltegger S (2010) Unternehmerische Nachhaltigkeit als Treiber von Unternehmenserfolg und Strukturwandel. Wirtschaftspolitische Blätter 57: 495-503

Schaltegger S (2012) Die Beziehung zwischen CSR und Corporate Sustainability. In: Schneider A, Schmidpeter R (Hrsg) Corporate Social Responsibility. Verantwortungsvolle Unternehmensführung in Theorie und Praxis. Springer Gabler, Berlin, S 165-175

Schaltegger S (2013): Messung und Steuerung unternehmerischer Nachhaltigkeit. In: Rogall H, Binswanger H, Ekhardt F, Grothe A, Hasenclever W, Hauchler I, Jänicke M, Kollmann K, Michaelis N, Nutzinger H, Scherhorn G (Hrsg) 3. Jahrbuch Nachhaltige Ökonomie. Im Brennpunkt: Nachhaltigkeitsmanagement. Metropolis, Marburg, S 285-306

Schaltegger S, Harms D, Hörisch J, Windolph S (2013) Corporate Sustainability Barometer 2012. Praxisstand und Fortschritt des Nachhaltigkeitsmanagements in den größten Unternehmen Deutschlands. Centre for Sustainability Management der Leuphana Universität Lüneburg, Lüneburg

Schaltegger S, Hasenmüller P (2006) Nachhaltiges Wirtschaften aus Sicht des „Business Case of Sustainability". In: Tiemeyer E, Wilbers K (Hrsg) Berufliche Bildung für nachhaltiges Wirtschaften. Konzepte, Curricula, Methoden, Beispiele. W. Bertelsmann, Bielefeld, S 71-86

Schaltegger S, Petersen H, Burritt R (2003) An Introduction to Corporate Environmental Management: Striving for Sustainability. Greenleaf, Sheffield

Schaltegger S, Synnestvedt T (2002) The Link Between "Green" and Economic Success. Environmental Management as the Crucial Trigger between Environmental and Economic Performance. Journal of Environmental Management 65: 339-346

Schaltegger S, Wagner M (Eds.) (2006) Managing the Business Case of Sustainability. Sustainability Performance, Competitiveness and Business Success. Frameworks, Empirical Results and Management Approaches. Greenleaf, Sheffield

Schaper M (Ed.) (2010) Making Ecopreneurs. Gower, Burlington (USA)

Schneidewind U (1998) Die Unternehmung als strukturpolitischer Akteur. Metropolis, Marburg

Seuring S, Müller M (2008) From a literature review to a conceptual framework for sustainable supply chain management. Journal of Cleaner Production 16: 1699-1710

Sustainalytics (2010) Die Nachhaltigkeitsleistungen deutscher Großunternehmen. Ergebnisse des vierten vergleichenden Nachhaltigkeitsratings der DAX 30. www.sustainalytics.com/sites/default/files/Sustainalytics_DAX%2030%20Rating.pdf. Zugegriffen: 14.03.2017

Weizsäcker EU v, Hargroves K, Smith M, Desha C, Stasinopoulos P (2009) Factor Five. Earthscan, London

WBGU/Wissenschaftlicher Beirat Globale Umweltveränderungen (1993) Welt im Wandel. Grundstruktur globaler Mensch-Umwelt-Beziehungen. Economica, Bonn

WCED/World Commission on Environment and Development) (1987) Development and International Economic Co-operation. Environment. Report A/42/427. United Nations, Geneva

Gesellschaftliche Verantwortung von Unternehmen zwischen Konvergenz und Divergenz

Standards, Kodizes und Richtlinien

Michael S. Aßländer

> **Abstract**
>
> More and more companies are committing themselves to uphold further standards of ethical conduct within their corporate policy which go beyond the existing laws. Primarily this consists of the adherence of human rights, the protection of labor standards, fair business practices, consumer protection, transparency and the publication of relevant company information, environmental protection or the avoidance of environmental risks. Oftentimes the companies' voluntary commitments are based on international standards and guidelines of conduct. Within this chapter these standards and guidelines will be systematically portrayed, analyzed and further explained through examples.

***

Zunehmend verpflichten sich Unternehmen in ihrer Geschäftspolitik zur Einhaltung ethischer Verhaltensstandards die über die jeweils geltenden Gesetze hinausreichen. Grundsätzlich geht es dabei um die Beachtung der Menschenrechte, die Wahrung von Arbeitnehmerrechten, faire Geschäftspraktiken, Verbraucherschutz, Transparenz und Offenlegung relevanter Unternehmensdaten, Umweltschutz oder die Vermeidung von Umweltrisiken. In ihren Selbstverpflichtungserklärungen nehmen die Unternehmen dabei zumeist Bezug auf internationale Verhaltensstandards und -richtlinien. Im Folgenden werden diese Standards und Richtlinien systematisch dargestellt, analysiert und anhand von Beispielen veranschaulicht.

21.1 Einleitung

Um die Übernahme gesellschaftlicher Verantwortung gegenüber den eigenen Mitarbeiterinnen und Mitarbeitern aber auch gegenüber externen Stakeholdern zu signalisieren, haben sich insbesondere multinational agierende Unternehmen zur Einhaltung ethischer Verhaltensstandards verpflichtet. Dabei waren es zunächst vor allem jene Branchen, die sich als erste der Kritik durch zahlreiche Nichtregierungsorganisationen (NGO) und den Boykottdrohungen kritischer Verbraucherverbände gegenübersahen, die hier eine Vorreiterrolle einnahmen. So sahen sich beispielsweise die Unternehmen der Textil-, Sportartikel- und Spielwarenindustrie lange Jahre der Kritik ausgesetzt, in ihren überwiegend in Fernost beheimateten Herstellungsbetrieben unmenschliche Arbeitsbedingungen zu dulden und umweltschädigendes Verhalten zuzulassen (siehe den Beitrag von Malets und Böhling in diesem Band). Insbesondere die für die Naming- und Shamingkampagnen der NGO anfälligen Markenhersteller bemühen sich daher seit einigen Jahren darum, die Herstellungsbedingungen in ihren Zulieferbetrieben zu verbessern, indem sie soziale und ethische Mindeststandards in ihrer Zulieferkette implementieren und deren Einhaltung mittels komplexer Auditierungssysteme überwachen (Aßländer und Senge 2009, S. 11). Zwischenzeitlich verfügen die meisten großen Unternehmen über entsprechende Compliance-Abteilungen, die die Einhaltung ethischer Verhaltensstandards unternehmensintern überwachen sollen. Allerdings steht hier oftmals die Vermeidung juristischer Sanktionen, die sich aus der Nichtbeachtung national und international geltender Bestimmungen ergeben können, im Vordergrund.

Um sich eine Übersicht über die zahlreichen unterschiedlichen Leitlinien und Verhaltensvorschriften zu verschaffen, scheint es sinnvoll, diese systematisch einzuteilen und voneinander abzugrenzen. Obwohl hierzu weder seitens des Gesetzgebers oder seitens der Staatengemeinschaft klare definitorische Vorgaben existieren noch die in Umlauf befindlichen Leitlinien immer eine klare und einheitliche Begriffsabgrenzung erlauben, soll im Folgenden dennoch zwischen Unternehmens- oder Ethikkodizes, Standards und Richtlinien sowie Leitsätzen unterschieden werden.

21.2 Unternehmenskodizes

Unternehmens- oder Ethikkodizes sind eines der zentralen Instrumente zur Implementierung einer Unternehmensethik und legen die Grundsätze guten und richtigen Handelns innerhalb von Unternehmen fest (Talaulicar 2011, S. 229). Obwohl der Kodexbegriff im Allgemeinen auch für die Festlegung unternehmensübergreifender moralischer Normen verwendet werden kann (Branchenkodizes), standesrechtliche Vorschriften bestimmter Berufsgruppen bezeichnen kann (Berufskodizes) oder bei der Beschreibung nicht schriftlich fixierter moralischer Werthaltungen Verwendung findet (Ehrenkodex), herrscht innerhalb der internationalen Wirtschafts- und Unternehmensethikdebatte doch weitgehende Einigkeit darüber, den Begriff des Kodex für formale Handlungsgrundsätze von Unternehmen zu verwenden (zur Übersicht Göbel 2013, S. 263-277).

Als Ethik- oder Unternehmenskodizes werden daher schriftlich dokumentierte Handlungsgrundsätze von Unternehmen bezeichnet, die konkret festlegen, zu welchen moralischen Werten sich Unternehmen verpflichten und in welcher Verantwortungsbeziehung sie sich gegenüber ihren Stakeholdern, z. B. Kapitalgebern, Mitarbeitern oder Kunden, sehen (Aßländer 2011a, S. 242). Unternehmenskodizes unterscheiden sich von Unternehmensvisionen oder so genannten „Mission Statements" vor allem durch ihren Bezug auf bestimmte Werthaltungen, die innerhalb des Unternehmens als handlungsleitende Prinzipien Gültigkeit beanspruchen, und die Festschreibung von hieraus abgeleiteten konkreten Verhaltensregeln. Unternehmenskodizes stellen mithin das Normengerüst des Unternehmens dar, das bestimmte Handlungsweisen gebietet oder verbietet (Talaulicar 2006, S. 35). Visionen hingegen beschreiben die „erstrebenswerte Zukunft" des Unternehmens. Hier geht es um einen als ideal angenommenen Sollzustand, der seitens des Unternehmens erreicht werden soll. Dies schließt die Erreichung moralischer Zielsetzungen nicht aus, bezieht sich aber eben auch auf moralisch nicht-relevante Sachverhalte, wie etwa die angestrebte Marktposition des Unternehmens oder andere Aspekte der künftigen Unternehmensentwicklung (Maak und Ulrich 2007, S. 242f.).

Oftmals beziehen sich Unternehmenskodizes bei der Festlegung unternehmensrelevanter Werte und Normen auf übergeordnete Dokumente der Staatengemeinschaft oder international anerkannte Leitlinien, wie etwa die Prinzipien des Global Compact, die Erklärung der International Labor Organization (ILO) über grundlegende Rechte und Pflichten bei der Arbeit oder das OECD-Übereinkommen über die Bekämpfung der Bestechung ausländischer Amtsträger im internationalen Geschäftsverkehr.

In Deutschland erfolgt die Implementierung von Ethikkodizes derzeit weitgehend auf freiwilliger Basis. Demgegenüber existieren in anderen Ländern Vorschriften, die Anreize für die Einführung von Ethikkodizes schaffen sollen oder diese unter bestimmten Bedingungen zwingend vorschreiben. Beispielsweise sehen die U. S. Federal Sentencing Guidelines Haftungserleichterungen für straffällige Unternehmen vor, die im Vorfeld zu ihrer Straftat Ethikkodizes und ein entsprechendes unternehmensethisches Instrumentarium implementiert haben (George 1995, S. 18). Ebenso enthält der im Nachgang zur Unternehmenspleite des

Energiekonzerns Enron erlassene Sarbanes Oxley Act einschlägige Regelungen zur Implementierung von Ethikkodizes. Zudem verlangt die New Yorker Börse von allen dort notierten Gesellschaften die Verabschiedung und Veröffentlichung von ethischen Verhaltensrichtlinien, in denen sie beispielsweise Auskunft über die Handhabung von Interessenkonflikten oder den Umgang mit vertraulichen Informationen geben und sich explizit zur Einhaltung gesetzlicher Bestimmungen verpflichten (Talaulicar 2008, S. 7).

Grundsätzlich verfolgen Unternehmen mit der Festlegung von Ethikkodizes unterschiedliche Zielsetzungen (Aßländer 2011a, S. 244f.): Ziel kann es sein, zentrale Grundwerte des Unternehmens schriftlich zu fixieren, die die Grundlage einer gemeinsamen Unternehmenskultur und die Basis einer „moral identity" der Mitarbeiterinnen und Mitarbeiter bilden. Auch kann ein solcher Kodex der Festschreibung der erwarteten Umgangsformen im Unternehmen dienen, beispielsweise im Verhältnis von Mitarbeiterinnen und Mitarbeitern zu Vorgesetzten oder gegenüber Zulieferern oder Kunden. Ein weiteres Ziel kann es sein, mit dem Kodex ein verbindliches Regelwerk zu implementieren, das den Mitarbeiterinnen und Mitarbeitern erlaubt, richtiges und falsches Handeln zu bestimmen und auf das sie sich im Zweifel gegenüber Vorgesetzten berufen können. Auch eine gewisse Absicherung gegenüber der Kritik von Seiten der Medien und kritischer Nichtregierungsorganisationen mag Anlass dazu geben, die im Unternehmen als verbindlich erachteten Verhaltensweisen öffentlich zugänglich zu dokumentieren. Zudem stellt der Unternehmenskodex ein Mittel zur moralischen Sozialisation der Mitarbeiterinnen und Mitarbeiter dar, vor allem dann, wenn die in einem Unternehmenskodex festgelegten Werte auch über Mitarbeitertrainings vermittelt und ihre Einhaltung durch das Management honoriert wird.

Mit der Veröffentlichung schriftlich fixierter Werthaltungen bindet sich das Unternehmen sowohl gegenüber unternehmensexternen Anspruchsgruppen als auch gegenüber den eigenen Mitarbeiterinnen und Mitarbeitern (Coughlan 2005, S. 45). Damit dies auf glaubwürdige Weise geschieht, müssen die im Rahmen des Kodex festgelegten Verhaltensnormen für alle Mitarbeiterinnen und Mitarbeiter des Unternehmens gelten und von ihnen praktiziert werden. Je konkreter und eindeutiger die Formulierung der Normen und Werthaltungen ist, desto einfacher fällt es dabei, sie in der Praxis umzusetzen (Kaptein und Wempe 1998, S. 859). Kodizes sollten daher klare Regeln beinhalten und im Falle ihrer Nichtbeachtung entsprechende Sanktionen vorsehen. Sie sollten der Wahrung gesellschaftlicher Interessen dienen und nicht ausschließlich Regelungen zum Ziel haben, die nur den Interessen spezifischer Interessengruppen, etwa dem Wohl der Anteilseigner, dienen. Auch sollte der Kodex nicht ausschließlich Allgemeinplätze, wie etwa die Verpflichtung, die geltenden Gesetze zu achten, enthalten, da der Kodex dann keine

Aussagekraft besitzt. Zudem müssen die Vorschriften des Kodex umsetzbar sein. Handelt es sich nur um eine Auflistung erstrebenswerter Ideale und bringt der Kodex keine klaren Pflichten zum Ausdruck, besitzt er keine Regulierungskraft (George 1995, S. 461f.).

Um in der Praxis wirksam zu werden sind Kodizes auf die Akzeptanz im Unternehmen angewiesen. Voraussetzung hierfür ist, dass die Regeln den persönlichen Werthaltungen der Mitarbeiterinnen und Mitarbeiter nicht widersprechen, diese möglichst schon im Vorfeld bei der Kodexerstellung beteiligt werden, die Normen weder zu allgemein, noch zu fallspezifisch formuliert werden, sich die Normen auf alle Unternehmensbereiche anwenden lassen und gegebenenfalls nötige Ausnahmen, zum Beispiel für einzelne Länder, hinreichend begründet werden (Aßländer 2011a, S. 255).

Obwohl sich die Inhalte der Kodizes je nach Branche unterscheiden, gibt es dennoch gemeinsame Themenfelder, die branchenunabhängig von den meisten Kodizes behandelt werden. Hierzu zählen Einhaltung von Arbeitsstandards, Umweltschutz, Konsumentenschutz, Verbot von Bestechung, Beziehung zu und Umgang mit Wettbewerbern, wahrheitsgemäße Informationspolitik und die Weitergabe technischen Wissens (OECD 2001, S. 8).

21.3 Standards

Unter dem Begriff Standard werden in der Regel international gültige Verhaltensstandards für Unternehmen verstanden. Grundsätzlich lassen sich dabei Umwelt- und Sozialstandards unterscheiden. Im Gegensatz zu Kodizes, deren Festschreibung auf Unternehmensebene erfolgt, werden derartige Verhaltensstandards auf breiterer Basis festgelegt. So kann die Festschreibung von Standards entweder durch die Unternehmen einer Branche erfolgen (Responsible Care Programm der chemischen Industrie), in Zusammenarbeit mit Industrievertretern und Nichtregierungsorganisationen erfolgen (Marine Stewardship Council, MSC), gänzlich von Nichtregierungsorganisationen initiiert sein (Sozialstandard SA 8000 von Social Accountability International) oder seitens politischer Gremien erfolgen (Eco-Management and Audit Scheme der EU, EMAS).

Standards definieren Mindestanforderungen für Unternehmen in den Bereichen Umweltschutz und Arbeits- und Menschenrechte. Ihre Anerkennung erfolgt auf freiwilliger Basis. Zu den Unterzeichnern zählen zumeist westliche Unternehmen, die in Entwicklungs- und Schwellenländern operieren, in denen keine entsprechenden Arbeitsrechts- und Umweltschutznormen existieren oder diese nur unzureichend umgesetzt werden. Für die Unterzeichner stellt die Anerkennung mithin eine Selbstverpflichtung dar, die in den Standards vorgeschriebenen international anerkannten Verhaltensnormen in ihrer Geschäftspolitik zu beachten, auch dann, wenn diese durch die jeweils in den einzelnen Ländern gültige Gesetzgebung nicht notwendig gefordert werden (Roloff 2011, S. 253).

Insbesondere in den Bereichen Arbeitsschutz und Menschenrechte, aber auch im Bereich Umweltschutz, beziehen sich die meisten Standards auf Dokumente, in denen die zentralen Grundwerte der menschlichen Gemeinschaft zum Ausdruck kommen. Hierzu zählen: Die Allgemeine Menschenrechtserklärung der Vereinten Nationen, die Deklaration der International Labour Organization über die fundamentalen Rechte der Arbeiter, die Rio-Deklaration der Vereinten Nationen über Umwelt und Entwicklung sowie das Übereinkommen der Vereinten Nationen gegen Korruption.

Um die Selbstverpflichtung der Unternehmen auch nach außen sichtbar zu machen, aber auch um die Einhaltung der in den Standards geforderten Verhaltensweisen zu gewährleisten, sehen viele Standards eine Zertifizierung der angeschlossenen Unternehmen vor. Je nach Standard bestehen hier unterschiedlich strenge Vorschriften und Prüfroutinen, die von einfachen Self-Assessments bis hin zu komplexen Auditierungen reichen können. In der Regel berechtigt die erfolgreiche Zertifizierung zur (zeitlich limitierten) Benutzung eines entsprechenden Siegels, das die Einhaltung der Standards dokumentiert. Zu den wohl bekanntesten Siegeln in diesem Kontext zählen das Fair-Trade Siegel der Fairtrade Labelling Organizations International oder das SA 8000 Siegel von Social Accountability International (Aßländer 2011a, S. 277f.), aber auch die Siegel unterschiedlicher Stewardship Councils, wie etwa das FSC Siegel des Forest Stewardship Councils oder das MSC Siegel des Marine Stewardship Councils (Aßländer und Schenkel 2011, S. 342-345). Zu beachten gilt dabei jedoch, dass die Zertifikate lediglich die Einhaltung der in den jeweiligen Standards geforderten Unternehmensroutinen bestätigen. Diese können sich jedoch auf sehr unterschiedliche Bereiche beziehen. So etwa „garantiert" das Fair-Trade Siegel ausschließlich faire Handelsbedingungen, nicht jedoch eine umweltverträgliche Herstellungsweise.

Dies hat zur Folge, dass in vielen Unternehmen oft zeitgleich mehrere Standards zum Einsatz kommen, die zudem zum Teil sehr branchenspezifisch sein können. Allerdings lassen sich auch hier gewisse zentrale Themen erkennen, die in der einen oder anderen Form von den meisten Standards adressiert werden. So etwa formulieren Sozialstandards vor allem Richtlinien zu den Themen Verbot von Kinder- oder Zwangsarbeit, Diskriminierungsverbot, Gewerkschaftsfreiheit, Gesundheitsschutz, Arbeitszeitbegrenzung und faire Bezahlung und Entlohnung (Roloff 2011, S. 253). Im Bereich der Umweltstandards bilden vor allem Bestimmungen zu einer nachhaltigen Produktgewinnung, zum Umgang mit Schadstoffen, zur Vermeidung von Umweltbelastungen, zur Dokumentation von Umweltschäden oder zur Einsparung von Ressourcen zentrale Themen.

Zwei der wohl wichtigsten Standards sind die Internationale Umweltmanagementnorm ISO 14001 und der ISO 26000 Leitfaden zur gesellschaftlichen Verantwortung. Während die Umweltmanagementnorm ISO 14001 die in Unternehmen eingeführten Umweltmanagementsysteme nach ähnlichen Vorgaben wie EMAS zertifiziert, ist die ISO 26000 nicht als zu zertifizierender Standard gedacht, sondern stellt einen Leitfaden dar, der den Unternehmen zur Orientierung bei der Übernahme gesellschaftlicher Verantwortung dienen soll (Vitt et al. 2011, S. 4f.). Dennoch umfasst die ISO 26000 detaillierte Vorschriften und Handlungsempfehlungen für die Umsetzung der empfohlenen Maßnahmen. Einleitend unterscheidet die ISO 26000 sieben Grundprinzipien sozialer Verantwortung (ISO 2010, S. 10-14): (1) Generelle Verantwortung von Organisationen für die Folgen ihres Handelns; (2) wahrheitsgemäße Offenlegung der bekannten und möglichen Folgen der Unternehmensentscheidungen auf Umwelt und Gesellschaft; (3) Verpflichtung zu ethischem Verhalten, wobei Aufrichtigkeit, Billigkeit und Integrität als minimale ethische Anforderungen gelten; (4) Berücksichtigung der Stakeholderinteressen bei Unternehmensentscheidungen; (5) Einhaltung gesetzlicher Regelungen auf allen Ebenen der Organisation; (6) Beachtung internationaler Verhaltensstandards, die über rein gesetzliche Normierungen hinausgehen, insbesondere in Ländern mit mangelhafter Umwelt- und Sozialgesetzgebung; (7) Achtung der allgemeinen Menschenrechte.

Bei der Gestaltung ihrer jeweiligen CSR-Maßnahmen sollen sich Organisationen vor allem auf die Bereiche Organisationssteuerung, Menschenrechte, Arbeitsbeziehungen, Umwelt, faire Geschäftspraktiken, Konsumentenbelange und gesellschaftliche Entwicklung im lokalen Umfeld konzentrieren. Grundsätzliches Ziel ist es, ethische Verhaltensstandards in der Organisationspolitik zu verankern und das Management auf ethische Normen zu verpflichten (ISO 2010, S. 19-68).

Als problematisch erweist sich jedoch die Frage, wie sich die Einhaltung der entsprechenden Verhaltensweisen garantieren lässt. Vor allem Unternehmen mit weit verzweigter Lieferkette und Produktionsbetrieben im Ausland sehen sich so vor das Problem gestellt, dass sie sich einerseits zur Einhaltung bestimmter Standards verpflichten, dies nun aber auch über ihre gesamte Lieferkette hinweg und an unterschiedlichen Produktionsstandorten mit unterschiedlichen Rechtsordnungen sicherstellen müssen. Viele Unternehmen versuchen daher die Umsetzung ihrer Sozial- und Umweltvorgaben mithilfe so genannter Compliance Audits in ihren Herstellungsbetrieben zu kontrollieren. Werden Mängel in den Betrieben festgestellt, wird ein so genannter „Corrective Action Plan" festgelegt, der die entsprechenden

Mängel listet und Fristen zu ihrer Behebung vorsieht. Werden die genannten Mängel dauerhaft nicht beseitigt, hat dies oftmals die Kündigung des Vertragsverhältnisses zur Folge (Roloff 2006, S. 368-372). Allerdings sind derartige Kontrollen mit zahlreichen Schwächen behaftet. So lässt sich im Einzelfall nicht verhindern, dass die überprüften Unternehmen gefälschte Daten vorlegen. Arbeitet ein Hersteller zugleich für mehrere Kunden, kommt es zudem häufig zu Mehrfach-Auditierungen. Hieraus resultieren zusätzliche Probleme für den Herstellerbetrieb, da die Audits oftmals nicht auf Basis einheitlicher Standards erfolgen und mitunter widersprüchliche Regelungen miteinander in Einklang gebracht werden müssen. Insgesamt erweist sich somit die Umsetzung der entsprechenden Standards insbesondere innerhalb der Lieferkette als problematisch.

21.4 Richtlinien und Leitsätze

Im Gegensatz zu den bereits diskutierten Unternehmenskodizes und Verhaltensstandards bezeichnen Richtlinien internationale Verhaltensgrundsätze für eine sozial verantwortliche Unternehmenspolitik, die die einzelnen Unternehmen unterstützen und an denen sie sich bei der Ausgestaltung ihrer eigenen Verhaltensregeln orientieren sollen. In aller Regel handelt es sich dabei um Dokumente überstaatlicher Institutionen, wie etwa die Vereinten Nationen mit ihren verschiedenen Organen oder die Organisation für wirtschaftliche Entwicklung und Zusammenarbeit. Richtlinien sind in der Regel nicht zertifizierbar, besitzen aber durchaus einen unterschiedlichen Grad an Verbindlichkeit.

Das derzeit wohl wichtigste Rahmenwerk zur gesellschaftlichen Verantwortung von Unternehmen stellt der Global Compact der Vereinten Nationen dar. Nach eigenem Bekunden versteht sich der Global Compact als „mittlerweile größte freiwillige Initiative zur Förderung nachhaltigen Wirtschaftens" (Kell 2011, S. 329). Ins Leben gerufen wurde der UN Global Compact durch den vormaligen UN-Generalsekretär Kofi Annan. Dieser forderte von den Repräsentanten der Weltwirtschaft auf dem Weltwirtschaftsforum in Davos am 31. Januar 1999 „einen globalen Pakt universeller Werte, um dem Weltmarkt ein menschliches Antlitz zu verleihen" (Kell 2011, S. 329). Ziel war es, Unternehmen und andere Organisationen zur Einhaltung grundsätzlicher ethischer Prinzipien zu verpflichten, wie sie in den Grundsatzdokumenten der Vereinten Nationen zum Ausdruck kommen. Explizit genannt werden: Die Allgemeine Menschenrechtserklärung der Vereinten Nationen, die Deklaration der International Labour Organization über die fundamentalen Rechte der Arbeiter, die Rio-Deklaration der Vereinten Nationen über Umwelt und Entwicklung sowie das Übereinkommen der Vereinten Nationen gegen Korruption (Global Compact Office 2005, S. 6). Unternehmen können dem Pakt beitreten, wenn sie sich verpflichten, eines oder mehrere der folgenden zehn Prinzipien in ihrer Geschäftspolitik zu unterstützen (Global Compact Office 2005, S. 6): *Menschenrechte* – (1) Unternehmen sollen den Schutz der internationalen Menschenrechte innerhalb ihres Einflussbereichs unterstützen und achten und (2) sicherstellen, dass sie sich nicht an Menschenrechtsverletzungen mitschuldig machen; *Arbeitsnormen* – (3) Unternehmen sollen die Vereinigungsfreiheit und die wirksame Anerkennung des Rechts auf Kollektivverhandlungen wahren sowie ferner für (4) die Beseitigung aller Formen der Zwangsarbeit, (5) die Abschaffung der Kinderarbeit und (6) die Beseitigung von Diskriminierung bei Anstellung und Beschäftigung eintreten; *Umweltschutz* – (7) Unternehmen sollen im Umgang mit Umweltproblemen einen vorsorgenden Ansatz unterstützen, (8) Initiativen ergreifen, um ein größeres Verantwortungsbewusstsein für die Umwelt zu erzeugen und (9) die Entwicklung und Verbreitung umweltfreundlicher Technologien fördern; *Korruptionsbekämpfung* – (10) Unternehmen sollen gegen alle Arten der Korruption eintreten, einschließlich Erpressung und Bestechung.

Treten Unternehmen dem Global Compact bei, erhalten sie die Erlaubnis, das Logo des UN-Global Compact zu führen. Im Gegenzug verpflichten sie sich dazu, jährlich einen „Fortschrittsbericht" über die Umsetzung der Global Compact Prinzipien innerhalb des Unternehmens zu veröffentlichen. Jedoch besitzt der Global Compact Office keinerlei Überwachungsorgane, die die Einhaltung der Prinzipien durch die angeschlossenen Unternehmen tatsächlich überwachen könnten. Dies führt bis heute zu Diskussionen um die Ernsthaftigkeit des unternehmerischen Engagements der im Global Compact zusammengeschlossenen Unternehmen (Aßländer 2011a, S. 207f.).

Speziell an multinational tätige Unternehmen gerichtet sind „Die OECD-Leitsätze für multinationale Unternehmen" der Organization for Economic Co-operation and Development (OECD), die im Jahr 1976 verabschiedet und in den Jahren 2000 und 2011 umfassend überarbeitet wurden. Die Leitsätze verstehen sich als Empfehlungen, die über das jeweils geltende Landesrecht hinausgehen, dieses aber nicht ersetzen wollen (OECD 2011, S. 19). Allerdings verpflichten sich die Regierungen der OECD-Mitgliedsstaaten, die Umsetzung der Leitlinien in ihren jeweiligen Ländern zu fördern und nationale Kontaktstellen einzurichten, an die Verstöße gegen die Leitsätze berichtet werden können. Stellt die Kontaktstelle tatsächlich einen Verstoß fest, fungiert sie als Schlichtungsinstanz; die dabei erzielten Ergebnisse werden veröffentlicht (OECD 2011, S. 78-83). Aufgrund der Möglichkeit zur aktiven Beschwerdeführung und der mittels Veröffentlichung von Verstößen erreichten Transparenz besitzen die OECD-Leitlinien einen weit höheren Verpflichtungsgrad als der Global Compact. Ein weiterer Unterschied besteht darin, dass nicht Unternehmen, sondern nationale Regierungen die Prinzipien anerkennen und sich verpflichten, auf deren Einhaltung durch Unternehmen hinzuwirken.

Auch die OECD-Leitsätze orientieren sich an den allgemeinen Verhaltensstandards, wie sie in den Richtlinien der ILO oder der UN-Menschenrechtsdeklaration zum Ausdruck kommen. Im Einzelnen legen die Leitsätze dabei folgende Verhaltensstandards fest (OECD 2011, S. 22-73): (1) Unternehmen sollen die bestehenden Gesetze in ihren Gastländern beachten und sich um die Einhaltung international anerkannter Verhaltensstandards bemühen; (2) sie sollen in ihren Gastländern einen Beitrag zum wirtschaftlichen, sozialen und ökologischen Fortschritt leisten; (3) sie sollen regelmäßig und wahrheitsgemäß sachdienliche Informationen über ihre Geschäftspolitik veröffentlichen; (4) sie sollen die Menschenrechte in ihrer Geschäftspolitik achten und deren Umsetzung in den jeweiligen Gastländern befördern; (5) sie sollen die Rechte der Arbeiter, insbesondere zum Eintritt in eine Gewerkschaft, und das Recht auf Kollektivverhandlungen respektieren; (6) sie sollen in ihren Gastländern die geltenden nationalen Bestimmungen sowie die internationalen Verhaltensstandards in Bezug auf Umweltschutz, Gesundheit ihrer Mitarbeiterinnen und Mitarbeiter sowie Sicherheit der Betriebsstätten beachten; (7) sie sollen weder direkt noch indirekt Bestechungsgelder annehmen oder anbieten, um Leistungen zu erhalten; (8) sie sollen bei der Vermarktung ihrer Produkte faire Geschäfts- und Werbepraktiken anwenden und die Sicherheit und Qualität ihrer Erzeugnisse gewährleisten; (9) die Forschung und der Technologieeinsatz der Unternehmen sollen sich im Einklang mit den Interessen der Gastländer befinden; (10) sie sollen sich um Fair-Play im Wettbewerb bemühen und ihre mögliche Marktmacht nicht missbrauchen; (11) sie sollen durch die pünktliche Entrichtung ihrer Steuern einen Beitrag zur Finanzierung des öffentlichen Haushalts in ihren Gastländern leisten.

Daneben existieren zahlreiche weitere Richtlinien und Leitsätze. So etwa legt das „Grünbuch: Europäische Rahmenbedingungen für die Soziale Verantwortung der Unternehmen" der Europäischen Kommission unter anderem Human Ressource Management, Arbeitsschutz, Unternehmensrestrukturierung, Umweltmanagement, Beziehung zu lokalen Gemeinschaften, Behandlung von Zulieferern und Verbrauchern, Menschenrechte und globaler Umweltschutz als relevante Felder verantwortlichen Handelns von Unternehmen fest (Europäische Kommission 2001, S. 9-17). Ähnlich beziehen sich die eher in Nordamerika beheimateten Global Sullivan Principles auf die Themen: Menschenrechte, Chancengleichheit, Vereinigungsfreiheit, faire Löhne, Umwelt- und Gesundheitsschutz, fairer Wettbewerb und Unterstützung kommunaler Einrichtungen (Aßländer 2011a, S. 216ff.).

Auffällig ist, dass die meisten Leitsätze nicht nur auf eine Verbesserung der Managementpraktiken und Unternehmensroutinen zielen, um so sozial verantwortliches und unter ethischen Gesichtspunkten vertretbares Handeln der Unternehmen zu fördern, sondern darüber hinaus auch einen Beitrag der Unternehmen zur sozial und ökologisch nachhaltigen Entwicklung einfordern. Im Gegensatz zu Unternehmenskodizes oder Verhaltensstandards thematisieren Leitlinien daher oftmals auch eine politische Dimension unternehmerischer Verantwortung, indem sie die Rolle der Unternehmen als Unternehmensbürger und die damit einhergehenden sozialen Pflichten der Unternehmen ansprechen (Aßländer 2011b).

21.5 Fazit

Trotz aller Unterschiede hinsichtlich der im Einzelnen verfolgten Anliegen und trotz ihrer zum Teil sehr unterschiedlichen Entstehungsgeschichte enthalten nahezu alle Leitsätze im Wesentlichen die gleichen Grundsatzforderungen, da sie sich alle auf die gleichen Grundsatzdokumente der Vereinten Nationen oder der International Labor Organization beziehen. Wenngleich die Forderungen der einzelnen Standards im Detail mitunter voneinander abweichen, ist es doch ihr gemeinsames Anliegen, Menschenrechte und Arbeitnehmerrechte zu stärken und ein umweltbewusstes Verhalten der Unternehmen zu fördern.

Empfehlenswerte Literatur

Aßländer MS (2011) Grundlagen der Wirtschafts- und Unternehmensethik. Metropolis, Marburg
Aßländer MS (Hrsg) (2011) Handbuch Wirtschaftsethik. Metzler, Stuttgart
Vitt J, Franz P, Kleinfeld A, Thorns M (2011) Gesellschaftliche Verantwortung nach DIN ISO 26000. Beuth, Berlin

Literatur

Aßländer MS (2011a) Grundlagen der Wirtschafts- und Unternehmensethik. Metropolis, Marburg
Aßländer MS (2011b) Corporate social responsibility as subsidiary c-responsibility: A macroeconomic perspective. Journal of Business Ethics 99: 115-128

Aßländer MS, Schenkel M (2011) Corporate Stewardship. In: Michael S. Aßländer (Hrsg) Handbuch Wirtschaftsethik. Metzler, Stuttgart, S 338-347

Aßländer MS, Senge K (2009) Zur Bedeutung einer Corporate Social Responsibility für den Einzelhandel. In: Aßländer MS, Senge K (Hrsg) Corporate Social Responsibility im Einzelhandel. Metropolis, Marburg, S 7-22

Coughlan R (2005) Codes, Values and Justifications in the Ethical Decision-Making Process. Journal of Business Ethics 59: 45-53

Europäische Kommission (2001) Grünbuch: Europäische Rahmenbedingungen für die Soziale Verantwortung der Unternehmen. Amt für amtliche Veröffentlichungen, Luxemburg

George RT d (1995) Business Ethics. NJ., Prentice Hall, Englewood Cliffs

Göbel E (2013) Unternehmensethik – Grundlagen und praktische Umsetzung. UVK Verlagsgesellschaft, Konstanz/München

Global Compact Office (2005). Gesellschaftliches Engagement von Unternehmen in der Wirtschaft – Menschenrechte – Arbeitsnormen – Umweltschutz – Korruptionsbekämpfung. Vereinte Nationen, New York, NY

ISO/International Organization for Standardization (2010). International Standard ISO 26.000: Guidance on Social Responsibility. ISO 26000:2010. International Organization for Standardization, Genf

Kaptein M, Wempe J (1998) Twelve Gordian Knots when Developing an Organizational Code of Ethics. Journal of Business Ethics 17: 853-869

Kell G (2011) Global Compact der Vereinten Nationen. In: Aßländer MS (Hrsg) Handbuch Wirtschaftsethik. Metzler, Stuttgart, S 329-337

Maak T, Peter U (2007) Integre Unternehmensführung. Ethisches Orientierungswissen für die Wirtschaftspraxis. Schäffer-Poeschel, Stuttgart

OECD/Organisation for Economic Co-operation and Development (2011) OECD-Leitsätze für multinationale Unternehmen.. OECD Publishing, Paris

Roloff J (2006) Sozialer Wandel durch deliberative Prozesse. Metropolis, Marburg

Roloff J (2011) Sozialstandards. In: Aßländer MS (Hrsg) Handbuch Wirtschaftsethik. Metzler, Stuttgart, S 253-260

Talaulicar T (2006) Unternehmenskodizes – Typen und Normierungsstrategien zur Implementierung einer Unternehmensethik. Gabler, Wiesbaden

Talaulicar T (2008) Ethikkodizes: Grundlegende Gestaltungsdimensionen und Typen. Forum Wirtschaftsethik 16: 7-15

Talaulicar T (2011) Ethikkodizes. In: Aßländer MS (Hrsg) Handbuch Wirtschaftsethik. Metzler Stuttgart, S 229-236

Vitt J, Franz P, Kleinfeld A, Thorns M (2011) Gesellschaftliche Verantwortung nach DIN ISO 26000. Beuth Verlag, Berlin

＃ V
Autorinnen und Autoren

Altmeppen, Klaus-Dieter, Prof. Dr.; geb. 1956; Kommunikationswissenschaftler; Hochschullehrer am Studiengang Journalistik der Katholischen Universität Eichstätt-Ingolstadt (KU); Sprecher des Kleinen Konvents der Schader Stiftung (seit 2015), Leiter des Zentrums für Ethik der Medien und der digitalen Gesellschaft (zusammen mit Prof. Dr. Alexander Filipović, Hochschule für Philosophie München) (seit November 2016), Leiter (interimistisch) des Zentrums für Flucht und Migration Eichstätt (gemeinsam mit Prof. Dr. Rita Rosner, Psychologie) (seit Januar 2017) und geschäftsführender Herausgeber von „Communication Socialis – Zeitschrift für Medienethik und Kommunikation in Kirche und Gesellschaft" (seit 2011); Forschungs- und Arbeitsschwerpunkte: Verantwortungskommunikation, Medien- und Digitalethik, Öffentlichkeit, Medienorganisationen, -management und -ökonomie.
www.ku.de/slf/jour/mitarbeiter/professoren/altmeppenbio
klaus-dieter.altmeppen@ku.de

Aßländer, Michael S., Prof. Dr. phil., Dr. rer. pol. habil.; geb. 1963; Sozialwissenschaftler; apl. Professur für Wirtschafts- und Unternehmensethik; Technische Universität Dresden/Internationales Hochschulinstitut Zittau; Forschungs- und Arbeitsschwerpunkte: Wirtschafts- und Unternehmensethik, Theoriegeschichte der Ökonomie, Korruption.
www.tu-dresden.de/ihi-zittau/sowi/die-professur/beschaeftigte/prof-dr-phil-dr-rer-pol-habil-michael-stefan-asslaender
michael.asslaender@uni-dresden.de

Backhaus-Maul, Holger, Dr.; geb. 1960; Soziologe und Verwaltungswissenschaftler; verantwortlicher wissenschaftlicher Mitarbeiter für das Fachgebiet Recht, Verwaltung und Organisation an der Martin-Luther-Universität Halle-Wittenberg/Philosophische Fakultät III; Mitglied im Vorstand der Stiftung Aktive Bürgerschaft (Berlin); Forschungs- und Arbeitsschwerpunkte: Sozialpolitik und Sozialrecht, Organisationssoziologie (Nonprofit-Organisationen und Unternehmen) sowie Engagement und Gesellschaft.
www.paedagogik.uni-halle.de/arbeitsbereich/rvo
holger.backhaus-maul@paedagogik.uni-halle.de

Baur, Dorothea, Dr.; geb. 1975; Politikwissenschafterin; Gründerin und Inhaberin der Baur Consulting AG; Arbeitsschwerpunkte: Corporate Social Responsibility und Nachhaltigkeitsmanagement; lehrt an verschiedenen Universitäten und ist unter anderem ehrenamtliches Vorstandsmitglied der Ethos Académie.
www.baurconsulting.ch
info@baurconsulting.ch

Bartsch, Gabriele, M.A.; geb. 1958; Soziologin und Kulturwissenschafterlerin; Geschäftsführerin der Agentur mehrwert gGmbH (Stuttgart); Arbeitsschwerpunkte: Führungskräfteentwicklung in Profit- und Non-Organisationen sowie Projekt- und Organisationsentwicklung; Vorstandsvorsitzende des Vereins zur Durchführung des 36. Deutschen Evangelischen Kirchentages in Berlin.
www.agentur-mehrwert.de
bartsch@agentur-mehrwert.de

Beschorner, Thomas, Prof. Dr.; geb. 1970; Professor für Wirtschaftsethik und Direktor des Instituts für Wirtschaftsethik der Universität St.Gallen; Forschungs- und Arbeitsschwerpunkte: Wirtschafts- und Unternehmensethik, Unternehmensverantwortung, Kulturtheorien.
www.iwe.unisg.ch
thomas.beschorner@unisg.ch

Biedermann, Christiane; geb. 1968; Diplom Sozialpädagogin, PR-Managerin (DAPR), Stiftungsberaterin (DSA); Programmleiterin Bürgerstiftungen bei der Stiftung Aktive Bürgerschaft; Arbeitsschwerpunkte: Bürgerstiftungen, Unternehmenskooperationen, Freiwilligenmanagement, Corporate Volunteering.
www.aktive-buergerschaft.de
christiane.biedermann@aktive-buergerschaft.de

Böhling, Kathrin, Dr.; geb. 1971; Sozialwissenschaftlerin; wissenschaftliche Mitarbeiterin am Lehrstuhl für Wald- und Umweltpolitik der Technischen Universität München; Forschungs- und Arbeitsschwerpunkte: neue Governanceformen im Ressourcenmanagement, Nachhaltigkeitsberichtslegung und CSR, Europäische Forstpolitik.
www.wup.wi.tum.de/index.php?id=28&L=1
boehling@tum.de

Bohn, Stephan, Dr.; geb. 1981; Organisations- und Wirtschaftswissenschaftler; Post-doc an der Freien Universität (FU) Berlin und Gastwissenschaftler am Wissenschaftszentrum für Sozialforschung Berlin (WZB); Forschungs- und Arbeitsschwerpunkte: Organisationswissenschaften, Neoinstitutionalismus und institutional complexity; Gastaufenhalte u. a. an der Wirtschaftsuniversität Wien.
www.wiwiss.fu-berlin.de/fachbereich/bwl/management/sydow/Lehrstuhl/team-sprechstunden/bohn/index.html
stephan.bohn@fu-berlin.de

Bracker, Isabel, Dr.; geb. 1987; Kommunikationswissenschaftlerin; wissenschaftliche Mitarbeiterin am Studiengang Journalistik der Katholischen Universität Eichstätt-Ingolstadt; Forschungs- und Arbeitsschwerpunkte: gesellschaftliche Verantwortung und bürgerschaftliches Engagement von Medienunternehmen, Verantwortungskommunikation und digitaler Journalismus.
www.ku.de/slf/jour/mitarbeiter/wiss-mitarbeiter/bracker/
isabel.bracker@ku.de

Braun, Sebastian, Prof. Dr.; geb. 1971; Professor für Sportsoziologie an der Humboldt-Universität zu Berlin, dort Leiter der Abteilung Sportsoziologie am Institut für Sportwissenschaft und Leiter der Abteilung Integration, Sport und Fußball am Berliner Institut für empirische Integrations- und Migrationsforschung (BIM); Forschungs- und Arbeitsschwerpunkte: bürgerschaftliches Engagement und Zivilgesellschaft, Nonprofit-Organisationen und Vereine, Integration, Migration und Sozialkapital, gesellschaftliches Engagement von Unternehmen, sozialwissenschaftliche Sportforschung; Mitglied in Sachverständigenkommissionen, Expertengremien, Beiräten und Kuratorien, u. a. stellvertretender Vorsitzender der Sachverständigenkommission der Bundesregierung zur Erarbeitung des „Ersten Engagementberichts" (2010-2011).
www.sportsoziologie-berlin.de
braun@hu-berlin.de

Hüther, Michael, Prof. Dr.; geb. 1962; Volkswirt; Direktor und Mitglied des Präsidiums beim Institut der deutschen Wirtschaft Köln e. V. sowie Honorarprofessor an der EBS Business School in Oestrich-Winkel; Vorsitzender der Sachverständigenkommission für den Ersten Engagementbericht mit dem Schwerpunkt „Bürgerschaftliches Engagement von Unternehmen" im Auftrag des Bundesministeriums für Familie, Senioren, Frauen und Jugend (Berlin; 10/2010 bis 08/2012); Gerda Henkel Adjunct Professor, Department of German Studies, Stanford University

(09/2016 – 12/2016); Forschungs- und Arbeitsschwerpunkte: Strukturwandel, Ordnungspolitik, Internationales und Konjunktur, Kapitalmärkte.
www.iwkoeln.de
huether@iwkoeln.de

Hiß, Stefanie, Prof. Dr.; geb. 1974; Soziologin, Politikwissenschaftlerin und Volkswirtin; Lehrstuhlinhaberin für Soziologie mit dem Schwerpunkt Märkte, Organisationen und Governance an der Friedrich-Schiller-Universität Jena; Forschungs- und Arbeitsschwerpunkte: nachhaltige Finanzmärkte, gesellschaftliche Verantwortung von Unternehmen, neuer soziologischer Institutionalismus.
www.sozmog.uni-jena.de/Hiss.html
stefanie.hiss@uni-jena.de

Kinderman, Daniel, PhD; geb. 1978; Sozialwissenschaftler; Assistant Professor im Department of Political Science & International Relations der University of Delaware (USA); Forschungs- und Arbeitsschwerpunkte: Corporate Social Resonsibility, international vergleichende politische Ökonomie, Spielarten des Kapitalismus.
www.poscir.udel.edu/people/faculty/kindermd
dpk24@cornell.edu

Kleine-König, Christiane, MA; geb. 1982; Geographin; promoviert am Geographischen Institut der Ruhr-Universität Bochum; Forschungs- und Arbeitsschwerpunkte: Corporate Social Responsibility und Corporate Citizenship in der Stadtentwicklung, Unternehmen und Stiftungen für die soziale Quartiersentwicklung, innovative Lehrkonzepte.
christiane.kleine-koenig@rub.de

Kunze, Martin, M.A.; geb. 1981; Sozialwissenschaftler; wissenschaftlicher Mitarbeiter am Kiel Center for Philosophy, Politics and Economics (KCPPE) der Christian-Albrechts-Universität zu Kiel; u. a. Vorstandsmitglied von „Unternehmen – Verantwortung – Gesellschaft" e. V. (Berlin); Forschungs- und Arbeitsschwerpunkte: Sozialpolitik und soziale Sicherung in Deutschland im internationalen Vergleich, Corporate Citizenship und Corporate Social Responsibility, Dritte-Sektor-Forschung, Non-Profit-Management.
www.kcppe.uni-kiel.de
kunze@philsem.uni-kiel.de

Autorinnen und Autoren

Lamla, Jörn, Prof. Dr.; geb. 1969; Soziologe; Professor für Soziologische Theorie an der Universität Kassel; Mitglied im Koordinierungsgremium des Netzwerks Verbraucherforschung beim Bundesministerium der Justiz und für Verbraucherschutz; Forschungs- und Arbeitsschwerpunkte: Soziologische Theorien, Soziologie des Politischen und Ökonomischen, Konsumgesellschaft und Demokratie.
www.uni-kassel.de/fb05/fachgruppen/soziologie/soziologische-theorie/team/prof-dr-joern-lamla
lamla@uni-kassel.de

Laser, Stefan, M.A.; geb. 1988; Soziologe; wissenschaftlicher Mitarbeiter im Fachgebiet soziologische Theorie an der Universität Kassel; Forschungs- und Arbeitsschwerpunkte: Soziologie des Politischen und Ökonomischen, Science & Technology Studies, Forschung zur globalen Wertschöpfung und Wertschätzung von Elektroschrott.
www.uni-kassel.de/fb05/fachgruppen/soziologie/soziologische-theorie/team/stefan-laser-ma
stefan.laser@uni-kassel.de

Lorch, Alexander, Dr.; geb. 1982; Wirtschaftsethiker; Geschäftsführer des Kiel Center for Philosophy, Politics and Economics; Post-Doc am Lehrstuhl für Praktische Philosophie der Christian-Albrechts-Universität zu Kiel; Forschungs- und Arbeitsschwerpunkte: Wirtschafts- und Unternehmensethik, Corporate Social Responsibility, Soziale Marktwirtschaft.
www.kcppe.uni-kiel.de
lorch@philsem.uni-kiel.de

Malets, Olga, Dr.; geb. 1979; Umweltsozialwissenschaftlerin; akademische Rätin an der Professur für Environmental Governance der Albert-Ludwigs-Universität Freiburg; Forschungs- und Arbeitsschwerpunkte: Umweltgovernance, transnationales Regieren, Nachhaltigkeitsstandards.
www.envgov.uni-freiburg.de/de/prof-envgov/Team-EnvGov/dr.-olga-malets
olga.malets@envgov.uni-freiburg.de

Maurer, Andrea, Prof. Dr.; geb. 1962; Soziologin; Professorin für Soziologie mit dem Schwerpunkt Wirtschaftssoziologie an der Universität Trier; Vertrauensdozentin der Hans Böckler Stiftung; Forschungs- und Arbeitsschwerpunkte: Soziologische Theoriebildung, Institutionentheorie und -analyse, Wirtschaftssoziologie.
www.uni-trier.de/index.php?id=47836
andrea.maurer@uni-trier.de

Nagel, Sebastian; geb. 1986; Soziologe; wissenschaftlicher Mitarbeiter an der Friedrich-Schiller-Universität Jena; Forschungs- und Arbeitsschwerpunkte: Wirtschaftssoziologie, Organisations- und Unternehmenssoziologie, nachhaltige Finanzmärkte.
www.sozmog.uni-jena.de/Nagel
sebastian.nagel@uni-jena.de

Nährlich, Stefan, Dr.; geb. 1963; Wirtschaftswissenschaftler; Geschäftsführer der Stiftung Aktive Bürgerschaft (Berlin); lehrt an der Westfälischen Wilhelms Universität Münster zum Thema Nonprofit-Governance; Arbeitsschwerpunkte: Unternehmensengagement, Governance und Management von Nonprofit Organisationen, Ordnungspolitik der Bürgergesellschaft sowie Bürgerstiftungen und Service Learning.
www.aktive-buergerschaft.de
stefan.naehrlich@aktive-buergerschaft.de

Nowrot, Karsten, Prof. Dr. jur., LL.M. (Indiana); geb. 1971; Rechtswissenschaftler; Professor für Öffentliches Wirtschaftsrecht mit Schwerpunkt Europäisches und Internationales Wirtschaftsrecht sowie Direktor des Forschungsinstituts für Wirtschafts- und Arbeitsrecht (FIWA) am Fachbereich Sozialökonomie an der Fakultät für Wirtschafts- und Sozialwissenschaften der Universität Hamburg; Forschungs- und Arbeitsschwerpunkte: Internationales Wirtschaftsrecht, Völkerrecht, Recht der Europäischen Union.
www.wiso.uni-hamburg.de/fachbereich-sozoek/professuren/nowrot karsten.nowrot@wiso.uni-hamburg.de

Polterauer, Judith; geb. 1976; Soziologin, Leiterin Umfragen und Analysen der Stiftung Aktive Bürgerschaft (Berlin); Arbeits- und Forschungsschwerpunkte: soziale Mechanismen gesellschaftlicher Problemlösung und Wirkungsanalyse, Organisationssoziologie, Non-Profit-Organisationen und Zivilgesellschaft.
www.aktive-buergerschaft.de
judith.polterauer@aktive-buergerschaft.de

Schaltegger, Stefan, Prof. Dr. Dr. h.c.; geb. 1964; Wirtschaftswissenschaftler; Universitätsprofessor für Nachhaltigkeitsmanagement; Leiter des Centre for Sustainability Management (CSM) und des MBA Sustainability Management an der Leuphana Universität Lüneburg; Forschungs- und Arbeitsschwerpunkte: Unternehmen als Akteure der Nachhaltigkeitstransformation von Märkten und Gesellschaft; unternehmerisches Nachhaltigkeitsmanagement (sustainable entrepreneurship, business

models and cases for sustainability, sustainability performance measurement and management).
www.leuphana.de/csm
schaltegger@uni.leuphana.de

Schank, Christoph, Dr.; geb. 1981; Wirtschaftsethiker; Senior Research Fellow am Institut für Wirtschaftsethik an der Universität St.Gallen; Forschungs- und Arbeitsschwerpunkte: Unternehmensethik, Corporate Social Responsibility, Integrität in Organisationen.
www.iwe.unisg.ch/de/ueber+uns/team/schank
christoph.schank@unisg.ch

Speth, Rudolf, PD Dr.; geb. 1957; Politikwissenschaftler; aktuelle Forschungen zum Engagement von Geflüchteten und zu zivilgesellschaftlichen Helfergruppen beim Maecenata-Institut (Berlin); Mitglied der Redaktion des Forschungsjournals Soziale Bewegungen; Forschungs- und Arbeitsschwerpunkte: Interessenvertretung, Lobbying und Campaigning.
www.rudolf-speth.de
rudolf.speth@web.de

Teufel, Bernd; geb. 1974; Soziologe; wissenschaftlicher Mitarbeiter Servicestelle LehreLernen an der Friedrich-Schiller-Universität Jena; Forschungs- und Arbeitsschwerpunkte: Wirtschaftssoziologie, Stadtsoziologie und Hochschuldidaktik.
www.lehrelernen.uni-jena.de/Über+uns/Team/Bernd+Teufel
bernd.teufel@uni-jena.de

MIX
Papier aus verantwortungsvollen Quellen
Paper from responsible sources
FSC® C105338

If you have any concerns about our products,
you can contact us on
ProductSafety@springernature.com

In case Publisher is established outside the EU,
the EU authorized representative is:
**Springer Nature Customer Service Center GmbH
Europaplatz 3, 69115 Heidelberg, Germany**

Printed by Libri Plureos GmbH
in Hamburg, Germany